Frau Craddock

W. Somerset Maugham

Writat

Diese Ausgabe erschien im Jahr 2024

ISBN: 9789359947037

Herausgegeben von
Writat
E-Mail: info@writat.com

Inhalt

Widmungsschrift für den Brief

LIEBE MISS LEY , Sie werden es nicht als unvorteilhaft empfinden, wenn ich mich frage, wann genau ich das Glück hatte, Ihre Bekanntschaft zu machen; denn obwohl ich weiß, dass das Datum nicht mehr weit entfernt ist, scheine ich dich mein ganzes Leben lang gekannt zu haben. War das wirklich im vorletzten Sommer in Neapel? (Ich habe vergessen, warum Sie gewöhnlich mitten im August in Wintersportorte fahren; die Gründe, die Sie angegeben haben, waren genial, aber nicht schlüssig – sicherlich nicht, um Ihren Landsleuten aus dem Weg zu gehen?) Ich war in der Galerie der Meisterwerke und habe mir das wundervolle Porträt angesehen -Statue von Agrippina, als du, neben mir sitzend, eine Frage gestellt hast. Wir begannen zu reden – wir fragten übrigens nie, ob unsere jeweiligen Familien wünschenswert seien; Sie hielten meinen guten Ruf für selbstverständlich – und seitdem haben wir viel Zeit miteinander verbracht; Tatsächlich warst du selten in meinen Gedanken abwesend.

Jetzt, wo sich unsere Wege trennen (der Ausdruck ist abgedroschen und Sie würden ihn verabscheuen), müssen Sie mir erlauben, Ihnen zu sagen, welche Freude mir Ihre Aufmerksamkeit bereitet hat und wie sehr ich unseren Verkehr genossen habe, wobei ich immer bedauere, dass die Umstände unvermeidlich waren es ist so selten. Ich gestehe, ich habe Ehrfurcht vor Ihnen – das werden Sie nicht glauben, denn Sie haben mir oft Leichtfertigkeit vorgeworfen (ich bin nicht halb so leichtsinnig wie Sie); Aber Ihr dünnes und spöttisches Lächeln gibt mir nach einer Bemerkung von mir immer wieder das Gefühl, dass ich etwas Dummes gesagt habe, als das, was ich in Ihren Augen weiß, dass es kein größeres Verbrechen gibt ... Das haben Sie mir gesagt, als ein Bekannter es getan hat eine angenehme Erinnerung hinterlassen hat, sollte man der Versuchung widerstehen, sie zu erneuern; Veränderte Zeiten und Umgebungen erzeugen neue Eindrücke, die nicht mit den alten mithalten können, die durch Neuheit und Abwesenheit doppelt idealisiert werden. Die Maxime ist hart, aber deshalb vielleicht eher wahr. Dennoch kann ich mir nicht wünschen, dass die Zukunft uns nichts Besseres bringt als das Vergessen. Es ist sicher, dass unsere Wege unterschiedlich sind, ich werde mit anderen Arbeiten beschäftigt sein und du wirst für mich im Labyrinth der italienischen Hotels verloren gehen, in dem es dir perverserweise gefällt, deine Lichter zu verbergen. Ich sehe keine Aussicht auf ein Wiedersehen (das klingt ziemlich sentimental und Sie hassen Überschwänglichkeit. Mein Brief ist sicherlich zu voll mit Klammern); Dennoch wünsche ich mir von ganzem Herzen, dass Sie eines Tages zustimmen, das Experiment zu wagen. Was sagst du? Ich bin, liebe Miss Ley, ganz ehrlich (lachen Sie mich nicht aus, möchte ich sagen – liebevoll) – Ihr

Kapitel I

DIESES Buch könnte man auch *„Der Triumph der Liebe"* nennen . Bertha blickte aus dem Fenster und betrachtete die Trostlosigkeit des Tages. Der Himmel war düster und die Wolken schwer und tief; Die vernachlässigte Kutschenauffahrt wurde vom bitteren Wind gefegt, und die Ulmen, die sie säumten, waren kahl, und ihre kahlen Zweige zitterten vor Entsetzen vor der Kälte. Es war Ende November und der Tag war völlig freudlos. Das sterbende Jahr schien den Schrecken des Todes über die ganze Natur gelegt zu haben; Die Einbildungskraft würde dem müden Geist keine Gedanken an den barmherzigen Sonnenschein bescheren, Gedanken an den Frühling, der wie eine Jungfrau kommt und die Blumen und grünen Blätter aus ihren Körben verstreut.

Bertha drehte sich um und sah ihre Tante an, die die Blätter eines neuen *Spectator schnitt* . Miss Ley fragte sich, welche Bücher sie bei Mudie's kaufen sollte, und las die Herbstlisten und die lobenden Ausdrücke, die die Geschicklichkeit der Verleger aus ungünstigen Rezensionen hervorholt.

„Du bist heute Nachmittag sehr unruhig, Bertha", bemerkte sie als Antwort auf den festen Blick des Mädchens.

„Ich denke, ich werde zum Tor hinuntergehen."

„Du hast das Tor in der letzten Stunde bereits zweimal besucht. Finden Sie darin etwas Besorgniserregend Neues?"

Bertha antwortete nicht, sondern wandte sich wieder dem Fenster zu: Die Szene der letzten zwei Stunden hatte sich mit eintöniger Genauigkeit in ihr Gedächtnis eingebrannt.

„Woran denkst du, Tante Polly?" fragte sie plötzlich, drehte sich wieder zu ihrer Tante um und bemerkte den auf sie gerichteten Blick.

„Ich dachte, dass man sehr scharfsinnig sein muss, um die Gefühle einer Frau anhand ihrer Hinterhaare zu entdecken."

Bertha lachte: „Ich glaube nicht, dass ich irgendwelche Gefühle entdecken könnte. Ich fühle ..." Sie suchte nach einer Möglichkeit, das Gefühl auszudrücken – „Ich habe das Gefühl, als würde ich am liebsten meine Haare offen lassen."

Miss Ley erwiderte nichts, sondern blickte noch einmal auf ihr Papier. Sie fragte sich kaum, was ihre Nichte meinte, da sie schon lange nicht mehr über Berthas Verhalten und Taten wunderte; Tatsächlich war ihre einzige Überraschung, dass sie die weitverbreitete Meinung, Bertha sei eine unabhängige junge Frau, von der man alles erwarten könne, nie ausreichend bestätigten. In den drei Jahren, die sie seit dem Tod von Berthas Vater

zusammen verbracht hatten, hatten die beiden Frauen gelernt, einander
äußerst gut zu vertragen. Ihre gegenseitige Zuneigung war mild und absolut
respektabel und passte in jeder Hinsicht zu anspruchsvollen Menschen, die
durch Bande der Bequemlichkeit und des Anstands miteinander verbunden
waren.... Miss Ley, die zum Sterbebett ihres Bruders in Italien gerufen wurde,
machte Berthas Bekanntschaft am Grab des Toten. und das Mädchen war
damals zu alt und von zu unabhängigem Charakter, um die Autorität eines
Fremden zu akzeptieren; Miss Ley hatte auch nicht den geringsten Wunsch,
Autorität über irgendjemanden auszuüben. Sie war eine sehr träge Frau, die
sich nichts sehnlicher wünschte, als die Menschen in Ruhe zu lassen und von
ihnen allein gelassen zu werden. Aber wenn es offensichtlich ihre Pflicht war,
sich um eine verwaiste Nichte zu kümmern, war es auch ein Vorteil, dass
Bertha achtzehn war und, wenn es die Konventionen einer anständigen
Gesellschaft nicht gegeben hätte, sehr wohl die Verantwortung für sich selbst
übernehmen konnte. Miss Ley war der barmherzigen Vorsehung nicht
undankbar, als sie entdeckte, dass ihr Mündel die Absicht hatte, seinen
eigenen Weg zu gehen, und nicht die geringste Absicht hatte, einer
jungfräulichen Tante nachzuhängen, die sich leidenschaftlich für ihre Freiheit
einsetzte.

Sie reisten auf dem Kontinent und sahen viele Kirchen, Bilder und Städte,
bei deren Besichtigung ihr Hauptziel darin zu bestehen schien, die Gefühle,
die sie empfanden, voreinander zu verbergen. Wie der Indianer, der die
schrecklichsten Folterungen erduldet, ohne mit der Wimper zu zucken, hätte
Miss Ley es für höchst schändlich gehalten, bei einer rührenden Szene
Gefühle zu zeigen. Sie benutzte höflichen Zynismus als Deckmantel für
Sentimentalität und lachte, um nicht zu weinen – und ihr Mangel an
Originalität, die alte Wiederholung von Grimaldis Doppelzüngigkeit, brachte
sie dazu, über sich selbst zu lachen. Sie hatte das Gefühl, dass Tränen
unpassend und dumm seien.

„Weinen macht selbst einer gutaussehenden Frau Angst", sagte sie, „aber
wenn sie hässlich ist, machen sie sie einfach abstoßend."

Schließlich vermietete Miss Ley ihre eigene Wohnung in London und ließ
sich mit Bertha nieder, um in Court Leys in der Nähe von Blackstable in der
Grafschaft Kent ländliche Freuden zu pflegen. Die beiden Damen lebten in
großer Harmonie zusammen, obwohl die Zeichen ihrer Zuneigung nicht
über einen einzigen Kuss morgens und abends hinausgingen, der mit fast
gleicher Gleichgültigkeit gegeben und empfangen wurde. Jeder hatte großen
Respekt vor den Fähigkeiten des anderen und insbesondere vor dem Witz,
der sich gelegentlich in kleinen freundlichen Sarkasmen zeigte. Aber sie
waren zu klug, um schlecht miteinander auszukommen, und da sie einander
weder übermäßig hassten noch liebten, gab es eigentlich keinen Grund,
warum sie nicht im besten Einvernehmen weitermachen sollten. Das

allgemeine Ergebnis ihrer Beziehungen war, dass Berthas Unruhe an diesem besonderen Tag bei Miss Ley nicht mehr Fragen hervorrief, als die Wärme ihres jungen Blutes leicht beantworten konnte; und ihre exzentrische Neugier in Bezug auf das Tor an einem sehr kalten und unangenehmen Winternachmittag löste nicht einmal ein missbilligendes Achselzucken oder ein verwundertes Hochziehen der Augenlider aus.

Bertha setzte einen Hut auf und ging hinaus. Die Ulmenallee, die sich von der Fassade von Court Leys in gerader Linie bis zu den Toren erstreckte, war einst ein eher imposanter Anblick gewesen, kündigte nun aber deutlich die Ruine eines alten Hauses an. Hier und da war ein Baum abgestorben und umgestürzt und hatte eine unansehnliche Lücke hinterlassen, und ein riesiger Stamm lag nach einem schrecklichen Sturm im Vorjahr noch immer auf dem Boden und wurde dort aufgrund der Gleichgültigkeit von Gerichtsvollziehern und Pächtern verrotten gelassen. Auf beiden Seiten der Ulmen befand sich ein breiter Wiesenstreifen, der einst ein gepflegter Rasen gewesen war, jetzt aber voller Ampfer und Unkraut; Ein paar Schafe knabberten im Gras, wo vor einem Jahrhundert feine Damen in Reifen und Herren mit Perücken herumschlenderten und über die Kriege und die letzten Bände von Mr. Richardson diskutierten. Dahinter befand sich eine schlecht geschnittene Hecke und dann die weiten Felder des Ley-Anwesens ... Bertha ging hinunter und blickte auf die Straße hinter dem Tor. Es war eine Erleichterung, Miss Leys kalte Augen nicht mehr auf sie gerichtet zu spüren; Sie hatte genug Emotionen in ihrer Brust, sie schlugen gegeneinander wie Vögel in einem Netz, die darum kämpften, sich zu befreien; aber um Himmels willen hätte Bertha niemandem erlaubt, in ihr Herz voller Erwartung, Sehnsüchte und hundert seltsamer Wünsche zu blicken. Als sie auf die Landstraße hinausging, die von Blackstable nach Tercanbury führte, blickte sie mit Zittern und schnellem Herzklopfen auf und ab. Aber die Straße war leer, vom Winterwind gefegt, und sie schluchzte fast vor Enttäuschung.

Sie konnte nicht ins Haus zurückkehren; Ein Dach würde sie in diesem Moment ersticken, und die Wände wirkten wie ein Gefängnis: Der beißende Wind, der durch ihre Kleidung wehte und sie bis auf die Knochen fröstelte, war ein gewisses Vergnügen. Das Warten war schrecklich. Sie betrat das Gelände und blickte die Kutschenauffahrt hinauf zu dem großen weißen Haus, das ihr gehörte. Die Straße selbst war reparaturbedürftig, und die toten Blätter, um die sich niemand kümmerte, raschelten in den Windböen hin und her. Das Haus stand in seiner Rechtwinkligkeit ohne Bezug zu irgendeiner Umgebung: Es wurde unter der Herrschaft Georgs II. erbaut und schien keinen Einfluss auf das Land zu haben, auf dem es stand. Mit seiner schlichten Vorderseite und den vielen Fenstern, dem dorischen Portikus genau in der Mitte, wirkte es, als wäre es lediglich auf den Boden gestellt worden, so wie ein Kartenhaus ohne Fundament auf dem Boden gebaut wird. Die vergangenen Jahre hatten ihm keine Schönheit verliehen, und jetzt steht es da, wie es seit mehr als einem Jahrhundert gestanden hat, ein Schandfleck in der Landschaft, vulgär und neu. Umgeben von den Feldern hatte es keinen Garten außer ein paar Beeten, die um seine Füße gepflanzt waren, und in diesen waren die Blumen verwildert oder verdorrt, wenn sie nicht gepflegt wurden.

Der Tag neigte sich dem Ende zu, und die tief hängenden Wolken schienen das Licht auszusperren. Bertha gab die Hoffnung auf. Aber sie blickte noch einmal den Hügel hinunter, und ihr Herz klopfte heftig in ihrer Brust; sie spürte, wie sie furchtbar errötete. Ihr Blut schien plötzlich mit großer Geschwindigkeit durch die Gefäße zu rauschen, und entsetzt über ihre mangelnde Fassung verspürte sie den Impuls, sich schnell umzudrehen und zu fliehen. Sie vergaß die furchtbare Erwartung, die Stunden, die sie damit verbracht hatte, nach der Gestalt zu suchen, die den Hügel hinaufstapfte.

Natürlich war es ein Mann! Er kam näher, ein großer Kerl von siebenundzwanzig Jahren, massig gebaut, kräftig gebaut, mit langen Armen und Beinen und einer prächtigen Brustbreite. Bertha erkannte das Kostüm, das ihr immer gefiel, die Knickerbocker und Gamaschen, die Norfolk-Jacke aus grobem Tweed, die weiße Weste und die Mütze – alles duftete nach dem Land, das sie um seinetwillen zu lieben begann, und alles war kraftvoll männlich. Sogar die riesigen Stiefel, die seine Füße bedeckten, bereiteten ihr allein schon wegen ihrer Größe ein prickelndes Vergnügen; Ihre Dimensionen deuteten auf eine gewisse Charakterfestigkeit und Meisterschaft hin, die äußerst beruhigend wirkten. Der Kleidungsstil passte perfekt zum Hintergrund der braunen Straße und des gepflügten Feldes. Bertha fragte sich, ob er wusste, dass er überaus malerisch war, als er den Hügel hinaufstieg.

„Guten Tag, Miss Bertha."

Er machte keine Anstalten, innezuhalten, und das Mädchen sank bei dem Gedanken, dass er vielleicht nur mit einem alltäglichen Grußwort fortfahren würde, ins Wanken.

„Ich dachte, du wärst es, den ich den Hügel hinaufkommen sah", sagte sie und streckte ihre Hand aus.

Er blieb stehen und schüttelte es; Die Berührung seiner großen, festen Finger ließ sie zittern. Seine Hand war massiv und hart, als wäre sie aus Stein gehauen. Sie sah zu ihm auf und lächelte.

„Ist es nicht kalt?" Sie sagte. Es ist schrecklich, den Wunsch zu haben, alle möglichen leidenschaftlichen Dinge zu sagen, während die Konvention einen von allem, außer dem Alltäglichsten, abhält.

„Sie sind nicht mit einer Geschwindigkeit von fünf Meilen pro Stunde gelaufen", sagte er fröhlich. „Ich war in Blackstable, um zu sehen, ob ich einen Nörgler kaufen kann."

Er war der Inbegriff von Gesundheit; Die Novemberwinde waren für ihn wie Sommerbrise, und sein Gesicht glühte vor angenehmer Kälte. Seine Wangen waren gerötet und seine Augen glitzerten. Seine Vitalität war intensiv und strahlte mit fast materieller Wärme auf andere aus.

„Warst du ausgegangen?" er hat gefragt.

„Oh nein", antwortete Bertha ohne strenge Rücksicht auf die Wahrheit. „Ich bin gerade zum Tor gegangen und habe dich zufällig gesehen."

„Ich bin sehr froh – ich sehe Sie jetzt so selten, Miss Bertha."

„Ich wünschte, du würdest mich nicht *Miss Bertha nennen* ", rief sie, „das klingt schrecklich." Es war noch schlimmer, es klang fast banal. „Als wir Jungen und Mädchen waren, nannten wir uns gegenseitig bei unseren Vornamen."

Er errötete ein wenig und seine Bescheidenheit erfüllte Bertha mit Freude.

„Ja, aber als du vor sechs Monaten zurückkamst, hattest du dich so sehr verändert – ich habe es nicht gewagt; und außerdem haben Sie mich Mr. Craddock genannt."

„Nun, ich werde nicht mehr", sagte sie lachend; „Ich würde dich viel lieber Edward nennen."

Sie fügte nicht hinzu, dass ihr das Wort das schönste in der ganzen Liste der christlichen Namen vorkam, noch dass sie es in den letzten Wochen schon tausendmal vor sich hin wiederholt hatte.

„Es wird wie in alten Zeiten sein", sagte er. „Erinnern Sie sich, wie viel Spaß wir hatten, als Sie ein kleines Mädchen waren, bevor Sie mit Mr. Ley ins Ausland gingen?"

„Ich erinnere mich, dass du mich immer mit großer Verachtung betrachtetest, weil ich ein kleines Mädchen *war* ", *antwortete sie lachend.*

„Nun, ich hatte schreckliche Angst, als ich dich das erste Mal wieder sah – mit hochgesteckten Haaren und langen Kleidern."

„Ich bin nicht wirklich sehr schrecklich."

Fünf Minuten lang hatten sie einander in die Augen geschaut, und plötzlich, ohne ersichtlichen Grund, errötete Craddock. Bertha bemerkte es und ein seltsamer kleiner Schauer durchfuhr sie; Auch sie wurde rot und ihre dunklen Augen blitzten noch heller als zuvor.

„Ich wünschte, ich würde Sie nicht so selten sehen, Miss Bertha", sagte er.

„Sie haben nur sich selbst die Schuld zu geben, mein Herr. Du erkennst den Weg, der zu meinem Palast führt, und am Ende wirst du sicherlich eine Tür finden."

„Ich habe eher Angst vor deiner Tante."

Es lag Bertha auf der Zunge zu sagen, dass schwache Nerven niemals die schöne Dame gewinnen würden, aber aus Bescheidenheit verzichtete sie darauf. Ihre Stimmung war plötzlich besser geworden und sie fühlte sich außerordentlich glücklich.

„Willst du mich unbedingt sehen?" sie fragte, ihr Herz schlug mit einer ziemlich absurden Geschwindigkeit.

Craddock errötete erneut und schien Schwierigkeiten zu haben, eine Antwort zu finden; seine Verwirrung und seine naive Art waren für Bertha ein neuer Zauber.

„Wenn er nur wüsste, wie sehr ich ihn vergötterte!" Sie dachte; aber natürlich konnte sie es ihm nicht in so vielen Worten sagen.

„Du hast dich in diesen Jahren so sehr verändert", sagte er, „ich verstehe dich nicht."

„Sie haben meine Frage nicht beantwortet."

„Natürlich möchte ich dich sehen, Bertha", sagte er schnell und schien seinen Mut in beide Hände zu nehmen; „Ich möchte dich immer sehen."

„Nun", sagte sie mit einem bezaubernden Lächeln, „manchmal mache ich nach dem Abendessen einen Spaziergang zum Tor und beobachte die Schatten der Nacht."

„Bei Gott, ich wünschte, ich hätte das schon früher gewusst."

„Dummes Geschöpf!" sagte Bertha amüsiert, „er geht nicht davon aus, dass dies die erste Nacht ist, in der ich so etwas getan habe."

Kapitel II

Mit schwingendem Schritt kehrte Bertha ins Haus zurück, und wie ein Vogelschwarm flogen hundert Amoretten um ihren Kopf; Amor sprang von Baum zu Baum und schoss seine Pfeile in ihr williges Herz; Ihre Fantasie kleidete die kahlen Zweige in zartes Grün, und in ihrem Glück verwandelte sich der graue Himmel in Azurblau ... Es war das erste Mal, dass Edward Craddock seine Liebe auf eine unverkennbare Weise zeigte; Auch wenn vorher vieles darauf hindeutete, dass er nicht gleichgültig war, so war doch nichts absolut überzeugend gewesen, und der Zweifel hatte ihr jedes erdenkliche Leid bereitet. Sie selbst machte keine Anstalten, es vor sich selbst zu verbergen; sie schämte sich nicht, sie liebte ihn leidenschaftlich, sie betete den Boden an, den er betrat; Sie gestand kühn, dass er ausgerechnet derjenige war, der sie glücklich machte; Ihr Leben würde sie in seine starken und männlichen Hände geben. Sie hatte sich fest vorgenommen, dass Craddock sie zum Altar führen sollte.

Schon unzählige Male hatte sie sich vorgestellt, in seinen Armen zu ruhen – in seinen starken Armen – der bloße Gedanke daran war ein Schutz vor allen Übeln der Welt. Oh ja, sie wollte, dass er sie in die Arme nahm und küsste; in ihrer Vorstellung spürte sie seine Lippen auf ihren, und die Wärme seines Atems ließ sie vor Liebesschmerz ohnmächtig werden.

Sie fragte sich, wie sie bis zum Abend warten konnte; Wie um alles in der Welt sollte sie das langsame Vergehen der Stunden ertragen? Und sie muss ihrer Tante gegenübersitzen und so tun, als würde sie lesen oder über dieses und jenes Thema sprechen. Es war unerträglich. Dann fragte sie sich ganz nebenbei, ob Edward wusste, dass sie ihn liebte; er konnte sich nicht vorstellen, wie intensiv ihr Verlangen war.

„Es tut mir leid, dass ich zu spät zum Tee komme", sagte sie, als sie den Salon betrat.

„Meine Liebe", sagte Miss Ley, „der Buttertoast ist wahrscheinlich schrecklich, aber ich verstehe nicht, warum Sie keinen Kuchen essen sollten."

„Ich will nichts essen", rief Bertha und warf sich auf einen Stuhl.

„Aber Sie sterben vor Durst", fügte Miss Ley hinzu und blickte ihre Nichte mit scharfen Augen an. „Möchten Sie Ihren Tee nicht aus einer Frühstückstasse?"

Miss Ley war zu dem Schluss gekommen, dass die Unruhe und die lange Abwesenheit nur männliche Ursachen haben könnten. Im Geiste zuckte sie mit den Schultern und fragte sich kaum, wer die Kreatur war.

„Natürlich", dachte sie, „ist es mit Sicherheit jemand, der überhaupt nicht in Frage kommt." Ich hoffe, dass es keine lange Verlobung zwischen ihnen geben wird."

Mehrere Monate lang hätte Miss Ley die Anwesenheit eines schüchternen und liebeskranken Mannes nicht ertragen können. Sie fand Liebespaare ausnahmslos lächerlich. Sie sah zu, wie Bertha sechs Tassen Tee trank: Natürlich deuteten diese leuchtenden Augen, die geröteten Wangen und die Atemlosigkeit auf eine verliebte Erregung hin; Es amüsierte sie, aber sie hielt es für wohlwollend und klug, so zu tun, als ob sie nichts bemerkte.

„Immerhin geht es mich nichts an", dachte sie; „Und wenn Bertha überhaupt heiraten will, wäre es für sie viel bequemer, dies vor dem nächsten Vierteltag zu tun, wenn die Browns meine Wohnung aufgeben."

Miss Ley saß auf dem Sofa am Kamin, eine mittelgroße, sehr schmächtige Frau mit einem dünnen und viel runzligen Gesicht. Von ihren Gesichtszügen war der Mund am auffälligsten, nicht groß, mit etwas zu dünnen Lippen; Es war immer so eng zusammengedrückt, dass es ihr einen Ausdruck großer Entschlossenheit verlieh, aber an den Ecken herrschte eine ausdrucksstarke Beweglichkeit, die in eher ungewöhnlicher Weise den Schlussfolgerungen widersprach, die man aus dem Rest ihrer Person ziehen konnte. Sie hatte die Angewohnheit, ihre kalten Augen mit einer Standhaftigkeit auf Menschen zu richten, die nicht gerade peinlich war. Sie sagten, Miss Ley sähe aus, als halte sie sie für große Idioten, und tatsächlich war das normalerweise ihre genaue Meinung. Ihr dünnes graues Haar war sehr schlicht frisiert; und die extreme Einfachheit ihres Kostüms verlieh ihr eine gewisse Schlichtheit, so dass ihre Lieblingsmethode, ziemlich absurde Dinge auf die ernsteste und anständigste Weise zu sagen, den zufälligen Fremden oft verunsicherte. Sie war eine Frau, die, so hatte man das Gefühl, noch nie gutaussehend gewesen war, aber jetzt, im mittleren Alter, ausgesprochen bezaubernd wirkte.

Junge Männer fanden sie einigermaßen furchteinflößend, bis sie herausfanden, dass sie für sie eine ständige Quelle der Belustigung darstellten; während ältere Damen behaupteten, sie sei ein wenig seltsam.

„Weißt du, Tante Polly", sagte Bertha, trank ihren Tee aus und stand auf, „ich denke, du hättest Martha oder Matilda taufen sollen. Ich glaube nicht, dass Polly zu dir passt."

„Meine Liebe, du brauchst mich nicht so deutlich daran zu erinnern, dass ich fünfundvierzig bin, und du brauchst nicht auf diese Weise zu lächeln, weil du weißt, dass ich wirklich siebenundvierzig bin. Ich sage fünfundvierzig lediglich als runde Zahl; in einem anderen Jahr werde ich mich fünfzig nennen. Eine Frau gibt niemals ein so unscheinbares Alter wie achtundvierzig zu, es sei denn, sie heiratet einen Witwer mit siebzehn Kindern."

„Ich frage mich, warum du nie geheiratet hast, Tante Polly?" sagte Bertha und schaute weg.

Miss Ley lächelte fast unmerklich und fand Berthas Bemerkung äußerst bedeutsam. „Meine Liebe", sagte sie, „warum sollte ich? Ich selbst hatte fünfhundert im Jahr ... Ach ja, ich weiß, das ist nicht das, was man hätte erwarten können; Es tut mir um deinetwillen leid, dass ich keine hoffnungslose Liebe hatte. Die einzige Entschuldigung für eine alte Jungfer ist, dass sie sich dreißig Jahre lang nach einem Liebhaber gesehnt hat, der unter den Schneeglöckchen begraben ist, oder dass sie einen anderen geheiratet hat."

Bertha gab keine Antwort; Sie hatte das Gefühl, dass die Welt wieder gut geworden sei, und wollte nichts hören, was auf Unvollkommenheiten in der menschlichen Natur hinweisen könnte: Plötzlich war über das Universum eine Sonntagsschulatmosphäre gekommen, die ihr besseres Ich gefiel. Als sie nach oben ging, setzte sie sich ans Fenster und blickte auf den Bauernhof, auf dem ihr Herzenswunsch lebte. Sie fragte sich, was Edward tat! Erwartete er die Nacht ebenso sehnsüchtig wie sie? Es bereitete ihr große Schmerzen, dass sich ein großer Hügel zwischen sie und ihn stellte. Während des Abendessens sprach sie kaum und Miss Ley schwieg gnädigerweise. Bertha konnte nicht essen; Sie zerkrümelte ihr Brot und spielte mit den verschiedenen Fleischsorten, die ihr vorgelegt wurden. Sie schaute ein Dutzend Mal auf die Uhr und zuckte absurderweise zusammen, als es die volle Stunde schlug.

Sie machte sich nicht die Mühe, sich bei Miss Ley zu entschuldigen, und überließ es ihr, darüber nachzudenken, was sie wollte. Die Nacht war dunkel und kalt; Bertha schlüpfte aus der Seitentür mit dem entzückenden Gefühl, etwas Wagnisvolles zu tun. Aber ihre Beine konnten sie kaum tragen, sie hatte ein völlig neuartiges Gefühl; Noch nie zuvor hatte sie eine so starke Knieschwäche erlebt, dass sie fürchtete zu fallen. Ihr Atem war seltsam bedrückend und ihr Herz schlug fast schmerzhaft. Sie ging die Kutschenauffahrt entlang, ohne zu wissen, was sie tat. Sie hatte sich gezwungen, drinnen zu warten, bis das Verlangen, hinauszugehen, unkontrollierbar wurde, und sie wagte nicht, sich ihr Entsetzen vorzustellen, wenn niemand da war, der ihr entgegenkam, als sie das Tor erreichte. Es würde bedeuten, dass er sie nicht liebte; Sie hörte mit einem Schluchzen auf. Sollte sie nicht länger warten? Es war noch früh. Aber ihre Ungeduld zwang sie weiter.

Sie weinte ein wenig. Craddock war plötzlich aus der Dunkelheit getreten.

„Oh, es tut mir leid", sagte er, „ich habe dir Angst gemacht. Ich dachte, es würde dir nichts ausmachen, wenn ich heute Abend komme. Du bist nicht böse?"

Sie konnte nicht antworten; Es war eine gewaltige Last, die ihr vom Herzen fiel. Sie war äußerst glücklich, denn dann liebte er sie tatsächlich; und er fürchtete, sie sei wütend auf ihn.

„Ich habe dich erwartet", flüsterte sie. Was hatte es für einen Sinn, so zu tun, als sei man bescheiden und schüchtern? Sie liebte ihn und er liebte sie. Warum sollte sie ihm nicht alles erzählen, was sie fühlte?

„Es ist so dunkel", sagte er, „ich kann dich nicht sehen."

Sie war zu überglücklich, um zu sprechen, und die einzigen Worte, die sie hätte sagen können, waren: „ *Ich liebe dich* , *ich liebe dich* ." Sie trat einen Schritt näher, um ihn zu berühren. Warum öffnete er nicht seine Arme und nahm sie in sich und küsste sie, wie sie geträumt hatte, dass er sie küssen würde?

Aber er nahm ihre Hand und der Kontakt erregte sie; Ihre Knie gaben nach und sie wäre fast ins Wanken geraten.

"Was ist los?" er sagte. „Zittern Sie?"

„Mir ist nur ein bisschen kalt." Sie versuchte mit aller Kraft, natürlich zu sprechen. Es fiel ihr nichts ein, etwas zu sagen.

„Du hast nichts an", sagte er. „Du musst meinen Mantel tragen." Er begann es auszuziehen.

„Nein", sagte sie, „dann wird dir kalt."

„Oh nein, das werde ich nicht tun."

Was er tat, schien ihr ein Wunder selbstloser Güte zu sein; Sie war außer sich vor Dankbarkeit.

„Es ist furchtbar nett von dir, Edward", flüsterte sie fast unter Tränen.

Als er es ihr um die Schultern legte, verlor sie durch die Berührung seiner Hände das bisschen Selbstbeherrschung, das ihr noch geblieben war. Ein merkwürdiger Krampf durchfuhr sie, und sie drückte sich fester an ihn; Gleichzeitig sanken seine Hände herab, ließen den Umhang fallen und umfassten ihre Taille. Dann gab sie sich ganz seiner Umarmung hin und hob ihr Gesicht zu seinem. Er bückte sich und küsste sie. Der Kuss war so wahnsinnig, dass sie fast aufstöhnte. Sie konnte nicht sagen, ob es Schmerz oder Vergnügen war. Sie schlang ihre Arme um seinen Hals und zog ihn an sich.

„Was für ein Idiot ich bin", sagte sie schließlich mit einer Mischung aus Schluchzen und Lachen. Sie löste sich ein wenig, wenn auch nicht so heftig, dass er den Arm zurückziehen musste, der sie so angenehm umschloss.

Aber warum sagte er nichts? Warum schwor er nicht, dass er sie liebte? Warum fragte er nicht, was sie bereitwillig zu gewähren bereit war? Sie legte ihren Kopf auf seine Schulter.

„Magst du mich überhaupt, Bertha?" er hat gefragt. „Ich wollte dich schon fast fragen, seit du nach Hause gekommen bist."

„Kannst du nicht sehen?" Sie war beruhigt; Sie verstand, dass es nur Schüchternheit war, die ihm die Zunge verstopfte. „Du bist so absurd schüchtern."

„Du weißt, wer ich bin, Bertha; und –" er zögerte.

„Und was, dummer Junge?" sie schmiegte sich noch enger an ihn.

„Und Sie sind Miss Ley von Court Leys, während ich nur eine Ihrer Mieterinnen bin und nichts hinter mir hat."

„Ich habe sehr wenig", sagte sie. „Und wenn ich zehntausend im Jahr hätte, wäre mein einziger Wunsch, es dir zu Füßen zu legen."

„Bertha, was meinst du? Sei nicht grausam zu mir. Du weißt, was ich will, aber –"

„Soweit ich das beurteilen kann", sagte sie lachend, „wollen Sie, dass ich Ihnen einen Heiratsantrag mache."

„Oh, Bertha, lach mich nicht aus. Ich liebe dich; Ich möchte dich bitten, mich zu heiraten. Aber ich habe dir nichts zu bieten, und ich weiß, dass ich das auch nicht tun sollte – sei mir nicht böse, Bertha."

„Aber ich liebe dich von ganzem Herzen", rief sie. „Ich möchte keinen besseren Ehemann; Du kannst mir Glück schenken, und ich will nichts anderes auf der Welt."

Dann nahm er sie ganz leidenschaftlich wieder in die Arme und küsste sie.

„Hast du nicht gesehen, dass ich dich liebte?" Sie flüsterte.

„Ich dachte, vielleicht hast du es getan; aber ich war mir nicht sicher und hatte Angst, dass du mich nicht für gut genug halten würdest."

„Oh ja, ich liebe dich von ganzem Herzen. Ich hätte nie gedacht, dass es möglich wäre, einen Menschen so zu lieben, wie ich dich liebe. Oh, Eddie, du weißt nicht, wie glücklich du mich gemacht hast."

Er küsste sie erneut und erneut warf sie ihre Arme um seinen Hals.

„Solltest du nicht reingehen", sagte er schließlich; „Was wird Miss Ley denken?"

„Oh nein – noch nicht", rief sie.

„Wie willst du es ihr sagen? Glaubst du, sie wird mich mögen? Sie wird versuchen, dich dazu zu bringen, mich aufzugeben."

„Oh, ich bin sicher, sie wird dich lieben; Außerdem, was macht es schon, wenn sie es nicht tut? – Sie wird dich nicht heiraten."

„Sie kann dich wieder ins Ausland mitnehmen und dann triffst du vielleicht jemanden, der dir besser gefällt."

„Aber ich werde morgen einundzwanzig, Edward – wusstest du das nicht? Und ich werde meine eigene Geliebte sein. Ich werde Blackstable nicht verlassen, bis ich deine Frau bin."

Sie gingen langsam auf das Haus zu, wohin er, in seiner Angst, sie könnte zu lange draußen bleiben, ihre Schritte geleitet hatte. Sie gingen Arm in Arm und Bertha genoss ihr Glück.

"DR. „Morgen kommt Ramsay zum Mittagessen", sagte sie, „und ich werde ihnen beiden sagen, dass ich dich heiraten werde."

„Es wird ihm nicht gefallen", sagte Craddock ziemlich nervös.

„Ich bin mir sicher, dass es mir egal ist. Wenn es dir und mir gefällt, können die anderen denken, was sie wollen."

„Ich lasse alles in deinen Händen", sagte er.

Sie waren am Portikus angekommen und Bertha betrachtete ihn zweifelnd.

„Ich schätze, ich sollte hineingehen", sagte sie und wünschte, Edward würde sie überreden, noch einmal durch den Garten zu gehen.

„Ja, das tue ich", sagte er. „Ich habe solche Angst, dass du dich erkältest."

Es war bezaubernd von ihm, sich so um ihre Gesundheit zu kümmern, und natürlich hatte er recht. Alles, was er tat und sagte, war richtig; Für einen Moment vergaß Bertha ihre eigensinnige Natur und wünschte sich plötzlich seiner strengen Führung zu unterwerfen. Gerade seine Stärke ließ sie sich seltsam schwach fühlen.

„Gute Nacht, mein Geliebter", flüsterte sie leidenschaftlich.

Sie konnte sich nicht von ihm losreißen; es war völliger Wahnsinn. Ihre Küsse hörten nie auf.

"Gute Nacht!"

Sie sah zu, wie er schließlich in der Dunkelheit verschwand und schließlich die Tür hinter sich schloss.

Kapitel III

Bei Alt und Jung folgt auf großen Kummer eine schlaflose Nacht, und bei den Alten ist große Freude ebenso beunruhigend; aber ich nehme an, dass die Jugend das Glück natürlicher findet und ihre Ruhe dadurch nicht gestört wird. Bertha schlief traumlos und als sie erwachte, erinnerte sie sich im Moment nicht an das Ereignis des Vortages; aber schnell fiel es ihr wieder ein und sie streckte sich mit einem Seufzer großer Zufriedenheit. Sie lag im Bett und dachte über ihr Wohlbefinden nach. Sie konnte kaum realisieren, dass sie ihren sehnlichsten Wunsch erfüllt hatte. Gott war sehr gut und gab seinen Geschöpfen, was sie verlangten; Ohne Worte, aus tiefstem Herzen dankte sie. Es war ganz außergewöhnlich, nach der wahnsinnigen Erwartung, nach den Hoffnungen und Ängsten, den Schmerzen des Liebhabers, die fast Vergnügen sind, endlich befriedigt zu werden. Sie hatte nun nichts mehr zu wünschen, denn ihr Glück war vollkommen. Ach ja, tatsächlich war Gott sehr gut!

Bertha dachte an die zwei Monate, die sie in Blackstable verbracht hatte ... Nach der ersten Aufregung, als sie das Haus ihres Vaters betrat, hatte sie sich mit der Eintönigkeit des Landlebens abgefunden; Sie verbrachte den Tag damit, durch die Gassen oder am Meeresufer zu wandern und das trostlose Meer zu beobachten; Sie las viel und freute sich auf die reichliche Zeit, die ihr zur Verfügung stand, um ihren maßlosen Wissensdurst zu befriedigen. Sie verbrachte viele Stunden in der Bibliothek, die ihr Vater eingerichtet hatte, denn erst mit sinkendem Vermögen hatte die Familie von Ley begonnen, Bücher zu lesen; es hatte sich nur der Literatur gewidmet, als es für andere Beschäftigungen zu dürftig war. Bertha blickte auf die Titel der vielen Bände und empfand eine gewisse Erregung, als sie die großen Namen der Vergangenheit las, und stellte sich vor, welche Freuden sie ihr in der Zukunft bereiten würden.

Eines Tages besuchte sie das Pfarrhaus und zufällig war Edward Craddock dort, der kürzlich von einem Kurzurlaub zurückgekehrt war. Sie hatte ihn schon früher gekannt – sein Vater war der Pächter ihres Vaters gewesen, und er bewirtschaftete immer noch das gleiche Land –, aber acht Jahre lang hatten sie sich nicht gesehen, und jetzt erkannte Bertha ihn kaum noch. Sie hielt ihn jedoch für einen gutaussehenden Kerl in seinen Knickerbockern und dicken Strümpfen und war nicht unzufrieden, als er auf sie zukam und fragte, ob sie sich an ihn erinnere. Er setzte sich und ein gewisser angenehmer Geruch des Hofes wehte zu Bertha hinüber, ein vermischter Duft von starkem Tabak, von Rindern und Pferden; Sie verstand nicht, warum es ihr Herz höher schlagen ließ, aber sie atmete es lustvoll ein und ihre Augen glitzerten. Er begann zu reden und seine Stimme klang wie Musik in ihren Ohren; er sah sie an und seine Augen waren groß und grau, sie fand sie sehr mitfühlend; Er war glatt rasiert und sein Mund war sehr attraktiv. Sie errötete und fühlte sich dumm. Bertha gab sich Mühe, so charmant wie möglich zu sein; Sie wusste, dass ihre eigenen dunklen Augen wunderschön waren, und richtete sie auf seine. Als er sich schließlich von ihr verabschiedete und ihr die Hand schüttelte, errötete sie erneut; Sie war außerordentlich beunruhigt, und als ihr der starke männliche Duft der Landschaft bei seinem Aufstehen in die Nase drang, drehte sich ihr Kopf. Sie war sehr froh, dass Miss Ley nicht da war, um sie zu sehen.

Sie ging in der Dunkelheit nach Hause und versuchte, sich zu beruhigen, denn sie konnte nur an Edward Craddock denken. Sie erinnerte sich an die Vergangenheit und versuchte, sich die Vorfälle ihrer alten Bekannten ins Gedächtnis zu rufen. Nachts träumte sie von ihm und sie träumte, dass er sie küsste.

Als sie am Morgen aufwachte, dachte sie an Craddock und hielt es für unmöglich, den Tag zu überstehen, ohne ihn zu sehen. Sie dachte daran, eine Einladung zum Mittagessen oder zum Tee zu schicken, wagte es aber kaum; und sie wollte noch nicht, dass Miss Ley ihn sah. Dann erinnerte sie sich an die Farm; Sie würde dorthin gehen, war es nicht ihrs? Er würde sicherlich daran arbeiten. Der Gott der Liebe war gnädig, und sie sah ihn auf einem Feld, wie er eine Operation leitete. Sie zitterte bei diesem Anblick, ihr Herz schlug sehr schnell; und als er sie erblickte und mit einem Gruß auf sie zutrat, wurde sie auf äußerst kompromittierende Weise rot und dann weiß. Aber er war sehr hübsch, als er mit leichtem Gang zur Hecke schlenderte; vor allem war er männlich, und Bertha hatte den angenehmen Gedanken, dass seine Kräfte ziemlich herkulisch sein mussten. Sie konnte ihre Bewunderung kaum verbergen.

„Oh, ich wusste nicht, dass das deine Farm ist", sagte sie und schüttelte die Hand. „Ich bin nur aufs Geratewohl gelaufen."

„Ich würde Sie gerne herumführen, Miss Bertha."

Craddock öffnete das Tor und führte sie zu den Schuppen, in denen er seine Karren abstellte, und zeigte auf ein paar kräftige Pferde, die ein angrenzendes Feld pflügten; er zeigte ihr sein Vieh und stupste die Schweine an, damit sie ihren hervorragenden Zustand bewundern konnte; Er gab ihr Zucker für seinen Jäger und führte sie zu den Schafen – wobei er ihr alles erklärte, während sie gebannt zuhörte. Als Craddock ihr voller Stolz seine Maschinen zeigte und die Verwendung des Pferdewerfers und die Kosten des Schnitters erklärte, dachte sie, dass sie noch nie in ihrem Leben etwas so Spannendes gehört hatte. Aber vor allem wollte Bertha das Haus sehen, in dem er lebte.

„Würde es Ihnen etwas ausmachen, mir ein Glas Wasser zu geben?" Sie sagte: „Ich bin so durstig."

„Komm rein“, antwortete er und öffnete die Tür.

Er führte sie in ein kleines Wohnzimmer mit einem Wachstuch auf dem Boden. Auf dem Tisch, der den größten Teil des Raumes einnahm, lag ein bedrucktes rotes Tuch; die Stühle und das Sofa, mit abgenutztem altem Leder bezogen, waren mit größtmöglicher Steifheit arrangiert. Auf dem Kaminsims standen neben Pfeifen und Tabakdosen helle Porzellanvasen mit Binsen darin und in der Mitte eine Marmoruhr.

„Oh, wie hübsch!“ rief Bertha begeistert. „Sie müssen sich hier allein sehr einsam fühlen.“

„Oh nein, ich bin immer draußen. Soll ich dir etwas Milch holen? Es ist besser für dich als Wasser.“

Aber Bertha sah eine Serviette auf dem Tisch liegen, einen Krug Bier und etwas Brot und Käse.

„Habe ich dich von deinem Mittagessen abgehalten?“ Sie fragte. "Es tut mir so leid."

„Es spielt überhaupt keine Rolle. Ich esse nur um elf einen kleinen Snack.“

„Oh, darf ich auch welche haben? Ich liebe Brot und Käse und bin vollkommen hungrig.“

Sie saßen einander gegenüber und sahen in dem spontanen Essen einen tollen Witz. Das Brot, das er in große Stücke schnitt, war köstlich und das Bier war natürlich Nektar. Aber hinterher befürchtete Bertha, dass Craddock sie für etwas seltsam halten musste.

„Finden Sie es sehr exzentrisch von mir, auf diese Weise mit Ihnen zum Mittagessen zu kommen?“

„Ich finde es furchtbar nett von dir. Herr Ley kam oft vorbei, um mit meinem Vater etwas zu essen.“

„Oh, hat er?“ sagte Bertha. Dadurch ging sie natürlich ganz natürlich vor. „Aber ich muss jetzt wirklich gehen. Ich werde schrecklichen Ärger mit Tante Polly bekommen.“

Er bat sie, ein paar Blumen mitzunehmen und schnitt hastig einen Strauß Dahlien ab. Sie nahm sie mit der peinlichsten Dankbarkeit entgegen; und als sie sich zum Abschied die Hände schüttelten, schlug ihr Herz erneut auf lächerliche Weise.

Miss Ley erkundigte sich, von wem sie ihre Blumen hatte.

„Oh“, sagte Bertha kühl, „ich habe zufällig einen der Mieter getroffen und er hat sie mir geschenkt.“

„Hm", murmelte Miss Ley, „es wäre sinnvoller, wenn sie ihre Miete bezahlen würden."

Miss Ley verließ sofort den Raum und Bertha betrachtete die schmucken Dahlien mit einem Herzen voller Rührung. Sie lachte.

„Es nützt nichts, es vor mir selbst verbergen zu wollen", murmelte sie, „ich bin bis über beide Ohren verliebt."

Sie küsste die Blumen und war sehr froh ... Offensichtlich befand sie sich in diesem Zustand, denn in der Nacht hatte Bertha beschlossen, Edward Craddock zu heiraten oder zu sterben. Sie verlor keine Zeit, denn es war noch nicht einmal ein Monat vergangen und ihr Hochzeitstag war mit Sicherheit in Sicht.

Miss Ley verabscheute alle Gefühlsäußerungen. Weihnachten, an dem jeder seinen Nächsten an seine Brust nehmen und ihm gegenüber eine Menge sentimentaler Gefühle hegen soll, bereitete ihr so viel Unbehagen, dass sie sich für eine Zeit lang in einer Stadt auf dem Festland vergrub, wo sie niemanden kannte, und dem Ende entfliehen konnte -die Herzen anderer Menschen füllen. Selbst im Sommer konnte Miss Ley keine Stechpalme ohne einen kleinen Schauer des Ekels sehen; Ihre Gedanken wanderten sofort zu den Dekorationen bürgerlicher Häuser, zu den Misteln, die an einem Gasleuchter hingen, und zu den törichten alten Herren, die Spaß daran hatten, streunende Frauen zu küssen. Sie war froh, dass Bertha es für angebracht gehalten hatte, den Enthusiasmus der Dienstboten und verarmten Pächter abzulehnen, den ihr Vormund nach Erreichen ihrer Volljährigkeit veranlassen wollte. Miss Ley konnte sich vorstellen, dass die Feierlichkeiten, die bei einem solchen Anlass möglich waren, das Händeschütteln, die gute Laune und die aufdringliche Fröhlichkeit des englischen Landmanns, sogar die kitschigen Freuden der Weihnachtszeit übertreffen könnten. Aber glücklicherweise verabscheute Bertha solche Dinge genauso aufrichtig wie Miss Ley selbst und deutete den Betroffenen an, dass sie ihr keinen größeren Gefallen tun könnten, als sich nicht um ein Ereignis zu kümmern, das ihr eigentlich nicht sehr bedeutsam erschien.

Aber Dr. Ramsays Herzlichkeit konnte nicht ganz zurückgehalten werden; und er hatte auch ein gutes altes englisches Gespür für die Eignung der Dinge, diese Leidenschaft, auf eine bestimmte Art und Weise zu handeln, nur weil die Menschen in der Vergangenheit immer so gehandelt haben. Er bestand darauf, Bertha feierlich zu treffen, um ihm zu gratulieren, ihn zu segnen und eine Erklärung zu seiner Verwalterschaft abzugeben.

Bertha kam die Treppe herunter, als Miss Ley bereits frühstückte – eine sehr weibliche Mahlzeit, die aus nichts Deftigerem als einem Quadratzentimeter Speck und einem Stück trockenem Toast bestand. Miss Ley war wirklich etwas nervös, es störte sie, dass sie sich auf Berthas Geburtstag beziehen musste.

„Das ist ein Vorteil von Frauen", sagte sie sich, „nach fünfundzwanzig beschönigen sie ihre Geburtstage wie Unschicklichkeit. Ein Mann ist so beeindruckt von seiner Klugheit, überhaupt auf die Welt gekommen zu sein, dass ihn der Jahrestag immer interessiert; und das dumme Geschöpf denkt, es interessiere auch andere Menschen."

Aber Bertha kam ins Zimmer und küsste sie.

„Guten Morgen, mein Lieber", sagte Miss Ley und schenkte ihrer Nichte dann den Kaffee ein, „unsere geschätzte Köchin hat die Milch zu Ehren Ihrer Volljährigkeit verbrannt; Ich vertraue darauf, dass sie den Anlass nicht mit einem Trunkenheitsritual feiern wird – jedenfalls nicht vor dem Abendessen."

„Ich hoffe, Dr. Ramsay wird nicht zu heftig enthusiastisch sein", antwortete Bertha und verstand Miss Leys Gefühl.

„Oh, meine Liebe, ich zittere bei der Vorstellung seiner Fröhlichkeit. Er ist ein guter Mann. Ich denke, seine Grundsätze sind ausgezeichnet, und ich nehme nicht an, dass er unwissender ist als die meisten Allgemeinmediziner; aber seine Freundlichkeit ist manchmal schmerzlich aggressiv."

Aber Berthas Ruhe war nur äußerlich, ihr Gehirn wirbelte herum und ihr Herz schlug vor Aufregung. Sie war voller Ungeduld, ihre Neuigkeiten zu verkünden. Bertha hatte ein gewisses Gespür für die dramatische Wirkung und freute sich ein wenig auf die Szene, als ihr die Schlüssel ihres Königreichs übergeben wurden und sie verkündete, dass sie bereits einen König ausgewählt hatte, der an ihrer Seite regieren sollte. Sie hatte auch das Gefühl, dass die notwendigen Erklärungen zwischen ihr und Miss Ley allein unangenehm sein würden. Dr. Ramsays unverblümte Bluffheit machte es leichter, mit ihm umzugehen; Es ist immer schwierig, sich gegenüber einer Person zu benehmen, die demonstrativ glaubt, dass sich jeder um seine eigenen Angelegenheiten kümmern sollte, und die, was auch immer ihre Gedanken sein mögen, mehr Freude an der Verheimlichung als an deren Äußerung hat. Bertha schickte eine Nachricht an Craddock und forderte ihn auf, um drei Uhr zu kommen, um sich als zukünftiger Herr und Meister von Court Leys vorzustellen.

Dr. Ramsay kam und brach sofort in einen gewaltigen Strom von Glückwünschen aus, teils scherzhaft, teils ernst und sentimental, aber völlig verärgert über die Sorgfalt von Miss Ley. Berthas Vormund war ein großer, breitschultriger Mann mit einer blonden Mähne, die jetzt weiß wurde; Miss Ley schwor, dass er der letzte Mensch auf der Welt war, der Hammelkotelett-Schnurrhaare trug. Er hatte sehr rote Wangen und ließ durch seine Größe,

Gemütlichkeit und seinen strahlenden Teint den Eindruck unveränderlicher Gesundheit erwecken. Mit seinem rasierten Kinn und seiner stämmigen Stimme mit lauter Stimme sah er aus wie ein Freibauer der alten Schule, bevor schlechte Zeiten und die Ausbreitung der Bildung den Farmer zu einer Art Kreuzung zwischen dem Stadtschreiber und dem Newmarket-Trainer gemacht hatten. Dr. Ramsays Gehrock und sein Zylinder wirkten ungeachtet der jahrelangen Gewohnheit unbehaglich auf ihm und wirkten wie Sonntagskleidung auf einem Landarbeiter. Miss Ley, die es liebte, absurde Beschreibungen von Menschen zu finden oder einen treffenden Vergleich zu finden, hatte nie genau zu ihm passen können; und das irritierte sie etwas. In ihren Augen war die einzige Verbindung, die den Arzt mit der Menschheit verband, eine gewisse Liebe zu Antiquitäten, die sein Haus mit alten Schnupftabakdosen, Porzellan und anderen kostbaren Dingen gefüllt hatte: Die Menschheit, Miss Ley, hielt für einen kleinen Kreis von Personen, Meistens weiblich, mittleren Alters, ungebunden und unabhängig, die den Kontinent bereisten, gute Literatur lasen und die überwiegende Mehrheit ihrer Mitgeschöpfe verabscheuten, besonders wenn diese menschenfreundlich schrieen, einem ihre Religion ins Gesicht schleuderten oder ihre Religion pflegten Muskel mit aggressivem Eifer!

Dr. Ramsay aß sein Mittagessen mit einem Appetit, von dem Miss Ley glaubte, dass er seinem Metzger große Befriedigung verschaffte. Sie erkundigte sich höflich nach seiner Frau, der sie insgeheim wegen ihrer sanftmütigen Unterwürfigkeit gegenüber dem Arzt Vorwürfe machte. Miss Ley machte es sich zur Gewohnheit, jene Frauen zu meiden, die sich zu bloßen Schatten ihrer Herren entwickelt hatten, insbesondere wenn es um Haushaltsangelegenheiten ging; und Mrs. Ramsay dachte, außer sonntags, wenn ihre Gedanken auf die Kleidung der Gemeinde gerichtet waren, an nichts anderes als an den enormen Appetit ihres Mannes und die Methoden, ihn zu zügeln.

Sie kehrten in den Salon zurück und Dr. Ramsay begann, Bertha von dem Anwesen zu erzählen, wer dieser Pächter war und wie es um die Farm bestellt war, und endete mit dem erbärmlichen Zustand der Zeit und der Unmöglichkeit, Miete zu bekommen.

„Und jetzt, Bertha, was denkst du zu tun?" er hat gefragt.

Das war die Gelegenheit, nach der Bertha gesucht hatte.

"ICH?" Sie sagte leise: „Oh, ich habe vor zu heiraten."

Dr. Ramsay öffnete den Mund, warf den Kopf zurück und lachte maßlos.

„Wirklich sehr gut", rief er. „Ha, ha!"

Miss Ley sah ihn mit hochgezogenen Augenbrauen an.

„Heutzutage kommen Mädchen auf den Plan", sagte er sehr amüsiert. „Zu meiner Zeit wäre eine junge Frau voller Erröten und niedergeschlagener Blicke gewesen. Wenn jemand von Heirat gesprochen hätte, hätte sie den Himmel gebeten, ein Erdbeben zu schicken, das sie verschlingen würde."

„Fiddlesticks!" sagte Miss Ley.

Bertha blickte Dr. Ramsay mit einem Lächeln an, das sie nur mit Mühe unterdrücken konnte, und Miss Ley bemerkte den Gesichtsausdruck.

„Du hast also vor zu heiraten, Bertha?" sagte der Arzt und lachte erneut.

"Ja."

"Wann?" fragte Miss Ley, die Berthas Bemerkung nicht nur als Scherz auffasste.

Bertha schaute aus dem Fenster und fragte sich, wann Edward eintreffen würde.

"Wann?" wiederholte sie und drehte sich um. „Heute vier Wochen!"

"Was!" rief Dr. Ramsay und sprang auf. „Du willst doch nicht sagen, dass du jemanden gefunden hast! Bist du verlobt? Oh, ich verstehe, ich verstehe. Du hast einen kleinen Witz mit mir gemacht. Warum haben Sie mir nicht gesagt, dass Bertha die ganze Zeit verlobt war, Miss Ley?"

„Mein lieber Doktor", antwortete Miss Ley mit großer Gelassenheit, „bis zu diesem Moment wusste ich überhaupt nichts davon ... Ich denke, wir sollten unsere Glückwünsche aussprechen; Es ist ein Segen, sie alle an einem Tag fertig zu haben."

Dr. Ramsay blickte verwirrt von einem zum anderen.

„Nun, auf mein Wort", sagte er, „ich verstehe es nicht."

„Ich auch nicht", antwortete Miss Ley, „aber ich bleibe ruhig."

„Es ist ganz einfach", sagte Bertha. „Ich habe mich gestern Abend verlobt, und wie gesagt, ich möchte ab heute genau in vier Wochen verheiratet sein – mit Mr. Craddock."

"Was!" rief Dr. Ramsay, sprang erstaunt auf und ließ den Boden auf gefährlichste Weise beben. „Craddock! Was meinst du? Welcher Craddock?"

„Edward Craddock", antwortete Bertha kühl, „von Bewlie's Farm."

„Brrh!!" Dr. Ramsays Ausruf kann nicht transkribiert werden, aber er klang schrecklich! „Der Schurke! Es ist absurd. Du wirst nichts dergleichen tun."

Bertha sah ihn mit einem sanften Lächeln an, machte sich aber nicht die Mühe zu antworten.

„Sie sind sehr nachdrücklich, lieber Doktor", sagte Miss Ley. „Wer ist dieser Herr?"

„Er ist kein Gentleman", sagte Dr. Ramsay, rot vor Verärgerung.

„Er wird mein Ehemann sein, Dr. Ramsay", sagte Bertha und presste ihre Lippen auf die Art zusammen, die bei Miss Ley zur Gewohnheit geworden war; und wandte sich an diese Dame: „Ich kenne ihn mein ganzes Leben lang, und Vater war ein großer Freund seines Vaters. Er ist ein Gentleman-Farmer."

„Die Definition davon", sagte Dr. Ramsay, „ist ein Mann, der weder ein Bauer noch ein Gentleman ist."

„Ich habe vergessen, wer dein Vater war?" sagte Bertha, die sich noch genau daran erinnerte.

„Mein Vater war Bauer", antwortete Dr. Ramsay etwas hitzig, „und Gott sei Dank! er gab nicht vor, ein Gentleman zu sein. Er arbeitete mit seinen eigenen Händen; Ich habe ihn oft genug mit der Heugabel dabei gesehen, wie er einen Misthaufen umwälzte, wenn sonst niemand zur Hand war."

„Ich verstehe", sagte Bertha.

„Aber mein Vater kann damit nichts zu tun haben; Du kannst ihn nicht heiraten, weil er seit dreißig Jahren tot ist, und du kannst mich nicht heiraten, weil ich bereits eine Frau habe."

Miss Ley war über die Unverblümtheit des Arztes amüsiert und verbarg ein Lächeln. aber Bertha, die ziemlich wütend wurde, fand ihn außerordentlich unhöflich.

„Und was hast du gegen ihn?" Sie fragte.

„Wenn du dich lächerlich machen willst, hat er kein Recht, dich zu ermutigen. Er weiß, dass er nicht zu dir passt."

„Warum nicht, wenn ich ihn liebe?"

"Warum nicht!" schrie Dr. Ramsay. „Weil er der Sohn eines Bauern ist – wie ich – und Sie Miss Ley von Court Leys sind. Denn ein Mann in dieser Position ohne fünfzig Pfund auf dem Rücken liebt nicht heimlich ein Mädchen mit einem Vermögen."

„Fünftausend Acres, die keine Miete zahlen", murmelte Miss Ley, die immer in Opposition war.

„Sie haben überhaupt nichts gegen ihn", entgegnete Bertha; „Du hast mir selbst gesagt, dass er den allerbesten Ruf hat."

„Ich wusste nicht, dass Sie mich im Hinblick auf eine Ehe gefragt haben."

„Das war ich nicht. Sein Ruf ist mir egal. Wenn er betrunken, faul und ausschweifend wäre, würde ich ihn heiraten, weil ich ihn liebe."

„Meine liebe Bertha", sagte Miss Ley, „der Arzt wird einen Schlaganfall bekommen, wenn Sie so etwas sagen."

„Sie sagten mir, er sei einer der besten Leute, die Sie kannten, Dr. Ramsay", sagte Bertha.

„Ich leugne es nicht", rief der Arzt und seine roten Wangen hatten tatsächlich einen violetten Schimmer, der ziemlich beunruhigend war. „Er kennt sein Geschäft, er arbeitet hart, und er ist gerade und stabil."

„Mein Gott, Doktor", rief Miss Ley, „er muss ein Wunder ländlicher Exzellenz sein." Bertha hätte sich bestimmt nie in ihn verliebt, wenn er tadellos gewesen wäre."

„Wenn Bertha einen Agenten wollte", fuhr Dr. Ramsay fort, „könnte ich niemanden besser empfehlen, als ihn zu heiraten …"

„Zahlt er seine Miete?" fragte Miss Ley.

„Er ist einer der besten Mieter, die wir haben", knurrte der Arzt, etwas verärgert über Miss Leys leichtfertige Unterbrechungen.

„Natürlich, in diesen schlechten Zeiten", fügte Miss Ley hinzu, die entschlossen war, Dr. Ramsay nicht zu erlauben, den schwerfälligen Vater mit allzu großer Ernsthaftigkeit zu spielen, „vermute ich, dass die einzige Möglichkeit des angesehenen Bauern darin besteht, seine Vermieterin zu heiraten."

"Hier ist er!" unterbrach Bertha.

„Guter Gott, kommt er hierher?" rief ihr Vormund.

„Ich habe nach ihm geschickt. Denken Sie daran, dass er mein Ehemann sein wird."

„Ich will verdammt sein, wenn er es ist!" sagte Dr. Ramsay.

Kapitel IV

Bertha legte ihren besorgten Blick und den Ärger ab, den ihr der Streit bereitet hatte. Sie errötete bezaubernd, als sich die Tür öffnete, und als der Feenprinz eintrat, war ihr Gesicht von einem Lächeln umhüllt. Sie ging auf ihn zu und nahm seine Hände.

„Tante Polly", sagte sie, „das ist Mr. Edward Craddock ... Dr. Ramsay, wissen Sie."

Er schüttelte Miss Ley die Hand und sah den Arzt an, der ihm sofort den Rücken zuwandte. Craddock errötete und setzte sich neben Miss Ley.

„Wir haben über dich gesprochen, Liebste", sagte Bertha. Die Pause bei seiner Ankunft war beunruhigend gewesen, und während Craddock ziemlich nervös darüber nachdachte, was er sagen sollte, machte Miss Ley keine Anstalten, ihm zu helfen. „Ich habe Tante Polly und Dr. Ramsay gesagt, dass wir beabsichtigen, heute in vier Wochen zu heiraten."

Dies war das erste Mal, dass Craddock von diesem Datum hörte, aber er zeigte kein besonderes Erstaunen. Tatsächlich versuchte er, sich an die Rede zu erinnern, die er für diesen Anlass verfasst hatte.

„Ich werde versuchen, Ihrer Nichte ein guter Ehemann zu sein, Miss Ley", begann er.

Aber diese Dame unterbrach ihn: Sie war bereits zu dem Schluss gekommen, dass er ein Mann sei, der bei einer bestimmten Gelegenheit wahrscheinlich das sagen würde, was man erwarten könne; und das war in ihren Augen ein abscheuliches Verbrechen.

„Oh ja, ich habe keinen Zweifel", antwortete sie. „Bertha ist, wie Sie wissen, ihre eigene Geliebte und für ihre Taten niemandem gegenüber verantwortlich."

Craddock war ein wenig verlegen; Er hatte vorgehabt, sein Gefühl der Unwürdigkeit und seinen Wunsch, seine Pflicht zu erfüllen, zum Ausdruck zu bringen und auch seine eigene Position deutlich zu machen, aber Miss Leys Bemerkung schien eine weitere Erklärung zu verhindern.

„Das ist wirklich sehr praktisch", sagte Bertha und eilte ihm zu Hilfe, „weil ich den Willen habe, mein Leben auf meine eigene Weise zu verwalten, ohne Einmischung von irgendjemandem."

Miss Ley fragte sich, ob der junge Mann Berthas Aussage als ein Versprechen völliger Ruhe für die Zukunft ansah, aber Craddock schien darin nichts Unheilvolles zu sehen; Er blickte Bertha mit einem dankbaren Lächeln an, und der Blick, den sie erwiderte, war voller leidenschaftlicher Hingabe.

Seit seiner Ankunft hatte Miss Ley Craddock mit großer Aufmerksamkeit beobachtet, und da sie eine Frau war, konnte sie nicht umhin, ein gewisses Vergnügen an dem Wissen zu empfinden, dass Bertha ängstlich versuchte, ihr Urteilsvermögen zu ermitteln. Craddocks Aussehen war beeindruckend. Miss Ley mochte im Allgemeinen junge Männer, und dies war ein sehr gutaussehendes Mitglied dieser Spezies. Seine Augen waren gut, aber sonst war an der Physiognomie nichts Auffälliges – er sah gesund und gut gelaunt aus. Miss Ley bemerkte sogar, dass er nicht an seinen Nägeln kaute und dass seine Hände stark und fest waren. Es gab wirklich nichts, was ihn von den gewöhnlichen gesunden jungen Engländern mit guter Moral und gutem Körperbau unterschied; aber der Unterricht ist angenehm. Miss Leys einziges Wunder war, dass Bertha ihn und nicht zehntausend andere der gleichen Sorte ausgewählt hatte, denn dass Bertha ihn einigermaßen aktiv ausgewählt hatte, gab es für Miss Ley nicht den Anflug eines Zweifels.

Miss Ley drehte sich zu ihm um.

„Hat Bertha dir unsere Hühner gezeigt?" fragte sie ruhig.

„Nein", sagte er, überrascht über die Frage; „Ich hoffe, sie wird es tun."

„Oh, kein Zweifel. Wissen Sie, ich habe keine Ahnung von Landwirtschaft. Waren Sie schon einmal im Ausland?"

„Nein, ich bleibe bei meinem eigenen Land", antwortete er; „Es ist gut genug für mich."

„Das wage ich zu behaupten", sagte Miss Ley und blickte zu Boden. „Bertha muss dir unbedingt unsere Hühner zeigen. Sie interessieren mich, weil sie den Menschen sehr ähnlich sind – sie sind so dumm."

„Zu dieser Jahreszeit schaffe ich es überhaupt nicht, meine zu legen", sagte Craddock.

„Natürlich bin ich keine Landwirtin", wiederholte Miss Ley, „aber Hühner machen mir Spaß."

Dr. Ramsay begann zu lächeln und Bertha errötete wütend.

„Du hast noch nie Interesse an den Hühnern gezeigt, Tante Polly."

„Habe ich das nicht, meine Liebe? Erinnern Sie sich nicht, dass ich gestern Abend bemerkt habe, wie hart das war, das wir zum Abendessen hatten? ... Wie lange kennen Sie Bertha schon, Mr. Craddock?"

„Es scheint mein ganzes Leben lang", antwortete er. „Und ich möchte sie näher kennenlernen."

Diesmal lächelte Bertha, und Miss Ley war darüber nicht unzufrieden, obwohl sie sicher war, dass die Schlagfertigkeit unbeabsichtigt war.

Die ganze Zeit über sagte Dr. Ramsay kein Wort und sein Verhalten erregte Berthas Zorn.

„Ich habe Sie noch nie fünf Minuten lang schweigend sitzen sehen, Dr. Ramsay", sagte sie.

„Ich glaube, was ich zu sagen habe, würde Ihnen kaum gefallen, Miss Bertha."

Miss Ley war darauf bedacht, dass keine Auseinandersetzung die höfliche Unbehaglichkeit des Treffens störte.

„Sie denken wieder über diese Mieten nach, Doktor", sagte sie und wandte sich an Craddock: „Der arme Arzt ist unglücklich, weil die Hälfte unserer Mieter sagt, sie könnten nicht zahlen."

Der arme Arzt grunzte und schniefte, und Miss Ley meinte, es sei höchste Zeit für den jungen Mann, sich zu verabschieden. Sie sah Bertha an, die es schnell verstand, und als sie aufstand, sagte sie:

„Lass uns sie in Ruhe lassen, Eddie; Ich möchte dir das Haus zeigen."

Er erhob sich eifrig und war am Ende der Tortur offensichtlich sehr erleichtert. Er schüttelte Miss Ley die Hand und konnte sich dieses Mal nicht zurückhalten, eine kleine Rede zu halten.

„Ich hoffe, du bist mir nicht böse, weil ich dir Bertha weggenommen habe. Ich hoffe, dass ich dich bald besser kennenlernen werde und dass wir gute Freunde werden."

Miss Ley war verblüfft, fand seine Bemühungen aber wirklich nicht schlecht. Es hätte schlimmer kommen können, und auf jeden Fall hatte er Hinweise auf den Allmächtigen und seine Pflicht herausgehalten! Dann wandte sich Craddock an Dr. Ramsay und ging mit ausgestreckter Hand auf ihn zu, die er nicht zurückweisen konnte.

„Ich würde Sie gerne einmal sehen, Dr. Ramsay", sagte er und sah ihn fest an. „Ich glaube, du willst mit mir reden, und das würde mir auch gefallen. Wann können Sie mir einen Termin geben?"

Bertha errötete vor Freude über seine offenen Worte, und Miss Ley freute sich über den Mut, mit dem er den alten Geizhals angegriffen hatte.

„Ich denke, das wäre eine sehr gute Idee", sagte der Arzt. „Ich kann dich heute Abend um acht sehen."

"Gut! Auf Wiedersehen, Miss Ley."

Er ging mit Bertha aus.

Miss Ley gehörte nicht zu den Personen, die es für indiskret hielten, sich auf der Grundlage kleiner Beweise eine Meinung zu bilden. Noch bevor sie einen Mann kannte, hatte sie sich fünf Minuten lang eine Meinung über ihn gebildet und gab nichts lieber, als jedem, der sie fragte, ihren Eindruck mitzuteilen.

„Auf mein Wort, Doktor", sagte sie, sobald die Tür geschlossen war, „er ist nicht so schrecklich, wie ich erwartet hatte."

„Ich habe nie gesagt, dass er nicht gut aussieht", antwortete Dr. Ramsay pointiert, der davon überzeugt war, dass jede Frau bereit sei, sich bei einem gutaussehenden Mann lächerlich zu machen.

Miss Ley lächelte. „Gutes Aussehen, mein lieber Doktor, sind drei Teile der notwendigen Ausrüstung im Kampf ums Leben. Man kann sich das elende Dasein eines wirklich unscheinbaren Mädchens nicht vorstellen."

„Befürworten Sie Berthas lächerliche Idee?"

„Um die Wahrheit zu sagen, ich denke, es macht kaum einen Unterschied, ob Sie und ich damit einverstanden sind oder nicht. Deshalb sollten wir die Angelegenheit lieber im Stillen angehen."

„Sie können machen, was Sie wollen, Miss Ley", antwortete der Arzt sehr unverblümt, „aber ich habe vor, das Geschäft zu stoppen."

„Das werden Sie nicht, mein lieber Doktor", sagte Miss Ley und lächelte erneut. „Ich kenne Bertha so viel besser als du. Ich lebe seit drei Jahren mit ihr zusammen und es hat mir immer wieder Spaß gemacht, ihren Charakter zu studieren ... Lassen Sie mich Ihnen erzählen, wie ich sie kennengelernt habe. Natürlich wissen Sie, dass ihr Vater und ich seit Jahren nicht mehr miteinander gesprochen haben. Nachdem er mit seinem eigenen Geld Enten und Drachen gespielt hatte, wollte er dasselbe alberne Spiel mit meinem spielen; und als ich entschieden Einspruch erhob, geriet er in heftige Leidenschaft, nannte mich einen undankbaren Unglücklichen und nährte diesen Groll bis ans Ende seiner Tage. Nun, sein Gesundheitszustand verschlechterte sich nach dem Tod seiner Frau und er verbrachte mehrere Jahre damit, mit Bertha über den Kontinent zu wandern. Sie wurde in einem halben Dutzend Ländern so gut wie möglich ausgebildet, und es ist für mich ein Wunder, dass sie nicht völlig unwissend oder völlig bösartig ist. Sie ist ein brillantes Beispiel für die Meinung, dass die Menschheit eher zum Guten als zum Bösen neigt."

Miss Ley lächelte, denn sie selbst war vom genauen Gegenteil überzeugt.

„Nun, eines Tages", fuhr sie fort, „bekam ich ein Telegramm, das mir über meine Anwälte geschickt wurde: ‚Vater tot, bitte kommen Sie, wenn es Ihnen passt. – BERTHA LEY .' Der Brief wurde von Neapel aus adressiert und ich war in Florenz. Natürlich stürmte ich hinunter und nahm nur eine Tüte, ein paar Meter Krepp und ein paar Riechsalze mit. Am Bahnhof wurde ich von Bertha abgeholt, die ich zehn Jahre lang nicht gesehen hatte; Ich sah eine große und hübsche junge Frau, sehr selbstbeherrscht und bewundernswert nach der neuesten Mode gekleidet. Ich küsste sie auf eine dem Anlass entsprechende, verhaltene Art; und als wir zurückfuhren, erkundigten wir uns, wann die Beerdigung stattfinden würde, und hielten die Riechsalze bereit, um in Tränen ausbrechen zu können. „Oh, es ist alles vorbei", sagte sie. „Ich habe mein Telegramm erst abgeschickt, als alles geklärt war; Ich dachte, es würde dich nur verärgern. Ich habe dem Vermieter der Villa und dem Personal gekündigt. Es war eigentlich überhaupt nicht nötig, dass Sie kamen, nur der Arzt und der englische Pfarrer schienen es ziemlich seltsam von mir zu finden, allein hier zu sein.' Ich habe die Riechsalze selbst verwendet! Stellen Sie sich meine Emotionen vor; Ich erwartete, ein hysterisches Mädchen vorzufinden, alles auf den Kopf gestellt und allerlei schreckliche Dinge zu tun; Stattdessen fand ich, dass alles vollkommen in Ordnung war, und dass die Hobbledehoy eher dazu bereit war, mich zu verwalten, wenn ich es zuließ. Beim Mittagessen schaute sie sich mein Reisekleid an. „Ich nehme an, Sie haben Florenz in Eile verlassen", bemerkte sie. „Wenn du etwas Schwarzes haben willst, gehst du besser zu meiner Schneiderin; sie ist nicht schlecht. Ich muss heute Nachmittag selbst dorthin gehen, um ein paar Dinge anzuprobieren."'

Miss Ley blieb stehen und blickte den Arzt an, um die Wirkung ihrer Worte zu sehen. Er sagte nichts.

„Und der Eindruck, den ich damals gewonnen habe", fügte sie hinzu, „hat sich seitdem nur noch verstärkt." Sie werden ein sehr kluger Mann sein, wenn Sie Bertha daran hindern, etwas zu tun, was sie sich vorgenommen hat."

„Willst du mir sagen, dass du die Ehe genehmigen wirst?"

Miss Ley zuckte mit den Schultern. „Mein lieber Dr. Ramsay, ich sage Ihnen, es macht keinen Unterschied, ob wir segnen oder fluchen. Und er scheint ein durchschnittlicher junger Mann zu sein – seien wir dankbar, dass ihr nichts Schlimmeres passiert ist. Er ist nicht ungebildet."

„Nein, das ist er nicht. Er verbrachte zehn Jahre an der Regis School in Tercanbury; also sollte er etwas wissen."

„Was genau war sein Vater?"

„Sein Vater war derselbe wie er selbst – ein Gentleman-Farmer. Er war wie sein Sohn an der Regis School unterrichtet worden. Er kannte die meisten Adligen, aber er gehörte nicht ganz dazu; Er kannte alle Bauern und gehörte auch nicht zu ihnen. Und das sind sie seit Generationen, weder Fleisch noch Geflügel noch guter roter Hering."

„Es sind diese Menschen, von denen die Zeitungen sagen, dass sie das Rückgrat des Landes bilden, Dr. Ramsay."

„Lassen Sie sie dann an ihrem richtigen Platz bleiben, hinten", sagte der Arzt. „Sie können tun, was Sie wollen, Miss Ley; Ich werde dem Geschäft ein Ende setzen. Schließlich hat mich der alte Mr. Ley zum Vormund des Mädchens ernannt, und obwohl sie einundzwanzig ist, denke ich, dass es meine Pflicht ist, dafür zu sorgen, dass sie nicht in die Hände des ersten mittellosen Schlingels gerät, der sie bittet, ihn zu heiraten."

„Sie können tun, was *Sie* wollen", erwiderte Miss Ley, die ein wenig gelangweilt war. „Mit Bertha wirst du nichts anfangen."

„Ich gehe nicht zu Bertha; Ich gehe direkt zu Craddock und möchte ihm meine Meinung sagen."

Miss Ley zuckte mit den Schultern. Dr. Ramsay erkannte offensichtlich nicht, wer in der Angelegenheit die aktive Partei war, und sie hielt es nicht für ihre Pflicht, ihn zu informieren.

„Die Frage ist", sagte sie leise, „kann sie jemand Schlimmeres heiraten?" Ich muss sagen, ich bin ziemlich erleichtert, dass Bertha kein Geschöpf aus Bayswater heiraten will."

Der Arzt verabschiedete sich, und ein paar Minuten später gesellte sich Bertha zu Miss Ley. Letzterer hatte offensichtlich nicht die Absicht, den Lauf der wahren Liebe zu stören.

„Du wirst sicher darüber nachdenken, deine Aussteuer zu bestellen, meine Liebe", sagte sie mit einem trockenen Lächeln.

„Wir werden ganz privat heiraten", antwortete Bertha. „Wir beide wollen kein Aufhebens machen."

„Ich denke, du bist sehr weise. Natürlich denken die meisten Menschen, dass sie etwas sehr Originelles tun, wenn sie heiraten. Es kommt ihnen nie in den Sinn, dass seit Adam und Eva eine ganze Reihe von Menschen die Ehe geschlossen haben."

„Ich habe Edward gebeten, morgen zu Mittag zu essen", sagte Bertha.

Kapitel V

Am nächsten Tag zog sich Miss Ley nach dem Mittagessen in den Salon zurück und packte die Bücher aus, die gerade von Mudie eingetroffen waren. Sie schaute sie durch und las hier und da eine Seite, um zu sehen, wie sie aussahen, während sie an die Mahlzeit dachte, die sie gerade beendet hatte. Edward Craddock war etwas nervös gewesen und hatte unbehaglich auf seinem Stuhl gesessen, vielleicht zu aufdringlich, als er Miss Ley Dinge reichte, Salz und Pfeffer und dergleichen, da er sah, dass sie sie haben wollte. Offensichtlich wollte er sich liebenswürdig machen. Gleichzeitig war er verhalten und nicht so fröhlich, wie man es von einem glücklichen Liebhaber erwarten würde. Miss Ley fragte sich unwillkürlich, ob er ihre Nichte wirklich liebte. Bertha hatte offensichtlich keine Zweifel an diesem Thema. Sie hatte gestrahlt und ihre Augen die ganze Zeit auf den jungen Mann gerichtet, als wäre er das entzückendste und wunderbarste Objekt, das sie je gesehen hatte. Miss Ley war überrascht über die Offenheit des Mädchens, die im Gegensatz zu ihrer alten Zurückhaltung stand. Es schien ihr völlig egal zu sein, ob die ganze Welt ihre Gefühle sah. Sie war nicht nur glücklich, verliebt zu sein, sie war auch stolz. Miss Ley lachte laut über die Idee des Arztes, dass er den Lauf dieser Leidenschaft stören könnte ... Aber wenn Miss Ley, wohlwissend, dass die Gießkannen der Vernunft diese tobenden Feuer nicht löschen konnten, nicht die Absicht hatte, das Match zu behindern Sie hatte auch nicht den Wunsch, den Vorbereitungen beizuwohnen. und nach dem Mittagessen ging sie allein ins Wohnzimmer, als sie bemerkte, dass sie sich müde fühlte und sich hinlegen wollte. Es gefiel ihr, dass sie gleichzeitig dem Vergnügen der Liebenden und ihrer eigenen Bequemlichkeit gerecht werden konnte.

Sie wählte aus dem Bündel das Buch aus, das ihr am vielversprechendsten erschien, und begann zu lesen. Plötzlich wurde die Tür von einem Diener geöffnet und Miss Glover angekündigt. Auf Miss Leys Gesicht huschte ein Ausdruck der Verärgerung, dem aber sofort ein Ausdruck wohlklingender Liebenswürdigkeit folgte.

„Oh, stehen Sie nicht auf, liebe Miss Ley", sagte die Besucherin, als ihre Gastgeberin langsam vom Sofa aufstand.

Miss Ley schüttelte die Hand und begann zu reden. Sie sagte, sie sei erfreut, Miss Glover zu sehen, fand aber inzwischen, dass der Sinn für Etikette dieser geschätzten Person sehr langweilig sei. Die Glovers hatten in der vergangenen Woche im Court Leys zu Abend gegessen, und pünktlich sieben Tage später stattete Miss Glover einen feierlichen Besuch ab.

Miss Glover war eine würdige Person, aber langweilig; und das konnte Miss Ley nicht verzeihen. Ihrer Meinung nach wäre es zehntausendmal besser gewesen, Becky Sharp und ein Monster der Bosheit zu sein, als Amelia und ein Monster der Dummheit.

„Entschuldigen Sie, Madam, es ist bekannt, dass Thackeray uns in Amelia ein Vorbild für die reinherzige, gutherzige englische Jungfrau gegeben hat, deren Qualitäten die Grundlage für die Größe Großbritanniens und die Überlegenheit der Anglo sind - Sächsische Rasse."

„Ich habe keinen Zweifel daran, dass dies seine Absicht war. Aber warum sollten Romanautoren Ihrer Meinung nach, wenn sie ein durchschnittliches englisches Mädchen zeichnen, ausnahmslos einen völligen Narren hervorbringen?"

„Meine Dame, meine Dame, das ist Ketzerei."

„Nein, Sir, es ist lediglich eine Frage — ausgelöst durch den Wunsch nach Information."

„Es muss an ihrem Mangel an Geschick liegen."

"Ich hoffe es."

Miss Glover war eines der gutmütigsten und barmherzigsten Geschöpfe auf der Welt, ein Wunder der Selbstlosigkeit und Selbstlosigkeit; aber jemand, der sich über sie amüsierte, konnte nur ein absoluter Wahnsinniger sein.

„Sie ist wirklich ein liebes, freundliches Ding", sagte Miss Ley über sie, „und sie leistet unendlich viel Gutes in der Gemeinde — aber sie ist wirklich zu langweilig: Sie ist nur für den Himmel geeignet!"

Und das Bild ging Miss Ley durch den Kopf, ungetrübt von den fortschreitenden Jahren, von Miss Glover, mit ihrem farblosen Haar, das ihr über den Rücken fiel, Flügeln und einer goldenen Harfe, wie sie morgens, mittags und abends mit kreischender Stimme Hymnen sang. Tatsächlich gefiel Miss Glover die allgemeine Vorstellung eines paradiesischen Kostüms sehr schlecht. Sie war eine Frau von etwa acht und zwanzig Jahren, konnte aber zwischen ein und zwei Jahren alt sein; man hatte das Gefühl, dass sie immer dieselbe gewesen war und dass die Jahre keinen Einfluss auf ihre Geistesstärke hatten. Sie hatte keine Figur und ihre Kleidung war so steif und unnachgiebig, dass sie den Eindruck einer Rüstung erweckte. Sie trug fast immer eine enge schwarze Jacke aus geripptem Stoff, die offensichtlich sehr haltbar war, die schlichtesten Röcke und starke, wirklich starke Stiefel! Ihr Hut war für jedes Wetter geeignet und sie hatte ihn selbst gemacht! Sie trug nie einen Schleier, und ihre Haut war trocken und hart und so eng über die Knochen gezogen, dass sie ihrem Gesicht eine außerordentliche Kantigkeit verlieh. Über ihren markanten Wangenknochen befand sich eine rote Röte, deren Farbe nicht gleichmäßig durchdrungen war, sondern deren Kapillaren deutlich hervortraten und ein Netzwerk bildeten. Ihre Nase und ihr Mund hatten das, was man höflich als entschlossen bezeichnen würde, und ihre blassblauen Augen standen leicht hervor. Zehn Jahre lang hatten die ostanglischen Winde alle Weichheit aus ihrem Gesicht geblasen, und ihre bittere Wut schien sogar ihr Haar gebleicht zu haben. Man konnte nicht sagen, ob es braun war und seine Fülle verloren hatte, oder ob es goldfarben war, von dem der Schimmer verschwunden war; und die Wurzeln sprangen mit einer merkwürdigen Distanzierung aus dem Schädel, so dass Miss Ley immer dachte, wie einfach es in ihrem Fall für den Aufzeichnungsengel wäre, die Haare zu zählen. Aber ungeachtet des harten, kompromisslosen Äußeren, das extreme Entschlossenheit verriet, war Miss Glover so schüchtern, so absurd selbstbewusst, dass sie bei jeder Gelegenheit errötete; und in der Gegenwart eines Fremden völliges Elend durchzumachen, weil man nicht in der Lage ist, an ein einziges Wort zu denken, das man sagen könnte. Gleichzeitig hatte sie das zarteste Herz, mitfühlend, mitfühlend; Sie war überströmt von Liebe und Mitleid für ihre Mitgeschöpfe. Sie war auch übermäßig sentimental!

„Und wie geht es deinem Bruder?“ fragte Miss Ley.

Herr Glover war der Pfarrer von Leanham, das etwa eine Meile von Court Leys entfernt an der Tercanbury Road lag, und für ihn hatte Miss Glover seit seiner Ernennung zur Lebenden den Haushalt geführt.

„Oh, es geht ihm sehr gut. Natürlich macht er sich eher Sorgen um die Andersdenkenden. Sie wissen, dass sie in Leanham eine neue Kapelle errichten; es ist absolut schrecklich.“

"Herr. Craddock erwähnte die Tatsache beim Mittagessen.

„Oh, hat er mit dir zu Mittag gegessen? Ich wusste nicht, dass du ihn dafür gut genug kennst.“

„Ich nehme an, er ist jetzt hier“, sagte Miss Ley; „Er war nicht da, um sich zu verabschieden.“

Miss Glover sah sie mit einem Mangel an Intelligenz an. Aber es war nicht zu erwarten, dass Miss Ley es erklären würde, ohne die Angelegenheit noch komplizierter zu machen.

„Und wie geht es Bertha?“ fragte Miss Glover, deren Gespräch sich hauptsächlich mit Fragen über gegenseitige Bekanntschaften beschäftigte.

„Oh, natürlich, sie ist im siebten Himmel der Freude.“

"Oh!" sagte Miss Glover und verstand überhaupt nicht, was Miss Ley meinte.

Sie hatte etwas Angst vor der älteren Dame. Obwohl ihr Bruder Charles sagte, er fürchte, sie sei weltgewandt, konnte Miss Glover nicht umhin, eine Frau zu respektieren, die in London und auf dem Kontinent gelebt hatte, die Dean Farrar getroffen und Miss Marie Corelli gesehen hatte.

„Natürlich", sagte sie, „Bertha ist jung und von Natur aus übermütig."

„Nun, ich bin mir sicher, ich hoffe, dass sie glücklich sein wird."

„Sie müssen sich große Sorgen um ihre Zukunft machen, Miss Ley." Miss Glover fand die Beobachtungen ihrer Gastgeberin einfach nur kryptisch, und da sie sich dumm vorkam, errötete sie feuerrot.

"Gar nicht; Sie ist ihre eigene Geliebte und ebenso körperlich und vernünftig wie die meisten jungen Frauen. Aber es ist natürlich ein großes Risiko."

„Es tut mir sehr leid, Miss Ley", sagte die Schwester des Pfarrers so verzweifelt, dass ihre Freundin gewisse Gewissensbisse bekam, „aber ich verstehe es wirklich nicht. Was ist ein großes Risiko?"

„Ehe, meine Liebe."

„Wird Bertha heiraten? Oh, liebe Miss Ley, ich möchte Ihnen gratulieren. Wie glücklich und stolz musst du sein!"

„Meine liebe Miss Glover, bitte bleiben Sie ruhig. Und wenn Sie jemandem gratulieren möchten, gratulieren Sie Bertha – nicht mir."

„Aber ich bin so froh, Miss Ley. Wenn ich daran denke, wie die liebe Bertha heiratet; Charles wird sich riesig freuen."

„Es geht an Herrn Edward Craddock", sagte Miss Ley trocken und unterbrach diese Transporte.

"Oh!" Miss Glovers Kinnlade klappte herunter und sie verfärbte sich; dann erholte sie sich: „Das sagst du nicht!"

„Sie scheinen überrascht zu sein, liebe Miss Glover", sagte die ältere Dame mit einem dünnen Lächeln.

"Ich bin überrascht. Ich dachte, sie kannten sich kaum; und außerdem –" Miss Glover hielt verlegen inne.

„Und außerdem was?" fragte Miss Ley scharf.

„Nun, Miss Ley, natürlich ist Mr. Craddock ein sehr guter junger Mann und ich mag ihn, aber ich hätte nicht glauben sollen, dass er zu Bertha passt."

„Es hängt davon ab, was Sie unter einer passenden Übereinstimmung verstehen."

„Ich hatte immer gehofft, Bertha würde den jungen Mr. Branderton von den Towers heiraten."

"Hm!" sagte Miss Ley, die die Mutter des benachbarten Gutsbesitzers nicht mochte, „Ich weiß nicht, was Mr. Branderton ihm empfehlen kann, außer dem Besitz von vier oder fünf Generationen besonders dummer Vorfahren und zwei- oder dreitausend Acres, die er nicht vermieten kann noch verkaufen.“

„Natürlich ist Mr. Craddock ein sehr würdiger junger Mann“, fügte Miss Glover hinzu, die befürchtete, zu viel gesagt zu haben. „Wenn Sie mit dem Spiel einverstanden sind, kann sich niemand sonst beschweren.“

„Ich bin mit dem Match nicht einverstanden, Miss Glover, aber ich bin nicht so dumm, dagegen zu sein. Für eine Frau, die genug Geld zum Leben hat, ist die Ehe immer eine hoffnungslose Idiotie.“

„Es ist eine Einrichtung der Kirche, Miss Ley“, antwortete Miss Glover ziemlich streng.

"Ist es?" erwiderte Miss Ley. „Ich dachte immer, es sei eine Vereinbarung, den Richtern des Scheidungsgerichts Arbeit zu verschaffen.“

Darauf gab Miss Glover zu Recht keine Antwort.

„Glaubst du, dass sie zusammen glücklich sein werden?“

„Ich halte es für sehr unwahrscheinlich“, sagte Miss Ley.

„Nun, denken Sie nicht, dass es Ihre Pflicht ist – entschuldigen Sie, dass ich es erwähne, Miss Ley –, etwas zu tun?“

„Meine liebe Miss Glover, ich glaube nicht, dass sie unglücklicher sein werden als die meisten verheirateten Paare; und die größte Pflicht eines Menschen auf dieser Welt ist es, die Menschen in Ruhe zu lassen.“

„Da kann ich Ihnen nicht zustimmen“, sagte Miss Glover zügellos. „Wenn die Pflicht nicht schwieriger wäre, wäre es kein Verdienst, sie zu erfüllen.“

„Ach, meine Liebe, deine Vorstellung von einem glücklichen Leben besteht immer darin, das Unangenehme zu tun: meine ist, die Rosen zu pflücken – mit Handschuhen, damit die Dornen mich nicht stechen.“

„So kann man den Kampf nicht gewinnen, Miss Ley. Wir müssen alle kämpfen.“

„Meine liebe Miss Glover!“ sagte Berthas Tante.

Sie fand es ein wenig unverschämt, dass eine Frau, die zwanzig Jahre jünger war als sie, sie zu einem besseren Leben ermahnte. Aber das Bild dieses armen, schlecht gekleideten Wesens, das mit einem Teufel kämpfte, mit gespaltenen Füßen, mit Schwänzen und Hörnern, war ebenso erbärmlich wie komisch; und mit Mühe unterdrückte Miss Ley den Impuls, zu streiten und ihre geschätzte Freundin ein wenig zu erschrecken.

Doch in diesem Moment kam Dr. Ramsay herein. Er schüttelte beiden Damen die Hand.

„Ich dachte, ich schaue mal rein, um zu sehen, wie es Bertha geht", sagte er.

„Der arme Mr. Craddock hat einen weiteren Gegner", bemerkte Miss Ley. „Miss Glover meint, ich sollte die Angelegenheit ernst nehmen."

„Das tue ich tatsächlich", sagte Miss Glover.

„Seit ich ein junges Mädchen war", sagte Miss Ley, „habe ich versucht, die Dinge nicht ernst zu nehmen, und ich fürchte, jetzt bin ich hoffnungslos leichtfertig."

Der Kontrast zwischen dieser Behauptung und Miss Leys primitiver Art war wirklich lustig, aber Miss Glover sah nur etwas völlig Unverständliches.

„Schließlich", fügte Miss Ley hinzu, „sind neun von zehn Ehen mehr oder weniger unbefriedigend." Sie sagen, der junge Branderton wäre besser geeignet gewesen; Aber eine Reihe von Vorfahren trägt in Wirklichkeit nicht besonders zum Eheglück bei, und ansonsten sehe ich keinen deutlichen Unterschied zwischen ihm und Edward Craddock. Herr Branderton war in Eton und Oxford, aber er verheimlicht die Tatsache mit großem Erfolg. Praktisch ist er genauso ein Gentleman-Farmer wie Mr. Craddock; aber eine Familie arbeitet sich selbst hoch und die andere arbeitet sich selbst herunter. Die Brandertons repräsentieren die Vergangenheit und die Craddocks die Zukunft; und obwohl ich Reformen und Fortschritt verabscheue, ziehe ich, was die Ehe betrifft, den Mann vor, der eine Familie gründet, gegenüber dem Mann, der sie beendet. Aber, mein Gott! du machst mich sentimental."

Es war merkwürdig, wie der Widerstand Miss Ley fast zu einer Verfechterin von Edward Craddock machte.

„Nun", sagte der Arzt in seiner schweren Art, „ich bin dafür, dass jeder in seiner eigenen Klasse bleibt. Heutzutage möchte jeder, wer auch immer ein Mann ist, der nächste Bessere sein; Der Arbeiter ahmt den Handwerker nach, der Handwerker ahmt den Berufstätigen nach."

„Und der Berufsmann ist das Schlimmste von allem, lieber Doktor", sagte Miss Ley, „denn er ahmt den edlen Lord nach, der selten ein besonders bewundernswertes Beispiel gibt." Und das Amüsante daran ist, dass jede Gruppe sich für genauso gut hält wie die oben stehenden, während sie gleichzeitig eine tiefe Verachtung für alle unten hegt. Tatsächlich sind die einzigen Mitglieder der Gesellschaft, die sich selbst angemessen schätzen, die Bediensteten. Ich denke immer, dass die Diener der Herrenhäuser in South Kensington um einiges weniger abscheulich sind als ihre Herren."

Dies war kein Thema, über das Miss Glover oder Dr. Ramsay diskutieren konnten, und es entstand eine kurze Pause.

„Welchen einzigen Punkt können Sie für diese Ehe vorbringen?" fragte der Arzt plötzlich.

Miss Ley sah ihn an, als würde sie dann mit einem trockenen Lächeln denken: „Mein lieber Doktor, Mr. Craddock ist so sachlich – der Mond wird ihn niemals zu poetischen Ekstasen versetzen."

„Fräulein Ley!" sagte die Schwester des Pfarrers in einem bittenden Ton.

Miss Ley warf einen Blick von einem zum anderen. „Möchten Sie meine ernsthafte Meinung?" fragte sie etwas ernster als sonst. „Das Mädchen liebt ihn, mein lieber Doktor. Schließlich ist die Ehe ein solches Risiko, dass es sich nur aus Leidenschaft lohnt."

Miss Glover blickte unbehaglich auf, als sie das Wort *Leidenschaft hörte* .

„Ja, ich weiß, was Sie alle in England denken", sagte Miss Ley und erkannte den Blick und seine Bedeutung. „Man erwartet, dass Menschen aus jedem Grund heiraten, außer dem richtigen – und das ist der Fortpflanzungsinstinkt."

„Fräulein Ley!" rief Miss Glover errötend aus.

„Oh, Sie sind alt genug, um die Sache vernünftig zu betrachten", antwortete Miss Ley etwas brutal. „Bertha ist lediglich die Frau, die sich zum Mann hingezogen fühlt, und das ist die einzig vernünftige Grundlage der Ehe – der andere Weg kommt mir einfach nur schrecklich vor." Und was macht es schon, wenn der Mann nicht den gleichen Stand hat, der Instinkt hat nichts mit dem Lebenswandel zu tun; Wenn ich jemals verliebt gewesen wäre, wäre es mir egal gewesen, wenn es ein Potboy gewesen wäre, ich hätte ihn geheiratet – wenn er mich gefragt hätte."

„Nun, auf mein Wort!" sagte der Arzt.

Aber Miss Ley war jetzt wach und unterbrach ihn: „Die besondere Funktion einer Frau besteht darin, ihre Spezies zu verbreiten; und wenn sie weise ist, wird sie einen starken und gesunden Mann zum Vater ihrer Kinder wählen. Ich habe keine Geduld mit den Frauen, die einen Mann heiraten, weil er klug ist. Was nützt ein Ehemann, der komplexe mathematische Berechnungen durchführen kann? Eine Frau will einen Mann mit starken Armen und der Verdauung eines Ochsen."

„Miss Ley", unterbrach Miss Glover, „ich bin nicht klug genug, mit Ihnen zu streiten, aber ich weiß, dass Sie falsch liegen. Ich glaube nicht, dass ich recht habe, wenn ich auf Sie höre. Ich bin sicher, Charles würde es nicht gefallen."

„Meine Liebe, du wurdest wie die meisten englischen Mädchen erzogen – das heißt wie eine Idiotin."

Die arme Miss Glover errötete. „Auf jeden Fall bin ich dazu erzogen worden, die Ehe als eine heilige Institution zu betrachten. Wir sind hier auf der Erde, um das Fleisch abzutöten, nicht um es zu verwöhnen. Ich hoffe, dass ich niemals in die Versuchung geraten werde, über solche Dinge so zu denken, wie Sie es vorgeschlagen haben. Wenn ich jemals heirate, weiß ich, dass mir nichts weiter entfernt sein wird als fleischliche Gedanken. Ich betrachte die Ehe als eine spirituelle Verbindung, in der es meine Pflicht ist, meinen Mann zu lieben, zu ehren und ihm zu gehorchen, ihn zu unterstützen und zu unterstützen und mit ihm ein Leben zu führen, damit wir, wenn das Ende kommt, darauf vorbereitet sind.“

„Fiddlesticks!“ sagte Miss Ley.

„Ich hätte gedacht, dass gerade Sie,“ sagte Dr. Ramsay, „Einwände dagegen hätten, dass Bertha unter ihrer Würde heiratet.“

„Sie können nicht glücklich sein“, sagte Miss Glover.

"Warum nicht? Ich kannte in Italien Lady Justitia Shawe, die ihren Lakaien heiratete. Sie ließ ihn ihren Namen annehmen, und sie tranken wie die Fische. Sie lebten vierzig Jahre lang in vollkommener Glückseligkeit, und als er sich zu Tode trank, war die arme Lady Justitia so betrübt, dass ihr nächster Anfall von *Delirium tremens* sie dahinraffte. Es war äußerst erbärmlich.“

„Ich kann mir nicht vorstellen, dass Sie einem solchen Schicksal für Ihre einzige Nichte, Miss Ley, mit Freude entgegensehen“, sagte Miss Glover, die alles ernst nahm.

„Ich habe noch eine Nichte, wissen Sie“, antwortete Miss Ley, „Meine Schwester, Mrs. Vaudrey, hat drei Kinder.“

Aber der Arzt unterbrach: „Nun, ich glaube nicht, dass Sie sich darüber Gedanken machen müssen, denn ich habe die Vollmacht, Ihnen mitzuteilen, dass die Ehe von Bertha und dem jungen Craddock gescheitert ist.“

"Was!" rief Miss Ley. „Ich glaube es nicht.“

„Das sagen Sie nicht“, rief Miss Glover im selben Moment. „Oh, ich *bin* erleichtert.“

Dr. Ramsay rieb sich die Hände und strahlte vor Freude. „Ich wusste, dass ich damit aufhören sollte“, sagte er. „Was denken Sie jetzt, Miss Ley?“

Offensichtlich freute er sich über ihr Unbehagen, und die Dame wurde ziemlich verärgert.

„Wie kann ich irgendetwas denken, bis du es erklärst?“ Sie fragte.

„Er kam gestern Abend zu mir – Sie erinnern sich, er hat aus eigenem Antrieb um ein Interview gebeten – und ich habe ihm den Fall vorgelegt. Ich habe mit ihm gesprochen und ihm gesagt, dass die Ehe unmöglich sei; und ich sagte, die Leute aus Leanham und Blackstable würden ihn einen Glücksjäger nennen. Um Berthas Willen habe ich mich an ihn gewandt. Er ist ein ehrlicher, unkomplizierter Kerl – das habe ich immer gesagt. Ich habe ihm gezeigt, dass er nicht das Richtige getan hat, und schließlich hat er versprochen, dass er damit aufhören würde."

„Ein solches Versprechen wird er nicht halten", sagte Miss Ley.

„Oh, wird er das nicht?" rief der Arzt. „Ich kenne ihn sein ganzes Leben lang und er würde lieber sterben, als sein Wort zu brechen."

"Armer Kerl!" sagte Miss Glover, „es muss ihm schrecklich wehgetan haben."

„Er ertrug es wie ein Mann."

Miss Ley schürzte die Lippen, bis sie praktisch verschwunden waren. „Und wann soll er Ihren lächerlichen Vorschlag umsetzen, Dr. Ramsay?" Sie fragte.

„Er erzählte mir, dass er heute hier zu Mittag essen würde und die Gelegenheit nutzen würde, um Bertha um seine Freilassung zu bitten."

„Der Mann ist ein Idiot!" murmelte Miss Ley vor sich hin, aber ziemlich hörbar.

„Ich denke, das ist sehr edel von ihm", sagte Miss Glover, „und ich werde es ihm unbedingt sagen."

„Ich habe nicht an Mr. Craddock gedacht", schnappte Miss Ley.

Miss Glover blickte Dr. Ramsay an, um zu sehen, wie er die Unhöflichkeit aufnahm; aber in diesem Moment wurde die Tür geöffnet und Bertha kam herein. Miss Ley erfasste ihre Stimmung mit einem Blick. Bertha war offenbar überhaupt nicht beunruhigt; es gab keine Anzeichen von Tränen, aber ihre Wangen zeigten mehr Farbe als sonst und ihre Lippen waren fest zusammengepresst; Miss Ley kam zu dem Schluss, dass ihre Nichte eine sehr schöne Leidenschaft hatte . Sie verdrängte jedoch den Anschein von Wut und lächelte auf ihrem Gesicht, als sie ihre Besucher begrüßte.

„Miss Glover, wie nett von Ihnen, zu kommen. Wie geht es Ihnen, Dr. Ramsay?

„Liebling", unterbrach Miss Glover, „es ist alles zum Besten."

Bertha drehte sich zu ihr um und die Röte in ihrem Gesicht verstärkte sich: „Ah, ich sehe, Sie haben die Angelegenheit besprochen. Wie gut von dir! Edward hat mich gebeten, ihn freizulassen."

Dr. Ramsay nickte zufrieden.

„Aber ich habe mich geweigert!"

Dr. Ramsay sprang auf, und Miss Glover hob die Hände und rief: „Oh, mein Gott! Oh je!" Dies war eine der seltenen Gelegenheiten in ihrem Leben, bei der Miss Ley laut lachte.

Bertha strahlte nun einfach nur vor Glück. „Er tat so, als wolle er die Verlobung auflösen – aber ich lehnte strikt ab."

„Willst du damit sagen, dass du ihn nicht gehen lassen würdest, als er dich darum gebeten hat?" sagte der Arzt.

„Hast du gedacht, ich würde zulassen, dass mein Glück von dir zerstört wird?" fragte sie verächtlich. „Ich habe herausgefunden, dass Sie sich eingemischt haben, Dr. Ramsay. Armer Junge, er glaubte, seine Ehre verlangte von ihm, meine Unerfahrenheit nicht auszunutzen; Ich habe ihm gesagt, was ich ihm tausendmal gesagt habe, dass ich ihn liebe und dass ich nicht ohne ihn leben kann ... Oh, ich denke, Sie sollten sich schämen, Dr. Ramsay. Was meinst du damit, dass du zwischen mich und Edward stehst?"

Bertha sagte die letzten Worte leidenschaftlich und schwer atmend. Dr. Ramsay war verblüfft, und Miss Glover blickte nach unten, weil sie eine solche Art zu reden fast undamenhaft fand. Miss Leys scharfe Augen wanderten von einem zum anderen.

„Glaubst du, er liebt dich wirklich?" sagte Miss Glover schließlich. „Mir scheint, dass er, wenn er es getan hätte, nicht so bereit gewesen wäre, dich aufzugeben."

Miss Ley lächelte; Es war sicherlich seltsam, dass ein Geschöpf von geradezu engelhafter Güte einen so machiavellistischen Vorschlag machte.

„Er hat angeboten, mich aufzugeben, weil er mich liebte", sagte Bertha stolz. „Ich verehre ihn zehntausendmal mehr für diesen Vorschlag."

„Ich habe keine Geduld mit Ihnen", rief der Arzt unfähig, sich zu beherrschen. „Er heiratet dich wegen deines Geldes."

Bertha lachte ein wenig. Sie stand am Feuer und wandte sich dem Glas zu ... Sie betrachtete ihre Hände, die auf dem Rand des Kaminsimses ruhten, klein und exquisit geformt, die Finger spitz zulaufend, die Nägel von zartem Rosa. Es waren die sanftesten Hände der Welt, geschaffen zum Streicheln; und da sie sich ihrer Schönheit bewusst war, trug sie keine Ringe. Mit ihnen war Bertha sehr zufrieden. Dann hob sie den Blick und sah sich selbst im Spiegel: Eine Weile blickte sie in ihre dunklen Augen, die manchmal blitzten und manchmal die brennenden Botschaften der Liebe überbrachten. Sie blickte auf ihre Ohren – klein und rosa wie eine Muschel; Sie vermittelten einem das Gefühl, dass kein Material den Händen des Künstlers so dankbar war wie die

Materialien, aus denen der Körper des Menschen besteht. Auch ihr Haar war dunkel, so üppig, dass sie kaum wusste, wie man es trug; es lockte sich; man wollte mit den Händen hindurchgehen und stellte sich vor, dass seine Berührung herrlich sein müsse. Sie legte ihre Finger zur Seite, um eine verirrte Locke zu ordnen: Sie könnten sagen, was sie wollten, dachte sie, aber ihr Haar war gut. Bertha fragte sich, warum sie so dunkel war; Ihre olivfarbene Haut erinnerte tatsächlich an den Süden mit seiner brennenden Leidenschaft: Sie hatte den Teint der schönen Frauen in Umbrien, unbeschreiblich klar und weich. Ein Maler hatte einmal gesagt, dass ihre Haut die ganze Farbe der untergehenden Sonne habe, der untergehenden Sonne an ihren Rändern, wo sich die Pracht mit dem Himmel vermischt; Es hatte hundert sanfte Farbtöne, Creme und Elfenbein, das blasseste Gelb des Rosenherzens und das schwächste, ganz schwächste Grün, alles von strahlendem Licht durchflutet. Sie betrachtete ihre vollen, roten Lippen, fast leidenschaftlich sinnlich. Bertha lächelte über sich selbst und sah die gleichmäßigen, glänzenden Zähne; Bei der genauen Betrachtung war sie errötet, und die Farbe machte ihren blassen, wunderbaren Teint noch exquisiter. Sie drehte sich langsam um und sah die drei Personen an, die sie ansahen.

„Glaubst du, dass es für einen Mann unmöglich ist, mich für mich selbst zu lieben? Sie sind nicht schmeichelhaft, lieber Doktor."

Miss Ley hielt Bertha sicherlich für sehr mutig, der Kritik zweier unverheirateter Frauen entgegenzutreten; aber sie brachte es zum Schweigen. Miss Leys Blick wanderte von dem statuarischen Hals zu den fein geformten Armen und zur Figur.

„Du siehst großartig aus, meine Liebe", sagte sie mit einem Lächeln.

Der Arzt äußerte einen genervten Gesichtsausdruck: „Können Sie nichts tun, um diesen Wahnsinn zu verhindern, Miss Ley?"

„Mein lieber Dr. Ramsay, ich habe genug Mühe, mein eigenes Leben zu ordnen; Bitten Sie mich nicht, mich in die Angelegenheiten anderer einzumischen."

Kapitel VI

BERTHA gab sich ganz dem Genuss ihrer Liebe hin. Ihr sanguinisches Temperament erlaubte ihr nie, etwas Halbherziges zu tun, und sie achtete jetzt nicht darauf, ihre Gefühle zu verbergen; Die Liebe war ein großes Meer, in das sie sich kühn stürzte, ohne Rücksicht darauf, ob sie schwimmen oder untergehen würde.

„Ich bin so ein Idiot", sagte sie zu Craddock, „ich kann mir nicht vorstellen, dass irgendjemand schon einmal geliebt hat. Ich habe das Gefühl, dass die Welt erst jetzt beginnt."

Sie hasste jede Trennung von ihm. Am Morgen existierte sie nur für den Besuch ihres Geliebten zur Mittagszeit und den Spaziergang mit ihm zurück zu seiner Farm; Dann schien der Nachmittag endlos zu sein, und sie zählte die Stunden, die vergehen mussten, bis sie ihn wiedersah. Aber was für ein Glück war es, als er nach getaner Arbeit ankam und sie Seite an Seite am Feuer saßen und redeten; Bertha wollte kein anderes Licht haben als das unregelmäßige Flackern der Kohlen, so dass der Raum ohne den kleinen Raum, in dem sie saßen, dunkel war und die Rötung des Feuers einen Glanz und unheimliche Schatten auf Edwards Gesicht warf. Sie liebte es, ihn anzusehen, seine klaren Gesichtszüge und seine grauen Augen. Dann kannte ihre Leidenschaft keine Grenzen mehr.

„Schließ deine Augen", flüsterte sie und küsste die geschlossenen Lider; Sie ließ ihre Lippen langsam über seine Lippen gleiten, und der sanfte Kontakt ließ sie schaudern und lachen. Sie vergrub ihr Gesicht in seiner Kleidung und atmete die meisterhaften Düfte der Landschaft ein, die sie schon immer fasziniert hatten.

„Was hast du heute gemacht, mein Liebster?"

„Oh, auf der Farm ist gerade nicht viel los. Wir haben nur gepflügt und Wurzeln geschlagen."

Es faszinierte sie, Informationen über landwirtschaftliche Themen zu erhalten, und sie hätte ihm stundenlang zuhören können. Jedes Wort, das Edward sprach, war charmant und originell. Bertha ließ ihn nie aus den Augen; Sie liebte es, ihn sprechen zu sehen, und hörte oft kaum zu, was er sagte, sondern beobachtete nur das Spiel seines Gesichtsausdrucks. Es verwirrte ihn manchmal, ihr überaus glückliches Lächeln zu bemerken, wenn er zum Beispiel über die Trockenlegung eines Feldes sprach. Sie interessierte sich jedoch sehr für sein gesamtes Vieh und erkundigte sich immer wieder nach einem Ochsen, der unpässlich war. Es gefiel ihr, an den starken Mann unter seinen Tieren zu denken, und der Gedanke spannte ihre eigenen Muskeln an. Sie beschloss, Reiten, Tennis und Golf zu lernen, um ihn bei seinen Vergnügungen begleiten zu können. Ihre eigenen Leistungen erschienen ihr unnötig und sogar demütigend. Als sie Edward Craddock ansah, wurde ihr klar, dass der Mensch tatsächlich der Herr der Schöpfung war. Sie sah ihn mit langen Schritten über seine Felder schreiten, seine Arbeiter hin und her befehlen, fähig, ihre Operationen zu leiten, furchtlos, mutig und frei. Es war erstaunlich, wie viele hervorragende Eigenschaften sie aus der Untersuchung seines Profils ableiten konnte.

Als sie dann von den Männern sprach, die er beschäftigte, konnte sie sich kein größeres Glück vorstellen, als einen solchen Herrn zu haben.

„Ich würde gerne Melkerin auf deinem Bauernhof sein", sagte sie.

„Ich habe keine Melkerinnen", antwortete er. „Ich habe einen Milchmann; es ist nützlicher."

„Du liebes altes Ding", rief sie. „Wie sachlich du bist!"

Sie ergriff seine Hände und sah sie an.

„Manchmal habe ich ziemliche Angst vor dir", sagte sie lachend. „Du bist so stark. Ich fühle mich neben dir so völlig schwach und hilflos."

„Hast du Angst, dass ich dich schlage?"

Sie sah zu ihm auf und dann auf die starken Hände hinunter.

„Ich glaube nicht, dass es mir etwas ausmachen würde, wenn du es tätest. Ich denke, ich sollte dich nur noch mehr lieben."

Er brach in Gelächter aus und küsste sie.

„Ich mache keine Witze", sagte sie. „Ich verstehe jetzt die Frauen, die die Bestien der Männer lieben. Sie sagen, dass einige Frauen alles von ihren Männern ertragen würden; Sie lieben sie umso mehr, weil sie brutal sind. Ich glaube, ich bin so; aber ich habe dich noch nie in Leidenschaft gesehen, Eddie. Wie bist du, wenn du wütend bist?"

„Ich bin nie wütend."

„Miss Glover hat mir erzählt, dass Sie die beste Laune der Welt hätten. Ich habe Angst vor all dieser Perfektion."

„Erwarte nicht zu viel von mir, Bertha. Ich bin kein vorbildlicher Mann, wissen Sie."

Natürlich küsste sie ihn, als er solch absurde Bescheidenheitsbemerkungen machte.

„Ich bin sehr zufrieden", antwortete sie; „Ich will keine Perfektion. Natürlich hast du Fehler, auch wenn ich sie noch nicht erkennen kann. Aber wenn ich es tue, weiß ich, dass ich dich nur noch mehr lieben werde. Wenn eine Frau einen hässlichen Mann liebt, sagen sie, dass die Hässlichkeit ihn nur attraktiver macht und ich werde deine Fehler lieben, so wie ich alles liebe, was dir gehört."

Sie saßen eine Weile schweigend da, und die Stille war noch bezaubernder als die Rede. Bertha wünschte, sie könnte für immer so bleiben und in seinen Armen ruhen. Sie vergaß, dass Craddock bald einen gesunden Appetit entwickeln und ein reichhaltiges Abendessen verspeisen würde.

„Lass mich deine Hände betrachten", sagte sie.

Sie liebte sie auch. Sie waren groß und grob gearbeitet, hart durch Arbeit und Belichtung, zehnmal angenehmer, dachte sie, als die weichen Hände des Stadtbewohners. Sie fühlte sie fest und äußerst männlich. Sie erinnerten sie an eine Hand in einem italienischen Museum, die aus Porphyr geschnitzt, aber aus irgendeinem Grund unvollendet blieb; und der Mangel an Details erweckte den gleichen Eindruck von enormer Stärke. Auch seine Hände könnten die eines Halbgottes oder eines Helden gewesen sein. Sie streckte die langen, kräftigen Finger aus. Craddock, der sie nur sehr wenig kannte, blickte verwundert und amüsiert zu. Sie fing seinen Blick auf und beugte sich lächelnd vor, um die nach oben gerichteten Handflächen zu küssen. Sie wollte sich vor dem starken Mann erniedrigen, vor ihm niedrig und demütig sein. Sie wäre seine Dienerin gewesen, und nichts hätte sie so zufriedenstellen können, als für ihn die niedrigsten Dienste zu leisten. Sie wusste nicht, wie sie die Unermesslichkeit ihrer Leidenschaft zeigen sollte.

Es gefiel Bertha, mit ihrem Geliebten nach Blackstable zu gehen und die Blicke der Leute auf sich zu ziehen, wohl wissend, wie sehr sie sich für die Ehe interessierten. Was kümmerte es sie, wenn sie überrascht waren, dass sie sich für Edward Craddock entschieden hatte, den sie sein ganzes Leben lang gekannt hatten? Sie war stolz auf ihn, stolz, seine Frau zu sein.

Eines Tages, als es für die Jahreszeit sehr warm war, ruhte sie auf einem Zauntritt, während Craddock an ihrer Seite stand. Sie sagten kein Wort, sondern sahen einander voller ekstatischer Freude an.

„Sehen Sie", sagte Craddock plötzlich. „Da ist Arthur Branderton."

Er warf Bertha einen Blick zu, dann blickte er unbehaglich von einer Seite zur anderen, als wollte er einer Begegnung aus dem Weg gehen.

„Er war weg, nicht wahr?" fragte Bertha. „Ich wollte ihn treffen." Sie war durchaus bereit, dass die ganze Welt sie sehen sollte. „Guten Tag, Arthur!" rief sie, als der junge Mann näher kam.

"Oh! Bist du es, Bertha? Hallo, Craddock!" Er sah Edward an und fragte sich, was er dort mit Miss Ley gemacht hatte.

„Wir sind gerade in Leanham angekommen und ich war müde.“

"Oh!" Der junge Branderton fand es seltsam, dass Bertha mit Craddock Spaziergänge machte.

Bertha brach in Gelächter aus. „Oh, er weiß es nicht, Edward! Er ist der Einzige im Landkreis, der die Nachricht noch nicht gehört hat.“

"Welche Neuigkeiten?" fragte Branderton. „Ich war die letzte Woche in Yorkshire bei meinem Schwager.“

"Herr. Craddock und ich werden heiraten.“

„Bist du, bei Jupiter!“ rief Branderton; Er sah Craddock an und gratulierte dann verlegen. Sie konnten nicht umhin, sein Erstaunen zu sehen, und Craddock errötete, weil er es wusste, weil Bertha eingewilligt hatte, einen mittellosen Bettler wie ihn zu heiraten, einen Mann ohne Familie. „Ich hoffe, Sie laden mich zur Hochzeit ein“, sagte der junge Mann, um seine Verwirrung zu verbergen. „Oh, es wird sehr ruhig sein – da sind nur wir selbst, Dr. Ramsay, meine Tante und Edwards Trauzeuge.“

„Darf ich dann nicht mitkommen?“ fragte Branderton.

Bertha sah Edward schnell an; Der Gedanke, dass er von einer Person unterstützt werden könnte, die an diesem Ort keine große Bedeutung hatte, hatte ihr ein gewisses Unbehagen bereitet. Schließlich war sie Miss Ley; und sie hatte bereits herausgefunden, dass einige der Freunde ihres Geliebten nicht besonders begehrenswert waren. Der Zufall bot ihr die Möglichkeit, die Schwierigkeit zu überwinden.

„Ich fürchte, das ist unmöglich“, antwortete sie auf Brandertons Bitte, „es sei denn, Sie können Edward dazu bringen, Ihnen den wichtigen Posten des Trauzeugen anzubieten.“

Es gelang ihr, das Paar völlig unbehaglich zu machen. Branderton hatte keinen großen Wunsch, dieses Amt für Edward auszuüben – „Natürlich ist Craddock ein sehr guter Kerl und ein guter Sportler, aber nicht der Typ Kerl, den man von einem Mädchen wie Bertha Ley erwarten würde.“ Und Edward, der die Gefühle des jüngeren Mannes verstand, schwieg.

Aber Branderton hatte einige Kenntnisse über die höfliche Gesellschaft und unterbrach die vorübergehende Pause.

„Wer wird Ihr Trauzeuge sein, Craddock?“ er hat gefragt; er konnte nichts anderes tun.

„Ich weiß es nicht – ich habe nicht daran gedacht.“

Aber als Branderton Berthas Blick auf sich zog, verstand er plötzlich ihren Wunsch und den Grund dafür.

„Willst du mich nicht haben?“ sagte er schnell. „Ich wage zu behaupten, dass ich intelligent genug bin, um die Aufgaben zu erlernen.“

„Es würde mir sehr gefallen“, antwortete Craddock. „Das ist sehr nett von dir.“

Branderton sah Bertha an und sie lächelte dankbar; er sah, dass sie zufrieden war.

„Wohin gehst du für deine Flitterwochen?“ Er bat nun, ein Gespräch zu führen.

„Ich weiß es nicht“, antwortete Craddock. „Wir hatten noch kaum Zeit, darüber nachzudenken.“

„Sie sind in all Ihren Plänen sicherlich sehr vage.“

Er schüttelte ihnen die Hand, erhielt von Bertha einen dankbaren Druck und ging.

„Hast du wirklich nicht an unsere Flitterwochen gedacht, dummer Junge?“ fragte Bertha.

"NEIN!"

"Nun, Ich habe. Ich habe mich entschieden und alles geklärt. Wir fahren nach Italien und ich möchte Ihnen Florenz, Pisa und Siena zeigen. Es wird einfach himmlisch sein. Wir werden nicht nach Venedig fahren, weil es zu sentimental ist; Menschen mit Selbstachtung können am Ende des 19. Jahrhunderts nicht in Gondeln Liebe machen ... Oh, ich sehne mich danach, mit dir im Süden zu sein, unter dem blauen Himmel und den unzähligen Sternen der Nacht.“

„Ich war noch nie im Ausland“, sagte er ohne große Begeisterung.

Aber ihr Feuer reichte völlig für zwei. „Ich weiß, ich werde das Vergnügen haben, Ihnen alles zu enthüllen. Ich werde es mehr genießen als je zuvor; Es wird so neu für dich sein. Und wir können sechs Monate bleiben, wenn wir wollen.“

„Oh, das könnte ich unmöglich“, rief er. „Denken Sie an den Bauernhof.“

„Oh, stört die Farm. Es sind unsere Flitterwochen, *Sposo mio* .“

„Ich glaube nicht, dass ich länger als zwei Wochen wegbleiben könnte.“

"Was für ein Unsinn! Wir können zwei Wochen lang nicht nach Italien fahren. Der Bauernhof kommt auch ohne dich zurecht.“

„Und auch im Januar und Februar, wenn das ganze Lämmern bevorsteht.“

Er wollte Bertha nicht beunruhigen, aber tatsächlich würden die Hälfte seiner Lämmer sterben, wenn er nicht da wäre, um ihren Eintritt in diese böse Welt zu überwachen.

„Aber du musst gehen“, sagte Bertha. „Ich habe mein Herz darauf gelegt.“

Er schaute eine Weile nach unten, ziemlich unglücklich.

„Wäre ein Monat nicht ausreichend?“ er hat gefragt. „Ich werde alles tun, was du wirklich willst, Bertha.“

Aber seine offensichtliche Abneigung gegen den Vorschlag schmerzte Bertha ins Herz. Sie neigte nur dazu, stur zu bleiben, wenn sie sah, dass er ihr widerstehen könnte; und sein erstes Wort der Kapitulation ließ sie reuig herumfahren.

„Was für ein egoistisches Biest ich bin!“ Sie sagte. „Ich möchte dich nicht unglücklich machen, Eddie. Ich dachte, es würde dir gefallen, ins Ausland zu gehen, und ich hatte alles so gut geplant ... Aber wir werden nicht gehen; Ich hasse Italien. Lasst uns einfach für zwei Wochen in die Stadt fahren, wie zwei Bauern vom Land.“

„Oh, aber das wird dir nicht gefallen.“

„Natürlich werde ich das tun. Ich mag alles, was du magst. Glaubst du, es interessiert mich, wohin wir gehen, solange ich bei dir bin? ... Du bist doch nicht böse auf mich, Liebling, oder?“

Mr. Craddock war so freundlich, anzudeuten, dass dies nicht der Fall sei.

Miss Ley war, sehr gegen ihren Willen, von Miss Glover dazu gedrängt worden, für eine Wohltätigkeitsorganisation zu arbeiten, und strickte gerade Babysocken (als die kleinsten Kleidungsstücke, die sie herstellen konnte), als Bertha ihr von dem geänderten Plan erzählte: Sie ließ eine Masche fallen! Miss Ley war zu klug, um etwas zu sagen, aber sie fragte sich, ob die Welt untergehen würde; Berthas Pläne zerschmetterten wie sprödes Glas, und sie schien wirklich begeistert zu sein. Noch vor einem Monat hätte der Widerstand Bertha eher dazu gebracht, Meere zu überqueren und Abgründe zu erklimmen, als eine Idee aufzugeben, die ihr in den Sinn gekommen war. Wahrlich, die Liebe ist ein Scharfsinniger, der den Löwen so leicht in ein Lamm verwandeln kann wie ein Taschentuch in einen Blumentopf! Miss Ley begann, Edward Craddock zu bewundern.

Auf dem Heimweg, nachdem er Bertha verlassen hatte, wurde er vom Pfarrer von Leanham empfangen. Mr. Glover war ein großer Mann, kantig, blond, dünn und rotwangig – eine etwas weibliche Ausgabe seiner Schwester, aber er roch auf die bemerkenswerteste Weise nach Antiseptika; Miss Ley gelobte, er habe seine Kleidung mit Jodoform gespickt und täglich in Karbolsäure gebadet. Er war fleißig und wohltätig, hasste Andersdenkende und war über vierzig.

„Ah, Craddock, ich wollte dich sehen.“

„Es geht doch nicht um die Aufgebote, Vikar, oder? Wir werden mit einer Sondergenehmigung heiraten.“

Wie viele Landsleute sah Edward etwas Komisches im Klerus – man sollte es ihnen nicht verübeln, denn es ist der einzige Scherz in ihrem Leben – und er neigte dazu, den Pfarrer mit mehr Humor zu behandeln, als er es in den anderen Angelegenheiten dieser Welt tat . Der Pfarrer lachte; Es ist eine der besten Eigenschaften des Landgeistlichen, dass er bereit ist, sich über die Scherzhaftigkeit seiner Gemeindemitglieder zu amüsieren.

„Die Ehe ist dann geklärt? Du bist ein sehr glücklicher junger Mann.“

Craddock legte seinen Arm bei Mr. Glover mit der unbewussten Freundlichkeit, die ihm hundert Freunde eingebracht hatte. „Ja, ich habe Glück“, sagte er. „Ich weiß, dass ihr es ziemlich seltsam findet, dass Bertha und ich heiraten, aber wir hängen sehr aneinander und ich möchte mein Bestes für sie tun. Sie wissen, dass ich nie herumgeredet habe, Pfarrer, nicht wahr?“

„Ja, mein Junge“, sagte der Pfarrer, berührt von Edwards Selbstvertrauen. „Jeder weiß, dass du standhaft genug bist.“

„Natürlich hätte sie Männer mit einer viel besseren sozialen Stellung als ich finden können – aber ich werde versuchen, sie glücklich zu machen. Und ich habe nichts vor ihr zu verbergen, wie es manche Männer getan haben; Ich gehe fast so direkt auf sie zu, wie sie auf mich zukommt.“

„Es ist ein großes Glück, das sagen zu können.“

„Ich habe noch nie in meinem Leben eine andere Frau geliebt, und was den Rest betrifft – nun ja, natürlich bin ich jung und war manchmal in der Stadt; aber ich habe es immer gehasst und verabscheut. Und das Land und die harte Arbeit halten einen von allem Bösen fern.“

„Es freut mich sehr, das von Ihnen zu hören“, antwortete Mr. Glover. „Ich hoffe, dass du glücklich sein wirst, und ich denke, dass du das auch tun wirst.“

Der Pfarrer verspürte ein leichtes Gewissensbisse, denn zunächst hatten seine Schwester und er das Spiel als „ *Mésalliance* “ *bezeichnet* (sie sprachen das Wort abscheulich aus), und erst als sie erfuhren, dass es unvermeidlich war, begannen sie zu erkennen, dass ihre Haltung ein wenig mangelhaft war in Wohltätigkeit. Die beiden Männer schüttelten sich die Hände.

„Ich hoffe, es macht Ihnen nichts aus, wenn ich Ihnen diese Dinge ausspucke, Pfarrer. Ich nehme an, es ist in gewisser Weise Ihre Sache. Ich wollte Miss Ley etwas in der Art sagen; aber irgendwie bekomme ich nie eine Chance."

Kapitel VII

Genau einen Monat nach ihrem einundzwanzigsten Geburtstag, wie Bertha angekündigt hatte, fand die Hochzeit statt; und das junge Paar machte sich auf den Weg, um seine Flitterwochen in London zu verbringen. Bertha wusste, dass sie nicht lesen würde, nahm jedoch ein Buch mit, nämlich die *Meditationen von Marcus Aurelius* ; und Edward, der der Meinung war, dass Bahnreisen immer mühsam seien, kaufte zu diesem Anlass „ *Das Geheimnis der sechsfingrigen Frau"*, dessen Titel ihn anzog. Er war entschlossen, sich nicht zu langweilen, denn da er mit seinem Roman nicht zufrieden war, kaufte er am Bahnhof eine *Sporting Times* .

„Oh", sagte Bertha, als der Zug losgefahren war, und seufzte erleichtert, „ich bin so froh, endlich mit dir allein zu sein. Jetzt brauchen wir niemanden mehr, der uns beunruhigt, und niemand kann uns trennen, und wir werden für den Rest unseres Lebens zusammen sein."

Craddock legte die Zeitung weg, die er aus Gewohnheit aufgeschlagen hatte, nachdem er sich auf seinem Platz niedergelassen hatte.

„Ich bin auch froh, dass die Zeremonie vorbei ist."

„Wissen Sie", sagte sie, „ich hatte auf dem Weg zur Kirche schreckliche Angst; Mir kam der Gedanke, dass du möglicherweise nicht da warst – dass du vielleicht deine Meinung geändert und geflohen sein könntest."

Er lachte. „Warum um alles in der Welt sollte ich meine Meinung ändern? Das ist etwas, was ich nie mache."

„Oh, ich kann dir nicht feierlich gegenübersitzen, als wären wir schon seit einem Jahrhundert verheiratet. Mach Platz für mich, Junge."

Sie trat an seine Seite und schmiegte sich eng an ihn.

„Sag mir, dass du mich liebst", flüsterte sie.

"Ich liebe dich sehr."

Er bückte sich und küsste seine Frau, dann legte er seinen Arm um ihre Taille und zog sie näher an sich heran. Er war ein wenig nervös, es hätte ihm nicht wirklich leidgetan, wenn eine aufdringliche Person den *Verlobten* in der Kutsche missachtet und eingestiegen wäre. Er fühlte sich bei Bertha kaum zu Hause und war immer noch verwirrt über seinen Schicksalswechsel; Es gab tatsächlich einen großen Unterschied zwischen Court Leys und Bewlie's Farm.

„Ich bin so glücklich", sagte Bertha. „Manchmal habe ich Angst ... Glaubst du, dass es so bleiben kann, glaubst du, dass wir immer so glücklich sein werden? Ich habe alles, was ich mir auf der Welt wünsche, und bin absolut zufrieden." Sie schwieg eine Minute lang und streichelte seine Hände. „Du wirst mich immer lieben, Eddie, nicht wahr – auch wenn ich alt und schrecklich bin?"

„Ich bin nicht der Typ, der sich ändern lässt."

„Oh, du weißt nicht, wie sehr ich dich verehre", rief sie leidenschaftlich. „ *Meine* Liebe wird sich nie ändern, sie ist zu stark. Bis ans Ende meiner Tage werde ich dich immer von ganzem Herzen lieben. Ich wünschte, ich könnte dir sagen, was ich fühle."

In letzter Zeit schien die englische Sprache für den Ausdruck ihrer vielfältigen Gefühle völlig ungeeignet zu sein.

Sie gingen in ein weitaus teureres Hotel, als sie sich leisten konnten. Craddock hatte klugerweise etwas weniger Extravagantes vorgeschlagen, aber Bertha wollte nichts davon hören; Als Miss Ley war sie an die Zweitklassigkeit nicht gewöhnt, und sie war zu stolz auf ihren neuen Namen, um ihn in einem anderen als dem besten Hotel Londons zu tragen.

Je mehr Bertha vom Geist ihres Mannes erfuhr, desto mehr erfreute es sie. Sie liebte die Einfachheit und Natürlichkeit des Mannes; Sie warf wie einen zerfetzten Seidenmantel die Gefühle ab, mit denen sie jahrelang gelebt hatte, und kleidete sich in den robusten, selbstgesponnenen Stoff, der so gut zu ihrem Herrn und Meister passte. Es war bezaubernd zu sehen, wie naiv er alles genoss. Für ihn war alles frisch und neu; Über die Comic-Zeitungen brach er in Gelächter aus, und in den Tageszeitungen fand er immer wieder Beobachtungen, die ihn durch ihre tiefe Originalität beeindruckten. Er war das unverdorbene Kind der Natur; seinen Geist frei von den Millionen Perversitäten der Zivilisation. Ihn zu kennen war nach Berthas Meinung eine Ausbildung in all der Güte und Reinheit, der Stärke und Tugend des Engländers!

Sie gingen oft ins Theater, und Bertha freute sich, dem einfachen Vergnügen ihres Mannes zuzusehen. Die pathetischen Passagen eines Melodrams, die Berthas Lippen vor halb amüsierter Verachtung kräuseln ließen, brachten ihn zu leichten Tränen; und in der Dunkelheit hielt er ihre Hand, um sie zu trösten, und stellte sich vor, dass seine Frau die gleichen Gefühle hatte wie er. Ah, sie wünschte, sie könnte es; Sie hasste die Bildung fremder Länder, die durch das Studium von Bildern, Palästen und fremden Völkern ihren Geist aus dem Gefängnis der Dunkelheit befreit und dennoch die Hälfte ihrer Illusionen zerstört hatten; Jetzt hätte sie viel lieber den schlichten und schmucklosen Analphabetismus, die naive Ignoranz des typischen und cremigen englischen Mädchens beibehalten. Welchen Nutzen hat Wissen?

Selig sind die Armen im Geiste: Alles, was eine Frau wirklich will, ist Reinheit und Güte und vielleicht eine gewisse Vertrautheit mit der einfachen Küche.

Aber die Liebenden, die verletzte Heldin und der zu Unrecht verdächtige Held, hatten sich herzzerreißend voneinander verabschiedet, und der Vorhang senkte sich unter stürmischem Applaus. Edward räusperte sich und putzte sich die Nase.

„Ist es nicht großartig?" sagte er und wandte sich an seine Frau.

„Du liebes Ding!" Sie flüsterte.

Es berührte sie zu sehen, wie tief er das alles empfand. Wie rein und groß und einfach und gut muss sein Herz sein! Sie liebte ihn zehnmal mehr, weil seine Gefühle leicht zu erregen waren. Ach ja, sie verabscheute den kalten Zynismus der Weltklugen, die sich über die brennenden Tränen der Einfältigen lustig machten.

Der Vorhang öffnete sich für den nächsten Akt, und in seinem Eifer, zu sehen, was passieren würde, hörte Edward sofort auf, Bertha zuzuhören, was er gerade sagte, und widmete sich dem Stück. Nachdem die Gefühle des Publikums ausreichend erschüttert waren, wurde die komische Erleichterung aktiviert. Der lustige Mann machte Witze über verschiedene Kleidungsstücke und stürzte über Tische und Stühle; und es entzückte Bertha erneut, die aufgeschlossene Heiterkeit ihres Mannes zu sehen. Es kitzelte sie ungemein, sein hemmungsloses Gelächter zu hören; Er legte den Kopf zurück und brüllte einfach, die Hände an den Seiten.

„Er hat einen bezaubernden Charakter", dachte sie.

Craddock hatte die strengsten Vorstellungen von Moral und weigerte sich absolut, seine Frau in ein Varieté mitzunehmen; Bertha hatte im Ausland viele Sehenswürdigkeiten gesehen, von denen Edward nicht geträumt hatte, aber sie respektierte seine Unschuld. Es gefiel ihr, die Festigkeit zu sehen, mit der er seine Prinzipien vertrat, und es amüsierte sie ein wenig, wie ein kleines Schulmädchen behandelt zu werden. Sie gingen in alle Theater; Edward hatte bei seinen seltenen Besuchen in London seine Besichtigungen sparsam gemacht, und der Kauf von Ständen und das Anziehen von Frackkleidung waren neue Sensationen, die ihm große Freude bereiteten. Bertha sah ihren Mann gern im Abendkleid; Das Schwarz passte zu seinem blumigen Stil, und das weiße Hemd mit hohem Kragen hob sein sonnenverbranntes, wettergegerbtes Gesicht hervor. Er sah über alles stark und männlich aus; und er war ihr Ehemann, der nur durch den Tod von ihr getrennt werden konnte: Sie betete ihn an.

Craddocks Interesse an der Bühne war ungebrochen; Er wollte immer wissen, was passieren würde, und er konnte selbst die unverständliche

Handlung einer Musikkomödie mit größter Aufmerksamkeit verfolgen. Nichts langweilte ihn. Selbst die Einfallsreichsten empfinden den Humor und die Harmonien einer Gaiety-Burleske als etwas übertrieben; Sie sind wie Toffee und Butterscotch, Köstlichkeiten, nach denen wir unser jugendliches Verlangen nicht verstehen können. Bertha hatte etwas über Musik in Ländern gelernt, in denen sie eher als Vergnügen denn als Pflicht gepflegt wird, und die populären Melodien mit offensichtlichen Refrains jagten ihr kalte Schauer über den Rücken; aber sie bewegten Craddock bis in die Tiefen seiner Seele. Er schlug den Takt zu den schwungvollen, vulgären Melodien, und sein Gesicht verklärte sich, als die Band einen patriotischen Marsch mit lautem Gebrüll von Blechbläsern und Trommelschlägen spielte. Tagelang pfiff und summte er es. „Ich liebe Musik", sagte er zu Bertha in der *Einsendung* . „Nicht wahr?"

Mit einem zärtlichen Lächeln gestand sie, dass sie es tat, und aus Angst, Edwards Gefühle zu verletzen, deutete sie nicht darauf hin, dass die fragliche Musik sie fast zum Erbrechen brachte. Was spielte es schon für eine Rolle, wenn sein Geschmack in dieser Hinsicht nicht über jeden Zweifel erhaben war; Schließlich hatten die ehrlichen, heimeligen Melodien, die die Herzen der Menschen berührten, einiges zu bieten. Nur aufgrund einer Konvention gilt die *Pastoral-Symphonie* als bessere Kunst als *Tarara-boom-deay* . Vielleicht wird Beethovens Komplexität in zwei- oder dreihundert Jahren, wenn alles mit Elektrizität erledigt wird und alle gleich sind, wenn wir alle glückliche Sozialisten mit guter Bildung und besserer Moral sind, wie eine Masse von Bosheit sein und nur die Ebene, Die ehrliche Heimeligkeit des komischen Liedes wird unsere einfachen Gefühle ansprechen.

„Wenn wir nach Hause kommen", sagte Craddock, „möchte ich, dass du für mich spielst; Es gefällt mir so sehr."

„Das werde ich gerne tun", murmelte sie. Sie dachte an die langen Winterabende, die sie am Klavier verbrachten, an der Seite ihres Mannes, der die Blätter umblätterte, während sie seinen erstaunten Ohren den vielfältigen Reichtum der großen Komponisten offenbarte. Sie war überzeugt, dass sein Geschmack wirklich ausgezeichnet war.

„Ich habe viel Musik, die meine Mutter früher gespielt hat", sagte er. „Bei Gott, ich werde es gerne noch einmal hören – einige dieser alten Melodien, die ich nie oft genug hören kann – *The Last Rose of Summer* und *Home, Sweet Home* und vieles mehr."

„Bei Gott, diese Show war der Hammer", sagte Craddock, als sie zu Abend aßen; „Ich würde es gerne noch einmal sehen, bevor wir zurückkehren."

„Wir machen, was immer du willst, mein Liebster."

„Ich glaube, so ein Abend tut gut. Es macht mich wahnsinnig; bist du es nicht?"

„Es tut mir gut, Sie amüsiert zu sehen", antwortete Bertha diplomatisch.

Die Aufführung war ihr vulgär vorgekommen, aber angesichts der Begeisterung ihres Mannes konnte sie sich nur eine lächerliche Zimperlichkeit vorwerfen. Warum sollte sie sich als Richterin dieser Dinge aufspielen? War es nicht etwas vulgär, in etwas Vulgarität zu finden, das den Laien so viel Vergnügen bereitete? Sie war wie der *Neureiche* , der über den allgemeinen Mangel an Vornehmheit betrübt ist; Aber sie hatte genug von Analyse und Subtilität und all den Begleiterscheinungen einer dekadenten Zivilisation.

„Um Himmels willen", dachte sie, „lasst uns einfach und leicht amüsant sein."

Sie erinnerte sich an die vier jungen Damen, die in fleischfarbenen Strumpfhosen und sonst nichts Nennenswertem erschienen waren und einen besonders unanmutigen Tanz tanzten, den das Publikum in seiner Freude unbedingt zweimal wiederholen wollte.

Da man keine Geschäfte zu erledigen und keine Freunde zu besuchen hat, ist es schwierig zu wissen, wie man seine Zeit in London verbringt. Bertha wäre zufrieden gewesen, den ganzen Tag mit Edward im privaten Wohnzimmer zu sitzen und über ihn und ihre außerordentliche Glückseligkeit nachzudenken. Aber Craddock hatte die feine Energie der angelsächsischen Rasse, diesen Wunsch, immer etwas zu tun, was die englischen Sportler, Missionare und Parlamentsmitglieder auszeichnete.

Nach seinem ersten Bissen Frühstück fragte er immer: „Was sollen wir heute machen?" Und Bertha durchsuchte ihr Gehirn und einen *Baedeker* , um Sehenswürdigkeiten zu finden, die sie besichtigen konnte, denn London als eine fremde Stadt zu behandeln und sie systematisch zu erkunden, war ihre einzige Ressource. Sie gingen zum Tower of London und bestaunten die Kronen und Zepter, die Insignien der verschiedenen Orden; nach Westminster Abbey und schloss sich der Gruppe von Amerikanern und Landleuten an, die von einem schwarz gekleideten Kirchendiener hin und her gefahren wurden; Sie besuchten die Gräber der Könige und sahen alles, was ihre Pflicht war zu sehen. Bertha entwickelte eine große Begeisterung für die Antiquitäten Londons; Sie genoss die Gefühle tierischer Ignoranz, mit denen sich der Tourist des Kochs in die Hände eines Aufsehers begibt, dabei zuschaut, was ihm gesagt wird, und mit offenem Mund die unzuverlässigsten Informationen herunterschluckt. Bertha kam sich dümmer vor und war sich einer engeren Verbindung zu ihren Mitmenschen bewusst. Edward mochte nicht alle Dinge gleichermaßen; Bilder langweilten ihn (es waren die einzigen Dinge, die ihn wirklich langweilten), und ihr Besuch in der Nationalgalerie war kein Erfolg. Auch das British Museum fand keine Zustimmung; Zum einen hatte er große Schwierigkeiten, Berthas Aufmerksamkeit so zu lenken, dass ihr Blick nicht zu den verschiedenen nackten Statuen wanderte, die dort ausgestellt sind, ohne Rücksicht auf die Empfindlichkeiten bescheidener Menschen. Einmal blieb sie vor einer Gruppe stehen, die mit einigen Schilden und Schwertern völlig unzureichend bekleidet war, und bemerkte ihre Schönheit. Edward schaute sich unruhig um, um zu sehen, ob jemand sie bemerkte, und als er kurz zustimmte, dass es sich um schöne Figuren handelte, entfernte er sich schnell zu einem weniger fragwürdigen Objekt.

„Ich kann diesen ganzen Verfall nicht ertragen", sagte er, als sie den drei Göttinnen des Parthenon gegenüberstanden; „Ich würde keinen Cent dafür geben, wieder hierher zu kommen."

Bertha schämte sich ein wenig, dass sie eine heimliche Bewunderung für die fraglichen Statuen hegte.

„Jetzt sagen Sie mir", sagte er, „wo ist die Schönheit dieser Kreaturen ohne Kopf?"

Bertha konnte es ihm nicht sagen, und er triumphierte. Er war ein lieber, guter Junge und sie liebte ihn von ganzem Herzen!

Das Naturhistorische Museum hingegen erregte bei Craddock große Begeisterung. Hier fühlte er sich ganz zu Hause; Es gab keine Unanständigkeiten, vor denen er seine Frau bewahren musste, und Tiere gehörten zu den Dingen, die jeder Mann verstehen konnte. Aber sie brachten ihm das Land East Kent und das Leben, das ihm am meisten Freude bereitete, wieder in Erinnerung. In London war alles schön und gut, aber er fühlte sich nicht zu Hause, und es begann, ihn zu belasten. Bertha begann auch über ihr Zuhause und Court Leys zu sprechen; Sie hatte immer mehr in der Zukunft gelebt als in der Gegenwart, und selbst in dieser Zeit ihres größten Glücks freute sie sich auf die kommenden Tage in Leanham, in denen ihr tatsächlich völlige Glückseligkeit zuteil werden würde.

Sie war jetzt zufrieden genug – es war erst der achte Tag ihres Ehelebens, aber sie wollte unbedingt zur Ruhe kommen und alle ihre Erwartungen erfüllen. Sie sprachen über die Veränderungen, die sie am Haus vornehmen mussten. Craddock hatte bereits Pläne, den Park in Ordnung zu bringen, die Home Farm zu übernehmen und sie selbst zu bewirtschaften.

„Ich wünschte, wir wären zu Hause", sagte Bertha. „Ich habe London satt."

„Ich glaube nicht, dass es mir viel ausmachen würde, wenn wir am Ende unserer vierzehn Tage angelangt wären", antwortete er.

Craddock hatte vereinbart, vierzehn Tage in der Stadt zu bleiben, und er konnte seine Meinung nicht ändern. Es war ihm unangenehm, seine Pläne zu ändern und sich etwas Neues auszudenken. Darüber hinaus war er stolz darauf, immer das zu tun, was er sich vorgenommen hatte.

Aber es kam ein Brief von Miss Ley, in dem sie mitteilte, dass sie ihre Koffer gepackt hatte und zum Kontinent aufbrechen würde.

„Sollten wir sie nicht bitten, hier zu bleiben?" sagte Craddock. „Es kommt mir etwas schwierig vor, sie so schnell hinauszuwerfen."

„Du willst doch nicht, dass sie bei uns lebt, oder?" fragte Bertha etwas bestürzt.

„Nein, eher nicht; aber ich verstehe nicht, warum du sie wie eine Dienerin mit einer Frist von einem Monat wegschicken solltest."

„Oh, ich werde sie bitten, zu bleiben", sagte Bertha, bestrebt, dem kleinsten Wunsch ihres Mannes zu gehorchen; und Gehorsam fiel ihr leicht, denn sie wusste, dass Miss Ley niemals im Traum daran denken würde, das Angebot anzunehmen.

Bertha wünschte sich gerade, niemanden zu sehen, am allerwenigsten ihre Tante, und war verwirrt darüber, dass ihre Glückseligkeit durch das Eindringen eines Schauspielers in ihr altes Leben geschmälert werden würde. Auch ihre Gefühle waren zu intensiv, um sie verbergen zu können, und sie hätte sich geschämt, sie dem kritischen Instinkt von Miss Ley zur Schau zu stellen. Bertha verspürte nur Unbehagen in der Begegnung mit der älteren Dame mit ihrer ruhigen Ironie und höflichen Verachtung für die Dinge, die Bertha aus Sicht ihres Mannes aufrichtig schätzte.

Aber Miss Leys Antwort zeigte vielleicht, dass sie die Gedanken ihrer Nichte besser erriet, als Bertha ihr zugetraut hatte.

Meine liebste Bertha, ich bin Ihrem Mann sehr dankbar für die Höflichkeit, mit der er mich gebeten hat, in Court Leys zu bleiben. aber ich schmeichle mir, dass du eine zu hohe Meinung von mir hast, als dass du mich für fähig hältst, zu akzeptieren. Frischverheiratete bieten viel Anlass zur Lächerlichkeit (was, wie man sagt, die edelste Eigenschaft des Menschen ist und die einzige, die ihn von den Unmenschen unterscheidet); Aber da ich ein besonders selbstverleugnendes Wesen bin, nutze ich diese Gelegenheit nicht. Vielleicht werden Sie in einem Jahr beginnen, die Unvollkommenheiten des anderen zu erkennen, und dann werden Sie, wenn auch weniger amüsant, interessanter sein. Nein, ich gehe nach Italien – um mich noch einmal in dieses Meer von Pensionen und zweitklassigen Hotels zu stürzen, in dem es das Schicksal alleinstehender Frauen mit mäßigem Einkommen ist, ihr Leben zu verbringen; und ich nehme einen Baedeker mit, damit ich, wenn ich jemals geneigt bin, mich für weniger dumm als der Durchschnittsmensch zu halten, auf den roten Umschlag blicke und mich daran erinnere, dass ich nur ein Mensch bin. Übrigens hoffe ich, dass Sie die Korrespondenz mit Ihrem Mann nicht zeigen, schon gar nicht mit meiner. Ein Mann kann die Briefmitteilungen einer Frau nie verstehen, denn er liest sie mit seinem eigenen einfachen Alphabet aus sechsundzwanzig Buchstaben, während er eines mit mindestens zweiundfünfzig benötigt; und selbst das ist wenig. Für ein glückliches Paar ist es Wahnsinn, so zu tun, als hätten sie keine Geheimnisse voreinander: Es führt zu so viel Täuschung. Wenn Sie es jedoch, wie ich vermute, für Ihre Pflicht halten, Edward meine Notiz zu zeigen, wird er sie vielleicht für die Aufklärung meines Charakters, mit dessen Studium ich selbst viele unterhaltsame Jahre verbracht habe, als nützlich erachten.

Ich gebe Ihnen keine Adresse, damit es Ihnen nicht an einem Vorwand mangelt, diesen Brief unbeantwortet zu lassen. — Ihre liebevolle Tante ,

Mary Ley .

Bertha warf Edward ungeduldig den Brief zu.

"Was meint sie?" fragte er, als er es gelesen hatte.

Bertha zuckte mit den Schultern. „Sie glaubt an nichts anderes als an die Dummheit anderer Menschen ... Arme Frau, sie war noch nie verliebt! Aber wir werden keine Geheimnisse voreinander haben, Eddie. Ich weiß, dass du mir niemals etwas verheimlichen wirst, und ich – was kann ich tun, ohne dass du es verrätst?"

„Es ist ein lustiger Brief", antwortete er und sah ihn sich noch einmal an.

„Aber wir sind jetzt frei, Liebling", sagte sie. „Das Haus ist für uns bereit; Sollen wir sofort gehen?"

„Aber wir sind noch keine zwei Wochen hier", wandte er ein.

"Was macht es aus? Wir haben beide genug von London; Lasst uns nach Hause gehen und unser Leben beginnen. Wir werden es für den Rest unserer Tage leiten, also fangen wir am besten schnell damit an. Flitterwochen sind dumme Dinge."

„Nun, es macht mir nichts aus. Bei Gott, stellen Sie sich vor, wir wären für sechs Wochen nach Italien gereist."

„Oh, ich wusste nicht, wie Flitterwochen sind. Ich glaube, ich habe mir etwas ganz anderes vorgestellt."

„Sie sehen, ich hatte recht, nicht wahr?"

„Natürlich hattest du recht", antwortete sie und schlang ihre Arme um seinen Hals; „Du hast immer Recht, mein Schatz... Ah! Du kannst dir nicht vorstellen, wie sehr ich dich liebe."

Kapitel VIII

Die Küste Kents ist zwischen Leanham und Blackstable düster und grau; Während der langen Wintermonate fegen die Winde der Nordsee darauf herab und neigen die Bäume vor sich; und aus den trüben Wassern steigen ständig Wolken auf und rollen in schweren Bänken auf. Es ist ein Land, das seinen Bewohnern das bietet, was sie geben: Manchmal drücken die düsteren Farben und das stille Meer nur Ruhe und Frieden aus; Manchmal lässt die kühle Brise das Blut durch die Adern rasen; aber auch die Einsamkeit kann die tiefste Melancholie beantworten, oder der trostlose Himmel ein Elend, das schrecklicher ist als der Tod. Die Stimmung des Augenblicks scheint stets in den umgebenden Szenen wiedergegeben zu sein, und in ihnen findet sich gewissermaßen eine Synthese der Emotionen. Bertha stand auf der Hauptstraße, die an Court Leys vorbeiführte, und blickte von der Höhe auf das Land herab, das ihr gehörte. Die einzigen Behausungen in der Nähe waren zwei bescheidene Hütten, in denen die Zeit und das raue Wetter die Aufdringlichkeit menschlicher Handarbeit fast ausgelöscht hatten. Sie standen abseits der Straße zwischen Obstbäumen – ein Teil der Natur und kein Fleck auf ihr, wie Court Leys nie aufgehört hatte zu sein. Rundherum waren Felder, weite Strecken gepflügter Erde und Wiesen mit grobem Gras. Es gab nur wenige Bäume, die hier und da in der Ferne standen und sich vor dem Wind beugten. Dahinter lag Blackstable mit vereinzelten grauen Häusern und einer Reihe neuer Villen, die für die Londoner gebaut wurden, die im Sommer kamen; und das Meer war mit dem Beigeschmack des Fischerdorfes übersät.

Bertha betrachtete die Szene mit Gefühlen, die sie nie gekannt hatte; Die schweren Wolken hingen über ihr und schlossen die ganze Welt aus, und sie fühlte eine unsichtbare Barriere zwischen sich und allen anderen Dingen. Dies war das Land ihrer Geburt, aus dem sie und ihre Väter vor ihr hervorgegangen waren; Sie hatten ihren Tag, und einer nach dem anderen kehrte zurück, woher sie kamen, und wurde wieder mit der Erde vereint. Sie hatte sich dem Prunk und der Eitelkeit des Lebens entzogen, um so zu leben, wie ihre Vorfahren gelebt hatten: Sie pflügte das Land, säte und erntete; aber ihre Kinder, die Söhne der Zukunft, würden einem neuen Stamm angehören, der stärker und gerechter wäre als der alte. Die Leys waren in die Dunkelheit des Todes hinabgestiegen, und ihre Kinder würden einen anderen Namen tragen. All diese Dinge sammelte sie aus den braunen Feldern und dem grauen Meeresnebel. Sie war ein wenig müde und das körperliche Gefühl verursachte eine geistige Erschöpfung, so dass sie plötzlich die Müdigkeit einer Familie verspürte, die zu lange gelebt hatte; Sie wusste, dass es richtig war, neues Blut zu wählen, um es mit dem alten Blut der Leys zu vermischen. Es brauchte Frische und Jugend, die enorme Kraft ihres Mannes, um der verfallenen Rasse Leben einzuhauchen. Ihre Gedanken wanderten zu ihrem Vater, dem Dilettanten, der auf der Suche nach schönen Dingen und Gefühlen durch Italien wanderte, die ihm sein Heimatland nicht bieten konnte; von Miss Ley, deren Lebenseinstellung aus einem Schulterzucken und einem wohlerzogenen Lächeln der Verachtung bestand. War sie, die letzte von ihnen, nicht weise? Da sie sich zu schwach fühlte, um allein zu bestehen, hatte sie sich eine Gefährtin genommen, deren Wille und Vitalität eine Säule der Stärke für ihre Entschlossenheit sein würden: Ihr Mann hatte noch immer die Macht seiner Mutter, der Erde, in seinen Sehnen, eine barbarische Macht, die das nicht kannte Feinheiten der Schwäche; er war der Sieger, und sie war seine Magd. Aber vom Fuß des Hügels wurde Mrs. Craddock mit einem Regenschirm zugeschwenkt, und sie lächelte, als sie den maskulinen Gang von Miss Glover erkannte.

Schon aus der Ferne waren die Entschlossenheit und die Geistesstärke des Mädchens erkennbar; Sie kam näher, ihr Gesicht noch röter als sonst nach dem Aufstieg, eingehüllt in die geflochtene Jacke, die ihr so eng anschmiegte wie Sardinen in ihrer Dose.

„Ich wollte dich besuchen, Bertha", rief sie. „Ich habe gehört, dass du zurück bist."

„Wir waren mehrere Tage zu Hause und haben uns auf den Weg gemacht."

Miss Clover schüttelte Bertha energisch die Hand, und gemeinsam gingen sie zurück zum Haus, entlang der von blattlosen Bäumen gesäumten Allee.

„Erzählen Sie mir jetzt alles über Ihre Flitterwochen, ich bin so gespannt darauf, alles zu hören."

Aber Bertha war nicht sehr kommunikativ, sie hatte eine instinktive Abneigung gegen das Erzählen ihrer privaten Angelegenheiten und hatte nie ein überwältigendes Verlangen nach Mitgefühl.

„Oh, ich glaube nicht, dass es viel zu erzählen gibt", antwortete sie, als sie im Wohnzimmer waren und sie ihrem Gast Tee einschenkte. „Ich nehme an, alle Flitterwochen sind mehr oder weniger gleich."

„Du lustiges Mädchen", sagte Miss Glover. „Hat es dir nicht gefallen?"

„Ja", sagte Bertha mit einem Lächeln, das fast ekstatisch war; dann nach einer kleinen Pause: „Wir hatten eine sehr schöne Zeit – wir sind in alle Theater gegangen."

Miss Glover hatte das Gefühl, dass die Ehe einen Unterschied bei Bertha bewirkt hatte, und es machte sie nervös, die Veränderung zu bemerken. Sie sah die verheiratete Frau unbehaglich an und errötete gelegentlich.

„Und bist du wirklich glücklich?" platzte sie plötzlich heraus. Bertha lächelte und wurde rot und sah bezaubernder aus als je zuvor.

„Ja – ich glaube, ich bin vollkommen glücklich."

„Bist du nicht sicher?" fragte Miss Glover, die in jedem Bereich des Lebens Präzision pflegte und Menschen, die ihren eigenen Verstand nicht kannten, strikt missbilligte.

Bertha sah sie einen Moment lang an, als würde sie über die Frage nachdenken.

„Weißt du", antwortete sie schließlich, „das Glück ist nie ganz das, was man erwartet hat." Ich habe mir kaum so viel erhofft; aber ich habe es mir nicht ganz so vorgestellt, wie es ist."

„Na ja, ich denke, es ist besser, nicht auf diese Dinge einzugehen", antwortete Miss Glover ein wenig streng, da sie den Vorschlag einer Analyse für eine junge verheiratete Frau kaum passend fand. „Wir sollten die Dinge so nehmen, wie sie sind, und dankbar sein."

„Sollten wir?" sagte Bertha leichthin: „Das tue ich nie ... Ich bin nie zufrieden mit dem, was ich habe."

Sie hörten, wie sich die Haustür öffnete und Bertha sprang auf.

„Da ist Edward! Ich muss gehen und ihn sehen. Es macht dir doch nichts aus, oder?"

Sie wäre fast aus dem Zimmer gesprungen; Seltsamerweise hatte die Ehe die Ernsthaftigkeit ihres Benehmens zerstreut, die dazu geführt hatte, dass die Leute an ihr so wenig Mädchenhaftigkeit fanden. Sie schien jünger und leichter im Herzen zu sein.

„Was für ein lustiges Geschöpf sie ist!" dachte Miss Glover. „Als Mädchen hatte sie alle Eigenschaften einer verheirateten Frau, und jetzt, wo sie wirklich verheiratet ist, könnte sie ein Schulmädchen sein."

Die Schwester des Pfarrers war sich nicht sicher, ob Berthas Verantwortungslosigkeit zu ihrer verantwortungsvollen Stellung passte, ob ihre ungewöhnlichen Lachausbrüche einem mystischen Zustand entsprachen, der Schwerkraft erforderte.

„Ich hoffe, dass es ihr gut geht", seufzte sie.

Aber Bertha eilte impulsiv zu ihrem Mann und küsste ihn. Sie half ihm aus seinem Mantel.

„Ich freue mich so, dich wiederzusehen", rief sie und lachte ein wenig über ihren eigenen Eifer; denn erst nach dem Mittagessen hatte er sie verlassen.

"Ist hier jemand?" fragte er und bemerkte Miss Glovers Regenschirm. Etwas mechanisch erwiderte er die Umarmung seiner Frau.

„Komm und sieh", sagte Bertha, nahm seinen Arm und zog ihn mit sich. „Du brennst bestimmt auf Tee, du armes Ding."

„Miss Glover!" sagte er und schüttelte der Dame ebenso energisch die Hand wie sie seine. „Wie schön, dass Sie zu uns gekommen sind. Ich *bin* froh, dich zu sehen. Sie sehen, wir kamen früher nach Hause, als wir erwartet hatten — es gibt keinen Ort wie das Land, oder?"

„Da haben Sie recht, Mr. Craddock; Ich kann London nicht ertragen."

„Oh, du weißt es nicht", sagte Bertha; „Für Sie sind es Aerated Bread Shops, Exeter Hall und Church Congresses."

„Bertha!" rief Edward überrascht; er konnte die Frivolität mit Miss Glover nicht verstehen.

Dieses gute Geschöpf war viel zu gutherzig, um sich über irgendeine Bemerkung von Bertha zu ärgern, und lächelte grimmig: Sie konnte nicht anders lächeln.

„Erzähl mir, was du in London gemacht hast. Ich kann Bertha nichts entlocken.

Craddocks Verstand war kommunikativ, nichts gefiel ihm mehr, als Menschen Informationen zu geben, und er war immer bereit, sein Wissen mit der ganzen Welt zu teilen. Er hat nie eine Tatsache aufgegriffen, ohne sie sofort jemand anderem zu erzählen. Manche Menschen verlieren sofort das Interesse, wenn sie etwas wissen, und es langweilt sie, darüber zu diskutieren, aber Craddock gehörte nicht dazu. Auch Wiederholungen konnten seinen Eifer, seine Mitmenschen aufzuklären, nicht erschöpfen, er erzählte hundert Menschen die Neuigkeiten des Tages und war so frisch wie eh und je, wenn es um den Hundertsten ging. Eine solche Eigenschaft ist zweifellos eine Gabe, die für Schulmeister und Politiker in höchstem Maße nützlich, für ihre Zuhörer jedoch etwas langweilig ist. Craddock beschenkte seinen Gast mit einem detaillierten Bericht über alle ihre Abenteuer in London, die Theaterstücke, die sie gesehen hatten, deren Handlung und die Schauspieler, die sie spielten. Er nannte die vollständige Liste der Museen, Kirchen und öffentlichen Gebäude, die sie besucht hatten, während Bertha ihn ansah und über seine Begeisterung glücklich lächelte. Es war ihr egal, worüber er sprach, der bloße Klang seiner Stimme war Musik in ihren Ohren, und sie hätte entzückt zugehört, während er *Whitakers Almanach von einem Ende zum anderen vorlas* : Das war übrigens eine Sache, die ihm durchaus gefiel fähig dazu. Edward entsprach weitaus mehr Miss Glovers Vorstellung vom frisch verheirateten Mann als Bertha mit der Vorstellung der frisch verheirateten Frau.

„Er ist ein netter Kerl", sagte sie später zu ihrem Bruder, als sie ihr Abendessen mit kaltem Hammelfleisch aßen und feierlich an beiden Enden eines langen Tisches saßen.

„Ja", antwortete der Pfarrer mit seiner müden, geduldigen Stimme, „ich denke, er wird ein guter Ehemann werden."

Mr. Glover war ein Mann voller Geduld, was Miss Ley ein wenig irritierte, die einen Mann mit Geist mochte; und davon hatte Mr. Glover nie ein Körnchen. Er hatte sich mit allem abgefunden; Er hatte sich damit abgefunden, dass sein Essen schlecht zubereitet war, mit der Perversität der menschlichen Natur, mit der Existenz von Andersdenkenden (fast) und mit seinem verschwindend geringen Gehalt; seine Resignation war zu Tode getrieben. Miss Ley sagte, er sei wie diese spanischen Esel, die man an einer Schnur dahintrotten sieht und lustlos überschwere Lasten trägt – geduldig, geduldig, geduldig. Aber nicht so geduldig wie Mr. Glover; Der Esel trat manchmal, der Pfarrer von Leanham nie.

„Ich hoffe wirklich, dass es gut ausgehen wird, Charles", sagte Miss Glover.

„Das hoffe ich", antwortete er; dann nach einer Pause: „Hast du sie gefragt, ob sie morgen in die Kirche kommen würden?" Er nahm sich Kartoffelpüree und musste mitleidig feststellen, dass sie schon wieder verbrannt waren; Die Kartoffeln waren immer verbrannt, aber er äußerte sich nicht dazu.

„Oh, das habe ich ganz vergessen", antwortete seine Schwester auf die Frage. „Aber ich denke, das werden sie sicher tun. Edward Craddock war immer ein regelmäßiger Begleiter."

Mr. Glover gab keine Antwort und sie schwiegen für den Rest des Essens. Unmittelbar danach ging der Pfarrer in sein Arbeitszimmer, um die morgige Predigt zu beenden, und Miss Glover holte die Wollsocken ihres Bruders aus ihrem Korb und begann sie zu stopfen. Sie arbeitete mehr als eine Stunde lang und dachte dabei an die Craddocks; Sie mochte Edward jedes Mal mehr, wenn sie ihn sah, und sie hatte das Gefühl, dass er ein Mann war, dem man vertrauen konnte. Sie machte sich ein wenig Vorwürfe wegen ihrer Missbilligung der Ehe; ihr Handeln war unchristlich, und sie fragte sich, ob es nicht ihre Pflicht sei, sich bei Bertha oder bei Craddock zu entschuldigen; Der Gedanke, etwas zu tun, was ihre eigene Selbstachtung demütigte, zog sie wunderbar an. Aber Bertha war anders als andere Mädchen; Als Miss Glover an sie dachte, wurde sie verwirrt.

Doch ein Ticken der Uhr, das den bevorstehenden Stundenschlag ankündigte, ließ sie aufblicken, und sie sah, dass es nur noch fünf Minuten vor zehn sein würde.

„Ich hatte keine Ahnung, dass es so spät war."

Sie stand auf und legte ihre Arbeit ordentlich weg, dann nahm sie die Bibel und das große Gebetbuch, die darauf lagen, von der Oberseite des Harmoniums und legte sie ans Ende des Tisches. Sie stellte ihrem Bruder einen Stuhl vor und saß geduldig da und wartete auf sein Kommen. Als die Uhr schlug, hörte sie, wie sich die Tür zum Arbeitszimmer öffnete und der Pfarrer hereinkam. Wortlos ging er zu den Büchern, setzte sich hin und fand seinen Platz in der Bibel.

"Sind Sie bereit?" Sie fragte.

Er blickte einen Moment über seine Brille hinweg auf. "Ja."

Miss Glover beugte sich vor und klingelte – die Dienerin erschien mit einem Korb voller Eier, den sie auf den Tisch stellte. Mr. Glover sah sie an, bis sie sich auf ihrem Stuhl niederließ, und begann mit der Lektion. Danach zündete der Diener zwei Kerzen an und wünschte ihnen eine gute Nacht. Miss Glover zählte die Eier.

„Wie viele sind es heute?" fragte der Pfarrer.

„Sieben", antwortete sie, datierte sie nacheinander und trug die Zahl in ein zu diesem Zweck aufbewahrtes Buch ein.

"Sind Sie bereit?" fragte jetzt Mr. Glover.

„Ja, Charles", sagte sie und nahm eine der Kerzen.

Er löschte die Lampe und folgte ihr mit der anderen Kerze nach oben. Sie blieb vor ihrer Tür stehen und wünschte ihm eine gute Nacht; Er küsste sie kalt auf die Stirn und sie gingen in ihre jeweiligen Zimmer.

Am Sonntagmorgen herrscht in einem Landhaus immer eine gewisse Aufregung. Es liegt ein dem Tag eigentümliches Gefühl in der Luft, ein Zustand der Wachsamkeit und Erwartung; Denn selbst wenn sie jahrelang und Woche für Woche wiederholt werden, kann man die Vorbereitungen für die Kirche nicht gelassen hinnehmen. Der Geruch sauberer Wäsche ist unverkennbar, jedes ist stark gestärkt und etwas unwohl; die Mitglieder des Haushalts fragen einander, ob sie bereit sind, sie suchen nach Gebetbüchern; Die Damen ziehen sich nie rechtzeitig an und machen sich schließlich auf den Weg, indem sie ihre Handschuhe zuknöpfen. Die Männer stampfen und rauchen und holen ihre Uhren hervor. Edward trug natürlich einen Frack und einen Zylinder, was für einen Gutsherrn das richtige Kostüm ist, wenn er in die Kirche geht, und niemand hat mehr über Anstand nachgedacht als Edward. Er hielt sich sehr aufrecht und kultivierte die leicht selbstbewusste Ernsthaftigkeit, die er für den Anlass passend hielt.

„Wir werden zu spät kommen, Bertha", sagte er. „Es wird so schlimm aussehen – auch wenn wir zum ersten Mal seit unserer Heirat in die Kirche kommen."

„Meine Liebe", sagte Bertha, „Sie können ganz sicher sein, dass die Zeremonie für die Gemeinde erst dann richtig beginnen wird, wenn Mr. Glover so indiskret ist, dass er anfängt, wenn wir auftauchen."

Sie fuhren in einem altmodischen Brougham vor, der nur zum Kirchgang und zu Dinnerpartys benutzt wurde, und die Nachricht wurde sofort von den Liegestühlen auf der Veranda an die Gläubigen drinnen weitergegeben; Es herrschte ein Rascheln der Aufmerksamkeit, als Mr. und Mrs. Craddock den Gang entlang zur Vorderbank gingen, die ihnen rechtmäßig gehörte.

„Er sieht zu Hause aus, nicht wahr?" murmelten die Eingeborenen, denn das Verhalten von Edward interessierte sie mehr als das seiner Frau, die so weit über ihnen stand, dass sie fast wie eine Fremde wirkte.

Bertha segelte mit königlicher Bewusstlosigkeit auf sie herab; Sie war mit ihrem persönlichen Erscheinungsbild zufrieden und äußerst stolz auf ihren gutaussehenden Ehemann. Mrs. Branderton, die Mutter von Craddocks Trauzeuge, richtete ihr Brillenglas auf sie und starrte sie an, wie es bei vornehmen Damen in den Vororten Brauch ist. Mrs. Branderton war eine Frau, die diese Mode tief im Land pflegte, ein kleines, kicherndes, grauhaariges Wesen, das mit hoher, brüchiger Stimme dumm redete und ihre viel zu jugendlichen Hauben direkt aus Paris trug. Sie war eine sanfte Frau, und das ist natürlich eine sehr schöne Sache. Sie war stolz darauf (auf ganz nette Art) und pflegte zu sagen, dass vornehme Leute vornehme Leute seien; Das ist, wenn man darüber nachdenkt, eine äußerst tiefgründige Bemerkung.

„Ich habe vor, danach zu den Craddocks zu gehen und mit ihnen zu sprechen", flüsterte sie ihrem Sohn zu. „Es wird eine gute Wirkung auf die Menschen in Leanham haben; Ich frage mich, ob die arme Bertha es schon spürt."

Mrs. Branderton hatte eine geradezu erhabene Selbstgefälligkeit; Es kam ihr nie in den Sinn, dass es Menschen geben könnte, die so schlecht konditioniert sind, dass sie sich über ihre Schirmherrschaft ärgern. Sie tat dies alles aus Freundlichkeit – sie überhäufte alles und jedes mit Ratschlägen, außer Suppen und Gelees für die Armen, zu denen sie, wenn sie krank waren, sogar ihre Köchin schickte, um in der Bibel zu lesen. Sie wäre selbst hingegangen, nur missbilligte sie die Vertrautheit mit den Unterschichten, die sie unabhängig und oft unhöflich machten. Mrs. Branderton wusste ohne Zweifel, dass sie und ihre Kollegen aus einem anderen Ton bestanden als gewöhnliche Leute; aber da sie eine vornehme Frau war, warf sie den letzteren diese Tatsache nicht ins Gesicht, es sei denn natürlich, sie gaben sich auf, wenn sie dachte, dass ihnen ein offenes Gespräch gut tat. Ohne nennenswerte Vorzüge ihrer Herkunft, ihres Geldes oder ihrer Intelligenz zweifelte Mrs. Branderton nie an ihrem Recht, die Angelegenheiten und Moden, ja sogar die Denkweise ihrer Nachbarn zu bestimmen; und durch bloße Kraft des Selbstwertgefühls hatte sie dazu geführt, dass sie sich dreißig Jahre lang ihrer Tyrannei unterwarfen, sie hassten und dennoch ihre Einladungen zu einem schlechten Abendessen als etwas durchaus Wünschenswertes betrachteten.

Mrs. Branderton hatte mit sich selbst überlegt, wie sie die Craddocks behandeln sollte.

„Ich frage mich, ob es meine Pflicht ist, sie zu schneiden", sagte sie. „Edward Craddock ist *nicht* der Typ Mann, den Miss Ley heiraten sollte. Aber es gibt so wenige vornehme Leute in der Nachbarschaft, und natürlich schließen Menschen auch Ehen, von denen sie vor zwanzig Jahren nicht zu träumen gewagt hätten. Selbst die beste Gesellschaft ist heutzutage sehr gemischt. Vielleicht sollte ich mich besser auf die Seite der Gnade stellen!"

Mrs. Branderton war ein wenig erfreut darüber, dass die Leys ihre Unterstützung brauchten – wie die Bitte um die Dienste ihres Sohnes bei der Hochzeit bewies.

„Tatsache ist, dass vornehme Leute gleich vornehme Leute sind und dass sie in der heutigen Zeit der Schweineschlachter und Möbelhändler einander beistehen müssen."

Nach dem Gottesdienst, als die Gemeindemitglieder auf dem Kirchhof standen, segelte Mrs. Branderton zu den Craddocks, gefolgt von Arthur, und begann mit ihrer hohen, brüchigen Stimme mit Edward zu reden. Sie behielt die Leanham-Leute im Auge, um sicherzustellen, dass ihr Vorgehen gebührend zur Kenntnis genommen wurde, und sprach mit Craddock auf die Art und Weise, wie eine vornehme Frau sich gegenüber einem Mann verhalten sollte, dessen Vornehmheit ein wenig zweifelhaft war. Natürlich war er sehr erfreut und geschmeichelt.

Kapitel IX

Einige Tage später, nach den gebührenden Vorbereitungen, die Mrs. Branderton auf keinen Fall versäumt hätte, erhielten die Craddocks eine Einladung zum Abendessen. Bertha gab es schweigend an ihren Mann weiter.

„Ich frage mich, wen sie einladen wird, uns kennenzulernen", sagte er.

„Willst du gehen?" fragte Bertha.

„Warum, nicht wahr? Wir haben keine Verlobung, oder?"

„Haben Sie schon einmal dort gegessen?" sagte Bertha.

"NEIN. Ich war auf Tennispartys und dergleichen, habe aber kaum einen Fuß in ihr Haus gesetzt."

„Nun, ich denke, es ist eine Unverschämtheit von ihr, dich jetzt zu fragen."

Edward öffnete seinen Mund weit: „Was zum Teufel meinst du?"

„Oh, verstehst du das nicht?" rief seine Frau, „sie fragen dich nur, weil du mein Ehemann bist. Es ist demütigend."

"Unsinn!" antwortete Edward lachend. „Und wenn ja, was kümmert es mich dann? – Ich bin nicht so dünnhäutig. Frau Branderton war neulich Sonntag sehr nett zu mir; Es wäre lustig, wenn wir nicht annehmen würden."

„Fandest du sie nett? Hast du nicht gesehen, dass sie dich bevormundete, als ob du ein Bräutigam wärest? Es brachte mich vor Wut zum Kochen. Ich konnte kaum den Mund halten."

Edward lachte erneut. „Mir ist nie etwas aufgefallen. Es ist einfach deine Fantasie, Bertha."

„Ich gehe nicht zu ihrer schrecklichen Dinnerparty."

„Dann gehe ich alleine", antwortete er lachend.

Bertha wurde weiß; es war, als hätte sie einen plötzlichen Schlag erhalten; aber er lachte, natürlich meinte er nicht so, was er sagte. Sie stimmte hastig allen Fragen zu, die er verlangte.

„Natürlich, wenn du gehen willst, Eddie, komme ich auch ... Nur um deinetwillen wollte ich nicht."

„Wir müssen nachbarschaftlich sein. Ich möchte mit jedem befreundet sein."

Sie setzte sich auf die Seite seines Stuhls und legte ihren Arm um seinen Hals. Edward tätschelte ihre Hand und sie sah ihn mit Augen voller eifriger Liebe an, sie beugte sich hinunter und küsste sein Haar. Wie töricht war ihr plötzlicher Gedanke gewesen, dass er sie nicht liebte!

Aber Bertha hatte noch einen anderen Grund, warum sie nicht zu Mrs. Branderton gehen wollte. Sie wusste, dass Edward heftig kritisiert werden würde, und der Gedanke machte sie elend; Sie sprachen über sein Aussehen und sein Benehmen und fragten sich, wie sie miteinander auskamen. Bertha verstand die Position, die Edward in Leanham einnahm, gut genug; die Brandertons und ihresgleichen, die ihn sein ganzes Leben lang kannten, hatten ihn wie einen bloßen Bekannten behandelt; für sie war er eine Person gewesen, zu der man höflich ist, und das ist alles. Dies war das erste Mal, dass man ihn völlig auf Augenhöhe behandelte; Es war seine Einführung in das, was Mrs. Branderton gerne die oberen Zehn von Leanham nannte. Es brachte tatsächlich Berthas Blut zum Kochen; und es schmerzte sie zutiefst, daran zu denken, dass er jahrelang auf so berüchtigte Weise benutzt worden war: Es schien ihm nichts auszumachen.

„Wenn ich er wäre", sagte sie, „würde ich lieber sterben als gehen. Sie haben ihn immer ignoriert, und jetzt betrachten sie ihn als einen Gefallen für mich."

Aber Edward schien keinen Stolz zu haben; Natürlich war sein Charakter charmant und er konnte es niemandem ertragen. Er ärgerte sich weder über die frühere Vernachlässigung der Brandertons noch über deren gegenwärtige Unverschämtheit.

„Ich wünschte, ich könnte es ihm verständlich machen."

Bertha verbrachte die vergangene Woche in zitternder Angst. Sie ahnte, wer die anderen Gäste sein würden. Würden sie ihn auslachen? Natürlich nicht offen; Mrs. Branderton, die am wenigsten wohltätige von allen, war stolz auf ihre Erziehung; aber Edward war schüchtern und unter Fremden ungeschickt. Für Bertha war das eher ein Reiz als ein Mangel; Seine halb schüchterne Offenheit berührte sie, und sie verglich sie wohlwollend mit der törichten Weltlichkeit des imaginären Stadtmenschen, dessen Ausschweifungen sie stets den Tugenden ihres Mannes entgegenstellte. Aber sie wusste, dass eine boshafte Zunge einen anderen Namen für das finden würde, was sie eine entzückende *Naivität nannte* .

Als endlich der große Tag kam und sie im altmodischen Brougham davonrollten, war Bertha durchaus darauf vorbereitet, bei der geringsten Beleidigung ihres Mannes tödliche Beleidigung zu ertragen. Der Lordoberrichter selbst hätte nicht sorgfältiger auf den guten Namen eines Firmengründers achten können als Mrs. Craddock auf die Empfindlichkeiten ihres Mannes; Edward behandelte die Angelegenheit ebenso wie der Finanzier mit Gleichgültigkeit.

Mrs. Branderton hatte das ganze Land für ihre Show mit den feinen Leuten aufgesucht. Sie kamen aus Blackstable, Tercanbury und Faversley und aus den Sitzen und Villen, die diese Orte umgaben. Mrs. Mayston Ryle war dort in einer wunderschönen pechschwarzen Perücke und einem voluminösen Kleid aus violetter Seide. Lady Wagget war da.

„Nur die Witwe eines Stadtritters, meine Liebe", sagte die Wirtin zu Bertha, „aber wenn sie nicht vornehm ist, ist sie gut; man darf also nicht zu streng mit ihr sein."

General Hancock kam mit zwei struppigen Töchtern, die furchtbar unscheinbar waren, aber so taten, als wüssten sie es nicht. Sie waren gegangen; und während der Soldat hereinstolperte und wie ein Grampus blies, blieben die Mädchen (deren Alter zusammengenommen eine respektable Gesamtzahl von fünfundsechzig Jahren ergab) zurück, um ihre Stiefel auszuziehen und die Schuhe anzuziehen, die sie in einer Tasche mitgebracht hatten. Dann, nach einer Weile, kam der Dekan, sanftmütig und etwas gesprächig; Mr. Glover war seinetwegen eingeladen worden, und natürlich durfte Charles' Schwester nicht fehlen. Sie sah in ihrem sehr glänzenden schwarzen Satin fast festlich aus.

„Armer Schatz", sagte Mrs. Branderton zu einem anderen Gast, „es ist ihr einziges Abendkleid; Ich habe es seit Jahren gesehen. Ich würde ihr gerne eines meiner alten geben, nur habe ich Angst, dass ich sie damit beleidigen könnte. Die Leute in dieser Klasse sind so unglaublich sensibel."

Herr Atthill Bacot wurde angekündigt; Er hatte einst um den Sitz gekämpft und galt seitdem als Autorität in den Angelegenheiten der Nation. Als nächstes kamen Mr. James Lycett und Mr. Molson, beide rotgesichtige Knappen mit dogmatischen Ansichten; Sie waren sich so ähnlich wie zwei Erbsen, und dreißig Jahre lang galt in der Gegend der Witz, dass niemand außer ihren Frauen sie unterscheiden konnte. Mrs. Lycett war dünn, ruhig und gelassen und trug zwei kleine Spitzenstreifen im Haar, die eine Mütze darstellten; Mrs. Molson war so unbedeutend, dass niemand jemals bemerkt hatte, wie sie war. Es war eine von Mrs. Brandertons repräsentativen Zusammenkünften; moralische Exzellenz verband sich mit vollkommener Vornehmheit, und das Ergebnis konnte nicht umhin, erbaulich zu sein. Sie war selbst in Hochstimmung und ihre brüchige Stimme klang hoch und schrill. Sie war sich eines gelungenen Kostüms bewusst; Sie hatte wirklich viel Geschmack, und ihr Kleid hätte einer Frau, die halb so alt war, bezaubernd gewirkt. Mrs. Branderton dachte auch, dass es Teil der Pflicht einer Frau sei, liebenswürdig zu sein, und lächelte und beäugte die alten Herren auf eine Weise, die sie ziemlich beunruhigte, und Mr. Atthill Bacot glaubte wirklich, dass sie es auf seine Tugend abgesehen hatte.

Das Abendessen war einfach nicht genießbar. Mrs. Branderton war eine modebewusste Frau und verachtete die deftige Kost einer ländlichen Dinnerparty – dicke Suppe, gebratene Seezungen, Hammelkoteletts, gebratenes Hammelfleisch, Fasan, Charlotte Russe und Gelees. (Die früheren Gerichte variieren je nach Saison, aber die Charlotte Russe und das Gelee sind unvermeidlich.) Nein, Mrs. Branderton sagte, sie müsse etwas „distangayer" sein und versorgte ihre Gäste mit klarer Suppe und *Hauptgerichten* Stores, eine flauschige Süßigkeit, die hübsch aussah und schrecklich schmeckte. Das Fest war äußerst elegant, aber nicht sättigend, was für ältere Gutsbesitzer mit großem Appetit unangenehm ist.

„Bei den Brandertons bekomme ich nie genug zu essen", sagte Mr. Atthill Bacot empört.

„Nun, ich kenne die alte Frau", antwortete Herr Molson. Mrs. Branderton war genauso alt wie er, aber er war eher ein Hund und hielt sich für jung genug, um mit der unscheinbarsten der beiden Miss Hancocks zu flirten. „Ich kenne sie gut und trinke vor meiner Ankunft unbedingt ein Glas Sherry mit ein paar verquirlten Eiern."

„Die Weine sind geradezu unmoralisch", sagte Frau Mayston Ryle, die stolz auf ihren Gaumen war. „Ich neige immer dazu, eine Flasche mit etwas gutem Whiskey dabei zu haben."

Aber wenn das Essen nicht schwer war, war es das Gespräch. Es ist ein Axiom der Erzählung, dass Wahrheit mit Wahrscheinlichkeit zusammenfallen sollte, und der Realist wird ständig durch die wilde Übertreibung tatsächlicher Tatsachen behindert; ein wörtlicher Bericht über das Gespräch bei Mrs. Brandertons Dinnerparty würde sich wie eine kreischende Karikatur lesen. Die Anekdote dominierte. Mrs. Mayston Ryle war eine Spezialistin für geistliche Anekdoten; Sie erzählte nacheinander die Geschichte von Bischof Thorold und seinen weißen Händen, die Geschichte von Bischof Wilberforce und der blutigen Schaufel. (Das schockierte die Damen etwas, aber Mrs. Mayston Ryle konnte ihren Standpunkt nicht durch das Weglassen eines Schimpfworts verderben.) Der Dekan erzählte eine Anekdote über sich selbst, worauf Mrs. Mayston Ryle mit einer über den Erzbischof von Canterbury und den Erzbischof von Canterbury antwortete mühsamer Pfarrer. Herr Arthill Bacot erzählte politische Anekdoten, Herr Gladstone und der Tisch des Unterhauses, Dizzy und der Landarbeiter. Der Höhepunkt kam, als General Hancock seine berühmten Geschichten über den Herzog von Wellington erzählte. Edward lachte sie alle herzlich aus.

Berthas Augen waren ständig auf ihren Mann gerichtet. Sie verabscheute die Gedanken, die ihr durch den Kopf gingen, denn dass sie ihr überhaupt in den Sinn kamen, war eine Herabwürdigung für ihn; aber sie war immer noch furchtbar besorgt. War er nicht perfekt, gutaussehend und bezaubernd? Warum sollte sie vor der Meinung eines Dutzend dummer Menschen zittern? Aber sie konnte nicht anders. So sehr sie ihre Nachbarn auch verachtete, sie konnte nicht verhindern, dass ihr Urteil sie schmerzlich berührte. Und was fühlte Edward? War er genauso nervös wie sie? Sie konnte den Gedanken nicht ertragen, dass er Schmerzen erleiden würde. Es war eine große Erleichterung, als Mrs. Branderton vom Tisch aufstand. Bertha sah zu Arthur, der die Tür aufhielt; Sie hätte alles dafür gegeben, ihn zu bitten, sich um Edward zu kümmern, aber sie wagte es nicht. Sie fürchtete, dass diese alten Gutsbesitzer ihn zu seiner Demütigung bewusst ignorieren würden.

Als Miss Glover den Salon erreichte, befand sie sich an Berthas Seite, ein wenig getrennt von den anderen, und der Unfall schien von höheren Mächten geplant worden zu sein, um ihr Gelegenheit zu den Wiedergutmachungen zu geben, die Mrs. Craddock ihrer Meinung nach für sie zu leisten hatte frühere Herabwürdigung von Edward. Sie hatte über die Angelegenheit nachgedacht und hielt eine Entschuldigung für unbedingt notwendig. Aber Miss Glover litt schrecklich unter Nervosität, und der Gedanke, ein so heikles Thema anzusprechen, bereitete ihr unbeschreibliche Qualen; Doch gerade die Unannehmlichkeit beruhigte sie: Wenn das Reden so unangenehm war, musste es offensichtlich ihre Pflicht sein. Aber die Worte blieben ihr im Hals stecken und sie begann über das Wetter zu reden. Sie machte sich selbst Vorwürfe der Feigheit; Sie biss die Zähne zusammen und wurde scharlachrot.

„Bertha, ich möchte um Verzeihung bitten", platzte es plötzlich aus ihr heraus.

„Wozu zum Teufel?" Bertha öffnete die Augen weit und blickte die arme Frau erstaunt an.

„Ich habe das Gefühl, dass ich Ihrem Mann gegenüber ungerecht gewesen bin. Ich dachte, er würde nicht zu dir passen und habe Dinge über ihn gesagt, an die ich nicht einmal hätte denken sollen. Es tut mir sehr leid. Er ist einer der besten und nettesten Männer, die ich je gesehen habe, und ich bin sehr froh, dass du ihn geheiratet hast, und ich bin sicher, dass du sehr glücklich sein wirst."

Tränen traten Bertha in die Augen, als sie lachte; Sie fühlte sich geneigt, ihre Arme um den Hals der grimmigen Miss Glover zu werfen, denn eine solche Rede war in diesem Moment sehr tröstlich.

„Natürlich weiß ich, dass du nicht so gemeint hast, was du gesagt hast."

„Oh ja, das habe ich, das muss ich leider sagen", antwortete Miss Glover, die sich keine Milderung ihres eigenen Verbrechens erlauben konnte.

„Ich hatte es ganz vergessen; und ich glaube, dass du bald genauso unsterblich in Edward verliebt sein wirst wie ich."

„Meine liebe Bertha", antwortete Miss Glover, die nie scherzte, „mit Ihrem Mann? Du machst Witze."

Aber Mrs. Branderton unterbrach sie mit ihrer hohen Stimme.

„Bertha, Liebes, ich möchte mit dir reden." Bertha setzte sich lächelnd neben sie, und Mrs. Branderton fuhr mit leiser Stimme fort.

„Ich muss Ihnen sagen, alle sagen, Sie seien das hübscheste Paar im ganzen Landkreis, und wir alle finden Ihren Mann so nett."

„Er hat über all deine Witze gelacht", antwortete Bertha.

„Ja", sagte Mrs. Branderton und blickte nach oben und zur Seite wie ein Kanarienvogel, „er hat so ein fröhliches Gemüt." Aber ich habe ihn immer gemocht, Liebes. Ich erzählte Mrs. Mayston Ryle, dass ich ihn seit seiner Geburt sehr gut kenne. Ich dachte, es würde Sie freuen zu erfahren, dass wir alle Ihren Mann nett finden."

„Ich bin sehr zufrieden. Ich hoffe, dass Edward mit euch allen gleichermaßen zufrieden sein wird."

Die Kutsche des Craddock kam früh und Bertha bot an, die Glovers nach Hause zu fahren.

„Ich frage mich, ob diese Dame einen Schürhaken verschluckt hat", sagte Mr. Molson, sobald die Tür zum Salon geschlossen wurde.

Die beiden Miss Hancocks brachen bei diesem Ausfall in lautes Gelächter aus, und selbst der Dekan lächelte sanft.

„Woher hat sie ihre Diamanten?" sagte die ältere Miss Hancock. „Ich dachte, sie wären so arm wie Kirchenmäuse."

„Die Diamanten und die Bilder sind das Einzige, was ihnen noch geblieben ist", sagte Frau Branderton; „Ihre Familie weigerte sich immer, sie zu verkaufen; obwohl es für Leute in dieser Position natürlich absurd ist, solche Juwelen zu besitzen."

„ *Er ist* ein bemerkenswert netter Kerl", sagte Mrs. Mayston Ryle mit ihrer tiefen, gebieterischen Stimme; „Aber ich stimme Mr. Molson zu, sie neigt eindeutig dazu, sich aufzuführen."

„Die Leys sind seit Generationen so stolz wie Truthähne", fügte Frau Branderton hinzu.

„Ich hätte nicht gedacht, dass Mrs. Craddock jetzt auf jeden Fall stolz sein könnte", sagte die ältere Miss Hancock; Sie hatte selbst keine Vorfahren und hielt die Menschen, die Vorfahren hatten, für Snobs.

„Vielleicht war sie etwas nervös", sagte Lady Waggett, die zwar nicht vornehm, aber brav war. „Ich weiß, dass ich als Braut immer gezittert habe, wenn ich zu Dinnerpartys gegangen bin."

„Unsinn", sagte Mrs. Mayston Ryle. „Sie war äußerst selbstbeherrscht; Ich glaube nicht, dass es für eine junge Frau gut aussieht, so viel Selbstvertrauen zu haben. Und ich denke, ihr sollte gesagt werden, dass es für eine junge verheiratete Frau kaum gut erzogen ist, ein Haus vor allen anderen zu verlassen, als wäre sie eine Königin, wenn Frauen in einem bestimmten Alter und in einer Position anwesend sind, die ihrer eigenen zweifellos nicht nachsteht ."

„Oh, sie sind so frisch verheiratet, dass sie gerne allein sind, die armen Kerle", sagte Lady Waggett. „Ich weiß, dass ich das früher getan habe, als ich zum ersten Mal mit Sir Samuel verheiratet war."

„Meine liebe Lady Waggett", antwortete Mrs. Mayston Ryle mit donnernden Tönen, „die Fälle sind nicht ähnlich; Mrs. Craddock war eine Miss Ley und sollte wirklich etwas über die Gepflogenheiten einer guten Gesellschaft wissen."

„Nun, was hat sie wohl zu mir gesagt?" sagte Mrs. Branderton und wedelte mit ihren dünnen Armen. „Ich habe ihr gesagt, dass wir alle so zufrieden mit ihrem Mann sind – ich dachte, es würde sie ein wenig trösten, das arme Ding – und sie sagte, sie hoffe, dass er mit uns genauso zufrieden sein würde."

Einen Moment lang war Mrs. Mayston Ryle benommen, erholte sich aber bald wieder.

„Wie sehr amüsant", rief sie und erhob sich von ihrem Stuhl. "Ha! Ha! Sie hofft, dass Mr. Edward Craddock mit Mrs. Mayston Ryle zufrieden sein wird."

Die beiden Miss Hancocks sagten „Ha! Ha!" im Chor. Dann, als die Kutsche der großen Dame angekündigt wurde, wünschte sie der Versammlung eine gute Nacht und rauschte mit einem großen Rascheln ihrer violetten Seide hinaus. Die Party konnte nun wirklich als beendet betrachtet werden, und die anderen strömten gehorsam davon.

Als sie die Glovers abgesetzt hatten, schmiegte sich Bertha eng an ihren Mann.

„Ich bin so froh, dass alles vorbei ist", flüsterte sie; „Ich bin nur glücklich, wenn ich mit dir allein bin."

„Es war ein lustiger Abend, nicht wahr", sagte er. „Ich dachte, sie wären alle verrückt."

„Ich bin so froh, dass es dir gefallen hat, Liebes; Ich hatte Angst, dass du dich langweilen würdest."

„Mein Gott, das ist das Letzte, was ich sein sollte. Es tut einem gut, ab und zu einem solchen Gespräch zuzuhören – es hellt einen auf.“

Bertha fing ein wenig an.

„Der alte Bacot ist ein sehr gut informierter Mann, nicht wahr? Ich sollte mich nicht fragen, ob er recht hatte mit seiner Annahme, dass die Regierung am Ende ihrer sechs Jahre abtreten würde.“

„Er lässt einen immer glauben, dass er das Vertrauen des Premierministers genießt“, sagte Bertha.

„Und der General ist ein lustiger alter Kerl“, fügte Edward hinzu. „Das war eine gute Geschichte, die er über den Herzog von Wellington erzählt hat.“

Irgendwie hatte diese Bemerkung eine seltsame Wirkung auf Bertha; Sie konnte sich nicht zurückhalten, brach aber plötzlich in hysterisches Gelächter aus. Ihr Mann, der glaubte, sie würde über die Anekdote lachen, brach ebenfalls in einen Schrei nach dem anderen aus.

„Und die Geschichte mit den Gamaschen des Bischofs!“ rief Edward und schrie vor Fröhlichkeit.

Je mehr er lachte, desto hysterischer wurde Bertha; und während sie durch die stille Nacht fuhren, schrien und brüllten sie und zitterten vor unkontrollierbarer Heiterkeit.

Kapitel X

Und so begannen die Craddocks ihre Reise entlang der großen Straße ins Nirgendwo, die Straße der Heiligen Ehe genannt wird. Der Frühling kam und mit ihm hundert neue Freuden; Bertha beobachtete die länger werdenden Tage, die bunten Krokusse, die aus dem Boden sprangen, die Schneeglöckchen; Die warmen, feuchten Februartage brachten die Primeln und dann die Veilchen. Der Februar ist ein Monat der Trägheit; Das Herz der Welt ist schwer und lustlos angesichts der Unruhe im April und des lebhaften Lebens im Mai. Überall in der Natur keimt der Same und der Puls aller Dinge pocht. Die Meeresnebel stiegen aus der Nordsee auf und bedeckten das kentische Land mit einem Schleier aus Feuchtigkeit, weiß und fast durchsichtig, so dass man durch ihn die blattlosen Bäume seltsam verzerrt sah, deren Zweige sich wie lange Arme wanden, um sich von den Fesseln zu befreien Winter; Das Gras in den Sümpfen war sehr grün, und die jungen Lämmer tummelten sich und blökten ihre Mütter an. Schon sangen die Drosseln und Amseln in den Heckenreihen. Der März brauste stürmisch herein, und die Wolken zogen hoch oben vor den reißenden Winden über den Himmel, manchmal türmten sie sich in schweren Massen auf und dann wurden sie auseinandergeblasen, flogen nach Westen und stolperten in ihrer Eile über die Fersen des anderen. Die Natur ruhte; Sie hielt sozusagen den Atem an vor der großen Anstrengung der Geburt.

Allmählich lernte Bertha ihren Mann besser kennen. Bei ihrer Hochzeit hatte sie eigentlich nichts anderes gewusst, als dass sie ihn liebte; Die Sinne hatten nur gesprochen, sie und er waren nur Marionetten, die die Natur zusammengewürfelt und in den Augen des anderen attraktiv gemacht hatte, damit das Rennen fortgesetzt werden könne. Bertha, deren Verlangen wie ein Feuer in ihr brannte, hatte sich in die Arme ihres Mannes geworfen, liebevoll wie die Tiere lieben – und wie die Götter. Er war der Mann und sie war die Frau, und die Welt war ein Garten Eden, heraufbeschworen durch die Kraft der Leidenschaft. Aber größeres Wissen brachte nur größere Liebe mit sich. Als Bertha in Edwards Gedanken las, entdeckte sie nach und nach zu ihrer Freude eine unerwartete Reinheit; Mit einem Gefühl seltsamen Glücks erkannte sie seine Unschuld. Sie sah, dass er noch nie zuvor geliebt hatte, dass diese Frau für ihn etwas Seltsames war, etwas, das er kaum gekannt hatte. Sie war stolz darauf, dass ihr Mann unbefleckt von fremden Umarmungen zu ihr gekommen war, die Lippen, die sie küssten, waren sauber; Über dieses Thema hatte es zwischen ihnen noch kein Gespräch gegeben, und doch war sie sich seiner äußersten Keuschheit sicher. Seine Seele war wirklich jungfräulich.

Und wenn das so war, wie konnte sie es nicht schaffen, ihn anzubeten! Bertha war nur in der Gesellschaft ihres Mannes glücklich, und es war für sie eine außerordentliche Freude, daran zu denken, dass ihre Bindungen nicht zerrissen werden konnten, dass sie, solange sie lebten, immer zusammen und immer unzertrennlich sein würden. Sie folgte ihm wie ein Hund, mit einer Unterwürfigkeit, die wirklich rührend war; Ihr Stolz war völlig verschwunden und sie wünschte, nur noch in Edward zu existieren, ihren Charakter mit dem seinen zu verschmelzen und völlig eins mit ihm zu sein. Sie wollte, dass er ihre einzige Individualität war, und verglich sich mit Efeu, der an der Eiche klettert; denn er war eine Eiche, eine Säule der Stärke, und sie war sehr schwach. Am Morgen nach dem Frühstück begleitete sie ihn auf seinem Spaziergang über die Bauernhöfe und blieb nur dann zu Hause, wenn ihre Anwesenheit unmöglich war, um sich um ihr Haus zu kümmern. Der Versuch zu lesen war aussichtslos und sie hatte ihre Bücher beiseite geworfen. Warum sollte sie lesen? Nicht zur Unterhaltung, da ihr Mann eine ständige Beschäftigung war; Und wenn sie wusste, wie man liebt, welches andere Wissen war dann nützlich? Oftmals, wenn sie eine Weile allein gelassen wurde, nahm sie etwas Lautstärke auf, aber ihre Gedanken schweiften schnell ab und sie dachte wieder an Edward, der sich wünschte, mit ihm zusammen zu sein.

Berthas Leben war ein exquisiter Traum, ein Traum, der niemals enden musste; denn ihr Glück war nicht von der ausgelassenen Art, die Ausflüge und Aufregung erfordert, sondern gleichmäßig und sanft; Sie wohnte in einem Paradies aus rosigen Farben, in dem es weder heftige Schatten noch grelle Lichter gab. Sie war im Himmel und die einzige Verbindung, die sie mit der Erde verband, war der wöchentliche Gottesdienst in Leanham. In der kahlen Kirche mit ihrem Pechkiefernholz, den hochlackierten Kirchenbänken und den Gerüchen von Haarpomade und Reckitt's Blue herrschte eine entzückende Menschlichkeit. Edward trug seine Sabbatkleidung, der Organist machte schreckliche Geräusche und der Dorfchor sang verstimmt; Mr. Glovers mechanische Übermittlung der Gebete entlockte ihnen geschickt alle Schönheit, und seine Predigt war äußerst prosaisch. Diese zwei Stunden Gottesdienst gaben Bertha genau den Hauch von Erdlichkeit, der notwendig war, um ihr klar zu machen, dass das Leben nicht nur spirituell war.

Jetzt kam der April. Die Ulmen vor Court Leys begannen zu blühen; Die grünen Knospen bedeckten die Zweige wie ein zarter Regen, ein grüner Dunst, der aus einiger Entfernung sichtbar war und verschwand, wenn man näher kam. Auch die braunen Felder bekleideten sich mit einem Sommergewand; Der Klee wuchs grün und üppig, und die Ernte war vielversprechend für die Zukunft. Es gab Tage, an denen die Luft fast mild war, die Sonne wärmte und das Herz hüpfte, endlich sicher, dass der Frühling nahe war. Der warme und angenehme Regen sickerte in den Boden; und von den Zweigen hingen ständig unzählige Tropfen und glitzerten in der nachfolgenden Sonne. Die selbstbewusste Tulpe entfaltete ihre Blütenblätter und bedeckte den Boden mit leuchtenden Farben. Die Wolken über Leanham hoben sich und die Welt breitete sich in einem größeren Kreis aus. Die Vögel sangen jetzt ohne unsichere Töne wie im März, sondern aus voller Kehle und erfüllten die Luft; und im Weißdorn hinter Court Leys schüttete die erste Nachtigall ihren Reichtum aus. Und die vollen Düfte der Erde stiegen auf, der Duft des Schimmels und des Regens, der Duft der Sonne und der sanften Brise.

Aber manchmal regnete es unaufhörlich von morgens bis abends, und dann rieb sich Edward die Hände.

„Ich wünschte, das würde eine Woche lang so weitergehen; Es ist genau das, was das Land will.“

An einem solchen Tag lag Bertha auf einem Sofa, während Edward am Fenster stand und auf den prasselnden Regen blickte. Sie dachte an den Novembernachmittag, als sie am selben Fenster gestanden und über die Tristesse des Winters nachgedacht hatte, ihr Herz jedoch voller Hoffnung und Liebe.

„Komm und setz dich neben mich, Eddie, mein Lieber“, sagte sie. „Ich habe dich den ganzen Tag kaum gesehen.“

„Ich muss raus“, sagte er, ohne sich umzudrehen.

„Oh nein, das hast du nicht. Komm her und setz dich.“

„Ich komme für zwei Minuten, während sie die Falle aufstellen.“

"Küss mich."

Er küsste sie und sie lachte. „Du lustiger Junge, ich glaube nicht, dass es dir etwas ausmacht, mich ein bisschen zu küssen.“

Darauf konnte er nicht antworten, denn in diesem Moment kam die Falle an die Tür und er sprang auf.

"Wo gehst du hin?"

„Ich fahre rüber, um den alten Potts wegen ein paar Schafen in Herne zu treffen.“

"Ist das alles? Glaubst du nicht, dass du vielleicht einen Nachmittag zu Hause bleibst, wenn ich dich frage?“

"Warum?" er antwortete. „Hier gibt es nichts zu tun. Es kommt wohl niemand.“

„Ich möchte bei dir sein, Eddie“, sagte sie klagend.

Er lachte. „Ich fürchte, ich kann einen Termin nicht einfach deswegen absagen."

„Soll ich dann mitkommen?"

„Wozu zum Teufel?" fragte er überrascht.

"Ich möchte bei dir sein; Ich hasse es, ständig von dir getrennt zu sein."

„Aber wir sind nicht immer getrennt. Scheiß drauf, mir kommt es so vor, als wären wir immer zusammen."

„Du merkst meine Abwesenheit nicht so, wie ich deine bemerke", sagte Bertha mit leiser Stimme und blickte nach unten.

„Aber es regnet in Strömen, und wenn du kommst, wirst du durchnässt."

„Was kümmert mich das, wenn ich bei dir bin!"

„Dann kommen Sie unbedingt, wenn Sie möchten."

„Es ist dir egal, ob ich komme oder nicht; es ist nichts für dich."

„Nun, ich denke, es wäre sehr dumm von dir, im Regen zu kommen. Wetten, ich sollte nicht gehen, wenn ich es verhindern könnte."

„Dann geh", sagte sie. Mit Mühe konnte sie die bitteren Worte zurückhalten, die ihr auf der Zunge lagen.

„Zu Hause geht es dir viel besser", sagte ihr Mann fröhlich. „Ich werde um fünf zum Tee kommen. Ta-ta!"

Er hätte tausend Dinge sagen können. Er hätte sagen können, dass ihm nichts mehr gefallen würde, als dass sie ihn begleiten würde, dass die Verabredung zum Teufel gehen könnte und er bei ihr bleiben würde. Aber er ging los und pfiff fröhlich. Es war ihm egal. Berthas Wangen wurden rot vor der Demütigung seiner Weigerung.

„Er liebt mich nicht", sagte sie und brach plötzlich in Tränen aus – die ersten Tränen ihres Ehelebens, die ersten, die sie seit dem Tod ihres Vaters geweint hatte; und sie beschämten sie. Sie versuchte, sie zu kontrollieren, aber es gelang ihr nicht und sie weinte unkontrolliert. Edwards Worte schienen furchtbar grausam; Sie fragte sich, wie er sie hätte sagen können.

„Das hätte ich vielleicht erwartet", sagte sie; „Er liebt mich nicht."

Sie wurde wütend auf ihn, als sie sich an die kleinen Kältegefühle erinnerte, die ihr oft wehgetan hatten. Oft stieß er sie fast weg, wenn sie zu ihm kam, um ihn zu streicheln – weil er im Moment etwas anderes hatte, das ihn beschäftigte; oft hatte er ihre Beteuerungen unsterblicher Zuneigung unbeantwortet gelassen. Wusste er nicht, dass er sie bis ins Mark getroffen hatte? Als sie sagte, dass sie ihn von ganzem Herzen liebte, fragte er sich, ob die Uhr aufgezogen war! Bertha grübelte zwei Stunden lang über ihrem Unglück, und da sie die Zeit nicht kannte, war sie überrascht, die Falle erneut an der Tür zu hören; Ihr erster Impuls war zu rennen und Edward hereinzulassen, aber sie hielt sich zurück. Sie war sehr wütend. Er trat ein, schrie ihr zu, dass er nass sei und sich umziehen müsse, und lief die Treppe hinauf. Natürlich hatte er nicht bemerkt, dass seine Frau ihn zum ersten Mal seit ihrer Heirat nicht im Flur getroffen hatte, als er eintrat – er bemerkte überhaupt nichts.

Edward betrat den Raum, sein Gesicht strahlte von der frischen Luft.

„Bei Gott, ich bin froh, dass du nicht gekommen bist. Es regnete einfach in Strömen. Wie wäre es mit Tee? Ich bin am Verhungern."

Er dachte an seinen Tee, als Bertha sich entschuldigen wollte, bescheidene Ausreden, eine Bitte um Verzeihung. Er war so fröhlich wie immer und war sich überhaupt nicht bewusst, dass seine Frau sich in grenzenlose Leidenschaft geweint hatte.

„Hast du deine Schafe gekauft?" sagte sie in einem empörten Ton. Sie wollte unbedingt, dass Edward ihre Verunsicherung bemerkte, damit sie ihm seine Sünden vorwerfen konnte; aber er bemerkte nichts.

„Nicht viel", rief er. „Für das Ganze hätte ich keinen Fünfer gegeben.“

„Du hättest genauso gut bei mir bleiben können, wie ich dich gebeten habe.“

„Was das Geschäft angeht, könnte ich das wirklich tun. Aber ich wage zu behaupten, dass mir die Fahrt quer durchs Land gut getan hat.“ Er war ein Mann, der immer das Beste aus den Dingen machte.

Bertha nahm ein Buch und begann zu lesen.

„Wo ist die Zeitung?“ fragte Edward. „Ich habe die Leitartikel noch nicht gelesen.“

„Ich bin sicher, ich weiß es nicht.“

Sie saßen bis zum Abendessen da, und Edward ging systematisch den *Standard durch* , Spalte für Spalte; Bertha blätterte in ihrem Buch um und versuchte zu verstehen, beschäftigte sich aber die ganze Zeit nur mit ihren Verletzungen. Sie aßen die Mahlzeit fast schweigend, denn Edward war nicht gesprächig. Er bemerkte lediglich, dass es bald neue Kartoffeln geben würde und dass er Dr. Ramsay getroffen hatte. Bertha antwortete einsilbig.

„Du bist sehr ruhig, Bertha", bemerkte er später am Abend. "Was ist los?"

"Nichts!"

"Habe Kopfschmerzen?"

"NEIN!"

Er stellte keine weiteren Nachforschungen, da er davon überzeugt war, dass ihr Schweigen natürliche Ursachen hatte. Er schien nicht zu bemerken, dass sie in irgendeiner Weise anders war als sonst. Sie hielt sich zurück, so lange sie konnte, brach aber schließlich aus und bezog sich dabei auf seine Bemerkung von vor einer Stunde.

„Interessiert es dich, ob ich Kopfschmerzen habe oder nicht?" Es war kaum eine Frage, eher eine Verspottung.

Er blickte überrascht auf. "Was ist los?"

Sie sah ihn an und wandte sich dann mit einer Geste der Ungeduld ab. Doch als er zu ihr kam, legte er seinen Arm um ihre Taille.

„Geht es dir nicht gut, Liebes?" fragte er besorgt.

Sie sah ihn erneut an, aber jetzt waren ihre Augen voller Tränen und sie konnte ein Schluchzen nicht unterdrücken.

„Oh, Eddie, sei nett zu mir", sagte sie und wurde plötzlich schwächer.

„Sag mir bitte, was los ist."

Er legte seine Arme um sie und küsste ihre Lippen. Der Kontakt erweckte die Leidenschaft wieder zum Leben, die eine Stunde lang erloschen war, und sie brach in Tränen aus.

„Sei mir nicht böse, Eddie", schluchzte sie; Sie war es, die sich entschuldigte und Ausreden vorbrachte. „Ich war schrecklich zu dir; Ich konnte nicht anders. Du bist doch nicht böse, oder?"

„Wozu zum Teufel?" fragte er völlig verwirrt.

„Ich war heute Nachmittag so verletzt, weil es so aussah, als ob du dich nicht um mich gekümmert hättest. Du musst mich lieben, Eddie; Ich kann nicht ohne leben."

„Du *bist* albern", sagte er lachend.

Sie trocknete lächelnd ihre Tränen. Seine Vergebung tröstete sie und sie fühlte sich jetzt dreifach glücklich.

Kapitel XI

ABER Edward war sicherlich kein leidenschaftlicher Liebhaber. Bertha konnte nicht sagen, wann ihr seine Reaktionslosigkeit zum ersten Mal aufgefallen war; Am Anfang hatte sie nur gewusst, dass sie ihren Mann von ganzem Herzen liebte, und ihre Begeisterung hatte seine etwas blasse Zuneigung so stark erleuchtet, dass sie genauso heftig zu glühen schien wie ihre eigene. Doch nach und nach begann sie zu glauben, dass er für die Fülle an Zuneigung, die sie ihm entgegenbrachte, nur sehr wenig Gegenleistung erbringen würde. Die Gründe für ihre Unzufriedenheit waren kaum erklärbar: ein leichter Rückzug, eine Gleichgültigkeit gegenüber ihren Gefühlen – Kleinigkeiten, die ihr fast komisch vorgekommen waren. Bertha verglich Edward zunächst mit dem Hippolitus von *Phaedra*, er sei ungezähmt und wild; die Küsse der Frauen machten ihm Angst; Sein Schleim gefiel ihr, getarnt als rustikale Wildheit, und sie sagte, ihre Leidenschaft sollte die Eiszapfen in seinem Herzen auftauen. Aber bald hörte sie auf, seine Passivität amüsant zu finden, manchmal machte sie ihm Vorwürfe, und wenn sie allein war, weinte sie oft.

„Ich frage mich, ob dir klar ist, welchen Schmerz du mir manchmal zufügst", sagte Bertha.

„Oh, ich glaube nicht, dass ich so etwas mache."

„Du siehst es nicht... Wenn ich dich küsse, ist es das Natürlichste auf der Welt, dass du mich wegstößt, als ob – fast als ob du mich nicht ertragen könntest."

"Unsinn!"

Für sich selbst war Edward jetzt derselbe wie bei ihrer ersten Hochzeit.

„Natürlich kann man von einem Mann nach vier Monaten Ehe nicht erwarten, dass er noch derselbe ist wie in den Flitterwochen. Man kann nicht immer nur Liebe machen und knutschen. Alles zu seiner richtigen Zeit und Jahreszeit", fügte er mit der Vorliebe des unoriginalen Mannes für sprichwörtliche Philosophie hinzu.

Nach getaner Arbeit las er gern in Ruhe seinen *Standard*, und als Bertha auf ihn zukam, schob er sie sanft beiseite.

„Lass mich ein bisschen in Ruhe, das ist ein braves Mädchen."

„Oh, du liebst mich nicht", schrie sie dann und fühlte sich, als würde ihr das Herz brechen.

Er blickte weder von seiner Arbeit auf, noch gab er eine Antwort; er war mitten in einem Leitartikel.

„Warum antwortest du nicht?“ Sie weinte.

„Weil du Unsinn redest.“

Er war der Mann mit der besten Laune, und Berthas Temperament brachte ihn nie aus dem Gleichgewicht. Er wusste, dass Frauen manchmal etwas gereizt waren, aber wenn ein Mann ihnen viel Spielraum gab, beruhigten sie sich nach einer Weile.

„Frauen sind wie Hühner“, sagte er einem Freund. „Geben Sie ihnen einen guten Lauf, gut umschlossen mit einem starken Drahtgeflecht, damit sie keinen Unfug treiben können, und wenn sie gackern und gackern, sitzen Sie einfach still und nehmen Sie keine Notiz davon.“

Die Heirat hatte in Edwards Leben keinen großen Unterschied gemacht. Er war schon immer ein Mann mit regelmäßigen Gewohnheiten gewesen und diese pflegte er auch weiterhin. Natürlich fühlte er sich wohler.

„Es lässt sich nicht leugnen: Ein Kerl möchte, dass eine Frau sich um ihn kümmert“, sagte er zu Dr. Ramsay, den er manchmal auf dessen Visiten traf. „Bevor ich geheiratet habe, stellte ich fest, dass meine Hemden in kürzester Zeit abgenutzt waren, aber jetzt, wenn ich sehe, dass eine Manschette etwas ausfranst, gebe ich sie einfach der Missis und sie macht sie so gut wie neu.“

„Es gibt eine ganze Menge zusätzlicher Arbeit, nicht wahr, jetzt, wo Sie die Heimatfarm übernommen haben?“

„Oh Gott sei Dank, ich genieße es. Tatsache ist, dass ich nicht genug Arbeit bekommen kann. Und es scheint mir, dass man, wenn man die Landwirtschaft heutzutage lohnen will, dies im großen Stil tun muss.“

Den ganzen Tag war Edward beschäftigt, wenn nicht auf den Farmen, so doch mit Geschäften in Blackstable, Tercanbury und Faversley.

„Ich bin kein Freund von Müßiggang“, sagte er. „Sie sagen immer, der Teufel finde Arbeit für untätige Hände, und ich glaube, da ist viel Wahres dran.“

Miss Glover, an die dieses Gefühl gerichtet war, stimmte natürlich zu, und als Edward gleich darauf hinausging und sie bei Bertha zurückließ, sagte sie:

„Was für ein guter Kerl Ihr Mann ist! Es macht Ihnen nichts aus, wenn ich das sage, oder?“

„Nicht, wenn es dir gefällt“, sagte Bertha trocken.

„Von allen Seiten höre ich Lob für ihn. Natürlich hat Charles die höchste Meinung von ihm.“

Bertha antwortete nicht und Miss Glover fügte hinzu: „Sie können sich nicht vorstellen, wie froh ich bin, dass Sie so glücklich sind.“

Bertha lächelte. „Du hast so ein gutes Herz, Fanny."

Das Gespräch zog sich hin, und nach fünf Minuten bedrückenden Schweigens stand Miss Glover auf, um zu gehen. Als die Tür hinter ihr geschlossen wurde, sank Bertha nachdenklich in ihren Stuhl zurück. Dies war einer ihrer unglücklichsten Tage – Eddie war nach Blackstable gekommen, und sie hatte ihn begleiten wollen.

„Ich glaube nicht, dass es besser ist, wenn du mitkommst", sagte er. „Ich bin ziemlich in Eile und werde schnell gehen."

„Ich kann auch schnell gehen", sagte sie und ihr Gesichtsausdruck verfinsterte sich.

„Nein, das kannst du nicht. Ich weiß, was du schnelles Gehen nennst. Wenn du willst, kannst du mich auf dem Rückweg treffen."

„Oh, du tust alles, was du kannst, um mir wehzutun. Es sieht so aus, als ob du jede Gelegenheit, grausam zu sein, begrüßt hättest."

„Wie unvernünftig du bist, Bertha. Siehst du nicht, dass ich in Eile bin und keine Zeit habe, herumzuschlendern und über die Butterblumen zu plaudern?"

„Na, lass uns reinfahren."

"Das ist nicht möglich. Der Stute geht es nicht gut und das Pony hatte gestern einen schweren Tag; er muss sich heute ausruhen.

„Das liegt einfach daran, dass du nicht willst, dass ich komme. Es ist immer das Gleiche, Tag für Tag. Du erfindest alles, um mich loszuwerden."

Sie brach in Tränen aus, obwohl sie wusste, dass das, was sie sagte, ungerecht war, fühlte sich aber dennoch äußerst misshandelt. Edward lächelte irritierend gut gelaunt.

„Du wirst es bereuen, was du gesagt hast, wenn du dich beruhigt hast, und dann wirst du wollen, dass ich dir vergebe."

Sie blickte auf und errötete. „Du denkst, ich bin ein Kind und ein Narr."

„Nein, ich glaube nur, dass du heute nicht in der Stimmung bist."

Dann ging er pfeifend hinaus, und sie hörte, wie er dem Gärtner in seiner gewohnten Art und Weise einen Befehl gab, so fröhlich, als wäre nichts passiert. Bertha wusste, dass er die kleine Szene bereits vergessen hatte. Nichts beeinträchtigte seine gute Laune. Sie könnte weinen, sie könnte ihr Herz herausreißen (metaphorisch) und es auf den Boden schlagen, Edward würde sich nicht aus der Fassung bringen; er würde immer noch ruhig, gutmütig und nachsichtig sein. Harte Worte, sagte er, brachen niemandem die Knochen – „Frauen sind wie Hühner, wenn sie gackern und gackern, sitzen sie still und nehmen keine Notiz davon!"

Bei seiner Rückkehr schien Edward nicht zu bemerken, dass seine Frau außer sich war. Sein Geist war immer ausgeglichen und er war ein unaufmerksamer Mensch. Sie antwortete ihm einsilbig, aber er plapperte weiter, erfreut darüber, mit einem Mann in Blackstable ein gutes Geschäft gemacht zu haben. Bertha sehnte sich danach, dass er sich zu ihrem Zustand äußerte, damit sie in Vorwürfe ausbrechen könnte, aber Edward war hoffnungslos düster – sonst sah er es und wollte ihr keine Gelegenheit zum Reden geben. Bertha war fast zum ersten Mal ernsthaft wütend auf ihren Mann und es machte ihr Angst – plötzlich schien Edward ein Feind zu sein, und sie wollte ihm etwas Leid zufügen. Sie verstand sich selbst nicht – was würde als nächstes passieren? Warum sollte er nicht etwas sagen, damit sie ihr Leid ausdrücken und sich dann versöhnen könnte? Der Tag verging und sie bewahrte ein mürrisches Schweigen; Ihr Herz begann furchtbar zu schmerzen – die Nacht kam, und Edward machte immer noch kein Zeichen; Sie suchte nach einer Möglichkeit, den Streit anzuzetteln, aber nichts bot sich ihr. Bertha tat so, als würde sie schlafen gehen, aber sie gab ihm nicht den Kuss, den nie endenden Kuss der Liebenden, den sie immer austauschten. Sicher würde er es bemerken, sicherlich würde er fragen, was sie beunruhigte, und dann könnte sie ihn endlich in die Knie zwingen. Aber er sagte nichts; Nach einem anstrengenden Arbeitstag war er hundemüde und schlief wortlos ein – fünf Minuten später hörte Bertha seinen schweren, regelmäßigen Atem.

Dann brach sie zusammen; Sie konnte nie schlafen, ohne ihm gute Nacht zu sagen, ohne den Kuss seiner Lippen.

„Er ist stärker als ich", sagte sie, „weil er mich nicht liebt."

Bertha weinte still; Sie konnte es nicht ertragen, wütend auf ihren Mann zu sein. Sie würde sich lieber allem unterwerfen, als die Nacht im Zorn und am nächsten Tag so unglücklich zu verbringen. Sie war völlig demütig. Schließlich konnte sie die Qual nicht länger ertragen und weckte ihn.

„Eddie, du hast mir nicht gute Nacht gesagt."

„Bei Gott, ich habe es ganz vergessen", antwortete er schläfrig. Bertha unterdrückte ein Schluchzen.

„Hallo, was ist los?" er sagte. „Du weinst nicht, nur weil ich vergessen habe, dich zu küssen – ich war furchtbar erschöpft, weißt du."

Er hatte wirklich nichts bemerkt; Während sie in größter Not steckte, war er so glücklich und selbstzufrieden gewesen wie immer. Doch der kurzzeitig wiederkehrende Zorn Berthas wurde schnell gestillt. Sie konnte es sich jetzt nicht leisten, stolz zu sein.

„Du bist nicht böse auf mich?" Sie sagte. „Ich kann nicht schlafen, wenn du mich nicht küsst."

"Dummes Mädchen!" er flüsterte.

„Du liebst mich, nicht wahr?"

"Ja."

Er küsste sie, wie sie es liebte, geküsst zu werden, und in der Freude darüber war ihr Zorn ganz vergessen.

„Ich kann nicht leben, wenn du mich nicht liebst. Oh, ich wünschte, ich könnte dir klar machen, wie ich dich liebe ... Wir sind jetzt wieder Freunde, nicht wahr?"

„Wir waren noch nie anders."

Bertha atmete erleichtert auf und lag vollkommen glücklich in seinen Armen. Noch eine Minute und Edwards Atem verriet ihr, dass er bereits eingeschlafen war; Sie wagte es nicht, sich zu bewegen, aus Angst, ihn zu wecken.

Der Sommer brachte Bertha neue Freuden und sie machte sich daran, das ländliche Leben zu genießen, das sie sich vorgestellt hatte. Die Ulmen von Court Leys waren jetzt dunkel vor Blättern; und das schwere, eng anliegende Grün verleiht dem Haus ein recht stattliches Aussehen. Die Ulme ist der angesehenste aller Bäume, wenn überhaupt übertrieben, aber vollkommen wohlerzogen; und der Schatten, den es wirft, ist kein gewöhnlicher Schatten, sondern solide und selbstbewusst, wie es sich für das Anwesen einer Familie aus dem Landkreis gehört. Der umgestürzte Stamm war entfernt worden und im Herbst sollten auf den freien Flächen junge Bäume gepflanzt werden. Edward hatte sich vorgenommen, den Ort ordentlich in Ordnung zu bringen. Im Frühjahr hatte Court Leys einen neuen Anstrich erhalten, so dass es blitzblank wie die Vorstadtvilla eines Börsenmaklers aussah. Die Betten, die jahrelang vernachlässigt worden waren, waren jetzt mit den Abscheulichkeiten von Teppichbetten übersät; Quadrate aus roten Geranien im Kontrast zu Kreisen aus gelben Calcellarias; der überwucherte Buchsbaum wurde auf eine gerade Höhe abgeholzt; Die Weißdornhecke war dem Untergang geweiht, und Edward hatte dafür gesorgt, dass das Gelände mit einer Holzpallisade und Lorbeerbüschen umzäunt wurde. Die Auffahrt war mit mehreren Ladungen Schotter geschmückt, so dass sie für den Nachfolger eines alten und laxen Rennens zum Stolz wurde. Craddock hatte erst vierzehn Tage lang an ihrer Stelle regiert, als die schmutzigen Schafe von den Rasenflächen auf beiden Seiten der Allee vertrieben wurden, und seitdem wurde das Gras fleißig gemäht und gewalzt. Jetzt war ein Tennisplatz abgesteckt worden, was, wie Edward sagte, der Sache ein heimeliges

Aussehen verlieh. Schließlich waren die Eisentore in Schwarz und Gold wunderschön und passten zum Eingang eines Herrenhauses, und die renovierte Lodge bewies allen und jedem, dass Court Leys in den Händen eines Mannes war, der wusste, was was war, und sich über die Anstandsregeln freute.

Obwohl Bertha alle Neuerungen verabscheute, hatte sie Edwards Verbesserungen demütig akzeptiert: Sie bildeten ein unerschöpfliches Gesprächsthema, und sein Enthusiasmus gefiel ihr immer.

„Bei Gott", sagte er und rieb sich die Hände, „die Veränderungen werden deine Tante einfach zusammenzucken lassen, nicht wahr?"

„Das werden sie tatsächlich", sagte Bertha lächelnd.

Sie schauderte ein wenig bei der Aussicht auf Miss Leys sarkastisches Lob.

„Sie wird den Ort kaum wiedererkennen; Das Haus sieht so gut aus wie neu, und das Gelände wurde vielleicht erst vor einem halben Dutzend Jahren angelegt ... Geben Sie mir noch fünf Jahre, und selbst Sie werden Ihr altes Zuhause nicht mehr kennen."

Miss Ley hatte endlich eine der Einladungen angenommen, die Edward unbedingt überschütten sollte, und schrieb ihr, dass sie für eine Woche hierherkommen würde. Edward war natürlich sehr erfreut; Wie er sagte, wollte er mit jedem befreundet sein, und es erschien ihm nicht natürlich, dass Berthas einziger Verwandter sie unbedingt meiden sollte.

„Es sieht so aus, als ob sie mit unserer Ehe nicht einverstanden wäre, und das bringt die Leute zum Reden."

Er traf die gute Dame am Bahnhof und begrüßte sie, etwas zu ihrem Ekel, überschwänglich.

„Ah, hier bist du endlich!" brüllte er auf seine fröhliche Art. „Wir dachten, du würdest nie kommen. Hier, Portier!" Er erhob seine Stimme, so dass die Plattform bebte und grollte.

Er ergriff Miss Leys Hände und der schreckliche Gedanke schoss ihr durch den Kopf, dass er sie vor der versammelten Menge küssen würde.

„Er kultiviert das Auftreten eines Landedelmanns", dachte sie. „Ich wünschte, er würde es nicht tun."

Er nahm die unzähligen Taschen, mit denen sie reiste, und verteilte sie unter den Begleitern. Er versuchte sogar, sie zu überreden, seinen Arm zum Hundekarren zu nehmen, doch diese Ehre lehnte sie entschieden ab.

„Kommen Sie jetzt auf diese Seite und ich helfe Ihnen hoch. Ihr Gepäck kommt danach mit dem Pony weiter.“

Er meisterte alles selbstbewusst und souverän; Miss Ley bemerkte, dass die Ehe die Schüchternheit zerstreut hatte, die an ihm eher ein attraktiver Aspekt gewesen war. Er wurde unverblümt und herzlich. Außerdem füllte er aus. Wohlstand und ein Wissen von größerer Bedeutung hatten seinen Rücken breiter und seine Schultern gestreckt; Sein Brustumfang war um ganze acht Zentimeter größer als damals, als sie ihn kennengelernt hatte, und seine Taille war proportional gewachsen.

„Wenn er sich so weiter entwickelt“, dachte sie, „wird der gute Mann mit vierzig riesig sein.“

„Natürlich, Tante Polly“, sagte er und verzichtete kühn auf das respektvolle *„Miss Ley“* , das er bisher immer verwendet hatte, obwohl seine neue Verwandte keine Frau war, die die meisten Männer vertraulich zu behandeln gewagt hätten. „Natürlich ist es Quatsch, dass du uns in einer Woche verlässt; Du musst mindestens ein paar Monate bleiben.“

„Das ist sehr nett von Ihnen, lieber Edward“, antwortete Miss Ley trocken, „aber ich habe noch andere Verpflichtungen.“

„Dann musst du sie brechen; Ich kann nicht zulassen, dass die Leute mein Haus sofort verlassen, wenn sie kommen.“

Miss Ley zog die Augenbrauen hoch und lächelte; War es schon *sein* Haus? Liebe mich!

„Mein lieber Edward“, antwortete sie, „ich bleibe nie länger als zwei Tage irgendwo – am ersten Tag rede ich mit Leuten, am zweiten lasse ich sie mit mir reden und am dritten gehe ich … ich bleibe eine Woche Hotels, um *in die Pension zu gehen* und meine Wäsche richtig lüften zu lassen.“

„Sie behandeln uns wie ein Hotel“, sagte Edward lachend.

„Es ist ein großes Kompliment: In Privathäusern wird man so schrecklich bedient.“

„Na ja, mehr sagen wir dazu nicht. Aber ich lasse Ihren Koffer in die Abstellkammer bringen und behalte den Schlüssel dazu.“

Miss Ley lachte kurz und trocken, was zeigte, dass die Bemerkung ihres Gesprächspartners sie nicht amüsiert hatte, sondern etwas in ihrem eigenen Kopf hatte. Bald erreichten sie Court Leys.

„Sehen Sie all die Unterschiede, seit Sie das letzte Mal hier waren?“ fragte Edward fröhlich.

Miss Ley sah sich um und schürzte die Lippen.

„Es ist bezaubernd“, sagte sie.

„Ich wusste, dass es dich aufhorchen lassen würde“, rief er lachend.

Bertha empfing ihre Tante im Flur und umarmte sie mit dem ernsten Anstand, der ihre Beziehungen immer gekennzeichnet hatte.

„Wie klug Sie sind, Bertha“, sagte Miss Ley; „Du schaffst es, deine schöne Figur zu bewahren.“

Dann machte sie sich feierlich daran, das Eheglück des jungen Paares zu untersuchen.

Kapitel XII

Die Leidenschaft, das zufällige Mitgeschöpf zu analysieren, war das fesselndste Laster, das Miss Ley besaß; und keine Beziehungs- oder Zuneigungsbeziehungen (beides passt nicht immer zusammen) hielten sie davon ab, ihre Talente in dieser Richtung auszuüben. Sie beobachtete Bertha und Edward während des Mittagessens: Bertha war gesprächig und plauderte mit einer Lebhaftigkeit, die verdächtig wirkte, über die Nachbarn – Mrs. Brandertons neue Hauben und neue Haare, Miss Glovers gute Taten und Mr. Glovers Besuche in London; Edward schwieg, außer als er Miss Ley drängte, eine zweite Portion zu sich zu nehmen. Er aß viel, und die Jungfrau bemerkte, welch große Bissen er zu sich nahm und wie herzhaft er sein Bier trank. Natürlich zog sie Schlussfolgerungen; und sie zog weitere Schlussfolgerungen, als er, nachdem er ein halbes Pfund Käse verschlungen und einen letzten Schluck Bier getrunken hatte, seinen Stuhl zurückschob und mit einer Art leisem Brüllen, das an ein mit Essen vollgestopftes Raubtier erinnerte, sagte:

„Ah, nun ja, ich denke, ich muss mich an die Arbeit machen. Für die Müden gibt es keine Ruhe.“

Er zog eine neue Pfeife aus Bruyèreholz aus der Tasche, stopfte sie und zündete sie an.

„Mir geht es jetzt besser... Nun ja, bis dahin; Ich komme zum Tee.“

Die Schlussfolgerungen über Miss Ley summten wie Mücken an einem Sommertag. Sie zeichnete sie den ganzen Nachmittag; Sie zeichnete sie alle während des Abendessens. Auch Bertha war ungewöhnlich überschwänglich; und Miss Ley fragte sich ein Dutzend Mal, ob dieser Strom von Geschwätz, dieses schallende Gelächter einem leichten Herzen entsprang oder dem niederträchtigen Wunsch entsprang, eine forschende Tante mittleren Alters zu täuschen. Nach dem Abendessen begann Edward, die Zeitung zu lesen, indem er ihr sagte, dass sie natürlich zur Familie gehörte und er hoffte, dass sie nicht wollte, dass er sich auf Zeremonien einließ. Als Bertha auf Miss Leys Bitte hin Klavier spielte, legte er es aus guten Manieren beiseite und gähnte innerhalb einer Viertelstunde ein Dutzend Mal.

„Ich darf nicht mehr spielen“, sagte Bertha, „sonst geht Eddie schlafen – nicht wahr, Liebling?“

„Das sollte mich nicht wundern“, antwortete er lachend. „Tatsache ist, dass die Dinge, die Bertha spielt, wenn wir Gesellschaft haben, mir ordentlich den Garaus machen!“

„Edward willigt nur ein, mir zuzuhören, wenn ich *The Blue Bells of Scotland* oder *Yankee Doodle spiele* .“

Bertha machte diese Bemerkung und lächelte ihren Mann gutmütig an, aber Miss Ley zog Schlussfolgerungen.

„Es macht mir nichts aus, zuzugeben, dass ich diese ganze ausländische Musik nicht ausstehen kann. Was ich Bertha sage, ist: Warum kannst du nicht Englisch spielen?"

„Wenn du überhaupt spielen musst", warf seine Frau ein.

„Nach allem, was gesagt und getan ist, haben *The Blue Bells of Scotland* ein Lied darüber, in das sich ein Kerl hineinversetzen kann."

„Sehen Sie, da ist der Unterschied", sagte Bertha und klimperte ein paar Takte von *Rule Britannia* , „das bringt mich auf die Nerven."

„Nun, ich bin patriotisch", erwiderte Edward. „Ich mag die gute, ehrliche, heimelige englische Art. Ich mag sie, weil sie Engländer sind. Ich schäme mich nicht zu sagen, dass für mich *God Save the Queen* das beste Musikstück ist, das jemals geschrieben wurde ."

„Das hat ein Deutscher geschrieben, lieber Edward", sagte Miss Ley lächelnd.

„Das mag sein", sagte Edward unverfroren, „aber das Gefühl ist englisch und das ist alles, was mich interessiert."

"Hören! hören!" rief Bertha. „Ich glaube, Edward strebt eine politische Karriere an. Ich weiß, dass ich am Ende die Frau des örtlichen Abgeordneten sein werde."

„Ich bin patriotisch", sagte Edward, „und ich schäme mich nicht, das zu bekennen."

„Herrsche Britannia", sang Bertha, „Britannia regiert die Wellen, die Briten werden niemals, niemals Sklaven sein." Ta-ra-ra-boom-de-ay! Ta-ra-ra-boom-de-ay!"

„Es ist jetzt überall das Gleiche", fuhr der Redner fort. „Wir sind voll von Ausländern und ihren Waren. Ich finde es skandalös. Englische Musik ist Ihnen nicht gut genug – Sie bekommen sie aus Frankreich und Deutschland. Woher bekommst du deine Butter? Bretagne! Woher bekommst du dein Fleisch? Neuseeland!" Dies sagte er mit großer Verachtung, und Bertha unterstrich die Bemerkung mit einem schallenden Akkord. „Und was die Butter angeht, ist es keine Butter, sondern Margarine. Woher kommt Ihr Brot? Amerika. Dein Gemüse aus Jersey."

„Dein Fisch aus dem Meer", warf Bertha ein.

„Und so ist es auf der ganzen Linie – der britische Bauer hat keine Chance!"

Zu dieser Rede spielte Bertha eine burleske Begleitung, die einen sensibleren Mann als Craddock irritiert hätte; aber er lachte nur gutmütig.

„Bertha wird diese Dinge nicht ernst nehmen", sagte er und strich ihr liebevoll mit der Hand übers Haar.

Sie hörte plötzlich auf zu spielen, und seine gute Laune, verbunden mit der liebevollen Geste, erfüllte sie mit Reue. Ihre Augen füllten sich mit Tränen.

„Du bist eine liebe, gute Sache", stockte sie, „und ich bin absolut schrecklich."

„Jetzt rede doch nicht vor Tante Polly. Du weißt, dass sie uns auslachen wird."

„Oh, das ist mir egal", sagte Bertha und lächelte glücklich. Sie stand auf und hakte sich bei ihm ein. „Eddie ist der bestmütigste Mensch der Welt – er ist einfach wundervoll."

„Das muss er tatsächlich sein", sagte Miss Ley, „wenn Sie Ihr Vertrauen in ihn nach sechs Monaten Ehe bewahrt haben."

Aber die Jungfrau hatte so viele Beobachtungen gespeichert, dass sie das dringende Bedürfnis verspürte, sich in die Privatsphäre ihres Schlafzimmers zurückzuziehen und sie zu sortieren. Sie küsste Bertha und reichte Edward ihre Hand.

„Oh, wenn du Bertha küsst, musst du mich auch küssen", sagte er und beugte sich lachend vor.

"Auf mein Wort!" sagte Miss Ley etwas verblüfft; Dann, als er offensichtlich darauf bestand, umarmte sie ihn an der Wange. Sie errötete förmlich.

Das Ergebnis von Miss Leys Nachforschungen war, dass der Hymenealweg wieder einmal mit Rosen übersät gefunden worden war; und als sie es auf das Kissen legte, schoss ihr der Gedanke durch den Kopf, dass Dr. Ramsay sicherlich kommen und über sie krähen würde: Es liege nicht in der männlichen menschlichen Natur, dachte sie, eine Gelegenheit zu verpassen, sich über einen besiegten Feind zu freuen.

„Er wird schwören, dass ich der direkte Grund für die Ehe war. Der liebe Mann, er wird über mein Unbehagen so erfreut sein, dass ich nie das Ende davon hören werde. Er ruft bestimmt morgen an.

Tatsächlich hatte Edward die Nachricht von Miss Leys Ankunft eifrig im Ausland verbreitet, und prompt zog Mrs. Ramsay ihr blaues Samtkleid an und fuhr im Wagen des Arztes mit ihm nach Court Leys. Die Ramsays fanden Miss Glover und den Pfarrer von Leanham bereits im Besitz des Feldes. Mr.

Glover sah dünner und älter aus als bei Miss Leys letzter Begegnung; er war müder, sanftmütiger und runzliger; Miss Glover hat sich nie verändert.

„Die Gemeinde?" sagte der Pfarrer als Antwort auf Miss Leys höfliche Frage: „Ich fürchte, es steht in einer schlechten Verfassung. Die Andersdenkenden haben eine neue Kapelle bekommen, wissen Sie – und sie sagen, die Heilsarmee werde „Kasernen", wie sie es nennen, errichten. Es ist sehr schade, dass die Regierung nicht eingreift: Schließlich sind wir gesetzlich verankert und das Gesetz sollte uns vor Übergriffen schützen."

„Sie glauben nicht an die Gewissensfreiheit?" fragte Miss Ley.

„Meine liebe Miss Ley", sagte der Pfarrer mit seiner müden Stimme, „alles hat seine Grenzen. Ich hätte gedacht, dass es in der etablierten Kirche genug Gewissensfreiheit für jeden gibt."

„In Leanham wird es immer schlimmer", sagte Miss Glover. „Praktisch alle Handwerker gehen jetzt zur Kapelle, und das macht es für uns so schwierig."

„Ja", antwortete der Pfarrer mit einem müden Seufzer; „Und als ob wir nicht schon genug zu ertragen hätten, höre ich, dass Walker aufgehört hat, in die Kirche zu gehen."

„Oh je, oh je!" sagte Miss Glover.

„Walker, der Bäcker?" fragte Edward.

"Ja; und jetzt ist Andrews der einzige Bäcker in Leanham, der in die Kirche geht."

„Nun, mit ihm kommen wir unmöglich klar, Charles", sagte Miss Glover, „sein Brot ist zu schlecht."

„Meine Liebe, das müssen wir", stöhnte ihr Bruder. „Es würde gegen alle meine Grundsätze verstoßen, mit einem Handwerker zu verhandeln, der in die Kirche geht. Sie müssen Walker bitten, sein Buch einzuschicken, es sei denn, er versichert, dass er regelmäßig zur Kirche kommt."

„Aber Andrews Brot bereitet einem immer Magenbeschwerden, Charles", rief Miss Glover.

„Das muss ich ertragen. Wenn keines unserer Martyrien schwerwiegender wäre, hätten wir keinen Grund, uns zu beschweren."

„Nun, es ist ganz einfach, sein Brot von Tercanbury zu bekommen", sagte Mrs. Ramsay, die sehr praktisch veranlagt war.

Mr. Glover und seine Schwester warfen bestürzt die Hände hoch.

„Dann würde Andrews auch in die Kapelle gehen. Das Einzige, was sie in der Kirche hält, ist leider der Brauch im Pfarrhaus oder die Hoffnung, ihn zu bekommen."

Plötzlich war Miss Ley allein mit der Schwester des Pfarrers.

„Sie müssen sehr froh sein, Bertha wiederzusehen, Miss Ley."

„Jetzt wird sie krähen", dachte die gute Dame. "Natürlich bin ich."

„Und es muss eine große Erleichterung für Sie sein, zu sehen, wie gut alles geklappt hat."

Miss Ley warf Miss Glover einen scharfen Blick zu, konnte aber keine Spur von Ironie erkennen.

„Oh, ich finde es schön, ein so rundum glückliches Ehepaar zu sehen. Ich fühle mich wirklich wie eine bessere Frau, wenn ich hierher komme und sehe, wie die beiden sich gegenseitig verehren."

„Natürlich ist das arme Ding ein Vollidiot", dachte Miss Ley. „Ja, es ist sehr zufriedenstellend", sagte sie trocken.

Sie blickte sich nach Dr. Ramsay um und freute sich, obwohl sie auf der Verliererseite war, auf den Kampf, den sie vorhergesehen hatte. Sie hatte die Instinkte einer guten Kämpferin und wich einer Begegnung nie aus, auch wenn eine Niederlage unvermeidlich war. Der Arzt kam näher.

„Nun, Miss Ley. Sie sind also zu uns zurückgekehrt. Wir freuen uns alle, Sie zu sehen."

„Wie herzlich diese Leute sind", dachte Miss Ley etwas verärgert, da sie glaubte, Dr. Ramsays Bemerkung sei nur ein Vorwand für grobes Geplänkel oder einen Vorwurf. „Sollen wir einen Spaziergang durch den Garten machen? Ich bin sicher, dass du mit mir streiten willst."

„Es gibt nichts, was ich lieber hätte – im Garten spazieren zu gehen, meine ich: Natürlich könnte sich niemand mit einem so bezaubernden Menschen wie Ihnen streiten."

„Er wäre nie so höflich, wenn er hinterher nicht die Absicht hätte, sehr unhöflich zu sein", dachte Miss Ley. „Ich freue mich, dass dir der Garten gefällt."

„Craddock hat es so wunderbar verbessert. Es ist eine wahre Freude, alles zu sehen, was er getan hat."

Miss Ley hielt dies für einen Spott und suchte nach einer Antwort, aber als sie keine fand, schwieg sie: Miss Ley war eine weise Frau! Sie gingen ein paar Schritte wortlos, und dann brach Dr. Ramsay plötzlich aus:

„Nun, Miss Ley, Sie hatten doch recht.“

Sie blieb stehen und sah den Sprecher an – er schien ziemlich ernst zu sein.

„Ja“, sagte er, „es macht mir nichts aus, es anzuerkennen. Ich hab mich geirrt. Es ist ein großer Triumph für Sie, nicht wahr?“

Er sah sie an und schüttelte sich vor gut gelauntem Lachen.

„Macht er sich über mich lustig?“ fragte sich Miss Ley mit etwas, das nicht weit von Qual entfernt war. Dies war das erste Mal, dass sie nicht nur den guten Arzt, sondern auch seine innersten Gedanken nicht verstand. „Sie glauben also, dass das Anwesen verbessert wurde?“ sagte sie hastig.

„Ich kann mir nicht vorstellen, wie der Mann in so kurzer Zeit so viel geleistet hat. Schauen Sie es sich einfach an!“

Miss Ley schürzte die Lippen. „Selbst in seinen heruntergekommensten Tagen sah Court Leys wie ein Gentleman aus: Jetzt könnte das alles“, sie blickte sich mit hochgereckter Nase um, „das Landhaus eines Schweineschlachters sein.“

„Meine liebe Miss Ley, Sie müssen mir verzeihen, dass ich das sage, aber der Ort war nicht einmal respektabel.“

„Aber es ist jetzt; Das ist meine Beschwerde. Mein lieber Doktor, früher konnte der Passant sehen, dass die Besitzer von Court Leys anständige Leute waren; Dass es ihnen nicht gelang, beide Ziele zu erreichen, war ein Detail – möglicherweise lag es daran, dass sie ein Ende zu schnell verbrannten, was ein Zeichen für einen eher empfindlichen Geist ist.“ Miss Ley mischte ihre Metaphern. „Und der Passant moralisierte entsprechend. Für einen Gentleman gibt es nur zwei anständige Zustände: absolute Armut oder überwältigender Reichtum; Die mittlere Bedingung ist vulgär. Jetzt sieht der Passant Sparsamkeit und sorgfältiges Management, es kommt über die Runden, aber sie tun es aggressiv, als ob es etwas wäre, worauf man stolz sein könnte. Pennys werden angeschaut, bevor sie ausgegeben werden; und, mein Himmel! Die Leys dienen dazu, eine Moral zu verdeutlichen und eine Geschichte zu schmücken. Die Leys, die ihr Vermögen verspielten und verschwendeten, die Diamanten kauften, wenn sie kein Brot hatten, und die Diamanten verpfändeten, um dem König eine Gartenparty zu geben, bilden jetzt die Überschrift eines Hefts und das Ideal eines Gärtners.“

Miss Ley hatte die Eigenschaften einer wahren Phrasenmacherin, denn solange ihre Periode abgerundet war, machte es ihr nichts aus, wie viel Unsinn sie enthielt. Am Ende ihrer Schimpftirade schaute sie den Arzt an und suchte nach Zeichen der Missbilligung, die sie für richtig hielt, aber er lachte nur.

„Ich sehe, dass du es einreiben willst", sagte er.

„Was um alles in der Welt bedeutet die Kreatur?" Fragte sich Miss Ley.

„Ich gestehe, ich habe geglaubt, dass alles schlecht ausgehen würde", fuhr der Arzt fort. „Und ich konnte nicht anders, als zu glauben, dass er versucht sein würde, mit dem ganzen Anwesen ein Spiel zu spielen. Nun ja, es macht mir nichts aus, offen zuzugeben, dass Bertha sich keinen besseren Ehemann hätte aussuchen können; er ist ein durch und durch guter Kerl; Niemand erkannte, was in ihm steckte, und es gibt keine Ahnung, wie weit er gehen wird."

Ein Mann hätte Miss Leys Gefühle mit einem kleinen Pfiff ausgedrückt, aber diese Dame hob lediglich ihre dünnen Augenbrauen. Dann teilte Dr. Ramsay die Meinung von Miss Glover?

„Und was genau ist die Meinung des Landkreises?" Sie fragte. „Von dieser abscheulichen Mrs. Branderton, von Mrs. Ryle (sie hat überhaupt kein Recht auf den *Mayston*), *von den Hancocks und dem Rest?"*

„Edward Craddock hat überall goldene Meinungen gewonnen. Jeder mag ihn und denkt gut von ihm. Nein, ich versichere Ihnen, auch wenn ich nicht so gern eingestehe, dass ich Unrecht hatte, ist er der richtige Mann am richtigen Ort. Es ist außergewöhnlich, wie die Leute ihn angenommen haben und ihn bereits respektieren ... Ich gebe Ihnen mein Wort, Bertha hat Grund, sich selbst zu gratulieren – ein Mädchen nimmt nicht jeden Tag der Woche einen solchen Ehemann auf."

Miss Ley lächelte; Es war eine große Erleichterung, festzustellen, dass sie wirklich nicht dümmer war als die meisten Menschen (wie sie es bescheiden ausdrückte), denn ein Zweifel an diesem Thema hatte ihr einiges Unbehagen bereitet.

„Denkt also jeder, dass er so glücklich ist wie Turteltauben?"

„Ja, das sind sie", rief der Arzt; „Sicherlich denkst *du nicht anders?"*

Miss Ley hielt es nie für ihre Pflicht, den Irrtum ihrer Mitmenschen auszuräumen, und wann immer sie über ein kleines Wissen verfügte, behielt sie es lieber für sich.

"ICH?" sie antwortete auf die Frage des Arztes. „Ich lege großen Wert darauf, mit der Mehrheit zu denken – nur so kann man sich den Ruf der Weisheit erarbeiten!" Aber Miss Ley war schließlich auch nur ein Mensch. „Welcher ist Ihrer Meinung nach der vorherrschende Partner?" fragte sie und lächelte trocken.

„Der Mann, wie er sein sollte", antwortete der Arzt schroff.

„Glaubst du, er hat mehr Verstand?“

„Ah, Sie sind eine Feministin“, sagte Dr. Ramsay mit großer Verachtung.

„Mein lieber Doktor, meine Handschuhe sind Sechser und meine Schuhe sehen aus.“ Sie stellte dem alten Herrn einen sehr spitzen, hochhackigen Schuh zur Besichtigung hin, der gleichzeitig das kunstvoll durchbrochene Muster eines Seidenstrumpfes zeigte.

„Soll ich das als Anerkennung der Überlegenheit des Menschen verstehen?“

„Himmel, wie streitlustig du bist!“ Miss Ley lachte, denn sie geriet in ihr ganz eigenes Element. „Ich wusste, dass du mit mir streiten wolltest. Willst du wirklich meine Meinung?“

"Ja."

„Nun, mir scheint, wenn man die sehr kluge Frau nimmt und sie neben einen gewöhnlichen Mann stellt, beweist man nichts. So argumentieren Frauen meistens. Wir stellen George Eliot (der übrigens nichts von der Frau hatte als Petticoats – und das nicht immer) neben den einfachen John Smith und fragen tragisch, ob eine solche Frau einem solchen Mann unterlegen sein kann. Aber das ist albern! Die Frage, die ich mir in den letzten fünfundzwanzig Jahren gestellt habe, ist, ob der durchschnittliche Dummkopf einer Frau ein größerer Dummkopf ist als der durchschnittliche Dummkopf eines Mannes.“

„Und die Antwort?“

„Nun, auf mein Wort, ich glaube nicht, dass es zwischen ihnen viel Auswahl gibt.“

„Dann haben Sie eigentlich überhaupt keine Meinung zu dem Thema?“ rief der Arzt.

„Deshalb gebe ich es dir.“

"Hm!" grunzte Dr. Ramsay. „Und wie trifft das auf die Craddocks zu?“

„Das trifft auf sie nicht zu... Ich glaube nicht, dass Bertha eine Dummkopfin ist.“

„Das kann doch nicht sein, da es doch die Entscheidungsfreiheit hatte, als deine Nichte geboren zu werden, oder?“

„Aber, Herr Doktor, Sie werden ganz schön keck.“

Sie hatten den Rundgang durch den Garten beendet und Mrs. Ramsay wurde im Wohnzimmer gesehen, wo sie sich von Bertha verabschiedete.

„Nun im Ernst, Miss Ley", sagte der Arzt, „sie sind ziemlich glücklich, nicht wahr? Jeder denkt so."

„Jeder hat immer Recht", sagte Miss Ley.

„Und was ist Ihre Meinung?"

„Mein Gott, was ist das für ein hartnäckiger Mann! Nun, Dr. Ramsay, ich würde nur Folgendes vorschlagen: Für Bertha, wissen Sie, ist das Buch des Lebens durchgehend kursiv geschrieben; Für Edward liegt alles an der großen, runden Handschrift in den Überschriften des Hefts ... Glaubst du nicht, dass es das Lesen des Buches etwas erschweren wird?"

Kapitel XIII

Im Sommer begann Edward, Bertha Rasentennis beizubringen; und an den langen Abenden, wenn er seine Arbeit beendet hatte und die Flanellhemden anzog, die ihm so gut passten, spielten sie unzählige Sets. Er war stolz auf seine Fähigkeiten bei diesem Unterfangen und fand es natürlich langweilig, mit einem Anfänger zu spielen; aber er war sehr geduldig und hoffte, dass Bertha irgendwann genug Fähigkeiten erlangen würde, um ihm ein gutes Spiel zu ermöglichen. Etwas mit ihrem Mann zu unternehmen, amüsierte Bertha ausreichend. Sie mochte es, wenn er ihre Fehler korrigierte und ihr diesen und jenen Streich zeigte; sie bewunderte seine Gutmütigkeit und seinen unerschöpflichen Geist. Aber ihr größtes Vergnügen war es, auf dem langen Stuhl neben dem Rasen zu liegen, als sie fertig waren, das Gefühl der Erschöpfung zu genießen und über die kleinen Dinge zu plaudern, die die Liebe so spannend machte.

Miss Ley war überredet worden, ihren Aufenthalt zu verlängern. Sie hatte geschworen, am Ende ihrer Woche zu gehen; aber Edward hatte in seiner selbstherrlichen Art befohlen, ihm den Schlüssel zur Abstellkammer zu geben, und weigerte sich, ihn herauszugeben.

„Oh nein", sagte er, „ich kann die Leute nicht dazu bringen, hierherzukommen, aber ich kann verhindern, dass sie weggehen." In diesem Haus muss jeder tun, was ich ihm sage; nicht wahr, Bertha?"

„Wenn du es sagst, Edward", antwortete seine Frau.

Fräulein Ley kam dem Wunsch ihres Neffen höflich nach, was umso einfacher war, als das Haus komfortabel war, sie wirklich keine dringenden Verpflichtungen hatte und sie fest entschlossen war, das Eheleben ihrer Verwandten weiter zu untersuchen. Es wäre eine ihrer unwürdige Schwäche gewesen, ihre Absicht aus Gründen der Konsequenz beizubehalten.

Warum waren Edward und Bertha tagelang die glücklichsten Liebhaber, und warum verhielt sich Bertha dann plötzlich fast brutal gegenüber ihrem Mann, während er stets gutmütig und liebenswürdig blieb? Der offensichtliche Grund war, dass ein kleiner Streit entstanden war, wie er seit Adam und Eva jedes Ehepaar auf der Welt beunruhigt; aber der offensichtliche Grund war der, den Miss Ley am wenigsten glauben würde. Es kam nie zu Meinungsverschiedenheiten, Bertha stimmte allen Vorschlägen ihres Mannes zu; Und was um alles in der Welt könnte bei solch einer Fügsamkeit auf der einen Seite und so einer guten Laune auf der anderen Seite einen Zankapfel bilden?

Miss Ley hatte herausgefunden, dass, wenn sich die grünen Blätter des Lebens mit dem Herannahen des Herbstes rot und golden färben, das meiste

Vergnügen durch eine vernünftige und schlichte Mischung der Gaben der Natur und der Ressourcen der Zivilisation erreicht werden kann. Sie freute sich, abends auf die Tenniswiese zu kommen und auf einem bequemen Stuhl im Schatten der Bäume zu sitzen und von einem roten Sonnenschirm vor den Strahlen der untergehenden Sonne geschützt zu werden. Sie war keine Frau, die sich mit Handarbeiten ablenken ließ, und hatte deshalb einen Band von Montaigne, ihrem Lieblingsschriftsteller, mitgebracht. Sie las eine Seite und richtete dann ihren scharfen Blick auf die Spieler. Edward war auf jeden Fall sehr gutaussehend – er sah so sauber aus, und selbst der oberflächlichste Beobachter konnte erkennen, dass er sich täglich badete: Er gehörte zu den Männern, die den Stempel „Morgenbad" auf jeder Gesichtslinie trugen. Sie hatten das Gefühl, dass Pear's Soap für ihn genauso wichtig war wie sein Glaube an die Konservative Partei, den Derby Day und die Depression der Landwirtschaft. Wie Bertha oft sagte, war seine Energie überreichlich. Trotz seiner zunehmenden Größe war er äußerst beweglich und vollbrachte ständig unnötige Kraftakte, wie zum Beispiel Sprünge und Hüpfer über das Netz, wobei er Stühle mit ausgestrecktem Arm hielt.

„Wenn Gesundheit und eine gute Verdauung alles sind, was ein Ehemann braucht, dann müsste Bertha sicherlich die zufriedenste Frau der Welt sein."

Miss Ley glaubte nie so bedingungslos an ihre eigenen Theorien, dass sie daran gehindert wurde, darüber zu lachen. Sie hatte einen unvoreingenommenen Geist und erkannte die beiden Seiten einer Frage klar genug, um zwischen ihnen kaum eine Wahl zu treffen; Folglich war sie in der Lage und willens, von beiden Standpunkten aus mit gleicher Kraft zu argumentieren.

Das Set war zu Ende und Bertha warf sich keuchend auf einen Stuhl.

„Finde die Bälle, da ist ein Schatz", rief sie.

Edward machte sich auf die Suche und Bertha sah ihn mit einem entzückenden Lächeln an.

„Er ist so ein gutmütiger Mensch", sagte sie zu Miss Ley. „Manchmal löst er bei mir geradezu Schamgefühle aus."

„Er hat alle Tugenden. Dr. Ramsay, die Glovers, sogar Mrs. Branderton, haben mir sein Lob ins Ohr gebrüllt."

„Ja, sie mögen ihn alle. Arthur Branderton ist immer hier und fragt ihn zu irgendetwas um Rat. Er ist eine liebe, gute Sache."

"WHO? Arthur Branderton?"

„Nein, natürlich nicht – Eddie."

Bertha nahm ihren Hut ab und machte es sich auf dem langen Sessel bequemer. Ihr Haar war etwas zerzaust, und die üppigen Locken fielen ihr auf eine Weise in die Stirn und in den Nacken, die jeden unbedeutenden Dichter unter siebzig abgelenkt hätte. Miss Ley betrachtete das schöne Profil ihrer Nichte und staunte erneut über den Teint, der sich in der untergehenden Sonne aus den sanftesten Farben zusammensetzte. Ihre Augen waren jetzt voller Liebe und schmachtend im Farbton langer Wimpern. und ihr voller, sinnlicher Mund war halb geöffnet und lächelte.

„Sind meine Haare sehr unordentlich?" fragte Bertha und verstand Miss Leys Blick und seine Bedeutung.

„Nein, ich denke, es passt zu dir, wenn es nicht zu streng gemacht wird."

„Edward hasst es; Er mag es, wenn ich primitiv bin... Und natürlich ist es mir egal, wie ich aussehe, solange er zufrieden ist. Findest du nicht, dass er sehr gut aussieht?" Dann stellte sie, ohne eine Antwort abzuwarten, eine zweite Frage.

„Halten Sie mich für einen großen Idioten, weil ich so verliebt bin, Tante Polly?"

„Meine Liebe, es ist sicherlich das richtige Verhalten gegenüber seinem rechtmäßigen Ehepartner."

Berthas Lächeln wurde ein wenig traurig, als sie antwortete:

„Edward scheint es ungewöhnlich zu finden." Sie folgte ihm mit den Augen, hob die Bälle einen nach dem anderen auf und suchte zwischen den Büschen: Sie war an diesem Nachmittag in der Stimmung für Vertraulichkeiten. „Du weißt nicht, wie anders alles war, seit ich mich verliebt habe. Die Welt ist voller... Es ist der einzige Staat, in dem es sich zu leben lohnt." Edward rückte mit den acht Bällen auf seinem Schläger vor. „Komm her und lass dich küssen, Eddie", rief sie.

„Nicht, wenn ich es weiß", antwortete er lachend. „Bertha ist ein absoluter Schrecken. Sie möchte, dass ich mein ganzes Leben damit verbringe, sie zu küssen ... Findest du das nicht unvernünftig, Tante Polly? Mein Motto ist: Alles an seinem Platz und seiner Jahreszeit."

„Ein Kuss am Morgen", sagte Bertha, „ein Kuss am Abend reicht aus, um deine Frau ruhig zu halten; und die restliche Zeit können Sie sich Ihrer Arbeit widmen und Ihre Arbeit lesen."

Wieder lächelte Bertha charmant, aber Miss Ley sah keine Belustigung in ihren Augen.

„Na ja, man kann zu viel des Guten haben", sagte Edward und balancierte seinen Schläger auf seiner Nasenspitze.

„Sogar der sprichwörtlichen Philosophie", bemerkte Bertha.

Ein paar Tage später, nachdem sein Gast definitiv erklärt hatte, dass sie gehen müsse, schlug Edward als Abschiedsfeier eine Tennisparty vor. Miss Ley wäre gerne einem Nachmittag voller Smalltalk mit den Persönlichkeiten von Leanham entgangen, aber Edward war entschlossen, seiner Tante alle Aufmerksamkeit zu schenken, und sein inneres Bewusstsein versicherte ihm, dass zu diesem Anlass zumindest eine kleine Party notwendig war. Sie kamen, Mr. und Miss Glover, die Brandertons, die Hancocks, Mr. Atthill Bacot, der große Politiker (des Bezirks). Aber Herr Atthill Bacot war mehr als politisch, er war galant und er widmete sich der Unterhaltung von Miss Ley. Er besprach mit ihr die Sünden der Regierung und die Unfähigkeit der Armee.

„Mehr Männer, mehr Waffen!" er sagte. „Eine Grundausbildung im gesunden Menschenverstand für die Offiziere und die Grundlagen der Grammatik, wenn es Zeit gibt!"

„Mein Gott, Mr. Bacot, Sie dürfen so etwas nicht sagen. Ich dachte, Sie wären ein Konservativer.

„Madam, ich habe 1985 für den Wahlkreis kandidiert. Ich könnte sagen, dass ich gewählt worden wäre, wenn ein konservatives Mitglied hätte reinkommen können. Aber es gibt Grenzen. Sogar der überzeugte Konservative wird sich wenden. Schauen Sie sich jetzt General Hancock an."

„Bitte sprechen Sie nicht so laut", sagte Miss Ley beunruhigt, denn Mr. Bacot hatte instinktiv sein Podiumsverhalten angenommen und seine Stimme war im ganzen Garten zu hören.

„Sehen Sie sich General Hancock an, sage ich", wiederholte er, ohne auf die Unterbrechung zu achten. „Ist das die Art von Mann, von der Sie sich wünschen würden, dass sie zehntausend Ihrer Söhne betreut?"

„Aber seien Sie doch fair", rief Miss Ley lachend. „Sie sind nicht alle solche Narren wie der arme General Hancock."

„Ich gebe Ihnen mein Wort, Madam, ich glaube, das sind sie... Soweit ich das beurteilen kann, machen sie einen Mann, der sich als unfähig erwiesen hat, irgendetwas anderes zu tun, zum General, nur um die anderen zu ermutigen. Ich verstehe den Grund. Es ist natürlich eine großartige Sache, wenn Eltern, die ihre Söhne zur Armee schicken, sagen können: ‚Nun, er mag ein Narr sein, aber es gibt keinen Grund, warum er nicht General werden sollte.'"

„Sie würden uns unsere Generäle nicht wegnehmen", sagte Miss Ley. „Sie sind bei Teepartys so nützlich. In meiner Jugend wurde der Narr der Familie in die Kirche geschickt, aber jetzt, nehme ich an, wird er zur Armee geschickt."

Mr. Bacot wollte gerade eine hitzige Erwiderung machen, als Edward ihm zurief:

„Wir möchten, dass Sie beim Tennis einen Satz nachholen. Werden Sie mit Miss Hancock gegen meine Frau und den General spielen? Komm schon, Bertha.

„Oh nein, ich habe vor, draußen zu sitzen, Eddie", sagte Bertha schnell. Sie sah, dass Edward alle schlechten Spieler in einem Satz zusammenfasste, um sie loszuwerden. „Ich werde nicht spielen."

„Das musst du, sonst bringst du das nächste Los durcheinander. Es ist alles geklärt; Miss Glover und ich werden es mit Miss Jane Hancock und Arthur Branderton aufnehmen."

Bertha sah ihn mit wütend blitzenden Augen an. Natürlich bemerkte er ihren Ärger nicht. Er spielte lieber mit Miss Glover, sagte sie sich; Die Schwester des Pfarrers spielte gut, und für ein gutes Spiel würde er niemals zögern, die Gefühle seiner Frau zu opfern. Außer Bertha waren nur Miss Glover und der junge Branderton in Hörweite, und in seiner fröhlichen, angenehmen Art sagte Edward lachend:

„Bertha ist so ein Idiot. Natürlich fängt sie gerade erst an. Es macht dir nichts aus, mit dem General zu spielen, oder, mein Lieber?"

Arthur Branderton lachte und Bertha lächelte über den Ausfall, aber sie wurde rot.

„Ich werde überhaupt nicht spielen. Ich muss mich um den Tee kümmern; und ich wage zu behaupten, dass bald noch mehr Leute kommen werden."

„Oh, das habe ich vergessen", sagte Edward. "NEIN; vielleicht solltest du nicht spielen. Und dann verdrängte er seine Frau aus seinen Gedanken, hakte sich am Arm des jungen Branderton ein und schlenderte davon. „Komm mit, alter Junge; Wir müssen einen Topf finden, um das Pat-Ball-Set zusammenzustellen." Edward hatte so eine charmante, offene Art, man konnte nicht umhin, ihn zu mögen.

Bertha sah den beiden Männern nach und wurde ganz blass.

„Ich muss kurz ins Haus gehen", sagte sie zu Miss Glover. „Gehen Sie und unterhalten Sie Mrs. Branderton, da ist eine Liebe." Und sie floh überstürzt.

Sie rannte in ihr Zimmer, warf sich auf das Bett und brach in Tränen aus. Die Demütigung schien schrecklich. Sie fragte sich, wie Eddie, den sie über alles auf der Welt liebte, sie so grausam behandeln konnte. Was hatte sie getan?

Er wusste – ach ja, er wusste genau, welches Glück er ihr bereiten konnte – und er gab sich alle Mühe, brutal zu sein. Sie weinte bitterlich, und die Eifersucht auf Miss Glover (ausgerechnet Miss Glover!) traf sie bis ins Herz.

„Er liebt mich nicht", stöhnte sie und ihre Tränen vermehrten sich.

Plötzlich klopfte es an der Tür.

"Wer ist es?" Sie weinte.

Der Griff wurde gedreht und Miss Glover kam herein, rot vor Nervosität.

„Verzeih mir, dass ich reingekommen bin, Bertha. Aber ich dachte, du scheinst unwohl zu sein. Kann ich nicht etwas für dich tun?"

„Oh, mir geht es gut", sagte Bertha und trocknete ihre Tränen, „Nur die Hitze hat mich geärgert und ich habe Kopfschmerzen."

„Soll ich Edward zu dir schicken?"

„Was will ich von Edward?" antwortete Bertha gereizt. „Mir geht es in fünf Minuten wieder gut. Ich habe oft solche Anfälle."

„Ich bin mir sicher, dass er nichts Unfreundliches sagen wollte. Er ist die Freundlichkeit selbst, das weiß ich."

Bertha errötete. „Was zum Teufel meinst du, Fanny? Wer hat nichts Unfreundliches gesagt?"

„Ich dachte, es hätte dich verletzt, dass Edward gesagt hat, du wärst ein Dummkopf und ein Anfänger."

„Oh mein Lieber, du musst mich für einen Idioten halten." Bertha lachte hysterisch. „Es ist ganz wahr, dass ich ein Idiot bin. Ich sage dir, es liegt nur am Wetter. Wenn meine Gefühle jedes Mal verletzt würden, wenn Eddie so etwas sagte, müsste ich ein elendes Leben führen."

„Ich wünschte, Sie würden mir erlauben, ihn zu Ihnen hochzuschicken", sagte Miss Glover nicht überzeugt.

"Du lieber Himmel! Warum? Sehen Sie, mir geht es jetzt gut. Sie wusch sich die Augen und verteilte die Puderquaste auf ihrem Gesicht. „Meine Liebe, es war nur die Sonne."

Mit Mühe fasste sie sich zusammen und brach in ein Lachen aus, das so freudig war, dass es die Schwester des Pfarrers fast täuschte.

„Jetzt müssen wir runter, sonst wird sich Mrs. Branderton mehr denn je über meine schlechten Manieren beschweren."

Sie legte ihren Arm um Miss Glovers Taille und ließ sie die Treppe hinunterlaufen, was zu einer Mischung aus Entsetzen und Erstaunen dieses guten Geschöpfs führte. Für den Rest des Nachmittags war sie, obwohl ihr Blick nie auf Edward ruhte, vollkommen charmant – in bester Stimmung, plapperte unaufhörlich, lachte; Jeder bemerkte ihre gute Laune und äußerte sich zu ihrer offensichtlichen Glückseligkeit.

„Es tut einem gut, so ein Paar zu sehen", sagte General Hancock, „genauso glücklich, wie der Tag lang ist."

Aber die kleine Szene war Miss Leys scharfen Augen nicht entgangen, und sie bemerkte voller Schmerz, dass Miss Glover zu Bertha gegangen war. Sie konnte sie nicht aufhalten, da sie sich im Augenblick in den Mühsalen von Mrs. Branderton befand.

„Oh, diese guten Leute sind zu aufdringlich! Warum kann sie das Mädchen nicht in Ruhe lassen und es mit sich selbst austragen!"

Aber jetzt kam Miss Ley die Erklärung für alles in den Sinn.

"Was für ein Idiot ich bin!" dachte sie, und sie konnte ganz deutlich nachdenken, während sie mit Mrs. Branderton honigsüße Unverschämtheiten austauschte. „Mir fiel es am ersten Tag auf, als ich sie zusammen sah. Wie könnte ich das jemals vergessen!" Sie zuckte mit den Schultern und murmelte den Ausspruch von La Rochefoucauld:

„ Entre deux amants il-ya toujours one qui se vise, and qui se se laisse zieler. "

Und dazu fügte sie noch eine weitere in derselben Sprache hinzu, die sie, da sie kein Original kannte, als ihre eigene zu beanspruchen wagte; es schien die Situation zusammenzufassen.

„ Celui qui targete a toujours unerlaubte Handlung. "

Kapitel XIV

B ERTHA und Miss Ley verbrachten eine unruhige Nacht, während Edward, natürlich nach viel Bewegung und einem herzhaften Abendessen, den Schlaf der Gerechten und derer schlief, die im Herzen rein sind. Bertha hegte ihren Zorn; sie hatte sich nur mit Mühe dazu durchringen können, ihren Mann zu küssen, bevor er ihr, seiner Gewohnheit entsprechend, den Rücken zukehrte und zu schnarchen begann. Miss Ley, die um die Schwierigkeiten wusste, die dem Paar bevorstanden, fragte sich, ob sie etwas tun konnte. Aber was konnte sie tun? Sie lasen das Buch des Lebens auf ihre eigene Weise, die eine in Kursivschrift, die andere in den großen runden Buchstaben des Schreibhefts; und wie konnte sie ihnen helfen, einen gemeinsamen Charakter zu finden? Natürlich ist das erste Jahr des Ehelebens schwierig, und die Erschöpfung des Fleisches trägt zur unvermeidlichen Ernüchterung bei. Jede Ehe hat ihre Momente völliger Verzweiflung. Die große Gefahr liegt beim Zuschauer, der ihnen zu viel Aufmerksamkeit schenken und durch sein Eingreifen die Schwierigkeit dauerhaft machen könnte – indem er den Knoten durchtrennt, anstatt ihn mit der Zeit lösen zu lassen. Miss Leys Überlegungen führten sie nicht unnatürlicherweise zu dem Weg, der ihrem Temperament am besten entsprach; sie kam zu dem Schluss, dass der bei weitem beste Plan darin bestand, nichts zu versuchen und die Dinge so gut wie möglich von selbst in Ordnung zu bringen. Sie verschob ihre Abreise nicht, sondern reiste, wie vereinbart, am nächsten Tag weiter.

„Nun, wissen Sie", sagte Edward und verabschiedete sich von ihr, „ich habe dir gesagt, dass ich dafür sorgen soll, dass du länger als eine Woche bleibst."

„Sie sind ein wunderbarer Mensch, Edward", sagte Miss Ley trocken. „Ich habe nie einen Moment daran gezweifelt."

Er war erfreut, dass das Kompliment keine Ironie enthielt. Miss Ley verabschiedete sich von Bertha mit dem Verdacht einer unbeholfenen Zärtlichkeit, die ganz ungewöhnlich war; Sie hasste es, ihre Gefühle zu zeigen, und fand es schwierig, wollte Bertha jedoch sagen, dass sie in ihr immer eine alte und treue Freundin finden würde, wenn sie jemals in Schwierigkeiten käme. Sie sagte nur:

„Wenn Sie in London einkaufen möchten, kann ich Sie jederzeit unterbringen, wissen Sie? Und im Übrigen verstehe ich nicht, warum du nicht kommen und einen Monat oder so bei mir bleiben solltest – wenn Edward dich entbehren kann. Es wird eine Veränderung sein."

Als Miss Ley mit Edward zum Bahnhof fuhr, verspürte Bertha plötzlich eine extreme Einsamkeit. Ihre Tante war eine Barriere zwischen ihr und ihrem Mann gewesen und kam ihr gerade recht, als sie nach den ersten Monaten wahnsinniger Leidenschaft begann, sich mit einem Mann verbunden zu sehen, den sie nicht kannte. Eine dritte Person im Haus sei eine Fessel gewesen. Sie sah der Zukunft bereits mit so etwas wie Entsetzen entgegen; Ihre Liebe zu Edward war ein bitterer Kummer. Oh ja, sie liebte ihn sehr, sie liebte ihn leidenschaftlich; aber er – er liebte sie auf seine ruhige, ruhige Art; Es machte sie wütend, daran zu denken.

Das Wetter war regnerisch und zwei Tage lang war von Tennis keine Rede. Am dritten Tag kam jedoch wieder die Sonne heraus und der Rasen war bald trocken. Edward war nach Tercanbury gefahren, kam aber gegen Abend zurück.

„Hallo!" Er sagte: „Du hast deine Tennissachen nicht an. Du solltest dich besser beeilen."

Das war die Gelegenheit, nach der Bertha gesucht hatte. Sie hatte es satt, immer nachzugeben, sich zu demütigen; sie wollte eine Erklärung.

„Du bist sehr gut", sagte sie, „aber ich möchte nicht mehr mit dir Tennis spielen."

„Warum um alles in der Welt nicht?"

Sie brach wütend aus: „Weil ich es satt habe, von dir zu einer Bequemlichkeit gemacht zu werden. Ich bin zu stolz, um so behandelt zu werden. Oh, sehen Sie nicht so aus, als ob Sie es nicht verstanden hätten. Du spielst mit mir, weil du sonst niemanden zum Spielen hast. Ist das nicht so? So bist du immer bei mir. Dir ist die Gesellschaft des größten Narren der Welt lieber als die meine. Du scheinst alles zu tun, um mir deine Verachtung zu zeigen."

„Warum, was habe ich jetzt getan?"

„Oh, natürlich, du vergisst es. Du denkst nie, dass du mich furchtbar unglücklich machst. Glaubst du, dass ich es mag, vor Leuten wie eine Art armer Idiot behandelt zu werden, über den man lachen und höhnen kann?"

Edward hatte seine Frau noch nie so wütend gesehen und dieses Mal war er gezwungen, ihr Aufmerksamkeit zu schenken. Am Ende ihrer Rede stand sie mit zusammengebissenen Zähnen und flammenden Wangen vor ihm.

„Es ist ungefähr neulich, nehme ich an. Ich habe damals gesehen, dass du in einer Leidenschaft warst."

„Und es waren mir zwei Strohhalme egal."

„Du bist zu albern", sagte er lachend. „Wir konnten nicht zusammen spielen, als wir Leute hier hatten. Sie lachen uns aus, weil wir einander so ergeben sind."

„Wenn sie nur wüssten, wie wenig ich dir am Herzen liegt!"

„Vielleicht hätte ich später einen Auftritt mit dir geschafft, wenn du nicht geschmollt und dich geweigert hättest, überhaupt zu spielen."

„Das wäre dir nie in den Sinn gekommen, ich kenne dich besser. Du bist absolut egoistisch."

„Komm, komm, Bertha", rief er gut gelaunt, „das hat man mir noch nie vorgeworfen. Niemand hat mich jemals als egoistisch bezeichnet."

„Oh nein, sie finden dich charmant. Sie denken, dass du einen so netten Charakter hast, weil du fröhlich und ausgeglichen bist, weil du mit jedem, den du kennst, gut zurechtkommst. Wenn sie dich so gut kennen würden wie ich, würden sie verstehen, dass es nur daran lag, dass du ihnen gegenüber völlig gleichgültig bist. Du behandelst die Menschen, als wären sie deine besten Freunde, und dann, fünf Minuten nachdem sie gegangen sind, hast du sie völlig vergessen ... Und das Schlimmste daran ist, dass ich für dich nicht mehr bin als jeder andere anders."

„Oh, komm, ich glaube nicht, dass du wirklich so schreckliche Dinge an mir falsch finden kannst."

„Ich habe noch nie erlebt, dass du deine kleinste Laune opferst, um meinen größten Wunsch zu erfüllen."

„Man kann nicht von mir erwarten, dass ich Dinge tue, die ich für unvernünftig halte."

„Wenn du mich lieben würdest, würdest du nicht immer fragen, ob die Dinge, die ich will, vernünftig sind. Als ich dich geheiratet habe, habe ich nicht an Vernunft gedacht."

Edward gab keine Antwort, was Berthas Verärgerung natürlich noch verstärkte. Sie arrangierte Blumen für den Tisch und brach brutal die Stängel ab. Nach einer Pause ging Edward zur Tür.

"Wo gehst du hin?" Sie fragte.

„Da du nicht spielen wirst, werde ich nur ein paar Aufschläge zum Üben machen."

„Warum schicken Sie nicht Miss Glover, damit sie mit Ihnen spielt?"

Plötzlich kam ihm eine neue Idee (sie kamen in ausreichend seltenen Abständen, um seinen Gleichmut nicht zu beeinträchtigen), aber die Absurdität davon brachte ihn zum Lachen.

„Sicherlich bist du nicht eifersüchtig auf sie, Bertha?"

"ICH?" begann Bertha mit großer Verachtung und änderte dann ihre Meinung: „Du spielst lieber mit ihr als mit mir."

Er ignorierte klugerweise einen Teil der Anklage. „Schau sie an und sieh dich selbst an. Glaubst du, ich könnte sie dir vorziehen?"

„Ich denke, du bist dumm genug."

Die Worte rutschten Bertha aus dem Mund, fast bevor sie wusste, dass sie sie gesagt hatte, und der bittere, verächtliche Ton verstärkte ihre Heftigkeit. Sie machten ihr Angst und sie wurde ganz blass und blickte ihren Mann an.

„Oh, das wollte ich nicht sagen, Eddie."

Bertha befürchtete nun, dass sie ihn wirklich verletzt hatte, und es tat ihr völlig leid; Sie hätte alles dafür gegeben, dass die Worte unausgesprochen blieben. Edward blätterte in einem Buch um und betrachtete es lustlos. Sie ging auf ihn zu.

„Ich habe dich nicht beleidigt, oder, Eddie? Das wollte ich nicht sagen."

Sie legte ihren Arm in seinen; er hat nicht geantwortet.

„Sei mir nicht böse", stockte sie erneut, brach dann zusammen und vergrub ihr Gesicht an seiner Brust. „Ich habe nicht so gemeint, was ich gesagt habe – ich habe die Kontrolle über mich selbst verloren. Du weißt nicht, wie du mich neulich gedemütigt hast. Ich konnte nachts nicht schlafen, wenn ich daran denke... Küss mich."

Er wandte sein Gesicht ab, aber sie ließ ihn nicht gehen; Endlich fand sie seine Lippen.

„Sag, dass du nicht böse auf mich bist."

"Ich bin nicht böse auf dich."

„Oh, ich will deine Liebe so sehr, Eddie", murmelte sie. „Jetzt mehr denn je.... ich werde ein Kind bekommen."

Dann als Antwort auf seinen erstaunten Ausruf:

„Ich war mir bis heute nicht sicher ... Oh, Eddie, ich bin so froh. Ich glaube, es ist das, was ich wollte, um mich glücklich zu machen."

„Ich bin auch froh", sagte er.

„Aber du wirst freundlich zu mir sein, Eddie – und dir wird es nichts ausmachen, wenn ich gereizt und schlecht gelaunt bin. Du weißt, ich kann nichts dagegen tun, und es tut mir hinterher immer leid."

Er küsste sie so leidenschaftlich, wie es seine kalte Natur zuließ, und in Berthas gequältes Herz kehrte Frieden zurück.

Bertha hatte so lange wie möglich vorgehabt, aus ihren Neuigkeiten ein Geheimnis zu machen; Es war ein Trost in ihrer Not und ein Bollwerk gegen ihre zunehmende Ernüchterung. Sie konnte sich nicht mit der noch unklaren Entdeckung abfinden, dass Edwards kaltes Temperament ihre leidenschaftlichen Leidenschaften nicht befriedigen konnte: Liebe war für sie ein brennendes Feuer, eine Flamme, die den Rest des Lebens verschlang; Liebe war für ihn eine bequeme und notwendige Einrichtung der Vorsehung, eine Angelegenheit, über die es ebenso wenig Anlass zur Aufregung gab wie über die Bestellung eines Anzugs. Berthas intensive Hingabe hatte eine Zeit lang die Kühle ihres Mannes verdeckt, und sie wollte nicht erkennen, dass sein Temperament daran schuld war. Sie beschuldigte ihn, sie nicht zu lieben, und fragte sich zerstreut, wie sie seine Zuneigung gewinnen könne; Ihr Stolz wurde gedemütigt, weil ihre Liebe so viel größer war als seine. Sechs Monate lang hatte sie ihn blind geliebt; und als sie nun die Augen öffnete, weigerte sie sich, die nackte Tatsache zu betrachten, sondern bestand darauf, nur das zu sehen, was sie wünschte.

Doch die Wahrheit, die sich mit ihren Ellbogen durch die Menge ihrer Illusionen drängte, quälte sie. Sie hatte Angst, dass Edward sie weder liebte noch jemals geliebt hatte; und sie schwankte unsicher zwischen der alten leidenschaftlichen Hingabe und einem neuen, ebenso leidenschaftlichen Hass. Sie sagte sich, dass sie keine halben Sachen machen könne; Sie muss lieben oder verabscheuen, aber in jedem Fall heftig. Und jetzt hat das Kind alles wieder gut gemacht. Jetzt spielte es keine Rolle, ob Edward liebte oder nicht, es schmerzte sie nicht mehr zu erkennen, wie dumm ihre Hoffnungen gewesen waren und wie schnell ihr Ideal zunichte gemacht worden war. Sie hatte das Gefühl, dass die kindlichen Hände ihres Sohnes bereits nach und nach die Bindungen zerrissen, die sie an ihren Mann verbanden. Als sie ihre Schwangerschaft ahnte, stieß sie nicht nur einen Schrei vor Freude und Stolz aus, sondern auch vor Jubel über die bevorstehende Freiheit.

Aber als sich der Verdacht in Gewissheit verwandelte, drehten sich ihre Gefühle um; denn ihre Gefühle waren immer unbeständig wie die leichten Winde im April. Eine extreme Schwäche ließ sie sich nach der Unterstützung und dem Mitgefühl ihres Mannes sehnen; Sie konnte nicht anders, als es ihm zu sagen. In dem hasserfüllten Streit an diesem Tag hatte sie sich gezwungen, bittere Dinge zu sagen, aber die ganze Zeit über wünschte sie sich, er würde sie in seine Arme nehmen und sagen, dass er sie liebte. Es brauchte so wenig, um ihre sterbende Zuneigung wiederzubeleben; Sie wollte seine Hilfe und konnte ohne seine Liebe nicht leben.

Die Wochen vergingen und Bertha war berührt, als sie eine Veränderung in Edwards Verhalten sah, die nach seiner früheren Gleichgültigkeit deutlicher zu erkennen war. Er betrachtete sie jetzt als eine Invalide und als solche, die Anspruch auf eine gewisse Gegenleistung hatte; Er war wirklich sehr gutherzig und tat in dieser Zeit alles für seine Frau, ohne dass er seine eigene Bequemlichkeit opferte. Als der Arzt ihr etwas Leckeres vorschlug, um ihren Appetit anzuregen, ritt Edward voller Freude nach Tercanbury, um es zu holen; und in ihrer Gegenwart schritt er sanfter und sprach mit sanfterer Stimme. Nach einer Weile bestand er immer darauf, Bertha die Treppe hoch und runter zu tragen, und obwohl Dr. Ramsay ihnen versicherte, dass es sich um eine völlig unnötige Prozedur handelte, ließ Bertha nicht zu, dass Edward darauf verzichtete. Es machte ihr Spaß, ein kleines Kind in seinen starken Armen zu spüren, und sie liebte es, sich an seine Brust zu schmiegen. Dann, im Winter, wenn es zu kalt war, um hinauszufahren, lag Bertha stundenlang auf einem Sofa am Fenster, schaute auf die Reihe der Ulmen, die jetzt wieder blattlos und melancholisch war, und beobachtete die schweren Wolken, die herüberzogen das Meer: Ihr Herz war voller Frieden.

Eines Tages im neuen Jahr saß sie wie immer an ihrem Fenster, als Edward zu Pferd die Auffahrt herauftänzelte. Er blieb vor ihr stehen und schwenkte seine Peitsche.

„Was hältst du von meinem neuen Pferd?" er weinte.

In diesem Moment begann das Tier herumzutollen und wich rückwärts in ein Blumenbeet zurück. „Ruhe, alter Kerl", rief Edward. „Nun, machen Sie doch keinen Aufstand; ruhig!" Das Pferd stellte sich auf die Hinterbeine und legte bösartig die Ohren zurück. Bald darauf stieg Edward ab und führte ihn zu Bertha. „Ist er nicht ein echter Hingucker? Schau ihn dir einfach an."

Er ließ seine Hand über die Vorderbeine des Tieres gleiten und streichelte sein glattes Fell.

„Ich habe dafür nur fünfunddreißig Pfund gegeben", bemerkte er. „Ich muss ihn einfach zum Stall bringen und dann komme ich rein."

Ein paar Minuten später gesellte sich Edward zu seiner Frau. Das Reitkostüm stand ihm gut, und in seinen Stiefeln hatte er mehr denn je das Aussehen des fuchsjagenden Landjunkers, das immer sein Ideal gewesen war. Er war in Hochstimmung über den Neukauf.

„Es ist das Biest, das Arthur Branderton geworfen hat, als wir letzte Woche unterwegs waren ... Arthur humpelt jetzt mit einem verstauchten Knöchel und einem gebrochenen Finger herum. Er sagt, das Pferd sei der größte Teufel, den er je geritten habe; er hat Angst, ihn noch einmal zu benutzen." Edward lachte verächtlich.

„Aber du hast ihn nicht gekauft?" fragte Bertha erschrocken.

„Natürlich habe ich das“, sagte Edward. „Eine solche Chance durfte ich mir nicht entgehen lassen. Er ist eine vollkommene Schönheit – nur hat er ein Temperament, so wie wir alle.“

„Aber ist er gefährlich?“

„Ein bisschen – deshalb habe ich ihn günstig bekommen. Arthur gab hundert Guineen für ihn und sagte mir, ich könnte ihn für siebzig haben. „Nein“, sagte ich, „ich gebe dir fünfunddreißig – und gehe das Risiko ein, mir das Genick zu brechen.“ Nun, er musste einfach mein Angebot annehmen! Das Pferd hat in der Grafschaft einen schlechten Ruf und er würde niemanden dazu bringen, es so schnell zu kaufen. Ein Mann muss früh aufstehen, wenn er mir mehr als einen Gee verpassen will!“

Zu diesem Zeitpunkt war Bertha völlig erschrocken.

„Aber, Eddie, du wirst damit nicht fahren – vorausgesetzt, es passiert etwas. Oh, ich wünschte, du hättest ihn nicht gekauft.“

„Es geht ihm gut“, sagte Craddock. „Wenn irgendjemand ihn reiten kann, kann ich es – und, beim Himmel, ich werde es riskieren. Wenn ich ihn kaufte und ihn dann nicht mehr benutzte, würde ich nie das letzte Mal davon hören.“

„Um mir zu gefallen, Eddie, nicht! Was macht es aus, was die Leute sagen? Ich habe solche Angst. Und ausgerechnet jetzt könntest du etwas tun, um mir zu gefallen. Es kommt nicht oft vor, dass ich dich bitte, mir einen Gefallen zu tun.“

„Nun, wenn man um etwas Vernünftiges bittet, versuche ich immer mein Bestes, es zu tun – aber ehrlich gesagt, nachdem ich fünfunddreißig Pfund für ein Pferd bezahlt habe, kann ich es nicht für Katzenfleisch zerlegen.“

„Das bedeutet, dass du immer alles für mich tun wirst, solange es nicht mit deinen eigenen Vorlieben und Abneigungen in Konflikt gerät.“

„Na ja, so sind wir doch alle, nicht wahr?... Komm, komm, sei nicht böse, Bertha.“

Er kniff ihr gutmütig in die Wange – wir alle wissen, dass Frauen den Mond mögen würden, wenn sie ihn bekommen könnten; und die Tatsache, dass sie es nicht können, hindert sie nicht daran, beharrlich danach zu fragen. Edward setzte sich neben seine Frau und hielt ihre Hand.

„Erzählen Sie uns jetzt, was Sie heute gemacht haben. War jemand da?“

Bertha seufzte tief. Sie hatte absolut keinen Einfluss auf ihren Mann. Keine Gebete, keine Tränen würden ihn davon abhalten, etwas zu tun, was er sich vorgenommen hatte – so sehr sie auch argumentierte, er schaffte es immer,

ihr den Anschein zu erwecken, dass sie im Unrecht war, und ging dann voller
Freude seines Weges. Aber sie hatte jetzt ihr Kind.

„Gott sei Dank dafür!" sie murmelte.

Kapitel XV

C RADDOCK stieg auf seinem neuen Pferd aus und kehrte triumphierend zurück.

„Er war so still wie ein Lamm", sagte er. „Ich könnte ihn mit auf dem Rücken gefesselten Armen reiten; und was das Springen angeht – er meistert mit Leichtigkeit ein Tor mit fünf Gitterstäben."

Bertha war ein wenig wütend auf ihn, weil er ihr solchen Schrecken eingejagt hatte, und auch wütend auf sich selbst, weil er sie beunruhigte.

„Und es war ziemliches Glück, dass ich ihn heute hatte. Der alte Lord Philip Dirk war da und fragte Branderton, wer ich sei. „Sagen Sie ihm", sagt er, „dass es nicht oft vorkommt, dass ich einen Mann so gut reiten gesehen habe wie er." Du solltest Branderton sehen, er ist nicht halb froh darüber, dass ich das Biest für fünfunddreißig Pfund mitnehmen durfte. Und Mr. Molson kam auf mich zu und sagte: „Ich wusste, dass das Pferd bald in deine Hände geraten würde, du bist der einzige Mann in dieser Gegend, der es reiten kann – aber wenn es dir nicht das Genick bricht, dann du." Ich werde Glück haben.""

Mit großer Genugtuung erzählte er von den Komplimenten, die ihm gemacht wurden.

„Wir hatten heute einen tollen Lauf... Und wie geht es dir, mein Lieber, denn fühlst du dich wohl? Oh, ich habe vergessen, es Ihnen zu sagen – Sie wissen ja, Rodgers, der Jäger, nun, er sagte zu mir: „Das ist ein ganz toller Kerl, den Sie da haben, Sir, aber er braucht einiges an Reiten." – „Ich weiß, dass er das tut, ' Ich sagte; „Aber ich schmeichele mir, dass ich ein oder zwei Dinge mehr weiß als die meisten Pferde." Sie dachten alle, dass ich noch vor Ablauf des Tages umgedreht werden sollte, aber ich habe einfach alles geschickt gemacht, um zu zeigen, dass ich keine Angst hatte."

Dann gab er Einzelheiten der Angelegenheit bekannt; und er hatte eine ebenso große Leidenschaft für das Akribie wie ein deutscher Historiker. Er gehörte zu den Männern, die sich unendlich viel Mühe mit Kleinigkeiten geben und sich schmeicheln, dass sie nie halbe Sachen machen. Bertha hatte Kopfschmerzen und ihr Mann langweilte sie; Sie hielt sich für eine große Dummheit, sich solche Sorgen um seine Sicherheit zu machen.

Im Laufe der Monate wurde Miss Glover sehr besorgt. Die Schwester des Pfarrers betrachtete die Geburt als eine geheimnisvolle, herzzerreißende Angelegenheit, die jedoch aus Bescheidenheit von anständigen Menschen ignoriert werden musste. Sie behandelte ihre Freundin auf absurd selbstbewusste Weise und errötete wie eine Pfingstrose, als Bertha offenherzig von dem bevorstehenden Ereignis sprach. Die größte Qual in Miss Glovers Leben bestand darin, dass sie als Dame des Pfarrhauses die Entbindungstasche leiten musste, eine Einrichtung, die bedürftige Säuglinge mit Kleidungsstücken und ihre Mütter mit Flanellunterröcken versorgte. Sie konnte niemals ohne große Verwirrung die Begünstigten ihrer Wohltätigkeitsorganisation um die notwendigen Informationen bitten; Da sie meinte, dass die ganze Sache überhaupt nicht besprochen werden sollte, hielt sie den Blick abgewandt und verhielt sich im Allgemeinen so, dass sie große Empörung hervorrief.

„Nun", sagte eine gute Dame, „ich möchte ihre Tasche lieber überhaupt nicht haben, als so behandelt zu werden." Sie behandelt dich, als ob – nun ja, als ob du nicht verheiratet wärst."

„Ja", sagte ein anderer, „das ist genau das, worüber ich mich beschwere – ich verspreche Ihnen, dass ich bereit bin, meine Heiratslinien aus der Tasche zu ziehen und sie zu zeigen." Das ist kein Grund, sich dafür zu schämen – schön, dass es nach 16 Jahren der Fall wäre, wenn ich schüchtern wäre."

Aber je unangenehmer eine Pflicht war, desto eifriger erfüllte Miss Glover sie; Sie hielt es für richtig, Bertha häufig zu besuchen, und ertrug mannhaft die Beharrlichkeit der jungen Frau, ein unangenehmes Thema anzusprechen. Sie trug ihren Heldenmut dazu bei, Socken für das kommende Baby zu stricken, auch wenn ihr Herz dabei unangenehm klopfte; und als sie von ihrem Bruder über die Arbeit überrascht wurde, brannten ihre Wangen wie zwei Feuer.

„Jetzt, Bertha, meine Liebe", sagte sie eines Tages, riss sich zusammen und richtete ihren Rücken auf, wie sie es immer tat, wenn sie das Fleisch abtötete. „Jetzt, liebe Bertha, möchte ich ernsthaft mit dir reden."

Bertha lächelte. „Oh, nicht, Fanny; Du weißt, wie unangenehm es dir ist."

„Das muss ich", antwortete das gute Geschöpf ernst. „Ich weiß, dass du mich lächerlich finden wirst, aber es ist meine Pflicht."

„Ich werde nichts dergleichen denken", sagte Bertha, berührt von der Demut ihrer Freundin.

„Nun, Sie reden viel darüber – darüber, was passieren wird" – Miss Glover errötete – „aber ich bin mir nicht sicher, ob Sie wirklich darauf vorbereitet sind."

„Oh, ist das alles?" rief Bertha. „Die Krankenschwester wird in zwei Wochen hier sein, und Dr. Ramsay sagt, sie sei eine äußerst zuverlässige Frau."

„Ich habe nicht an irdische Vorbereitungen gedacht", sagte Miss Glover. „Ich habe an den anderen gedacht. Sind Sie ganz sicher, dass Sie sich der *Sache* im richtigen Geist nähern?"

"Was soll ich tun?"

„Das ist nicht das, was ich von dir möchte. Das sollten Sie tun. Ich bin niemand. Aber haben Sie überhaupt über die spirituelle Seite nachgedacht?"

Bertha seufzte hauptsächlich wollüstig. „Ich habe gedacht, dass ich einen Sohn bekommen werde, das ist meins und Eddies; und ich bin unendlich dankbar."

„Möchtest du nicht, dass ich dir manchmal aus der Bibel vorlese?"

„Mein Gott, du redest, als würde ich sterben."

„Das kann man nie sagen, liebe Bertha", antwortete Miss Glover düster; „Ich denke, man sollte vorbereitet sein … ‚Mitten im Leben sind wir im Tod' — man kann nie sagen, was passieren wird."

Bertha sah sie etwas besorgt an. Sie hatte sich in letzter Zeit dazu gezwungen, fröhlich zu sein, und hatte es für notwendig gehalten, die immer wiederkehrende Vorahnung eines bösen Schicksals zu unterdrücken. Der Schwester des Pfarrers war nicht bewusst, dass sie alles tat, um Bertha völlig unglücklich zu machen.

„Ich habe meine eigene Bibel mitgebracht", sagte sie. „Macht es Ihnen etwas aus, wenn ich Ihnen ein Kapitel vorlese?"

„Es würde mir gefallen", sagte Bertha und ein kalter Schauer durchfuhr sie.

„Haben Sie eine Vorliebe für einen bestimmten Teil?" fragte Miss Glover und holte das Buch aus einer kleinen schwarzen Tasche, die sie immer bei sich trug.

Auf Berthas Antwort, dass sie keine Präferenz hätte, schlug Miss Glover vor, die Bibel nach dem Zufallsprinzip aufzuschlagen und von der ersten Zeile an weiterzulesen, die ihr ins Auge fiel.

„Charles ist damit nicht ganz einverstanden", sagte sie; „Er meint, es rieche nach Aberglaube. Aber ich kann nicht anders, als es zu tun, und die ersten Protestanten taten es immer wieder."

Nachdem Miss Glover das Buch mit geschlossenen Augen aufgeschlagen hatte, begann sie zu lesen: „ *Die Söhne von Pharez! Hezron und Hamul. Und die Söhne Serachs; Simri und Ethan und Heman und Calcol und Dara; insgesamt fünf davon* ." Miss Glover räusperte sich. „ *Und die Söhne Ethans; Asarja. Auch die Söhne Hezrons, die ihm geboren wurden; Jerahmeel und Ram und Chelubai. Und Ram zeugte Amminadab; und Amminadab zeugte Nachschon, den Fürsten der Kinder Juda.* „Sie war am Anfang des Buches der Chroniken auf die genealogische Tabelle gestoßen. Das Kapitel war sehr lang und bestand ausschließlich aus Namen, die ungehobelt und schwer auszusprechen waren; aber Miss Glover scheute sich vor keiner davon. Mit ernster und etwas hoher Tonlage, ganz nach dem Vorbild ihres Bruders, las sie die verwirrende Liste vor. Bertha sah sie erstaunt an.

„Das ist das Ende des Kapitels", sagte sie schließlich; „Möchtest du, dass ich dir noch eins vorlese?"

„Ja, es würde mir sehr gefallen; aber ich glaube nicht, dass der Teil, den Sie angesprochen haben, ganz auf den Punkt kommt."

„Meine Liebe, ich möchte dich nicht zurechtweisen – das ist nicht meine Pflicht –, aber die ganze Bibel bringt es auf den Punkt."

Und mit der Zeit verlor Bertha völlig den Mut und wurde oft von einer panischen Angst erfasst. Plötzlich, ohne ersichtlichen Grund, sank ihr der Mut und sie fragte sich verzweifelt, wie sie das überhaupt überstehen könnte. Sie dachte, sie würde sterben und fragte sich, was passieren würde, wenn sie es täte. Was würde Edward ohne sie tun? Als sie an seinen bitteren Kummer dachte, traten ihr Tränen in die Augen, aber ihre Lippen zitterten vor Selbstmitleid, als der Verdacht aufkam, dass ihm das Herz nicht brechen würde: Er war kein Mann, der Trauer oder Freude sehr ergreifend empfand. Er würde nicht weinen; Höchstens würde seine Fröhlichkeit für ein paar Tage getrübt werden, und dann würde er weitermachen wie zuvor. Sie stellte sich vor, wie er das Mitgefühl seiner Freunde genoss. In sechs Monaten hätte er sie fast vergessen, und die Erinnerung, die ihm blieb, würde nicht besonders erfreulich sein. Er würde wieder heiraten; Edward verabscheute die Einsamkeit, und beim nächsten Mal würde er sich zweifellos für eine andere Art von Frau entscheiden – eine Frau, die weniger weit von seinem Ideal entfernt war. Edward kümmerte sich nicht um das Aussehen, und Bertha stellte sich ihre Nachfolgerin schlicht als Miss Hancock oder schäbig als Miss Glover vor; Und die Ironie dabei lag in dem Wissen, dass beides eine Frau sein würde, die besser zu seinem Charakter passte als sie und seiner Vorstellung von einer Gehilfin besser entsprach.

Bertha vermutete, dass Edward ihre Schönheit bereitwillig für einen handfesten Vorteil gegeben hätte, etwa für Kenntnisse im Schneiderhandwerk; Ihr Geschmack, ihre Künste und Leistungen zählten für ihn nichts, und ihre impulsive Leidenschaft war ein positiver Mangel. „Gutaussehend ist wie gutaussehend", sagte er; Er war ein schlichter, einfacher Mann und er wollte eine einfache, schlichte Frau.

Sie fragte sich, ob ihr Tod ihm wirklich viel Kummer bereiten würde; Berthas Testament gab ihm alles, was sie besaß, und er würde es mit einer zweiten Frau verbringen. Sie wurde von wahnsinniger Eifersucht erfasst.

„Nein, ich werde nicht sterben", schrie sie zwischen den Zähnen, „das werde ich nicht!"

Doch eines Tages, als Edward auf der Jagd war, nahmen ihre morbiden Fantasien eine andere Wendung. Angenommen, er sollte sterben? Der Gedanke war unerträglich, aber der Schrecken faszinierte sie; Sie konnte die Szenen, die ihr ihre Einbildungskraft mit seltsamer Deutlichkeit vor Augen führte, nicht vertreiben. Sie saß am Klavier und hörte plötzlich ein Pferd an der Haustür stehen bleiben – Edward war früh zurück: aber die Glocke läutete; Warum sollte Edward klingeln? Draußen erklang Stimmengemurmel, und Arthur Branderton kam herein. Vor ihrem geistigen Auge sah sie jedes Detail ganz deutlich. Er trug seine Jagdkleidung! Etwas war passiert, und da Bertha wusste, was es war, konnte sie dennoch ihr entsetztes Staunen erkennen, während ihr eine Möglichkeit und eine andere durch den Kopf schoss. Er war unruhig, er hatte etwas zu erzählen, wagte aber nicht, es auszusprechen; Sie sah ihn entsetzt an, und eine Ohnmacht überkam sie, so dass sie kaum stehen konnte.

Berthas Herz schlug schnell. Sie sagte sich, es sei absurd, ihrer Fantasie freien Lauf zu lassen; aber trotzdem gingen die Bilder lebhaft voran: Sie schien bei einem grässlichen Stück mitzuhelfen, in dem sie die Hauptdarstellerin war.

Und was würde sie tun, wenn ihr endlich klar wurde, dass Edward tot war? Sie wurde ohnmächtig oder schrie.

„Es hat einen Unfall gegeben", sagte Branderton, „Ihr Mann ist ziemlich verletzt."

Bertha legte die Hände vor die Augen, die Qual war schrecklich.

„Du darfst dich nicht aufregen", fuhr er fort und versuchte es ihr klarzumachen.

Dann ging sie rasch die Zwischendetails durch und fand sich bei ihrem Mann wieder. Er lag tot auf dem Boden – und sie stellte sich ihn vor, sie wusste genau, wie er aussehen würde; Manchmal schlief er so tief und ruhig, dass sie nervös wurde und ihr Ohr an sein Herz legte, um zu sehen, ob es schlug. Jetzt war er tot. Plötzlich überkam sie die Verzweiflung überwältigend. Bertha versuchte noch einmal, ihre Fantasien abzuschütteln, sie ging sogar zum Klavier und spielte ein paar Noten; Aber die krankhafte Anziehungskraft war zu stark für sie und die Szene ging weiter. Jetzt, wo er tot war, konnte er ihre Leidenschaft nicht mehr zurückhalten, jetzt war er hilflos und sie küsste ihn mit all ihrer Liebe; Sie fuhr mit ihren Händen durch sein Haar und streichelte sein Gesicht (er hatte das im Leben gehasst), sie küsste seine Lippen und seine geschlossenen Augen.

Die eingebildete Trauer war so ergreifend, dass Bertha in Tränen ausbrach. Sie blieb bei dem Körper und weigerte sich, von ihm getrennt zu werden – Bertha vergrub ihr Gesicht in den Kissen, damit nichts ihre Illusion stören konnte, sie hatte aufgehört, ihn zu vertreiben. Ah, sie liebte ihn leidenschaftlich, sie hatte ihn immer geliebt und konnte nicht ohne ihn leben. Sie wusste, dass sie bald sterben würde – und sie hatte Angst vor dem Tod. Ah, jetzt war es willkommen! Sie küsste seine Hände – er konnte sie jetzt nicht mehr zurückhalten – und öffnete mit einem leichten Schauder seine Augen; sie waren glasig, ausdruckslos, unbeweglich. Sie klammerte sich an ihn und schluchzte vor Liebe und Schmerz. Sie würde zulassen, dass niemand außer sich selbst ihn berührte; Es war eine Erleichterung, die letzten Ämter für ihn zu erfüllen, der sie ihr ganzes Leben lang begleitet hatte. Sie wusste nicht, dass ihre Liebe so groß war.

Sie zog den Körper aus und wusch ihn; Sie wusch die Gliedmaßen einzeln und wischte sie ab, dann trocknete sie sie ganz sanft mit einem Handtuch ab. Die Berührung des kalten Fleisches ließ sie wollüstig erschaudern – sie dachte daran, wie er sie in seine starken Arme nahm und sie auf den Mund küsste. Sie wickelte ihn in das weiße Leichentuch und umgab ihn mit Blumen. Sie legten ihn in den Sarg und ihr Herz blieb stehen: Sie konnte ihn nicht verlassen. Sie verbrachte den ganzen Tag und die ganze Nacht bei ihm und blickte stets in sein ruhiges, ruhevolles Gesicht. Dr. Ramsay kam und Miss Glover kam und drängte sie, wegzugehen, aber sie lehnte ab. Was kümmerte sie jetzt um ihre eigene Gesundheit, sie hatte nur für ihn leben wollen?

Der Sarg war geschlossen, und sie sah die Gesten der Leichenbestatter – sie hatte das Gesicht ihres Mannes, ihrer Geliebten, zum letzten Mal gesehen: Ihr Herz war wie ein Stein, und sie schlug sich vor Schmerz auf die Brust.

Eilig drängten sich nun die Bilder auf sie ein – die Fahrt zum Kirchhof, der Gottesdienst, der mit Blumen übersäte Sarg und schließlich die Grabseite. Sie versuchten, sie zu Hause zu behalten. Was kümmerte sie die alberne, abscheuliche Konvention, die sie davon abhalten wollte, zur Beerdigung zu gehen? War es nicht ihr Mann, der einzige Lichtblick in ihrem Leben, den sie begruben? Sie konnten den Schrecken, die völlige Verzweiflung nicht erkennen. Und im Dämmerlicht des Wintertages in ihrem Salon in Court Leys sah Bertha deutlich, wie der Sarg gesenkt wurde, und hörte das Klappern der Erde, die darauf geworfen wurde.

Wie würde ihr Leben danach aussehen? Sie würde versuchen zu leben, sie würde sich mit Edwards Sachen umgeben, damit seine Erinnerung immer bei ihr sei; Die Einsamkeit war entsetzlich. Court Leys war leer und kahl. Sie sah die endlose Abfolge grauer Tage; Die Jahreszeiten veränderten sich nicht, und ständig hingen die Wolken schwer über ihr; Die Bäume waren immer blattlos und es war trostlos. Sie konnte sich nicht vorstellen, dass Reisen Trost bringen würde – das ganze Leben war leer, und was waren für sie jetzt die Bilder und Kirchen, der blaue Himmel Italiens? Ihr einziges Glück war das Weinen.

Dann dachte Bertha zerstreut, dass sie sich umbringen würde, denn das Leben war unmöglich zu ertragen. Kein Leben, die Leere des Grabes war den Schmerzen vorzuziehen, die ständig an ihrem Herzen nagten. Es wäre leicht zu beenden, mit ein wenig Morphium, um das Buch der Probleme zu schließen; Verzweiflung würde ihr Mut machen, und der Nadelstich war der einzige Schmerz. Aber ihre Sicht wurde trübe, und sie musste sich anstrengen, sie beizubehalten: Ihre Gedanken wurden weniger kohärent und wanderten zurück zu früheren Ereignissen, zur Szene am Grab, zu dem üppigen Vergnügen, den Körper zu waschen.

Es war alles so lebendig, dass Edwards Eintritt für sie eine Überraschung war. Aber die Erleichterung war zu groß, um sie in Worte zu fassen, es war das Erwachen aus einem schrecklichen Albtraum. Als er auf sie zukam, um sie zu küssen, schlang sie ihre Arme um seinen Hals, ihre Augen waren feucht von den Tränen der Vergangenheit, und sie drückte ihn leidenschaftlich an ihr Herz.

"Oh Gott sei Dank!" Sie weinte.

„Hallo, was ist jetzt los?"

„Ich weiß nicht, was mit mir los ist ... Es ging mir so elend, Eddie – ich dachte, du wärst tot!"

„Du hast geweint!"

„Es war so schrecklich, dass mir der Gedanke einfach nicht mehr aus dem Kopf ging... Oh, ich sollte auch sterben."

Bertha konnte kaum erkennen, dass ihr Mann leibhaftig und gesund an ihrer Seite war.

„Würde es dir leid tun, wenn ich sterbe?" Sie hat ihn gefragt.

„Aber Sie werden nichts dergleichen tun", sagte er fröhlich.

„Manchmal habe ich solche Angst, dass ich nicht glaube, dass ich darüber hinwegkomme."

Er lachte sie aus und sein fröhlicher Tonfall war besonders tröstlich. Sie ließ ihn neben sich sitzen und hielt seine starken Hände, die Hände, die für sie das sichtbare Zeichen seiner kraftvollen Männlichkeit waren. Sie streichelte sie und küsste die Handflächen. Sie war mit den vergangenen Emotionen völlig am Ende; Ihre Glieder zitterten und ihre Augen glänzten vor Tränen.

Kapitel XVI

Die Krankenschwester kam und brachte neue Befürchtungen mit sich. Sie war eine alte Frau, die zwanzig Jahre lang dem benachbarten Adel zur Welt verholfen hatte; und sie hatte einen großen Vorrat an grässlichen Anekdoten. In ihrem Mund waren die Schrecken der Geburt zahllos, und sie erzählte ihre Geschichten mit einer geballten Kunst, die entsetzlich war. Natürlich handelte sie ihrer Meinung nach zum Besten; Bertha war nervös, und die Krankenschwester konnte sich keinen besseren Weg vorstellen, sie zu beruhigen, als ausführliche Berichte über Patienten zu geben, die tagelang im Sterben lagen, von allen Ärzten aufgegeben worden waren und sich doch endlich erholt hatten.

Berthas schnelle Erfindung verstärkte die aufkommende Qual, bis sie beim bloßen Gedanken daran kaum schlafen konnte. Die Unmöglichkeit, es sich überhaupt vorzustellen, machte es noch furchteinflößender; Sie sah eine lange, lange Qual vor sich und dann den Tod. Sie konnte es nicht ertragen, dass Edward außer Sicht war.

„Natürlich wirst du darüber hinwegkommen", sagte er. „Ich verspreche Ihnen, es ist kein Grund zur Aufregung."

Er hatte jahrelang Tiere gezüchtet und war mit dem Verfahren vertraut, das ihm Kalbfleisch, Hammelfleisch und Rindfleisch für die örtlichen Metzger lieferte. Es war eine lächerliche Aufregung, die die Menschen um ein natürliches und alltägliches Phänomen machten.

„Oh, ich habe solche Angst vor dem Schmerz. Ich bin mir sicher, dass ich nicht darüber hinwegkommen werde – es ist schrecklich. Ich wünschte, ich hätte das nicht durchmachen müssen."

„Mein Gott", rief der Arzt, „man könnte meinen, vor Ihnen hätte noch niemand ein Kind bekommen."

„Oh, lache mich nicht aus. Kannst du nicht sehen, wie viel Angst ich habe! Ich habe eine Ahnung, dass ich sterben werde."

„Ich habe noch nie eine Frau gekannt", sagte Dr. Ramsay, „die nicht geahnt hätte, dass sie sterben würde, selbst wenn sie nichts Schlimmeres als einen Fingerschmerz bei sich hätte."

„Oh, du kannst lachen", sagte Bertha. „Das muss ich durchmachen."

Ein weiterer Tag verging und die Krankenschwester sagte, der Arzt müsse sofort gerufen werden. Bertha hatte Edward das Versprechen abgenommen, die ganze Zeit bei ihr zu bleiben.

„Ich denke, ich werde Mut haben, wenn ich deine Hand halten kann", sagte sie.

„Unsinn", sagte Dr. Ramsay, als Edward ihm das erzählte, „ich werde keinen Mann zulassen, der sich da einmischt."

„Ich dachte nicht", sagte Edward, „aber ich habe nur versprochen, sie zum Schweigen zu bringen."

„Wenn Sie sich ruhig verhalten", antwortete der Arzt, „das ist alles, was ich erwarten kann."

„Oh, du brauchst dir keine Sorgen um mich zu machen. Ich weiß alles über diese Dinge – ich wette, mein lieber Doktor, ich habe weitaus mehr Lebewesen auf die Welt gebracht als Sie."

Edward, ruhig, selbstbeherrscht, einfallslos, war die ideale Person für einen Notfall.

„Es hat keinen Sinn, den ganzen Nachmittag im Haus herumzuklopfen", sagte er. „Ich sollte nur Trübsal blasen, und wenn man mich braucht, kann man mich immer holen."

Er hinterließ die Nachricht, dass er zu Bewlies Farm gehen würde, um eine kranke Kuh zu sehen, worüber er sich große Sorgen machte.

„Sie ist die beste Melkerin, die ich je hatte. Ich weiß nicht, was ich tun soll, wenn mit ihr etwas schief geht. Sie gibt ihr so viele Pints pro Tag, so regelmäßig wie möglich. Sie hat das Geld, das ich für sie gegeben habe, immer wieder eingebracht."

Er ging mit dem lockeren und unbeschwerten Schritt weiter, den Bertha so sehr bewunderte, und warf ab und zu einen Blick auf die Felder am Rande der Straße. Er blieb stehen, um die Bohnen eines rivalisierenden Bauern zu begutachten.

„Der Boden ist nicht gut", sagte er kopfschüttelnd. „Auf so einem Fleckchen lohnt es sich nicht, Bohnen anzubauen."

Als er bei Bewlies Farm ankam, rief Edward nach dem Arbeiter, der für den Kranken zuständig war.

„Na, wie geht es ihr?"

„Es geht ihr nicht besser, Squire."

„Schlechte Arbeit … War Thompson heute bei ihr?" Thompson war der Tierarzt.

„Er kann sich nichts dabei denken – er denkt, sie hat einen Habitus, aber ich halte nicht viel von Mister Thompson: Sein Vater war Arbeiter, genau wie ich, nur hatte er nichts mit der Landwirtschaft zu tun, da er Maurer war; und was sein Sohn über Vieh wissen kann, ist mir völlig schleierhaft."

„Nun, lass uns gehen und sie uns ansehen", sagte Edward.

Er schritt zur Scheune, gefolgt vom Arbeiter. Das Biest stand in einer Ecke, noch meditativer als es bei Kühen üblich ist, ließ den Kopf hängen und bückte den Rücken. Sie schien zutiefst pessimistisch.

„Ich hätte denken sollen, Thompson könnte etwas tun", sagte Edward.

„'E sagt, der Metzger ist das Einzige, was für ihn da ist", sagte der andere mit großer Verachtung.

Edward schnaubte empört. „In der Tat Metzger! Ich würde ihn gerne abschlachten, wenn ich die Chance dazu hätte."

Er ging in das Bauernhaus, das jahrelang sein Zuhause gewesen war; Aber er war ein praktisch veranlagter, vernünftiger Mensch, und es brachte ihm keine Erinnerungen, keine besonderen Emotionen.

„Nun, Mrs. Jones", sagte er zur Frau des Mieters. „Wie geht es dir?"

„Mittelmäßig, Sir. Und „Wie geht es Ihnen und Mrs. Craddock?"

„Mir geht es gut – die Missus bekommt ein Baby, wissen Sie."

Er sprach auf die fröhliche, nachlässige Art, die ihn zwangsläufig auf der ganzen Welt beliebt machte.

„Gott sei Dank, ist sie das wirklich, Sir – und ich kannte Sie, als Sie ein Junge waren! Wann erwartest du es?"

„Ich erwarte es jede Minute. Soweit ich weiß, werde ich vielleicht ein glücklicher Vater sein, wenn ich wieder Tee trinke."

„Sie nehmen das ziemlich cool auf, Gouverneur", sagte Farmer Jones, der Edward in den Tagen seiner Armut gekannt hatte.

"Mich?" rief Edward lachend. „Sehen Sie, ich weiß alles über so etwas. Schauen Sie sich doch einmal die ganzen Kälber an, die ich hatte – und wohlgemerkt, ich habe in der ganzen Zeit, in der ich zur Zucht gegangen bin, nicht mehr als zweimal einen Unfall mit einer Kuh gehabt ... Aber ich gehe besser um zu sehen, wie es der Frau geht. Guten Tag, Frau Jones."

„Was mir an dem Knappen gefällt", sagte Mrs. Jones, „ist, dass er keinerlei Hochmut hat." „Er ist nicht zu stolz, eine Tasse Tee mitzunehmen, obwohl er jetzt der Knappe ist."

„Er ist der beste Knappe, den wir seit dreißig Jahren gesehen haben", sagte Farmer Jones, „und wie Sie sagen, mein Lieber, es gibt keinen Tropfen von Hochmut in ihm – was mehr ist, als Sie von ihm behaupten können." Frau."

„Na ja, sie ist jung", antwortete seine Frau. „Sie sagen ja, dass er dem Meister gehört, und ich wage zu behaupten, dass er es ihm besser beibringen wird."

„Vertraue ihm, denn er sorgt dafür, dass seine Frau untergeht; „Er ist kein Mann, der Unsinn von irgendjemandem duldet."

Edward schwang sich die Straße entlang, wirbelte seinen Stock herum, pfiff und redete mit den Hunden, die ihn begleiteten. Er war hoffnungsvoll gesinnt und hielt es nicht für nötig, seine beste Kuh zu schlachten. Er glaubte nicht an den Tierarzt. halb so sehr wie in sich selbst, und er war fest davon überzeugt, dass sie sich erholen würde. Er ging die Allee von Court Leys hinauf und betrachtete die jungen Ulmen, die er gepflanzt hatte, um die Lücken zu füllen; Sie waren im Großen und Ganzen ziemlich gesund und er war mit seiner Arbeit zufrieden.

Er ging in Berthas Zimmer und klopfte an die Tür. Dr. Ramsay öffnete es, versperrte ihm aber mit seiner stämmigen Gestalt den Durchgang.

„Oh, hab keine Angst", sagte Edward, „ich möchte nicht reinkommen. Ich weiß, wann ich am besten aus dem Weg bin ... Wie geht es ihr?"

„Nun, ich fürchte, es wird nicht so einfach sein, wie ich dachte", flüsterte der Arzt; „Aber es gibt keinen Grund, beunruhigt zu sein."

„Ich werde unten sein, wenn du mich für irgendetwas brauchst."

„Sie hat gerade viel für Sie verlangt, aber die Krankenschwester sagte ihr, es würde Sie verärgern, wenn Sie da wären; Dann sagte sie: „Lass ihn nicht kommen; Ich werde es alleine ertragen.""

„Oh, das ist in Ordnung. In einer Zeit wie dieser ist es meiner Meinung nach viel besser, den Ehemann aus dem Weg zu räumen."

Dr. Ramsay schloss die Tür vor ihm.

„Vernünftiger Kerl", sagte er. „Ich mag ihn immer besser. Die meisten Männer würden sich darüber aufregen und hysterisch werden, und Gott weiß was."

„War das Eddie?" fragte Bertha, ihre Stimme zitterte vor jüngster Qual.

"Ja; Er kam, um zu sehen, wie es dir geht."

„Er ist nicht sehr verärgert, oder? Sag ihm nicht, dass ich sehr schlecht bin – das wird ihn unglücklich machen. Ich werde es alleine ertragen."

Unten sagte sich Edward, dass es keinen Sinn hatte, sich in einen Zustand zu versetzen, was durchaus stimmte, und setzte sich auf den bequemsten Stuhl im Raum, um seine Zeitung zu lesen. Vor dem Abendessen machte er sich noch einmal auf den Weg, um weitere Nachforschungen anzustellen. Dr. Ramsay kam heraus und sagte, er habe Bertha Opium gegeben, und eine Weile schwieg sie.

„Ein Glück, dass du es gerade beim Abendessen gemacht hast", sagte Edward lachend. „Wir können gemeinsam etwas essen."

Sie setzten sich und begannen zu essen. Sie wetteiferten in ihrem Appetit miteinander; und der Arzt, der Edward immer mehr mochte, sagte, es tue ihm gut, einen Mann zu sehen, der gut essen könne. Doch bevor sie den Pudding erreicht hatten, kam eine Nachricht von der Krankenschwester, dass Bertha wach sei, und Dr. Ramsay verließ bedauernd den Tisch. Edward aß unbeirrt weiter. Schließlich zündete er mit dem glücklichen Seufzer des tugendbewussten Mannes und zufriedenem Magen seine Pfeife an, ließ sich wieder im Sessel nieder und begann kurz einzuschlafen. Der Abend war jedoch lang und er fühlte sich gelangweilt.

„Es sollte jetzt alles vorbei sein", sagte er. „Ich frage mich, ob ich aufbleiben muss?"

Dr. Ramsay schien ein wenig besorgt zu sein, als Edward ein drittes Mal zu ihm ging.

„Ich fürchte, es ist ein schwieriger Fall", sagte er. „Es ist äußerst bedauerlich. Sie hat sehr gelitten, das arme Ding."

„Nun, kann ich irgendetwas tun?" fragte Edward.

„Nein, außer um ruhig zu bleiben und kein Aufhebens zu machen."

„Oh, das werde ich nicht tun; Du brauchst keine Angst zu haben. Ich kann nur sagen, dass ich Mut habe."

„Sie sind großartig", sagte Dr. Ramsay. „Ich sage Ihnen, es gefällt mir, wenn ein Mann bei einem Job wie diesem so gut einen klaren Kopf behält."

„Nun, ich wollte Sie fragen: Hat es etwas Gutes, wenn ich mich aufsetze? Natürlich werde ich es tun, wenn sich etwas tun lässt; aber wenn nicht, kann ich genauso gut zu Bett gehen."

„Ja, ich denke, das wäre viel besser. Ich rufe dich an, wenn du gesucht wirst. Ich denke, Sie könnten hereinkommen und ein oder zwei Worte zu Bertha sagen. es wird sie ermutigen."

Edward trat ein. Bertha lag mit starren, verängstigten Augen da – Augen, die in letzter Zeit völlig neue Dinge gesehen zu haben schienen, sie leuchteten glasig. Ihr Gesicht war weißer als je zuvor, das Blut war von ihren Lippen geflossen und ihre Wangen waren eingefallen: Sie sah aus, als würde sie sterben. Sie begrüßte Edward mit einem schwachen Lächeln.

„Wie geht es dir, kleine Frau?" er hat gefragt.

Seine Anwesenheit schien sie wieder zum Leben zu erwecken und eine schwache Farbe erhellte ihre Wangen.

„Mir geht es gut", sagte sie und bemühte sich. „Du darfst dir keine Sorgen machen, Liebes."

„Hatten Sie eine schlechte Zeit?"

„Nein", sagte sie mutig. „Ich habe nicht wirklich viel gelitten – es gibt nichts, worüber du dich aufregen könntest."

Er ging hinaus und sie rief Dr. Ramsay an. „Du hast ihm nicht erzählt, was ich durchgemacht habe, oder? Ich möchte nicht, dass er es erfährt."

„Nein, das ist in Ordnung. Ich habe ihm gesagt, er solle ins Bett gehen."

"Oh, ich bin froh. Er kann es nicht ertragen, nicht die richtige Nachtruhe zu bekommen ... Wie lange, glaubst du, wird das dauern? Schon kommt es mir vor, als ob ich für immer gefoltert worden wäre, und es scheint endlos zu sein."

„Oh, jetzt ist es bald vorbei, hoffe ich."

„Ich bin sicher, ich werde sterben", flüsterte sie; „Ich habe das Gefühl, dass mir nach und nach das Leben entzogen wird – es würde mir nichts ausmachen, wenn Eddie nicht wäre. Er wird so zerstückelt sein."

"Was für ein Unsinn!" sagte die Krankenschwester, „Sie alle sagen, dass Sie sterben werden."

Edward – lieber, männlicher, ruhiger und aufrichtiger Kerl wie er war – ging ruhig zu Bett und schlief bald fest ein. Aber sein Schlaf war etwas unruhig: Im Allgemeinen genoss er den schweren, traumlosen Schlaf des Mannes, der keine Nerven hat und sich viel bewegt. Heute Nacht jedoch träumte er. Er träumte nicht nur, dass eine Kuh krank war, sondern dass sein gesamtes Vieh krank geworden war – die Kühe standen mit düsteren Augen und Buckelwalen herum, mürrisch und gefährlich, offensichtlich mit völlig gestörter Leber; Die Ochsen wurden „umgehauen" und lagen auf dem Rücken, wobei die Beine schwach in die Luft strampelten.

„Sie müssen sie alle zum Metzger schicken", sagte der Tierarzt.; „Damit kann man nichts machen."

„Guter Gott, errette uns", sagte Edward; „Ich werde nicht vier Bob pro Stein dafür bekommen."

Doch sein Traum wurde durch ein Klopfen an der Tür gestört und Edward erwachte und sah, wie Dr. Ramsay ihn schüttelte.

„Wach auf, Mann – steh auf und zieh dich schnell an."

"Was ist los?" rief Edward, sprang aus dem Bett und packte seine Kleidung. "Wie viel Uhr ist es?"

„Es ist halb fünf... Ich möchte, dass Sie für Dr. Spocref nach Tercanbury gehen; Bertha geht es sehr schlecht."

„In Ordnung, ich werde ihn mit zurückbringen." Edward zog sich schnell an.

„Ich gehe vorbei und wecke den Mann, um das Pferd hineinzubringen."

„Nein, das mache ich selbst; Ich brauche dafür die Hälfte der Zeit." Er schnürte methodisch seine Stiefel.

„Bertha ist nicht in unmittelbarer Gefahr. Aber ich muss mich beraten lassen. Ich hoffe immer noch, dass wir sie durchstehen."

„Bei Gott", sagte Edward, „ich wusste nicht, dass es so schlimm ist."

„Sie brauchen sich noch nicht zu beunruhigen – das Tolle ist, dass Sie ruhig bleiben und Spocref so schnell wie möglich mitbringen. Es ist noch nicht hoffnungslos."

Edward war mit all seinem Verstand bald bereit und machte sich ebenso schnell daran, das Pferd anzuspannen; Er zündete vorsichtig die Lampen an, während ihm das Sprichwort „ *Mehr Eile, weniger Geschwindigkeit* " durch den Kopf ging. In zwei Minuten war er auf der Hauptstraße und trieb das Pferd an. Er schritt mit schnellem, gleichmäßigem Trab durch die stille Nacht.

Als Dr. Ramsay ins Krankenzimmer zurückkehrte, dachte er, was für ein großartiges Objekt ein Mann sei, auf den man sich verlassen könne und der nie den Kopf verlor oder sich aufregte. Seine Bewunderung für Edward wuchs sprunghaft.

Kapitel XVII

E DWARD CRADDOCK war ein starker Mann, aber auch einfallslos. Als er die Nacht hindurch nach Tercanbury fuhr, ließ er sich nicht von beunruhigenden Gedanken leiten, sondern hielt seine Angst problemlos in angemessenen Grenzen und widmete seine ganze Aufmerksamkeit dem Führen des Pferdes. Er behielt die Straße vor sich im Auge, und das Tier trat mit schnellen, regelmäßigen Schritten hervor und passierte schnell die Meilensteine. Edward rief Dr. Spocref an und gab ihm den Zettel, den er bei sich trug. Sofort kam der Arzt herunter, ein untersetzter Mann mit piepsiger Stimme und gestikulierendem Auftreten. Er blickte Edward misstrauisch an.

„Ich nehme an, du bist der Ehemann?" sagte er, als sie die Straße entlang klapperten. „Soll ich fahren? Ich wage zu behaupten, dass du ziemlich verärgert bist."

„Nein – und das möchte ich auch nicht sein", antwortete Edward lachend. Er blickte ein wenig herab auf Menschen, die in Städten lebten, und traute nie einem Mann, der weniger als 1,80 m groß und stämmig war!

„Ich habe ziemliche Angst vor ängstlichen Ehemännern, die mich mitten in der Nacht mit rasender Geschwindigkeit fahren", sagte der Arzt. „Die Gräben üben auf sie eine nahezu unwiderstehliche Anziehungskraft aus."

„Nun, ich bin nicht nervös, Doktor, also spielt es keine Rolle, wenn Sie es sind."

Als sie das offene Land erreichten, ließ Edward das Pferd auf Höchstgeschwindigkeit laufen; Er war etwas amüsiert über den Wunsch des Arztes, Auto zu fahren – absurder kleiner Mann!

„Haltest du dich fest?" fragte er mit gutmütiger Verachtung.

„Ich sehe, Sie können fahren", sagte der Arzt.

„Es ist nicht das erste Mal, dass ich die Zügel in der Hand habe", antwortete Edward bescheiden. "Hier sind wir!"

Er führte den Spezialisten ins Schlafzimmer und fragte, ob Dr. Ramsay ihn noch weiter benötige.

„Nein, ich will dich jetzt nicht; aber du bleibst besser wach, um bereit zu sein, falls etwas passiert ... Ich fürchte, Bertha ist wirklich sehr schlecht – du musst auf alles vorbereitet sein."

Edward zog sich ins Nebenzimmer zurück und setzte sich. Er war wirklich beunruhigt, konnte sich aber selbst jetzt nicht bewusst sein, dass Bertha im Sterben lag – sein Geist war träge und er konnte sich die Zukunft nicht vorstellen. Ein emotionalerer Mann wäre weiß vor Angst gewesen, sein Herz hätte schmerzhaft geschlagen und seine Nerven hätten vor hundert erwarteten Schrecken gezittert. Er wäre völlig nutzlos gewesen; Während Edward für jeden Notfall gerüstet war, hätte man ihm zutrauen können, weitere zehn Meilen auf der Suche nach einem Gerät zu fahren und bei vollkommener Stabilität bei jeder notwendigen Operation zu helfen.

„Wissen Sie", sagte er zu Dr. Ramsay, „ich möchte Ihnen nicht in die Quere kommen; aber wenn ich im Zimmer von Nutzen sein sollte, können Sie darauf vertrauen, dass ich nicht in Aufregung geraten werde."

„Ich glaube nicht, dass man irgendetwas tun kann; Die Krankenschwester ist sehr vertrauenswürdig und kompetent."

„Frauen", sagte Edward, „werden so aufgeregt; Sie machen sich immer lächerlich, wenn sie nur können."

Aber die Nachtluft hatte Craddock schläfrig gemacht, und nachdem er eine halbe Stunde auf dem Stuhl gesessen und versucht hatte, ein Buch zu lesen, schlief er ein. Doch bald darauf erwachte er, und das erste Tageslicht erfüllte den Raum mit grauer Kälte. Er schaute auf seine Uhr.

„Bei Gott, es ist eine lange Arbeit", sagte er.

Es klopfte an der Tür und die Krankenschwester kam herein.

„Könnten Sie bitte kommen?"

Dr. Ramsay traf ihn auf dem Flur. „Gott sei Dank, es ist vorbei. Sie hatte eine schreckliche Zeit."

"Geht es ihr gut?"

„Ich glaube, sie ist jetzt nicht in Gefahr – aber es tut mir leid, sagen zu müssen, dass wir das Kind nicht retten konnten."

Ein Stich ging durch Edwards Herz. „Ist es tot?"

„Es war eine Totgeburt. Ich hatte Angst, es sei hoffnungslos. Du solltest jetzt besser zu Bertha gehen, sie will dich. Sie weiß nichts von dem Kind."

Bertha lag in einer Haltung völliger Erschöpfung: Sie lag auf dem Rücken und hatte die Arme in völliger Schwäche an den Seiten ausgestreckt. Ihr Gesicht war grau vor vergangener Qual, ihre Augen waren stumpf und leblos, halb geschlossen; und ihr Kiefer hing fast so herunter, wie der Kiefer einer Leiche. Sie versuchte ein Lächeln zu formen, als sie Edward sah, aber in ihrer Schwäche bewegten sich die Lippen kaum.

„Versuchen Sie nicht zu sprechen, Liebes", sagte die Krankenschwester, als sie sah, dass Bertha versuchte, Worte zu sagen.

Edward bückte sich und küsste sie, die leichte Röte färbte ihre Wangen und sie begann zu weinen; Die Tränen liefen heimlich über ihre Wangen.

„Komm näher zu mir, Eddie", flüsterte sie.

Er kniete neben ihr und war plötzlich berührt. Er nahm ihre Hand und der Kontakt hatte eine belebende Wirkung; Sie holte tief Luft und ihre Lippen formten ein müdes, müdes Lächeln.

„Gott sei Dank, es ist vorbei", stöhnte sie und flüsterte halb. „Oh, Eddie, Liebling, du kannst dir nicht vorstellen, was ich durchgemacht habe."

„Nun, jetzt ist alles vorbei."

„Und du hast dir auch Sorgen gemacht, Eddie. Es bestärkte mich in der Vorstellung, dass Sie meine Probleme teilten. Du musst jetzt schlafen gehen. Es war nett von dir, für mich nach Tercanbury zu fahren."

„Sie dürfen nicht reden", sagte Dr. Ramsay, als er ins Zimmer zurückkam, nachdem er gesehen hatte, wie der Spezialist weggeschickt wurde.

„Mir geht es jetzt besser", sagte Bertha, „seit ich Eddie gesehen habe."

„Nun, du musst schlafen gehen."

„Du hast mir noch nicht gesagt, ob es ein Junge oder ein Mädchen ist; Sag es mir, Eddie, du weißt schon."

Edward sah den Arzt unbehaglich an.

„Es ist ein Junge", sagte Dr. Ramsay.

„Ich wusste, dass es so sein würde", murmelte sie. Ein Ausdruck ekstatischer Freude erschien auf ihrem Gesicht und vertrieb die Grauheit des Todes. "Ich bin so froh. Hast du es gesehen, Eddie?"

"Noch nicht."

„Es ist unser Kind, nicht wahr? Es lohnt sich, den Schmerz auf sich zu nehmen, ein Baby zu bekommen. Ich bin so glücklich."

„Du musst jetzt schlafen gehen."

„Ich bin kein bisschen müde – und ich möchte meinen Jungen sehen."

„Nein, Sie können ihn jetzt nicht sehen", sagte Dr. Ramsay, „er schläft und Sie dürfen ihn nicht stören."

„Oh, ich würde ihn gerne sehen, nur für eine Minute. Du brauchst ihn nicht zu wecken."

„Sie werden ihn sehen, nachdem Sie geschlafen haben", sagte der Arzt beruhigend. „Es wird dich zu sehr erregen."

„Nun, du gehst rein und siehst ihn, Eddie, und küsst ihn, und dann gehe ich schlafen.“

Sie schien so darauf bedacht zu sein, dass wenigstens der Vater sein Kind sehen würde, dass die Krankenschwester Edward ins Nebenzimmer führte. Auf einer Kommode lag etwas, das mit einem Handtuch bedeckt war. Dies hob die Amme hoch, und Edward sah sein Kind; es war nackt und sehr klein, kaum menschlich, abstoßend und doch sehr erbärmlich. Die Augen waren geschlossen, die Augen, die nie geöffnet worden waren. Edward betrachtete es eine Minute lang.

„Ich habe versprochen, dass ich es küssen würde“, flüsterte er.

Er bückte sich und berührte mit seinen Lippen die weiße Stirn; Die Krankenschwester zog das Handtuch über den Körper und sie gingen zurück zu Bertha.

"Schläft er?" Sie fragte.

"Ja."

„Hast du ihn geküsst?“

"Ja."

Bertha lächelte. „Stell dir vor, dass du dein Baby vor mir küsst.“

Aber Dr. Ramsays Trank zeigte Wirkung und fast sofort fiel Bertha in einen angenehmen Schlaf.

„Lass uns einen Spaziergang durch den Garten machen“, sagte Dr. Ramsay. „Ich denke, ich sollte hier sein, wenn sie aufwacht.“

Die Luft war frisch und duftete nach Frühlingsblumen und dem Geruch der Erde. Beide Männer waren nach der engen Atmosphäre im Krankenzimmer erleichtert. Dr. Ramsay legte seinen Arm in Edwards.

„Kopf hoch, mein Junge“, sagte er. „Du hast das alles großartig ertragen. Ich habe noch nie einen Mann gesehen, der eine solche Nacht besser überstanden hat als Sie. und auf mein Wort, du bist heute Morgen so frisch wie Farbe.“

„Oh, mir geht es gut“, sagte Edward. „Was kann man wegen – wegen des Babys tun?“

„Ich denke, sie wird es besser ertragen, wenn sie geschlafen hat. Ich wagte wirklich nicht zu sagen, dass es eine Totgeburt war. Der Schock wäre zu viel für sie gewesen.“

Sie gingen hinein, wuschen und aßen und warteten dann darauf, dass Bertha aufwachte. Endlich rief die Krankenschwester sie an.

„Ihr armen Kerle", rief Bertha, als sie den Raum betraten. „Haben Sie überhaupt nicht geschlafen?... Mir geht es jetzt ganz gut und ich möchte mein Baby. Die Krankenschwester sagt, es schläft und ich kann es nicht haben — aber ich werde es tun. Ich möchte, dass es mit mir schläft, ich möchte meinen Sohn ansehen."

Edward und die Krankenschwester sahen Dr. Ramsay an, der ausnahmsweise verwirrt war.

„Ich glaube nicht, dass du ihn heute besser haben solltest, Bertha", sagte er. „Es würde dich verärgern."

„Oh, aber ich muss mein Baby bekommen. Schwester, bringen Sie ihn sofort zu mir."

Edward kniete sich wieder neben das Bett und nahm ihre Hände. „Nun, Bertha, du brauchst dir keine Sorgen zu machen, aber dem Baby geht es nicht gut und —"

„Was meinst du?" Bertha sprang plötzlich im Bett auf.

"Hinlegen. Legen Sie sich hin", riefen Dr. Ramsay und die Krankenschwester und zwangen sie, sich wieder auf das Kissen zu legen.

„Was ist mit ihm los, Doktor", rief sie plötzlich voller Angst.

„Es ist so, wie Edward sagt, ihm geht es nicht gut."

„Oh, er wird nicht sterben — nach allem, was ich durchgemacht habe."

Sie schaute von einem zum anderen. „Oh, sag es mir; Halte mich nicht in Atem. Ich kann es ertragen, was auch immer es ist."

Dr. Ramsay berührte Edward und ermutigte ihn.

„Du musst dich auf schlechte Nachrichten vorbereiten, Liebling. Du weisst---"

„Er ist nicht tot?" sie schrie.

„Es tut mir furchtbar leid, Liebes … Er wurde tot geboren."

"Oh Gott!" stöhnte Bertha, es war ein Schrei der Verzweiflung. Und dann brach sie in leidenschaftliches Weinen aus.

Ihr Schluchzen war schrecklich, unkontrollierbar; Es war ihr Leben, über das sie weinte, ihre Hoffnung auf Glück, all ihre Wünsche und Träume. Ihr Herz schien zu brechen. Mit einer Geste äußersten Schmerzes legte sie die Hände vor die Augen.

„Dann habe ich das alles umsonst durchgemacht... Oh, Eddie, du kennst den schrecklichen Schmerz nicht – die ganze Nacht dachte ich, ich sollte sterben... Ich hätte alles gegeben, um aus meinem Leben entlassen zu werden leiden. Und es war alles nutzlos.“

Sie schluchzte noch unwiderstehlicher, völlig erschüttert von der Erinnerung an das, was sie durchgemacht hatte, und an die Sinnlosigkeit.

„Oh, ich wünschte, ich könnte sterben.“

Die Tränen waren in Edwards Augen und er küsste ihre Hände.

„Gib nicht nach, Liebling“, sagte er und suchte vergeblich nach Worten, um sie zu trösten. Seine Stimme stockte und brach.

„Oh, Eddie“, sagte sie, „du leidest genauso wie ich. Ich habe es vergessen... Lass mich ihn jetzt sehen.“

Dr. Ramsay gab der Krankenschwester ein Zeichen und sie holte das tote Kind. Sie trug es zum Bett und zeigte es Bertha.

Bertha sagte nichts und wandte sich schließlich ab; Die Krankenschwester zog sich zurück. Berthas Tränen hatten nun aufgehört, aber ihr Mund war von hoffnungslosem Weh erfüllt.

„Oh, ich habe ihn schon so sehr geliebt.“

Edward beugte sich vor. „Trauere nicht, Liebling.“

Sie legte ihre Arme um seinen Hals, wie sie es gern getan hatte. „Oh, Eddie, liebe mich von ganzem Herzen. Ich will deine Liebe so sehr.“

Kapitel XVIII

Tagelang war Bertha von Trauer überwältigt. Sie dachte immer an das tote Kind, das nie gelebt hatte, und ihr Herz schmerzte. Aber vor allem quälte sie der Gedanke, dass all ihr Schmerz vergeblich gewesen war; Sie hatte so viel durchgemacht, ihr Schlaf war immer noch voller vergangener Qualen und es war völlig, völlig nutzlos gewesen. Ihr Körper war so verstümmelt, dass sie sich fragte, ob es ihr möglich sei, sich zu erholen. Sie hatte ihren alten Schwung verloren, diese Lebenskraft, die ihr so viel Freude bereitet hatte, und sie fühlte sich wie eine alte Frau. Ihr Gefühl der Müdigkeit war unerträglich – sie war so müde, dass es ihr unmöglich vorkam, zur Ruhe zu kommen. Sie lag Tag für Tag im Bett, in einer Haltung hoffnungsloser Müdigkeit, auf dem Rücken, die Arme neben sich ausgestreckt, die Kissen stützten ihren Kopf: Alle ihre Glieder waren merkwürdig kraftlos.

Die Genesung verlief sehr langsam und Edward schlug vor, Miss Ley zu holen, aber Bertha lehnte ab.

„Ich möchte niemanden sehen", sagte sie; „Ich möchte nur still liegen und still sein."

Es langweilte sie, mit Menschen zu reden, und sogar ihre Zuneigung war vorerst schlummernd: Sie betrachtete Edward als jemand anderen als sie, seine Anwesenheit und Abwesenheit riefen keine besondere Emotion hervor. Sie war müde und wünschte sich nur, allein gelassen zu werden. Jedes Mitgefühl war unnötig und nutzlos, sie wusste, dass niemand in die Bitterkeit ihrer Trauer eintauchen konnte, und sie zog es vor, sie allein zu ertragen.

Nach und nach kam Bertha jedoch wieder zu Kräften und willigte ein, die Freunde zu treffen, die anriefen, einige aufrichtig bedauert, andere nur aus Pflichtgefühl oder einer gespenstischen Neugier getrieben. Miss Glover war zu dieser Zeit eine große Prüfung; Das gute Geschöpf empfand für Bertha aufrichtiges Mitgefühl, aber ihre Gefühle waren das eine, ihr Sinn für Recht und Unrecht das andere. Sie glaubte nicht, dass die junge Frau ihr Leid mit der gebotenen Demut auf sich nahm. Allmählich hatte ein rebellisches Gefühl die extreme Erschöpfung des Anfangs abgelöst, und Bertha tobte über die Ungerechtigkeit ihres Schicksals. Miss Glover kam jeden Tag und brachte Blumen und gute Ratschläge; aber Bertha war nicht fügsam und weigerte sich, sich mit Miss Glovers frommen Tröstungen zufrieden zu geben. Als das gute Geschöpf die Bibel las, hörte Bertha mit fester geschlossenem Mund und mürrisch zu.

„Möchtest du, dass ich dir aus der Bibel vorlese, Liebes?" fragte einmal die Schwester des Pfarrers.

Und Bertha, überfordert mit ihrer Geduld, konnte ihre Zunge nicht wie üblich beherrschen.

„Wenn es dich amüsiert, Liebes", antwortete sie bitter.

„Oh, Bertha, du verstehst das nicht im richtigen Sinne – du bist so rebellisch, und es ist falsch, es ist völlig falsch."

„Ich kann nur an mein Baby denken", sagte Bertha heiser.

„Warum betest du nicht zu Gott, Liebes – soll ich jetzt ein kurzes Gebet sprechen, Bertha?"

„Nein, ich möchte nicht zu Gott beten – er ist entweder machtlos oder grausam."

„Bertha", rief Miss Glover. „Du weißt nicht, was du sagst. Oh, bete zu Gott, dass er deine Sturheit zum Schmelzen bringt; Bete zu Gott, dass er dir verzeiht."

„Ich möchte nicht, dass mir vergeben wird. Ich habe nichts getan, was es nötig hätte. Es ist Gott, der meine Vergebung braucht – nicht ich, seine."

„Sie wissen nicht, was Sie sagen, Bertha", antwortete Miss Glover sehr ernst und traurig.

Bertha war immer noch so krank, dass Miss Glover es nicht wagte, das Thema anzusprechen, aber sie war zutiefst beunruhigt. Sie fragte sich, ob sie ihren Bruder konsultieren sollte, dem sie aus absurder Schüchternheit davon abhielt, geistliche Angelegenheiten zu erwähnen, es sei denn, es war zwingend erforderlich. Aber sie hatte großes Vertrauen in ihn, und für sie war er ein Sinnbild für alles, was ein christlicher Geistlicher sein sollte. Obwohl ihr Charakter so viel stärker war als seiner, schien Mr. Glover seiner Schwester immer eine Säule der Stärke zu sein; und oft hatte sie in früheren Zeiten, als das Fleisch hartnäckiger war, Hilfe und Trost in seinen sehr mittelmäßigen Predigten gefunden. Schließlich beschloss Miss Glover jedoch, mit ihm zu sprechen, mit dem Ergebnis, dass sie eine Woche lang spirituelle Themen in ihrem täglichen Gespräch mit dem Kranken vermied; Dann, als Bertha etwas stärker geworden war, brachte sie, ohne dies vorher zu erwähnen, ihren Bruder nach Court Leys.

Miss Glover ging allein in Berthas Zimmer, in ihrem glühenden Sinn für Anstand fürchtend, dass Bertha im Bett vielleicht nicht schick genug gekleidet sein könnte für den Besuch eines geistlichen Herrn.

„Oh", sagte sie, „Charles ist unten und würde dich so gerne sehen." Ich dachte, ich komme besser zuerst vorbei, um zu sehen, ob du – äh – vorzeigbar bist."

Bertha saß aufrecht im Bett, mit einer Menge Kissen und Kissen hinter sich – eine leuchtend rote Jacke kontrastierte mit ihrem dunklen Haar und der Blässe ihrer Haut. Sie presste die Lippen aufeinander, als sie hörte, dass der Pfarrer unten war, und ein leichtes Stirnrunzeln verdunkelte sich auf ihrer Stirn. Miss Glover erblickte es.

„Ich glaube nicht, dass ihr Ihr Kommen gefällt", sagte Miss Glover – um ihn zu ermutigen –, als sie ihren Bruder holte, „aber ich denke, es ist Ihre Pflicht."

„Ja, ich denke, es ist meine Pflicht", antwortete Mr. Glover, dem das bevorstehende Interview ebenso wenig gefiel wie Bertha.

Er war ein ehrlicher Mann, der durch das Eindringen abweichender Meinungen unterdrückt wurde; aber seine Dienste beschränkten sich auf die Gottesdienste in der Kirche, das Einsammeln von Abonnements und den Besuch der Armen, die in die Kirche gingen. Es war etwas Neues, einer rebellischen Gentleman präsentiert zu werden, und er wusste nicht so recht, wie er sie behandeln sollte.

Miss Glover öffnete die Schlafzimmertür für ihren Bruder und er trat ein, ein kalter Wind voller Karbolsäure. Sie stellte feierlich einen Stuhl für ihn neben das Bett und einen weiteren für sich selbst in einiger Entfernung.

„Bevor du dich setzt, ruf den Tee an, Fanny", sagte Bertha.

„Ich denke, wenn es Ihnen nichts ausmacht, würde Charles gerne zuerst mit Ihnen sprechen", sagte Miss Glover. „Habe ich nicht recht, Charles?"

"Ja, Liebes."

„Ich habe mir erlaubt, ihm zu erzählen, was du neulich zu mir gesagt hast, Bertha."

Mrs. Craddock schürzte die Lippen, gab aber keine Antwort.

„Ich hoffe, du bist nicht böse auf mich, aber ich hielt es für meine Pflicht … Nun, Charles."

Der Pfarrer von Leanham hustete.

„Ich kann durchaus verstehen", sagte er, „dass Sie über Ihr Leid sehr betrübt sind. Es ist ein höchst bedauerlicher Vorfall. Ich brauche nicht zu sagen, dass Fanny und ich aus tiefstem Herzen mit dir sympathisieren."

„Das tun wir tatsächlich", sagte seine Schwester.

Bertha antwortete immer noch nicht und Miss Glover sah sie unruhig an. Der Pfarrer hustete erneut.

„Aber ich denke immer, dass wir für das Kreuz, das wir tragen müssen, dankbar sein sollten. Es ist sozusagen ein Maß für das Vertrauen, das Gott in uns setzt."

Bertha schwieg ganz und Miss Glover sah, dass es nichts Gutes bringen würde, um den heißen Brei herumzureden.

„Tatsache ist, Bertha", sagte sie und brach das peinliche Schweigen, „dass Charles und ich sehr darauf bedacht sind, dass du in die Kirche aufgenommen wirst." Es macht Ihnen nichts aus, wenn wir das sagen, aber wir sind beide viel älter als Sie, und wir glauben, dass es Ihnen gut tun wird. Wir hoffen, dass Sie damit einverstanden sind. aber darüber hinaus ist Charles als Geistlicher Ihrer Gemeinde hier, um Ihnen zu sagen, dass es Ihre Pflicht ist."

„Ich hoffe, dass ich es nicht so formulieren muss, Mrs. Craddock."

Bertha hielt noch einen Moment inne und bat dann um ein Gebetbuch. Miss Glover lächelte, was für sie ziemlich strahlend war.

„Ich wollte dir schon lange ein kleines Geschenk machen, Bertha", sagte sie, „und mir kam der Gedanke, dass dir vielleicht ein Gebetbuch mit gutem Großdruck gefallen würde. Mir ist in der Kirche aufgefallen, dass das Buch, das Sie normalerweise verwenden, so klein ist, dass es Ihre Augen auf die Probe stellen muss und eine Versuchung für Sie darstellt, dem Gottesdienst nicht zu folgen. Deshalb habe ich Ihnen heute eines mitgebracht, und es würde mir eine große Freude sein, wenn Sie es annehmen würden."

Sie holte ein großes Buch hervor, das in ein düsteres schwarzes Tuch gebunden war und nach den antiseptischen Gerüchen duftete, die das Pfarrhaus erfüllten. Die Auflage war tatsächlich groß, aber da die Gesellschaft, die die Veröffentlichung veranlasste, auf der Kombination von Billigkeit und Nützlichkeit bestand, war die Zeitung abscheulich.

„Vielen Dank", sagte Bertha und streckte ihre Hand für das Geschenk aus. „Das ist furchtbar nett von dir."

„Soll ich Sie als *Kirche der Frauen finden*?"

Bertha nickte, und plötzlich reichte ihr die Schwester des Pfarrers das aufgeschlagene Buch. Sie las ein paar Zeilen und ließ sie fallen.

„Ich habe nicht den Wunsch, Gott von ganzem Herzen zu danken", sagte sie und blickte das würdige Paar fast grimmig an. „Es tut mir sehr leid, Ihre Vorurteile zu verletzen, aber es erscheint mir absurd, dass ich mich aus Dankbarkeit vor Gott niederwerfe."

„Oh, Mrs. Craddock, ich vertraue darauf, dass Sie nicht so meinen, was Sie sagen", sagte der Pfarrer.

„Das habe ich Ihnen gesagt, Charles", sagte Miss Glover. „Ich glaube nicht, dass es Bertha gut geht, aber trotzdem kommt es mir furchtbar böse vor."

Bertha runzelte die Stirn und konnte den Sarkasmus, der ihr über die Lippen kam, kaum unterdrücken. Ihre Nachsicht wurde auf eine harte Probe gestellt. Aber Mr. Glover war etwas unentschlossen.

„Wir müssen Gott für die Leiden, die er uns schickt, ebenso dankbar sein wie für die Wohltaten", sagte er schließlich.

„Ich bin kein Wurm, der auf der Erde kriecht und dem Fuß dankt, der mich zertritt."

„Ich finde das blasphemisch, Bertha", sagte Miss Glover.

„Oh, ich habe keine Geduld mit dir, Fanny", sagte Bertha und richtete sich auf, während ihr Gesicht rot wurde. „Können Sie sich vorstellen, was ich durchgemacht habe, den schrecklichen Schmerz? Oh, es war zu schrecklich. Selbst jetzt, wenn ich daran denke, schreie ich fast."

„Durch Leiden erheben wir uns zu unserem höheren Selbst", sagte Miss Glover. „Leiden ist ein Feuer, das die Grobheit unserer materiellen Natur verbrennt."

„Was für einen Blödsinn du redest", rief Bertha leidenschaftlich. „Das kann man sagen, wenn man noch nie gelitten hat. Die Leute sagen, dass Leiden einen adelt; Es ist eine Lüge, es macht einen nur brutal... Aber ich hätte es ertragen – um meines Kindes willen. Es war alles nutzlos – völlig nutzlos. Dr. Ramsay erzählte mir, dass das Kind die ganze Zeit tot gewesen sei. Oh, wenn Gott mich so leiden ließ, ist das berüchtigt. Ich frage mich, ob Sie sich nicht schämen, es Gott anzulasten. Wie kannst du dir vorstellen, dass er so dumm und so grausam ist! Selbst das abscheulichste Biest in den Slums würde einer Frau nicht aus bloßem Vergnügen solch schreckliche und nutzlose Qualen bereiten."

Miss Glover sprang auf. „Bertha, deine Krankheit ist keine Entschuldigung dafür. Du musst entweder verrückt sein oder völlig verdorben und böse."

„Nein, ich bin wohltätiger als du", rief Bertha. „Ich weiß, dass es keinen Gott gibt."

„Dann kann ich jedenfalls nichts mehr mit dir zu tun haben." Miss Glovers Wangen glühten, und eine plötzliche Empörung vertrieb ihre gewohnte Schüchternheit.

„Fanny, Fanny!" rief ihr Bruder, „halte dich zurück."

„Oh, das ist nicht der richtige Zeitpunkt, sich zurückzuhalten, Charles. Manchmal ist es die Pflicht, sich zu äußern. Nein, Bertha, wenn du Atheistin bist, kann ich nichts mehr mit dir zu tun haben.“

„Sie sprach voller Wut“, sagte der Pfarrer. „Es ist nicht unsere Pflicht, sie zu verurteilen.“

„Es ist unsere Pflicht zu protestieren, wenn der Name Gottes missbraucht wird, Charles. Wenn du denkst, dass Berthas Position ihre Gotteslästerungen entschuldigt, Charles, dann denke ich, dass du dich schämen solltest ... Aber ich habe keine Angst, mich zu äußern. Ja, Bertha, ich wusste schon lange, dass du stolz und eigensinnig bist, aber ich dachte, die Zeit würde dich verändern. Ich hatte immer Vertrauen zu dir, weil ich im Grunde dachte, dass du gut bist. Aber wenn du deine Schöpferin, Bertha, verleugnest, kann es für dich keine Hoffnung geben.“

„Fanny, Fanny“, murmelte der Pfarrer.

„Lass mich sprechen, Charles; Ich denke, du bist eine schlechte und böse Frau – und ich kann kein Mitleid mehr mit dir haben, denn ich denke, dass du alles, was du erlitten hast, vollkommen verdient hast. Dein Herz ist absolut hart, und ich kenne nichts, das so gründlich böse ist wie eine hartherzige Frau.“

„Meine liebe Fanny“, sagte Bertha lächelnd, „wir waren beide absurd melodramatisch.“

„Ich weigere mich, über das Thema zu lachen. Ich sehe darin nichts Lächerliches. Komm, Charles, lass uns gehen und überlasse sie ihren eigenen Gedanken.“

Aber als Miss Glover zur Tür stürmte, wurde die Klinke von außen gedreht und Mrs. Branderton kam herein. Die Lage war unangenehm, und ihr Erscheinen kam dem Pfarrer fast wie eine Vorsehung vor, der sich nicht wie seine Schwester aus dem Zimmer stürzen konnte konnte sich auch nicht dazu entschließen, Bertha die Hand zu schütteln, als wäre nichts geschehen. Mrs. Branderton trat ein, mit all ihren Allüren, grinste und starrte sie an, und die Gänseblümchen auf ihrer brandneuen Motorhaube zitterten bei jeder Bewegung.

„Ich habe der Dienerin gesagt, dass ich alleine den Weg nach oben finden könnte, Bertha“, sagte sie. „Ich wollte dich so sehr sehen.“

"Herr. und Miss Glover gingen gerade. Wie nett von dir, dass du gekommen bist!“

Miss Glover sprang aus dem Zimmer und lächelte Mrs. Branderton fast gespenstisch an. und Mr. Glover, sanftmütig, höflich und so antiseptisch wie immer, schüttelte Mrs. Branderton die Hand und folgte seiner Schwester.

„Was sind das für seltsame Leute!" sagte Mrs. Branderton und stand am Fenster, um zu sehen, wie sie aus der Haustür kamen. „Ich glaube wirklich nicht, dass sie ganz menschlich sind ... Na ja, sie geht voran – sie könnte auf ihn warten – und macht so große Schritte; und er versucht, sie einzuholen. Ich glaube, sie haben ein Rennen. Ha! Ha! Was für lächerliche Leute! Ist es nicht schade, dass sie kurze Röcke trägt – meine Liebe, ihre Füße und Knöchel sind wirklich schrecklich. Ich glaube, sie tragen wahllos die Stiefel des anderen ... Und wie geht es dir, Liebes? Ich finde, du siehst viel besser aus."

Mrs. Branderton saß in einer solchen Position, dass sie sich im Spiegel vollständig sehen konnte.

„Was für schöne Spiegel du in deinem Zimmer hast, meine Liebe. Ohne sie kann sich keine Frau richtig kleiden. Man muss sich die arme Fanny Glover nur ansehen, um zu wissen, dass sie so bescheiden ist, dass sie sich selbst nicht einmal im Spiegel betrachtet, um ihren Hut aufzusetzen."

Mrs. Branderton plapperte weiter und dachte, dass sie Bertha gut tat. „Eine Frau möchte nicht, dass jemand ernst ist, wenn sie krank ist. Ich weiß, wenn ich irgendetwas habe, möchte ich, dass jemand mit mir über die Mode spricht. Ich erinnere mich, dass ich in meinen jungen Tagen, als ich krank war, den alten Mr. Crowhurst, den ehemaligen Pfarrer, zu mir kommen ließ, um mir die Zeitungen der Damen vorzulesen. Er war so ein netter alter Mann, kein bisschen wie ein Geistlicher; und er pflegte zu sagen, ich sei sein einziges Gemeindemitglied, das er wirklich gern besuchte ... Ich ermüde dich doch nicht, mein Lieber?"

„Oh je, nein!" sagte Bertha.

„Ich nehme an, die Glovers haben mit Ihnen alles Mögliche geredet. Natürlich muss man sich damit abfinden, denke ich, denn es ist ein gutes Beispiel für die unteren Schichten; Aber ich muss sagen, dass ich glaube, dass der Klerus heutzutage manchmal seinen Platz vergisst. Ich halte es für äußerst verwerflich, wenn sie darauf bestehen, mit einem über Religion zu sprechen, als ob man ein gewöhnlicher Mensch wäre ... Aber sie sind bei weitem nicht mehr so nett wie früher. In meiner Jugend waren die Geistlichen immer Söhne von Herren – aber man erwartete von ihnen auch nicht, dass sie sich um die Armen kümmerten. Ich kann durchaus verstehen, dass ein Herr jetzt nicht gerne Geistlicher werden möchte ; Er muss sich mit den unteren Schichten abfinden, und sie werden ihm von Tag zu Tag vertrauter."

Doch plötzlich brach Bertha ohne Vorwarnung in Tränen aus. Frau Branderton war verblüfft!

„Meine Liebe, was ist los? Wo sind deine Salze? Soll ich klingeln?"

Bertha schluchzte heftig und flehte Mrs. Branderton an, sich nicht um sie zu kümmern. Dieses modische Geschöpf hatte ein sentimentales Herz und hätte gern mit Bertha geweint; aber sie hatte mehrere Anrufe zu tätigen und konnte es nicht riskieren, dass ihre Person in Unordnung geriet. Sie war auch neugierig und hätte viel dafür gegeben, den Grund für Berthas Ausbruch herauszufinden. Sie tröstete sich jedoch, indem sie den Hancocks, deren „*Zu Hause*"-Tag war, einen detaillierten Bericht über die Angelegenheit gab; und kurz darauf erzählten sie Mrs. Mayston Ryle davon mit allerlei Ausschmückungen.

Mrs. Mayston Ryle, prächtig imposant wie immer, schnaubte wie ein Streitross, der auf den Kampf aus ist.

"Frau. „Branderton lässt *mich* häufig schlafen", sagte sie; „Aber ich kann durchaus verstehen, dass Mrs. Branderton sie zum Weinen bringt, wenn es dem armen Ding nicht gut geht. Ich selbst sehe sie nie, es sei denn, ich bin bei bester Gesundheit, sonst würde sie mich einfach zum Heulen bringen, weiß ich.

„Aber ich frage mich, was mit der armen Mrs. Craddock los war", sagte Miss Hancock.

„Ich weiß es nicht", antwortete Mrs. Mayston Ryle in ihrer majestätischen Art. „Aber ich werde es herausfinden. Ich wage zu behaupten, dass sie nur ein bisschen gute Gesellschaft will. *Ich* werde gehen und sie sehen."

Und das tat sie!

Kapitel XIX

ABER die Apathie, mit der Bertha wochenlang auf alle irdischen Belange geschaut hatte, verschwand, bevor sie zu Kräften kam. Es war nur auf eine völlige körperliche Schwäche zurückzuführen, die in der gleichen Größenordnung lag wie jene barmherzige Gleichgültigkeit gegenüber allen irdischen Sympathien, die den letzten Übergang ins Unbekannte erleichtert. Die Aussicht auf den Tod wäre unerträglich, wenn man nicht wüsste, dass der geschwächte Körper eine gleiche Schwächung des Geistes mit sich bringt und die Bindungen dieser Welt auflöst: Wenn der Reisende die Herberge durch das Doppeltor verlassen muss, hat der Wein, den er liebte, seinen Geschmack verloren und das Brot wurde bitter in seinem Mund. Wie nutzlose Gauds hatte Bertha die Interessen des Lebens fallen lassen; Ihre Seele lag im Sterben. Ihre Seele war eine brennende Kerze in einer Laterne, die im Wind flackerte, sodass ihre Flamme kaum zu sehen war und die Laterne nutzlos war; Doch plötzlich verstummte der Wind des Todes, und das Licht schien hervor und erfüllte die Dunkelheit.

Mit zunehmender Stärke kehrte die alte Leidenschaft zurück; Die Liebe kam wie ein Sieger zurück, und Bertha wusste, dass sie mit dem Leben noch nicht fertig war. In ihrer Einsamkeit sehnte sie sich nach Edwards Zuneigung; denn jetzt war er alles, was sie hatte, und sie streckte mit großer Sehnsucht ihre Arme nach ihm aus. Sie machte sich bittere Vorwürfe wegen ihrer Kälte und weinte bei dem Gedanken, was er erlitten haben musste. Und sie schämte sich, dass die Liebe, die sie für ewig gehalten hatte, für eine Weile zerstört worden war. Aber eine Veränderung war in ihr eingetreten. Sie liebte ihren Mann nicht mehr mit der alten blinden Leidenschaft, sondern mit einem neuen Gefühl; denn auf ihn übertrug sich die Zärtlichkeit, die sie ihrem toten Kind entgegengebracht hatte, und der ganze Geist der Mutter, der nun, bis zu ihrem Lebensende, unbefriedigt bleiben musste. Ihr Herz war wie ein Haus mit leeren Kammern, und das Feuer der Liebe tobte triumphierend durch sie.

Bertha dachte ein wenig schmerzlich an Miss Glover, entließ sie aber mit einem Schulterzucken. Das gute Geschöpf hatte an ihrem Entschluss festgehalten, sich Court Leys nie wieder zu nähern, und tagelang hatte man nichts von ihr gehört.

"Was macht es aus?" rief Bertha. „Solange Eddie mich liebt, ist der Rest der Welt nichts.“

Aber ihr Zimmer hatte jetzt das Aussehen eines Gefängnisses, so dass sie es für unmöglich hielt, die schreckliche Monotonie noch länger zu ertragen. Ihr Bett war ein Folterbett, und sie bildete sich ein, dass ihre Gesundheit nicht zurückkehren würde, solange sie darauf ausgestreckt blieb. Sie flehte Dr.

Ramsay an, ihr das Aufstehen zu erlauben, wurde jedoch immer mit der gleichen Ablehnung beantwortet, was durch den gesunden Menschenverstand ihres Mannes bestätigt wurde. Alles, was sie erreichte, war die Entlassung der Krankenschwester, gegen die sie plötzlich eine heftige Abneigung empfunden hatte. Aus keinem vernünftigen Grund empfand Bertha die bloße Anwesenheit der armen Frau als unerträglich, und ihre aufdringliche Geschwätzigkeit ärgerte sie über alle Maßen. Wenn sie im Bett bleiben musste, bevorzugte Bertha die absolute Einsamkeit; Ihre Geisteshaltung wurde beinahe menschenfeindlich.

Die Stunden vergingen endlos. Von ihrem Kissen aus konnte Bertha nur den Himmel sehen, der mal metallisch blau war und über dem sich blendende Wolken schwer bewegten, mal grau, was den Raum verdunkelte. Die Möbel und die Tapete drängten sich ihr widerwärtig in den Sinn. Jedes Detail prägte sich so unauslöschlich in ihr Bewusstsein ein wie das Zeichen des Töpfers auf dem Ton.

Schließlich beschloss sie, aufzustehen, koste es, was wolle. Es war der Sonntag nach dem Streit mit Miss Glover; Edward würde drinnen sein und hatte zweifellos vor, den größten Teil des Nachmittags in ihrem Zimmer zu verbringen, aber sie wusste, dass es ihm nicht gefiel, dort zu sitzen; Die Nähe, die Gerüche der Medizin bereiteten ihm Kopfschmerzen. Ihr Erscheinen im Salon wäre eine entzückende Überraschung. Sie würde ihm nicht sagen, dass sie aufstehen würde, sondern nach unten gehen und ihn überraschend mitnehmen. Sie stand auf, aber als sie ihre Füße auf den Boden stellte, musste sie sich an einem Stuhl festhalten; Ihre Beine waren so schwach, dass sie sie kaum stützten, und ihr Kopf schwankte. Aber nach einer Weile sammelte sie Kraft und zog sich langsam an, langsam und sehr mühsam; ihre Schwäche war fast Schmerz. Sie musste sich hinsetzen, und das Frisieren war so ermüdend, dass sie fürchtete, sie müsste den Versuch aufgeben und wieder ins Bett gehen. Aber der Gedanke an Edwards Überraschung gab ihr Halt — er hatte gesagt, wie froh er wäre, sie unten bei sich zu haben. Endlich war sie bereit und ging zur Tür, wobei sie sich auf jedem verfügbaren Gegenstand abstützte. Aber was für eine Freude war es, wieder aufzustehen, sich wieder unter den Lebenden zu fühlen — weg vom Grab ihres Bettes!

Sie erreichte das obere Ende der Treppe und ging hinunter, wobei sie sich schwer auf das Geländer stützte; Sie ging einen Schritt nach dem anderen, wie es kleine Kinder tun, und lachte über sich selbst. Aber das Lachen verwandelte sich fast in ein Stöhnen, als sie vor Erschöpfung zusammensank und spürte, dass es unmöglich war, weiter zu gehen. Dann drängte der Gedanke an Edward sie weiter. Sie kämpfte sich hoch und hielt durch, bis sie unten ankam. Als sie nun außerhalb des Salons war, hörte sie Edward drinnen pfeifen. Sie kroch weiter und wollte unbedingt keinen Laut von sich geben; Lautlos drehte sie die Klinke und öffnete die Tür.

„Eddie!"

Er drehte sich mit einem Schrei um. „Hallo, was machst du hier?"

Er kam auf sie zu, zeigte aber nicht die große Freude, die sie erwartet hatte.

„Ich wollte dich überraschen. Freust du dich nicht, mich zu sehen?"

„Ja, natürlich bin ich das. Aber Sie hätten nicht ohne Dr. Ramsays Erlaubnis kommen sollen. Und ich habe dich heute nicht erwartet.

Er führte sie zum Sofa und sie legte sich hin.

„Ich dachte, du würdest dich so freuen."

"Natürlich bin ich!"

Er legte Kissen unter sie und deckte sie mit einer Decke zu – kleine Aufmerksamkeiten, die außerordentlich rührend waren.

„Sie wissen nicht, wie ich gekämpft habe", sagte sie. „Ich dachte, ich sollte meine Sachen nie anziehen, und dann bin ich fast die Treppe hinuntergestürzt, so schwach war ich … Aber ich wusste, dass du hier einsam sein musst und dass du es hasst, im Schlafzimmer zu sitzen."

„Du hättest es nicht riskieren sollen. Es könnte dich zurückwerfen", antwortete er sanft. Er schaute auf seine Uhr. „Du darfst nur eine halbe Stunde bleiben, dann trage ich dich ins Bett."

Bertha lachte und wollte nichts dergleichen zulassen. Es war so bequem, mit Edward an ihrer Seite auf dem Sofa zu liegen. Sie hielt seine Hände.

„Ich konnte einfach nicht länger im Zimmer bleiben. Es war so düster, der Regen prasselte den ganzen Tag auf die Fenster."

Es war einer dieser Tage im Spätsommer, an denen der Regen nie aufzuhören scheint und die Luft von der Melancholie der Natur erfüllt ist, die sich bereits des bevorstehenden Verfalls bewusst ist.

„Ich wollte zu dir kommen, sobald ich meine Pfeife ausgetrunken habe."

Bertha war erschöpft und drückte, indem sie schwieg, Edwards Hand, um seine freundliche Absicht zu bestätigen. Dann schaute er wieder auf die Uhr.

„Deine halbe Stunde ist fast um. In fünf Minuten werde ich dich in dein Zimmer tragen."

„Oh nein, das bist du nicht", antwortete sie spielerisch und fasste seine Bemerkung als humorvoll auf. „Ich bleibe bis zum Abendessen."

„Nein, das kannst du unmöglich. Es wird sehr schlimm für dich sein... Um mir eine Freude zu machen, geh jetzt wieder ins Bett."

„Nun, wir teilen uns die Differenz auf und ich gehe Tee trinken."

„Nein, du musst jetzt gehen."

„Na ja, man könnte meinen, du wolltest mich loswerden!"

„Ich muss raus", sagte Edward.

„Oh nein, das hast du nicht – du sagst das nur, um mich zu verleiten, nach oben zu gehen. Du Schwindler!"

„Lass mich dich jetzt hochtragen, da ist ein gutes Mädchen."

„Das werde ich nicht, das werde ich nicht, das werde ich nicht."

„Ich werde dich in Ruhe lassen müssen, Bertha. Ich wusste nicht, dass du heute aufstehen wolltest, und ich habe eine Verlobung."

„Oh, aber du kannst mich nicht verlassen, wenn ich das erste Mal aufstehe. Was ist es? Sie können eine Notiz schreiben und sie zerbrechen."

„Es tut mir furchtbar leid", antwortete er. „Aber ich fürchte, das kann ich nicht. Tatsache ist, dass ich die Miss Hancocks nach der Kirche gesehen habe, und sie sagten, sie müssten heute Nachmittag zu Fuß nach Tercanbury, und da es so nass war, habe ich angeboten, sie hineinzufahren. Ich habe versprochen, sie um drei abzuholen."

„Du machst Witze", sagte Bertha; Ihre Augen waren plötzlich hart geworden und sie atmete schnell.

Edward sah sie unbehaglich an. „Ich wusste nicht, dass du aufstehen würdest, sonst hätte ich mich nicht zum Ausgehen verabreden sollen."

„Na ja, das spielt keine Rolle", sagte Bertha und schüttelte ihre momentane Wut ab. „Du kannst einfach schreiben und sagen, dass du nicht kommen kannst."

„Ich fürchte, das kann ich nicht", antwortete er ernst. „Ich habe mein Wort gegeben und kann es nicht brechen."

„Oh, aber es ist berüchtigt." Ihr Zorn flammte erneut auf. „Selbst du kannst nicht so grausam sein, mich in einem solchen Moment zu verlassen. Ich verdiene etwas Aufmerksamkeit – nach allem, was ich erlitten habe. Wochenlang liege ich im Sterben, und als es mir schließlich etwas besser geht und ich herunterkomme – in der Absicht, Ihnen eine Freude zu bereiten, sind Sie damit beauftragt, die Misses Hancock nach Tercanbury zu fahren."

„Komm, Bertha, sei vernünftig." Edward ließ sich herab, seiner Frau gegenüber Vorwürfe zu machen, obwohl es nicht seine Gewohnheit war, ihre Extravaganzen zu befürworten. „Sie sehen, es ist nicht meine Schuld. Reicht es dir nicht, dass es mir sehr leid tut? Ich bin in einer Stunde zurück. Bleib hier, dann verbringen wir den Abend zusammen."

"Wieso hast du mich angelogen?"

„Ich habe nicht gelogen, ich bin dazu nicht geneigt", sagte Edward mit natürlicher Befriedigung.

„Du hast so getan, als ob ich aus gesundheitlichen Gründen nach oben gehen müsste. Ist das nicht eine Lüge?"

„Es war Ihrer Gesundheit zuliebe."

„Du lügst schon wieder. Sie wollten mich aus dem Weg räumen, damit Sie zu Miss Hancocks gehen können, ohne es mir zu sagen."

„Du solltest mich mittlerweile besser kennen."

„Warum hast du nichts darüber gesagt, bis du es nicht mehr vermeiden konntest?"

Edward zuckte gut gelaunt mit den Schultern. „Weil ich weiß, wie empfindlich du bist."

„Und dennoch hast du ihnen das Angebot gemacht."

„Es kam fast unvorhergesehen heraus. Sie schimpften über das Wetter, und ohne nachzudenken sagte ich: „Wenn du willst, fahre ich dich hin." Und sie sind darauf losgegangen."

„Sie sind so gutmütig, wenn jemand außer Ihrer Frau sich Sorgen macht."

„Nun, mein Lieber, ich kann nicht weiter streiten. Ich komme schon zu spät."

„Du gehst nicht wirklich?" Es war für Bertha unmöglich zu erkennen, dass Edward seine Absicht ausführen würde.

„Ich muss, meine Liebe; Es ist meine Pflicht."

„Du hast mir gegenüber mehr Pflicht als gegenüber irgendjemandem anderen ... Oh, Eddie, geh nicht. Du kannst gar nicht begreifen, was es mir bedeutet."

"Ich muss. Ich gehe nicht, weil ich es will. Ich bin in einer Stunde zurück."

Er beugte sich vor, um sie zu küssen, und sie warf ihre Arme um seinen Hals und brach in Tränen aus.

„Oh, bitte geh nicht – wenn du mich überhaupt liebst, wenn du mich jemals geliebt hast ... Erkennst du nicht, dass du meine Liebe zu dir zerstörst?"

„Seien Sie nicht albern, es gibt ein gutes Mädchen."

Er ließ ihre Arme los und ging weg; aber sie erhob sich vom Sofa, folgte ihm, nahm seinen Arm und flehte ihn an, zu bleiben.

„Sie sehen, wie unglücklich ich bin; und du bist alles, was ich jetzt auf der Welt habe. Um Himmels willen, bleib, Eddie. Es bedeutet mir mehr, als Sie denken."

Sie sank zu Boden; sie kniete vor ihm.

„Komm, geh aufs Sofa. Das alles ist sehr schlecht für dich."

Er trug sie zur Couch und verließ dann, um die Szene zu beenden, hastig den Raum.

Bertha sprang auf, um ihm zu folgen, sank jedoch zurück, als die Tür zuschlug, vergrub ihr Gesicht in ihren Händen und gab sich einer Leidenschaft aus Tränen hin. Doch Demütigung und Wut verdrängten ihre Trauer fast. Sie hatte vor ihrem Mann gekniet und um einen Gefallen gebeten, aber er hatte ihn nicht gewährt. Plötzlich verabscheute sie ihn. Die Liebe, die ein Turm aus Messing gewesen war, fiel wie ein Kartenhaus. Sie würde jetzt nicht versuchen, die Fehler, die ihr ins Gesicht sahen, vor sich zu verbergen. Er kümmerte sich nur um sich selbst: Bei ihm ging es nur um sich selbst, um sich selbst, um sich selbst. Bertha empfand eine bittere Faszination darin, ihrem Idol den Glanz zu entziehen, mit dem ihr Wahnsinn ihn geschmückt hatte; Sie sah ihn jetzt genauer und er war völlig egoistisch. Aber das Unerträglichste von allem war ihre eigene extreme Demütigung.

Unaufhörlich regnete es in Strömen, und die Verzweiflung der Natur fraß sich in ihre Seele. Schließlich war sie erschöpft; und den Gedanken an die Zeit verlierend, lag sie halb bewusstlos da, fühlte zumindest keinen Schmerz, ihr Gehirn war leer und müde. Als eine Dienerin kam und fragte, ob Miss Glover sie sehen dürfe, verstand sie es kaum.

„Miss Glover steht normalerweise nicht auf solche Zeremonien", sagte sie schlecht gelaunt und vergaß den Vorfall der Vorwoche. „Bitten Sie sie, hereinzukommen."

Die Schwester des Pfarrers kam zur Tür und zögerte und wurde rot; Der Ausdruck in ihren Augen war schmerzerfüllt und sogar verängstigt.

„Darf ich reinkommen, Bertha?"

"Ja."

Sie ging direkt zum Sofa und fiel auf die Knie.

„Oh, Bertha, bitte vergib mir. Ich habe mich geirrt und mich dir gegenüber schlecht verhalten."

„Meine liebe Fanny", murmelte Bertha und ein Lächeln durchbrach ihr Elend.

„Ich ziehe jedes Wort zurück, das ich zu dir gesagt habe, Bertha; Ich kann nicht verstehen, wie ich es gesagt habe. Ich bitte Sie demütig um Verzeihung."

„Es gibt nichts zu vergeben."

„Oh ja, das gibt es. Mein Himmel, ich weiß! Seit ich hier bin, macht mir mein Gewissen Vorwürfe, aber ich habe mein Herz verhärtet und wollte nicht zuhören."

Die arme Miss Glover hätte ihr Herz nicht wirklich verhärten können, so sehr sie es auch versuchte.

„Ich wusste, dass ich zu dir kommen und dich um Verzeihung bitten sollte, aber ich wollte nicht. Ich habe nachts kein Auge zugetan. Ich hatte Angst zu sterben, und wenn ich inmitten meiner Bosheit abgeschnitten worden wäre, wäre ich verloren gewesen."

Sie sprach sehr schnell und empfand es offensichtlich als Erleichterung, ihren Kummer zum Ausdruck zu bringen.

„Ich dachte, Charles würde mich tadeln, aber er hat nie ein Wort gesagt. Oh, ich wünschte, er hätte es getan, es wäre leichter zu ertragen gewesen als sein trauriger Blick. Ich weiß, dass er sich schreckliche Sorgen gemacht hat, und es tut mir so leid für ihn. Ich sagte immer wieder, ich hätte nur meine Pflicht getan, aber in meinem Herzen wusste ich, dass ich Unrecht getan hatte. Oh Bertha, und heute Morgen habe ich mich nicht getraut, zur Kommunion zu gehen, ich dachte, Gott würde mich wegen Gotteslästerung schlagen. Und ich hatte Angst, dass Charles mich vor der ganzen Gemeinde ablehnen würde … Es ist der erste Sonntag seit meiner Konfirmation, an dem ich die heilige Kommunion versäumt habe."

Sie vergrub ihr Gesicht in ihren Händen und weinte. Bertha hörte sie fast lustlos; denn ihr eigener Kummer war überwältigend und sie konnte an keinen anderen denken. Miss Glover hob ihr Gesicht, tränenüberströmt und rot; es war absolut abscheulich, aber trotzdem sehr erbärmlich.

„Dann konnte ich es nicht mehr ertragen", sagte sie. „Ich dachte, wenn ich dich um Verzeihung bitte, könnte ich mir vielleicht selbst vergeben. Oh, Bertha, bitte vergiss, was ich gesagt habe, und vergib mir. Und ich bildete mir ein, dass Edward heute hier sein würde, und der Gedanke, mich auch vor ihm zur Schau zu stellen, war fast mehr, als ich ertragen konnte. Aber ich wusste, dass die Demütigung gut für mich sein würde. Oh, ich war so dankbar, als Jane sagte, dass er draußen war … Was kann ich tun, um deine Vergebung zu verdienen?"

In ihrem tiefsten Herzen wünschte sich Miss Glover eine schreckliche Buße, die ihr Fleisch gründlich demütigen würde.

„Ich habe es schon ganz vergessen", sagte Bertha und lächelte müde. „Wenn meine Vergebung etwas wert ist, vergebe ich dir vollkommen."

Miss Glover war ein wenig betrübt über Berthas offensichtliche Gleichgültigkeit, empfand es jedoch als gerechte Strafe.

„Und Bertha, lass mich sagen, dass ich dich mehr liebe und bewundere als jeden anderen nach Charles. Wenn du wirklich darüber nachdenkst, was du neulich gesagt hast, liebe ich dich immer noch und hoffe, dass Gott dein Herz wenden wird. Charles und ich werden Tag und Nacht für dich beten, und ich hoffe, dass der Allmächtige dir bald ein weiteres Kind schickt, das den Platz des verlorenen Kindes einnimmt. Glauben Sie mir, Gott ist sehr gütig und barmherzig und er wird Ihnen gewähren, was Sie wünschen."

Bertha stieß einen leisen Schmerzensschrei aus. „Ich kann nie wieder ein Kind bekommen ... Dr. Ramsay sagte mir, es sei unmöglich."

„Oh, Bertha, ich wusste es nicht."

Miss Glover nahm Bertha beschützend in ihre Arme, weinte und küsste sie wie ein kleines Kind.

Aber Bertha trocknete ihre Augen.

„Verlass mich jetzt, Fanny, bitte. Ich wäre lieber alleine. Aber kommen Sie bald zu mir und verzeihen Sie mir, wenn ich schrecklich bin. Ich bin sehr unglücklich und werde nie wieder glücklich sein."

Ein paar Minuten später kam Edward zurück – fröhlich, fröhlich, mit rotem Gesicht und in bester Laune.

"Hier sind wir wieder!" schrie er wie ein Clown in einer Harlekinade. „Siehst du, ich bin noch nicht lange weg und du hast mir keinen Rap verpasst. Jetzt trinken wir Tee."

Er küsste sie und legte ihr die Kissen zurecht.

„Bei Gott, es tut mir gut, dich wieder unten zu sehen. Du musst mir den Tee einschenken ... Nun gestehe; War es nicht unvernünftig, so viel Aufhebens um mein Weggehen zu machen? Und ich konnte nicht anders, oder?"

Kapitel XX

ABER die Liebe, die so despotisch Besitz von Berthas Natur ergriffen hatte, konnte nicht durch plötzliche Mittel gestürzt werden. Als sie wieder gesund wurde und ihre Gewohnheiten wieder aufnehmen konnte, loderte es wieder auf wie ein Feuer, das für einen Moment gedämpft war und durch seinen Zwang neue Kraft gewonnen hatte. Es bestürzte sie, an ihre extreme Einsamkeit zu denken; Edward war nun ihre einzige Stütze und ihre einzige Hoffnung. Sie versuchte nicht länger zu leugnen, dass seine Liebe nicht mit der ihren übereinstimmte; aber seine Kälte war nicht immer offensichtlich; Sie wollte unbedingt eine Antwort auf ihre Begeisterung finden und schloss die Augen vor allem, was sich ihr nicht allzu leicht in den Weg drängte. Sie verspürte ein so verzehrendes Verlangen, in Edward den Liebhaber ihrer Träume zu finden, dass sie für gewisse Zeiträume tatsächlich in einem Narrenparadies leben konnte, was nichtsdestotrotz dankbar war, weil sie im Grunde ihres Herzens einen schmerzlichen Verdacht hegte sein wahrer Charakter.

Doch je leidenschaftlicher Bertha sich nach der Liebe ihres Mannes sehnte, desto häufiger kam es zu Meinungsverschiedenheiten. Mit der Zeit wurde die Ruhe zwischen den Stürmen immer kürzer, und jeder Streit hinterließ seine Spuren und machte Bertha anfälliger für Beleidigungen. Als ihr schließlich klar wurde, dass Edward auf ihre Zuneigungsbekundungen nicht antworten konnte, wurde sie zehnmal anspruchsvoller; Sogar die kleinen Zärtlichkeiten, die ihr zu Beginn ihres Ehelebens große Freude bereitet hätten, ähnelten jetzt zu sehr Almosen, die man einem aufdringlichen Bettler zuwirft, als dass man sie nur mit Verärgerung annehmen könnte. Ihre Auseinandersetzungen bewiesen schlüssig, dass es nicht zweier Personen bedarf, um einen Streit anzuzetteln. Edward war ein Muster an guter Laune und sein Gleichmut war unerschütterlich. So verärgert Bertha auch war, Edward verlor nie seine Gelassenheit. Er stellte sich vor, dass sie über den Verlust ihres Kindes trauerte und dass ihr Gesundheitszustand noch nicht vollständig wiederhergestellt war: Er hatte, insbesondere bei Kühen, die Erfahrung gemacht, dass eine schwierige Entbindung häufig zu einer vorübergehenden Veränderung ihres Gemüts führte, so dass die meisten Das sanftmütigste Tier der Welt würde plötzlich eine unerwartete Bösartigkeit entwickeln. Er hat nie versucht, Berthas unterschiedliche Stimmungen zu verstehen; ihr leidenschaftlicher Wunsch nach Liebe war für ihn ebenso unvernünftig wie ihre Wutausbrüche und die darauffolgende Reue. Nun war Edward immer derselbe – gleichermaßen zufrieden mit dem Universum als Ganzes und mit sich selbst; Es gab keinen Zweifel daran, dass die Welt, in der er lebte, der besondere Ort und die Zeit, die bestmögliche war; und dass keine Existenz befriedigender sein könnte, als den eigenen Garten glücklich zu pflegen. Da er nicht analytisch war, verzichtete er darauf, über die Sache nachzudenken; und wenn er es getan hätte, hätte er nicht die Ausdrücke von Herrn de Voltaire übernommen, von dem er noch nie gehört hatte, und hätte ihn als Franzosen, Philosophen und Witzbold zutiefst verabscheut. Aber die Tatsache, dass Edward genauso regelmäßig aß, trank, schlief und wieder aß wie die Ochsen auf seiner Farm, bewies hinreichend, dass er ein Glück hatte, das dem ihren ebenbürtig war – und was kann sich ein anständiger Mann mehr wünschen?

Edward hatte außerdem die großartige Fähigkeit, immer das Richtige zu tun und es zu wissen, was als die unschätzbarste Gabe des wahren Christen gilt; aber wenn seine Unfehlbarkeit ihm selbst gefiel und seine Nachbarn erbaute, so verursachte sie seiner Frau doch den größten Ärger. Sie ballte ihre Hände und schoß aus ihren Augen Feuerpfeile, wenn er vor ihr stand und sich lächelnd der Gerechtigkeit seines eigenen Standpunkts und der Unvernunft ihres Standpunkts bewusst war. Und das Schlimmste daran war, dass Bertha in ihren vernünftigeren Momenten zugeben musste, dass Edwards Ansicht ausnahmslos richtig war und sie völlig falsch lag. Ihre Ungerechtigkeit entsetzte sie und sie nahm die Schuld an all ihrem Unglück auf sich. Nach einem Streit, aus dem Edward mit seinem üblichen Triumph hervorgegangen war, folgte auf Berthas Wut immer eine Leidenschaft der Reue; und sie konnte nicht genügend Vorwürfe finden, mit denen sie sich selbst geißeln konnte. Sie fragte verzweifelt, wie man von ihrem Mann erwarten könne, dass er sie liebe; und in einem Anflug von Qual und Angst nutzte sie die erste Gelegenheit, um ihm die Arme um den Hals zu werfen und sich aufs äußerste zu entschuldigen. Dann, nachdem sie den Staub vor ihm gefressen, geweint und sich gedemütigt hatte, würde sie eine Woche lang absurd glücklich sein, in dem Eindruck, dass von nun an nichts weniger als ein Erdbeben ihr glückseliges Gleichgewicht stören könnte. Edward war wieder das goldene Idol, gekleidet in die durchsichtigen Gewänder der wahren Liebe, sein Wort war Gesetz und seine Taten waren perfekt; Bertha war eine bescheidene Verehrerin, die Weihrauch darbrachte und der Gottheit, die es unterließ, sie zu zertreten, aufrichtig dankbar war. Es brauchte nicht viel, um die Kränkungen und die Kälte der Zuneigung ihres Mannes zu vergessen: Ihre Liebe war wie die Flut, die einen kahlen Felsen bedeckte; Das Meer bricht in Wellen und löst sich in Schaum auf, während der Felsen immer unverändert bleibt. Dieses Gleichnis hätte Edward übrigens nicht missfallen; Wenn er überhaupt nachdachte, dachte er gern darüber nach, wie fest und standhaft er war.

Nachts, vor dem Schlafengehen, war es für Bertha das größte Vergnügen, ihren Mann auf die Lippen zu küssen, und es beschämte sie zu sehen, wie mechanisch er auf diese Umarmung antwortete. Sie war immer diejenige, die vorankommen musste, und wenn sie es unterließ, um ihn auf die Probe zu stellen, schlief er sofort ein, ohne ihr auch nur eine gute Nacht zu sagen. Dann sagte sie sich, dass er sie völlig verachten musste.

„Oh, es macht mich wahnsinnig, wenn ich an die Hingabe denke, die ich an dich verschwende", rief sie. "Ich bin ein Narr! Für mich sind Sie alle auf der Welt, und für Sie bin ich eine Art Zufall: Sie hätten jeden außer mir heiraten können. Wenn ich nicht auf deinen Weg gestoßen wäre, hättest du unfehlbar jemand anderen geheiratet."

„Nun, das würdest du auch", antwortete er lachend.

"ICH? Niemals! Wenn ich dich nicht getroffen hätte, hätte ich niemanden geheiratet. Meine Liebe ist kein Schmuckstück, das ich bereit bin, jedem zu geben, der sich mir in den Weg stellt. Mein Herz ist eins und unteilbar; Es wäre mir unmöglich, jemand anderen als dich zu lieben ... Wenn ich daran denke, dass ich für dich nichts weiter bin als jede andere Frau, schäme ich mich."

„Manchmal redest du ganz furchtbar schlecht."

„Ah, das fasst deine ganze Meinung zusammen. Für dich bin ich nur eine dumme Frau. Ich bin ein Haustier, etwas geselliger als ein Hund, aber im Großen und Ganzen nicht so nützlich wie eine Kuh."

„Ich weiß nicht, was Sie von mir erwarten, mehr als ich es tatsächlich tue. Du kannst nicht erwarten, dass ich die ganze Zeit küsse und schmuse. Dafür sind die Flitterwochen gedacht, und ein Mann, der sein ganzes Leben lang Flitterwochen verbringt, ist ein Arsch."

„Ah ja, bei dir bleibt die Liebe den ganzen Tag außer Sicht, während du mit den ernsten Angelegenheiten des Lebens beschäftigt bist, wie zum Beispiel Schafe scheren oder Füchse jagen; und nach dem Abendessen steigt es in deinem Busen auf, besonders wenn du gut gegessen hast, und ist vom Verdauungsprozess nicht zu unterscheiden. Aber für mich ist Liebe alles, die Ursache und der Grund des Lebens. Ohne Liebe wäre ich nicht existent."

„Nun, du magst mich vielleicht lieben", sagte Edward, „aber, bei Gott, du hast eine lustige Art, es zu zeigen ... Aber was mich betrifft, wenn du mir sagen würdest, was du willst Ich will, dass ich es tue, ich werde versuchen, es zu tun."

„Oh, wie soll ich es dir sagen?" sie weinte ungeduldig. „Ich tue alles, was ich kann, damit du mich liebst, aber ich kann nicht. Wenn du ein Stock und ein Stein bist, wie kann ich dir beibringen, der leidenschaftliche Liebhaber zu sein? Ich möchte, dass du mich liebst, so wie ich dich liebe."

„Nun, wenn Sie mich nach meiner Meinung fragen, würde ich sagen, dass es eher ein guter Job war, das tue ich nicht. Wenn ich so gewalttätig wäre wie du, wären die Möbel in einer Woche kaputt.“

„Es würde mir nichts ausmachen, wenn du gewalttätig wärst, wenn du mich liebst“, antwortete Bertha und nahm seine Bemerkung mit großer Ernsthaftigkeit auf. „Es sollte mir egal sein, wenn du mich schlägst; Es würde mir nichts ausmachen, wie sehr du mich verletzt hast, wenn du es getan hättest, weil du mich geliebt hast.“

„Ich glaube, eine Woche davon würde dich von dieser Art von Liebe fast krank machen, mein Lieber.“

„Alles wäre Ihrer Gleichgültigkeit vorzuziehen.“

„Aber Gott segne meine Seele, ich bin nicht gleichgültig. Jeder würde denken, dass ich mich nicht für dich interessiere – oder dass ich einer anderen Frau den Rücken gekehrt habe.“

„Ich wünschte fast, du wärst es“, antwortete Bertha. „Wenn du überhaupt jemanden liebst, hätte ich vielleicht eine gewisse Hoffnung, deine Zuneigung zu gewinnen – aber du bist unfähig zu lieben.“

„Das weiß ich nicht. Ich kann wahrhaftig sagen, dass ich nach Gott und meiner Ehre nichts auf der Welt so sehr schätze wie Sie.“

„Du hast deinen Jäger vergessen“, rief Bertha verächtlich.

„Nein, das habe ich nicht“, antwortete Edward mit einer gewissen Ernsthaftigkeit.

„Was glaubst du, interessiert mich eine solche Position? Sie erkennen an, dass ich Dritter bin – ich wäre am liebsten nirgendwo.“

„Ich konnte dich nicht halb so sehr lieben, ich liebte dich nicht mehr“, zitierte Edward falsch.

„Der Mann war ein Idiot, der das geschrieben hat. Ich möchte über deinen Gott und über deine Ehre gestellt werden. Die Liebe, die ich will, ist die Liebe des Mannes, der für eine Frau alles verlieren wird, sogar seine eigene Seele.“

Edward zuckte mit den Schultern. „Ich weiß nicht, wo du das bekommst. Meine Vorstellung von Liebe ist, dass sie an sich eine sehr gute Sache ist – aber alles hat seine Grenzen. Es gibt andere Dinge im Leben.“

„Oh ja, ich weiß – es gibt Pflicht und Ehre und die Farm und die Fuchsjagd und die Meinung der Nachbarn und die Hunde und die Katze und den neuen Brougham und eine Million anderer Dinge ... Was? Glaubst du, das würdest du tun, wenn ich ein Verbrechen begangen hätte und wahrscheinlich im Gefängnis landen würde?“

„So etwas möchte ich nicht vermuten. Sie können sicher sein, dass ich meine Pflicht tun würde."

„Oh, ich habe deine Pflicht satt. Du hörst es mir morgens, mittags und abends ins Ohr. Ich wünschte bei Gott, du wärst nicht so tugendhaft – du könntest menschlicher sein."

Edward fand das Verhalten seiner Frau so außergewöhnlich, dass er Dr. Ramsay konsultierte. Der Mediziner hatte dreißig Jahre lang das Vertrauen in die Ehe erhalten und war skeptisch gegenüber dem Wert der Medizin bei der Heilung von Eifersucht, Redseligkeit, Unverträglichkeit des Temperaments und ähnlichen Krankheiten. Er versicherte Edward, dass Zeit das einzige Mittel sei, mit dem alle Differenzen beigelegt werden könnten; aber nach weiterem Drängen willigte er ein, Bertha eine Flasche harmloses Stärkungsmittel zu schicken, das er jedermann gegen die meisten Krankheiten, die das Fleisch mit sich bringt, zu geben pflegte. Es würde Bertha zweifellos nicht schaden, und das ist eine wichtige Überlegung für einen Allgemeinmediziner. Dr. Ramsay riet Edward ebenfalls, ruhig zu bleiben und darauf zu vertrauen, dass Bertha schließlich die pflichtbewusste und unterwürfige Ehefrau werden würde, die jeder Mann am Kaminfeuer sehen sollte, wenn er aus seinem Mittagsschlaf aufwacht.

Berthas Stimmung war sicherlich anstrengend. Niemand konnte an einem Tag sagen, wie sie am nächsten sein würde; und das war besonders unangenehm für einen Mann, der bereit war, das Beste aus allem zu machen, aber unter der Bedingung, dass er Zeit hatte, sich daran zu gewöhnen. Manchmal wurde sie von Melancholie erfasst, zum Beispiel in der Dämmerung der Winternachmittage, wenn der Geist auf natürliche Weise dazu geführt wird, über die Eitelkeit des Daseins und die Sinnlosigkeit aller menschlichen Bemühungen nachzudenken. Edward bemerkte, dass sie nachdenklich war, ein Zustand, den er verabscheute, und fragte, was sie dachte. und halb verträumt versuchte sie, sie auszudrücken.

„Guter Gott, errette uns!" rief er fröhlich, „was für Rum-Sachen kriegst du doch in dein kleines Nickerchen?" Du musst verrückt sein."

„Das ist es nicht", antwortete sie und lächelte traurig.

„Es ist nicht natürlich, dass eine Frau so grübelt. Ich denke, du solltest wieder mit der Einnahme dieses Stärkungsmittels beginnen – aber ich wage zu behaupten, dass du nur müde bist und morgens ganz anders denken wirst."

Bertha gab keine Antwort. Sie litt unter dem namenlosen Schmerz des Daseins und er bot ihr Eisen und Chinin an: Als sie Mitgefühl brauchte, weil ihr Herz wegen der Leiden ihrer Mitmenschen schmerzte, schüttete er ihr die

Tinktur von Nux Vomica in den Hals. Er konnte es nicht verstehen, es hatte keinen Sinn zu erklären, dass ihr die zärtliche Betrachtung der Übel der Menschheit einen Gefallen fand. Aber das Schlimmste war, dass Edward völlig recht hatte – der Rohling war er schon immer! Als der Morgen kam, war die Melancholie verflogen, Bertha war sorglos da und die Welt brauchte nicht einmal eine rosafarbene Brille, um attraktiv zu wirken. Es war demütigend, festzustellen, dass ihre schönsten Gedanken, die veredelnden Gefühle, die ihr die bezaubernde Fiktion vor Augen führten, dass alle Männer Brüder sind, auf bloße körperliche Erschöpfung zurückzuführen waren.

Manche Menschen haben einen außerordentlich wörtlichen Verstand, sie lassen niemals das Spiel der Fantasie zu: Für sie gibt es im Leben weder Bier noch Kegelspiel, und es ist alles andere als ein leerer Traum, sondern eine Angelegenheit von äußerster Ernsthaftigkeit. So ist der Mann, der, wenn eine Frau ihm sagt, dass sie sich furchtbar alt fühlt, anstatt zu antworten, dass sie absurd jung aussehe, antwortet, dass die Jugend ihre Nachteile habe und das Alter ihre Kompensationen! Und einer von ihnen war Edward. Er konnte nie erkennen, dass die Leute nicht genau das meinten, was sie sagten. Anfangs hatte er sich bei der Führung des Anwesens stets mit Bertha beraten; aber sie war froh, in ihrem eigenen Haus ein Nichts zu sein, hatte allem zugestimmt, was er vorschlug, und ihn sogar angefleht, sie nicht zu fragen. Als sie ihm mitteilte, dass er nicht nur der absolute Herr über sich selbst, sondern über alle ihre weltlichen Güter sei, war es nicht überraschend, dass er sie endlich beim Wort nahm.

„Frauen haben keine Ahnung von der Landwirtschaft", sagte er, „und es ist am besten, wenn ich freie Hand habe."

Das Ergebnis seiner Verwaltung war alles, was man sich nur wünschen konnte; Das Anwesen wurde in Ordnung gebracht und die Bauernhöfe zahlten zum ersten Mal seit zwanzig Jahren wieder Pacht. Die umherziehenden Winde, sogar die Sonne und der Regen, schienen sich zugunsten eines so klugen und hart arbeitenden Mannes zu verschwören; und Glück ging ausnahmsweise mit Tugend einher. Bertha erhielt ständig Glückwünsche von den umliegenden Gutsbesitzern für die bewundernswerte Art und Weise, in der Edward das Anwesen verwaltete, und er seinerseits vergaß nie, von seinen Triumphen und den Komplimenten zu erzählen, die sie ihm einbrachten.

Aber Edward wurde von seinen Landarbeitern und Arbeitern nicht nur als Herr angesehen; Sogar die Bediensteten von Court Leys behandelten Bertha wie eine minderjährige Persönlichkeit, deren Befehle nur bedingt befolgt werden durften. Lange Generationen der Knechtschaft haben den Landsmann in seinen hierarchischen Unterscheidungen besonders subtil gemacht; und es gab einen deutlichen Unterschied zwischen seinem

Verhalten gegenüber Edward, von dem sein Lebensunterhalt abhing, und seinem Verhalten gegenüber Bertha, die als Frau des Gutsherrn nur im Widerschein glänzte.

Zuerst hatte das Bertha nur amüsiert, aber der genialste Scherz, der ständig wiederholt wird, kann seinen Reiz verlieren. Mehr als einmal musste sie scharf mit einem Gärtner reden, der zögerte, seinem Auftrag Folge zu leisten, weil seine Befehle nicht vom Meister stammten. Mit dem Niedergang der Liebe erwachte ihr Stolz wieder, und so begann Bertha, die Lage unerträglich zu finden. Ihr Geist war jetzt sehr anfällig für Beleidigungen, und sie sehnte sich nach einer Gelegenheit, zu zeigen, dass sie immer noch die Herrin von Court Leys war.

Es kam bald. Denn zufällig hatte ein alter Baumliebhaber, so unpraktisch die Leys auch immer gewesen waren, sechs Buchen in einer Hecke gepflanzt, und diese waren im Laufe der Zeit zu stattlichen Bäumen herangewachsen, die alle Betrachter bewunderten. Doch eines Tages, als Bertha weiterging, fiel ihr eine schreckliche Lücke ins Auge – eine der sechs Buchen war verschwunden. Es hatte keinen Sturm gegeben, es konnte nicht von selbst gefallen sein. Sie ging hinauf und fand es abgeschnitten, und die Männer, die die Tat begangen hatten, begannen bereits mit einem anderen: Eine Leiter lehnte daran, auf der ein Arbeiter stand und eine Leine befestigte. Kein Anblick ist erbärmlicher als ein alter Baum, der dem Boden gleicht; und der Raum, den es füllte, trat plötzlich mit einer unansehnlichen Leere hervor. Aber Bertha war mehr wütend als gequält.

„Was machst du, Hodgkins? Wer hat dir den Befehl gegeben, diesen Baum zu fällen?"

„Der Knappe, Mama."

„Oh, es muss ein Fehler sein. Mr. Craddock meinte nie etwas Derartiges."

„Er hat uns gesagt, dass wir diesen und die anderen dort ausschalten sollen. Du kannst sein Mal sehen, Mama."

"Unsinn. Ich werde mit Mr. Craddock darüber sprechen. Nehmen Sie das Seil ab und steigen Sie von der Leiter herunter. Ich verbiete dir, einen anderen Baum zu berühren."

Der Mann auf der Leiter sah sie an, machte aber keinen Versuch, seinem Auftrag Folge zu leisten.

„Der Gutsherr sagte ganz deutlich, dass wir diesen Baum heute fällen sollten."

„Wirst du die Güte haben, zu tun, was ich dir sage?" sagte Bertha und errötete vor Wut. „Sagen Sie diesem Mann, er soll das Seil lösen und herunterkommen. Ich verbiete dir, den Baum zu berühren."

Der Mann Hodgkins wiederholte Berthas Befehl mit mürrischer Stimme, und alle sahen sie misstrauisch an, wollten nicht gehorchen, wagten es aber nicht – für den Fall, dass der Gutsherr wütend werden sollte.

„Nun, ich übernehme keine Verantwortung dafür."

„Bitte halten Sie den Mund und tun Sie so schnell wie möglich, was ich Ihnen sage."

Sie wartete, bis die Männer ihre verschiedenen Habseligkeiten eingesammelt hatten und sich auf den Weg machten.

Kapitel XXI

BERTHA ging wütend nach Hause, wohlwissend, dass Edward wirklich die Befehle gegeben hatte, die sie widerrufen hatte, aber froh über die Chance, eine endgültige Regelung der Rechte zu erreichen. Sie sah ihn mehrere Stunden lang nicht.

„Ich sage, Bertha", sagte er, als er hereinkam, „warum um alles in der Welt hast du diese Männer daran gehindert, die Buchen auf Carters Feld zu fällen?" Sie haben einen ganzen halben Arbeitstag verloren. Ich wollte sie morgen auf etwas anderes einstellen, jetzt muss ich es bis Donnerstag aufschieben."

„Ich habe sie gestoppt, weil ich mich weigere, die Buchen fällen zu lassen. Sie sind die einzigen im Ort. Ich bin sehr verärgert darüber, dass auch nur einer gegangen ist, ohne dass ich davon wusste. Du hättest mich fragen sollen, bevor du so etwas getan hast."

„Mein gutes Mädchen, ich kann nicht jedes Mal kommen und dich fragen, wenn ich etwas erledigen möchte."

„Ist das Land meins oder deins?"

„Es gehört dir", antwortete Edward lachend, „aber ich weiß besser als du, was zu tun ist, und es wäre dumm von dir, dich einzumischen."

Bertha errötete. „In Zukunft möchte ich konsultiert werden."

„Du hast mir fünfzigtausend Mal gesagt, ich solle immer tun, was ich für richtig halte."

„Nun, ich habe meine Meinung geändert."

„Jetzt ist es zu spät", lachte er. „Du hast mich dazu gebracht, die Zügel selbst in die Hand zu nehmen, und ich werde sie behalten."

Bertha hielt sich in ihrer Wut kaum zurück und sagte ihm, sie könne ihn wie einen Tagelöhner wegschicken.

„Ich möchte, dass du verstehst, Edward, dass ich diese Bäume nicht fällen lassen werde. Sie müssen den Männern sagen, dass Sie einen Fehler gemacht haben."

„Ich werde ihnen nichts dergleichen sagen. Ich werde nicht alle abschneiden, sondern nur drei. Wir wollen sie dort nicht haben – zum einen schadet der Schatten der Ernte, und zum anderen ist Carters Feld eines unserer besten Felder. Und dann will ich das Holz."

„Die Ernte ist mir egal, und wenn Sie Holz wollen, können Sie es kaufen. Diese Bäume wurden vor fast hundert Jahren gepflanzt, und ich würde lieber sterben, als sie zu fällen."

„Der Mann, der Buchen in einer Hecke pflanzte, war so ziemlich der dümmste Esel, von dem ich je gehört habe. Jeder Baum ist schlimm genug, aber ausgerechnet eine Buche – sie tropft, tropft, tropft, die ganze Zeit, und nichts wächst darunter. So etwas wird seit Jahren auf dem gesamten Anwesen praktiziert. Es wird ein Leben lang dauern, bis ich die Fehler Ihrer – der früheren Besitzer wieder gut gemacht habe.“

Es ist eine der Kuriositäten des Gefühls, dass sein erbärmlichster Sklave es selten zulässt, dass es sich in seine weltlichen Belange einmischt; Es scheint für einen Mann ebenso ungewöhnlich zu sein, sich in seinem eigenen Leben zu sentimentalisieren, wie dass er sich die eigene Tasche stiehlt. Von Edward, der all seine Tage im Kontakt mit der Erde verbracht hatte, hätte man erwarten können, dass er eine gewisse Liebe zur Natur hegte. Das Pathos des transpontinen Melodramas ließ ihn husten und sich die Nase putzen; und in der Literatur prägte er die betitelte und schwindsüchtige Heldin und den weichherzigen, stämmigen Helden. Aber wenn es ums Geschäft ging, war es eine andere Sache – die Art von Gefühl, das einen Bauern aus ästhetischen Gründen auffordert, eine Waldlichtung zu verschonen, ist absurd. Edward hätte Werbetreibenden bereitwillig gestattet, auf dem schönsten Teil des Anwesens Tafeln anzubringen, wenn er dadurch heimlich den Gewinn seiner Farm steigern könnte.

„Was auch immer Sie von meinem Volk denken mögen“, sagte Bertha, „Sie werden mir freundlicherweise Aufmerksamkeit schenken. Das Land gehört mir und ich weigere mich, es dir verderben zu lassen.“

„Es verdirbt es nicht. Es ist das Richtige. Du wirst dich bald daran gewöhnen, die elenden Bäume nicht zu sehen – und ich sage dir, ich werde nur drei fällen. Ich habe den Befehl gegeben, die anderen morgen abzuschneiden.“

„Willst du damit sagen, dass du mich absolut ignorieren wirst?“

„Ich werde tun, was richtig ist; und wenn Sie damit nicht einverstanden sind, tut es mir sehr leid, aber ich werde es trotzdem tun.“

„Ich werde den Männern befehlen, nichts dergleichen zu tun.“

Edward lachte. „Dann machst du dich zum Arsch. Versuchen Sie, ihnen Befehle zu erteilen, die meinen widersprechen, und sehen Sie, was sie tun.“

Bertha schrie auf. In ihrer Wut sah sie sich nach etwas um, das sie werfen konnte; sie hätte ihn am liebsten geschlagen; aber er stand da, ruhig und selbstbeherrscht, ziemlich amüsiert.

„Ich glaube, du musst verrückt sein“, sagte sie. „Du tust alles, was du kannst, um meine Liebe zu dir zu zerstören.“

Sie hatte eine zu große Leidenschaft für Worte. Das war der Maßstab seiner Zuneigung; er muss sie tatsächlich völlig verachten; und dies war das einzige Ergebnis der Liebe, die sie ihm demütig zu Füßen gelegt hatte. Sie fragte sich, was sie tun könnte; Sie konnte nichts anderes tun, als sich zu unterwerfen. Sie wusste genauso gut wie er, dass ihre Befehle missachtet würden, wenn sie nicht mit seinen übereinstimmten; Und dass er sein Wort halten würde, daran zweifelte sie keinen Moment. Dies zu tun war sein Stolz. Sie sprach den Rest des Tages nicht mehr, fragte ihn aber am nächsten Morgen, als er hinausging, was er mit den Bäumen vorhabe.

„Oh, ich dachte, du hättest sie ganz vergessen", antwortete er. „Ich habe vor, zu tun, was ich gesagt habe."

„Wenn du die Bäume fällen lässt, werde ich dich verlassen; Ich werde zu Tante Polly gehen."

„Und sag ihr, dass du den Mond wolltest und ich so unfreundlich war, ihn dir nicht zu geben?" antwortete er lächelnd. „Sie wird dich auslachen."

„Sie werden feststellen, dass ich mein Wort genauso sorgfältig halte wie Sie."

Vor dem Mittagessen ging sie hinaus und ging zu Carters Feld. Die Männer waren noch bei der Arbeit, aber ein zweiter Baum war verschwunden, der dritte würde zweifellos am Nachmittag umfallen. Die Männer warfen Bertha einen Blick zu, und sie glaubte, sie lachten; Sie stand eine Weile da und schaute sie an, um die Demütigung gründlich zu verdauen. Dann ging sie nach Hause und schrieb ihrer Tante den folgenden wahrheitsgemäßen Brief:

Meine liebe Tante Polly, ich war in den letzten Wochen so zwielichtig, dass Edward, der arme Schatz, ziemlich beunruhigt war; und hat mich genervt, in die Stadt zu kommen, um einen Spezialisten aufzusuchen. Er ist so dringlich, als wolle er mich aus dem Weg räumen, und ich bin schon halb eifersüchtig auf mein neues Stubenmädchen, das rosa Wangen und goldenes Haar hat – genau der Typ, den Edward wirklich bewundert. Ich denke auch, dass Dr. Ramsay nicht die leiseste Ahnung hat, was mit mir los ist, und da ich noch nicht unbedingt den Wunsch verspüre, dieses Leben zu verlassen, denke ich, dass es diskret sein wird, jemanden aufzusuchen, der zumindest meine Medikamente ändert . Ich habe literweise Eisen und Chinin eingenommen und habe furchtbare Angst, dass meine Zähne schwarz werden. Meine eigene Meinung, die so genau mit der von Edward übereinstimmt (diese schreckliche Frau Ryle nennt uns die Kolibris, was die Turteltauben bedeutet; ihre Kenntnisse der Naturgeschichte erwecken bei dem lieben Edward Verachtung); Ich bin seinem Wunsch gnädig nachgekommen, und wenn Sie mich unterbringen können, werde ich so bald wie möglich kommen. – Mit freundlichen Grüßen, BC

PS: *Ich werde die Gelegenheit nutzen, um Kleidung zu besorgen (ich trage eindeutig Lumpen), also müssen Sie mir etwas Zeit lassen.*

Edward kam kurz darauf herein und sah sehr zufrieden aus. Er warf Bertha einen verschmitzten Blick zu und hielt sich für so schlau, dass er sich das Lachen kaum verkneifen konnte: Er hatte die Angewohnheit, in seinem Benehmen äußerst wählerisch zu sein, sonst hätte er zweifellos die Zunge in die Wange gesteckt.

„Gegen Frauen, mein lieber Herr, müssen Sie standhaft sein. Wenn Sie sie an einem Zaun anbringen, schließen Sie Ihre Beine und stellen Sie sie nicht auf die Probe; Aber achten Sie darauf, sie unter Kontrolle zu halten, sonst verlieren sie ihre kleinen Köpfe. Ein Mann sollte einer Frau immer zeigen, dass er sie gut im Griff hat."

Bertha schwieg und konnte zum Mittagessen nichts essen; Sie saß ihrem Mann gegenüber und fragte sich, wie er sich so schändlich vollstopfen konnte, wenn sie wütend und unglücklich war. Aber am Nachmittag kam ihr Appetit zurück, und als sie in die Küche ging, aß sie so viele Sandwiches, dass sie beim Abendessen wieder nichts anfassen konnte. Sie hoffte, dass Edward bemerken würde, dass sie jegliches Essen verweigerte, und dass er richtig beunruhigt und traurig sein würde. Aber er zerstörte genug für zwei und sah nie, dass seine Frau fastete.

Nachts ging Bertha zu Bett und verschwand im Zimmer. Dann kam Edward herauf und versuchte die Tür zu öffnen. Als er feststellte, dass es geschlossen war, klopfte er und rief ihr zu, sie solle es öffnen. Sie antwortete nicht. Er klopfte noch einmal lauter und schüttelte die Klinke.

„Ich möchte mein Zimmer für mich alleine haben", rief sie; "Ich bin krank. Bitte versuchen Sie nicht hereinzukommen."

"Was? Wo soll ich schlafen?"

„Oh, du kannst in einem der Gästezimmer schlafen."

"Unsinn!" er weinte; und legte ohne weiteres seine Schulter an die Tür: Er war ein starker Mann; Ein einziger Stoß und die alten Scharniere brachen. Er trat lachend ein.

„Wenn du mich draußen halten wolltest, hättest du dich mit den Möbeln verbarrikadieren sollen."

Bertha war nicht geneigt, die Angelegenheit auf die leichte Schulter zu nehmen. „Wenn du reinkommst", sagte sie, „gehe ich raus."

„Oh nein, das wirst du nicht!" sagte er und schleppte eine große Kommode vor die Tür.

Bertha stand auf und zog einen gelben Seidenmorgenmantel an, der wirklich sehr schick war.

„Dann werde ich die Nacht auf dem Sofa verbringen", sagte sie. „Ich möchte nicht mehr mit dir streiten oder eine Szene machen. Ich habe Tante Polly geschrieben und übermorgen werde ich nach London fahren."

„Ich wollte gerade vorschlagen, dass dir ein Luftwechsel gut tun würde. Ich glaube, deine Nerven sind etwas angeschlagen."

„Es ist sehr nett von Ihnen, sich für meine Nerven zu interessieren", antwortete sie mit einem verächtlichen Blick und ließ sich auf dem Sofa nieder.

„Wirst du dort wirklich schlafen?" sagte er und ging ins Bett.

"Es sieht so aus als ob."

„Du wirst es furchtbar kalt finden. Aber ich wage zu behaupten, dass Sie es sich in einer Stunde anders überlegen werden. Ich mache das Licht aus. Gute Nacht!"

Bertha antwortete nicht und lauschte nach wenigen Minuten wütend seinem Schnarchen. Konnte er wirklich schlafen? Es war berüchtigt, dass er so ruhig schlief.

„Edward", rief sie.

Es kam keine Antwort, aber sie konnte sich nicht dazu durchringen zu glauben, dass er schlief. Sie konnte nicht einmal ihre Augen schließen. Er muss so tun, als ob er sie ärgern würde. Sie wollte ihn berühren, hatte aber Angst, dass er in Gelächter ausbrechen würde. Ihr war tatsächlich entsetzlich kalt, und sie stapelte Decken und Kleider über sich. Es erforderte große Stärke, sich nicht wieder ins Bett zu schleichen. Sie war unglücklich und durstig. Nichts ist so unangenehm wie das Wasser in Toilettenflaschen, dessen Glas nach Zahnputzmittel schmeckt; aber sie schluckte etwas hinunter, obwohl es ihr fast übel wurde, und ging dann im Zimmer umher und erzählte von ihren mannigfachen Unrechten. Edward schlief unerträglich weiter. Sie machte ein Geräusch, um ihn zu wecken, aber er rührte sich nicht; Sie warf einen Tisch mit einem Geräusch um, das die Toten aufschreckte, aber ihr Mann war gefühllos. Dann schaute sie auf das Bett und fragte sich, ob sie es wagen würde, sich eine Stunde lang hinzulegen und darauf zu vertrauen, vor ihm aufzuwachen. Ihr war so kalt, dass sie beschloss, es zu riskieren, da sie sicher war, dass sie nicht lange schlafen würde; Sie ging zum Bett.

„Kommst du doch ins Bett?" sagte Edward mit schläfriger Stimme.

Sie blieb stehen und ihr Herz schlug ihr bis zum Mund. „Ich wollte mein Kissen holen", antwortete sie empört und dankte ihren Sternen, dass er eine Minute später nichts gesagt hatte.

Sie kehrte zum Sofa zurück, machte es sich schließlich bequem und schlief ein. In diesem glückseligen Zustand blieb sie bis zum Morgen, und als sie aufwachte, zog Edward gerade die Jalousien hoch.

"Gut geschlafen?" er hat gefragt.

„Ich habe kein Auge zugetan.“

„Oh, was für ein Kracher. Ich habe dich die letzte Stunde lang angeschaut!“

„Ich hatte etwa zehn Minuten lang meine Augen geschlossen, falls Sie das meinen.“

Bertha war zu Recht verärgert darüber, dass ihr Mann sie dabei erwischt hatte, wie sie tief und fest schlief – das raubte ihrem Vorgehen die Hälfte seiner Wirkung. Außerdem war Edward frisch wie ein Vogel, während sie sich alt und abgemagert fühlte und es kaum wagte, sich selbst im Glas zu betrachten.

Mitten am Morgen kam ein Telegramm von Miss Ley, in der sie Bertha aufforderte, zu kommen, wann immer sie wollte – in der Hoffnung, dass Edward auch kommen würde! Bertha ließ es an einer gut sichtbaren Stelle liegen, damit er es nicht übersehen konnte.

„Du gehst also wirklich?“ er sagte.

„Ich habe dir gesagt, dass ich mein Wort genauso halten kann wie du.“

„Nun, ich denke, es wird dir unendlich gut tun. Wie lange wirst du bleiben?"

"Wie soll ich wissen! Vielleicht für immer.“

„Das ist ein großes Wort – obwohl es nur zwei Silben hat.“

Es traf Bertha zutiefst, dass Edward so gleichgültig sein konnte – er konnte sich überhaupt nicht um sie kümmern. Er schien es für natürlich zu halten, dass sie ihn verließ, und tat so, als wäre es gut für ihre Gesundheit. Oh, was kümmerte sie ihre Gesundheit! Als sie die nötigen Vorbereitungen traf, verlor sie den Mut und fühlte sich unmöglich zu gehen. Tränen kamen ihr, als sie an den Unterschied zwischen ihrem gegenwärtigen Zustand und der glühenden Liebe vor einem Jahr dachte. Sie hätte die ärmste Ausrede, die sie zum Bleiben zwang, begrüßt und doch ihre Selbstachtung bewahrt. Wenn Edward beim Abschied nur seine Trauer zum Ausdruck bringen würde, wäre es vielleicht noch nicht zu spät. Aber ihre Kisten waren gepackt und ihr Zug repariert; Er erzählte Miss Glover, dass seine Frau weggehen würde, um die Luft zu wechseln, und bedauerte, dass seine Farm ihn daran hinderte, sie zu begleiten. Die Falle wurde zur Tür gebracht und Edward sprang auf und nahm seinen Platz ein. Jetzt gab es keine Hoffnung mehr, und sie musste gehen. Sie wünschte sich den Mut, Edward zu sagen, dass sie ihn nicht verlassen konnte, aber Angst hatte. Sie fuhren schweigend weiter; Bertha wartete darauf, dass ihr Mann etwas sagte, und wagte es, selbst nichts zu sagen, damit er die Tränen in ihrer Stimme nicht hörte. Endlich gab sie sich Mühe.

„Tut es dir leid, dass ich gehe?"

„Ich denke, es ist zu Ihrem Besten – und ich möchte dem nicht im Wege stehen."

Bertha fragte sich, welche Liebe ein Mann zu seiner Frau hegte, die sie trotz aller Not aus seinen Augen ertragen konnte. Sie unterdrückte einen Seufzer.

Sie erreichten den Bahnhof und er nahm ihr die Fahrkarte. Sie warteten schweigend auf den Zug, und Edward kaufte „*Punch*" und „*The Sketch*" von einem Zeitungsjungen. Der schreckliche Zug dampfte; Edward half ihr in eine Kutsche und die Tränen in ihren Augen konnten jetzt nicht mehr verborgen bleiben. Sie streckte ihre Lippen hervor.

„Vielleicht zum letzten Mal", flüsterte sie.

Kapitel XXII

Lieber Edward, ich denke, es war klug von uns, uns zu trennen. Wir passten zu wenig zueinander und unsere Schwierigkeiten hätten nur noch größer werden können. Der Knoten der Ehe zwischen zwei Personen unterschiedlichen Temperaments ist so kompliziert, dass er nur durchtrennt werden kann: Vielleicht versuchen Sie, ihn zu entwirren, und glauben, es gelingt Ihnen, aber eine weitere Wendung zeigt Ihnen, dass der Knoten nur noch schlimmer ist als je zuvor. Sogar die Zeit ist machtlos. Manche Dinge sind unmöglich; Man kann Wasser nicht wie Steine anhäufen, man kann einen Menschen nicht an der Herrschaft eines anderen messen. Ich bin sicher, dass es klug war, uns zu trennen. Ich sehe, wenn wir weiterhin zusammengelebt hätten, wären unsere Streitigkeiten immer schlimmer geworden. Es ist schrecklich, auf diese vulgären Schlägereien zurückzublicken – wir haben uns wie Fischweiber gestritten. Ich kann nicht verstehen, wie mein Mund solche Dinge hätte aussprechen können.

Es ist sehr bitter, zurückzublicken und meine Erwartungen mit dem zu vergleichen, was wirklich passiert ist. Habe ich zu viel vom Leben erwartet? Ach, ich habe nur erwartet, dass mein Mann mich lieben würde. Weil ich so wenig verlangt habe, habe ich nichts erhalten. In dieser Welt musst du viel verlangen, du musst dein Lob verbreiten, du musst diejenigen mit Füßen treten, die dir im Weg stehen, du musst so viel Platz wie möglich einnehmen, sonst wirst du mit den Ellbogen weggestoßen; Sie müssen unwiderruflich egoistisch sein, sonst werden Sie zu einer wertlosen Sache, zu einem Firlefanz, mit dem der Mensch spielt und den er beiseite wirft.

Natürlich erwartete ich das Unmögliche, ich war mit der herkömmlichen Einheit der Ehe nicht zufrieden; Ich wollte wirklich eins mit dir sein. Man selbst ist die ganze Welt und alle anderen Menschen sind nur Fremde. Anfangs war ich in meinem heftigen Verlangen verzweifelt, weil ich dich so wenig kannte; Ich war untröstlich darüber, dass es mir unmöglich war, dich wirklich zu verstehen und direkt in dein Innerstes vorzudringen. Soweit ich weiß, habe ich Ihr wahres Selbst noch nie gesehen; Du bist mir fast so fremd, als hätte ich dich nur eine Stunde gekannt. Ich habe dir meine Seele entblößt und nichts verheimlicht – in dir steckt ein Mann, den ich nicht kenne und den ich nie gesehen habe. Wir sind so unterschiedlich, ich weiß nicht, was wir gemeinsam haben; Oftmals, wenn wir geredet haben und dann ins Schweigen versunken sind, sind unsere Gedanken, ausgehend vom gleichen Standpunkt, in entgegengesetzte Richtungen gewandert, und als wir noch einmal gesprochen haben, stellten wir fest, wie weit sie auseinandergegangen waren. Ich hoffte, dich bis ins Innerste deiner Seele zu kennen. Oh, ich hoffte, dass wir vereint sein würden, so dass wir nur eine Seele zwischen uns hätten; Und doch kann ich bei der alltäglichsten Gelegenheit nie erfahren, was du denkst. Vielleicht wäre es anders gewesen, wenn wir Kinder gehabt hätten; Sie hätten zwischen uns eine wahrhaftigere Verbindung herstellen können, und vielleicht hätte ich vor lauter Freude an ihnen meine unerfüllbaren

Träume vergessen sollen. Aber das Schicksal war gegen uns, ich komme aus einer schlechten Familie. In dem Buch steht geschrieben, dass die Leys aus dem Blickfeld der Menschen verschwinden und zu ihrer Mutter, der Erde, zurückkehren sollten, um mit ihr einverleibt zu werden; und wer weiß, was in Zukunft auf uns zukommen wird! Ich stelle mir gerne vor, dass ich im Laufe der Jahrhunderte der Weizen auf einer fruchtbaren Ebene oder der Rauch eines Brombeerfeuers auf dem Feld sein könnte. Ich wünschte, ich könnte auf offenen Feldern begraben werden und nicht in der grimmigen Kälte eines Kirchhofs, damit ich die Veränderung vorhersehen und schneller zum Leben in der Natur zurückkehren könnte.

Glauben Sie mir, eine Trennung war der einzig mögliche Ausgang. Ich liebte dich zu leidenschaftlich, um mit der kalten Rücksicht, die du mir entgegenbrachtest, zufrieden zu sein. Oh, natürlich war ich anspruchsvoll, tyrannisch und unfreundlich; Ich kann jetzt alle meine Fehler bekennen; Meine einzige Entschuldigung ist, dass ich sehr unglücklich war. Für all den Schmerz, den ich dir zugefügt habe, bitte ich dich, mir zu verzeihen. Wir können uns genauso gut von unseren Freunden trennen, und ich vergebe dir aus tiefstem Herzen alles, was du mir zugefügt hast. Jetzt kann ich es mir leisten, Ihnen auch zu sagen, wie nahe ich daran war, meine Absicht nicht auszuführen. Gestern und heute Morgen konnte ich meine Tränen kaum zurückhalten; Der Abschied kam mir zu schwer vor, ich hatte das Gefühl, ich könnte dich nicht verlassen. Wenn Sie mich gebeten hätten, nicht zu gehen, wenn Sie auch nur das kleinste Anzeichen von Bedauern über meine Abreise gezeigt hätten, wäre ich wahrscheinlich zusammengebrochen. Ja, ich kann Ihnen jetzt sagen, dass ich alles gegeben hätte, um zu bleiben. Ach! Ich bin so schwach. Im Zug weinte ich bitterlich. Es ist das erste Mal seit unserer Heirat, dass wir getrennt sind, das erste Mal, dass wir unter verschiedenen Dächern geschlafen haben. Aber jetzt ist das Schlimmste vorbei. Ich habe den Schritt getan und werde an dem festhalten, was ich getan habe. Ich bin sicher, dass ich das Beste getan habe. Ich sehe keinen Schaden darin, dass wir uns gelegentlich gegenseitig schreiben, wenn es Ihnen gefällt, Briefe von mir zu erhalten. Ich denke, ich sollte dich besser nicht sehen, jedenfalls für eine Weile. Wenn wir beide viel älter sind, können wir uns vielleicht hin und wieder ohne Gefahr sehen; aber noch nicht. Ich sollte Angst haben, dein Gesicht zu sehen.
Tante Polly hat keinen Verdacht. Ich kann Ihnen versichern, dass es mir Mühe bereitet hat, den Abend über zu lachen und zu reden, und ich war froh, in mein Zimmer zu kommen. Jetzt ist es nach Mitternacht und ich schreibe Ihnen immer noch. Ich hatte das Gefühl, ich sollte Ihnen meine Gedanken mitteilen, und ich kann sie leichter durch Brief als durch Mundpropaganda mitteilen. Zeigt es nicht, wie getrennt wir im Herzen geworden sind, dass ich zögere, Ihnen zu sagen, was ich denke — und ich hatte gehofft, mein Herz immer für Sie offen zu haben? Ich bildete mir ein, dass ich niemals etwas verheimlichen muss und auch nicht zögern muss, Ihnen jede Emotion und jeden Gedanken zu zeigen. — Auf Wiedersehen.

BERTHA.
72 Eliot Mansions, Chelsea, SW
23. April.

Mein armer Edward, — Sie sagen, Sie hoffen, dass es mir bald besser geht und ich nach Court Leys zurückkomme. Sie verstehen meine Bedeutung so völlig falsch, dass ich fast gelacht hätte. Es stimmt, ich war niedergeschlagen und müde, als ich schrieb — aber das war nicht der Grund für meinen Brief. Können Sie sich keine Gefühle vorstellen, die nicht ausschließlich auf die körperliche Verfassung zurückzuführen sind? Sie können mich nicht verstehen, das haben Sie nie getan; und dennoch würde ich nicht die vulgäre und abgedroschene Position einer kompromisslosen Frau einnehmen. An mir gibt es nichts zu verstehen. Ich bin sehr einfach und unkompliziert. Ich wollte nur Liebe, und die konnten Sie mir nicht geben. Nein, unsere Trennung ist endgültig und unwiderruflich. Wozu können Sie mich zurückhaben wollen? Sie haben Court Leys und Ihre Bauernhöfe. Jeder in der Nachbarschaft mag Sie; ich war das einzige Hindernis für Ihr vollkommenes Glück. Court Leys gebe ich Ihnen freiwillig für mein Leben; bis Sie kamen, hat es nichts eingebracht, und das Einkommen, das jetzt daraus entsteht, ist ausschließlich Ihren Bemühungen zu verdanken; Sie verdienen es, und ich bitte Sie, es zu behalten. Mir reicht das geringe Einkommen meiner Mutter aus.

Tante Polly denkt immer noch, ich sei zu Besuch und spricht ständig von dir. Ich streue ihr Staub in die Augen, aber ich kann nicht hoffen, sie lange in Unwissenheit zu halten. Zur Zeit bin ich damit beschäftigt, regelmäßig wegen einer eingebildeten Krankheit zum Arzt zu gehen und ein oder zwei neue Dinge zu bekommen.

Sollen wir uns einmal in der Woche schreiben? Ich weiß, dass Ihnen das Schreiben Schwierigkeiten bereitet; aber ich möchte nicht, dass du mich ganz vergisst. Wenn Sie möchten, schreibe ich Ihnen jeden Sonntag, und Sie können nach Belieben antworten oder nicht.

BERTHA.

PS: *Bitte denken Sie nicht an eine* Annäherung. *Ich bin mir sicher, dass Sie irgendwann sehen werden, dass wir beide viel glücklicher miteinander sind.*

72 Eliot Mansions, Chelsea, SW
15. Mai.

Mein lieber Eddie, ich habe mich über deinen Brief gefreut. Es rührt mich ein wenig, dass du mich sehen willst. Sie schlagen vor, in die Stadt zu kommen — vielleicht ist es ein Glück, dass ich nicht mehr hier bin. Hätten Sie einen solchen Wunsch schon früher geäußert, wäre vielleicht vieles anders gelaufen.

Nachdem Tante Polly ihre Wohnung an Freunde vermietet hat, geht sie für den Rest der Saison nach Paris. Sie fängt heute Abend an und ich habe angeboten, sie zu begleiten. Ich habe London satt. Ich weiß nicht, ob sie etwas ahnt, aber mir fällt auf, dass sie Ihren Namen jetzt nie mehr erwähnt. Sie sah neulich ein wenig skeptisch aus, als ich ihr erklärte, dass ich schon lange den Wunsch hatte, nach Paris zu gehen, und dass Sie das Innere von Court Leys bemalen ließen. Glücklicherweise achtet sie jedoch darauf, sich nicht nach den Geschäften anderer Leute zu erkundigen, und ich kann sicher sein, dass sie mir niemals eine einzige Frage stellen wird.

*Verzeihen Sie die Kürze dieses Briefes, aber ich bin sehr beschäftigt mit dem Packen. —
Ihre liebevolle Frau,*

BERTHA.

*41 Rue des Ecoliers, Paris,
16. Mai.*

*Mein liebster Eddie, ich war unfreundlich zu dir. Es ist nett von dir, mich sehen zu wollen,
und meine Abneigung dagegen war vielleicht unnatürlich. Wenn ich darüber nachdenke,
kann ich mir nicht vorstellen, dass es schaden könnte, wenn wir uns sehen würden.
Natürlich kann ich nie wieder nach Court Leys zurückkehren — es gibt einige Ketten, die
man, wenn man sie zerbrochen hat, nie wieder zusammenschweißen kann; und keine
Fesseln sind so unerträglich wie die Fesseln der Liebe. Aber wenn du mich sehen willst,
werde ich dir kein Hindernis in den Weg legen; Ich werde nicht leugnen, dass ich dich auch
gerne sehen würde. Ich bin jetzt weiter weg, aber wenn du dich überhaupt um mich
kümmerst, wirst du nicht zögern, die kurze Reise anzutreten.*

*Wir haben hier eine sehr schöne Wohnung, im Quartier Latin, abseits der Reichen und
Touristen. Ich weiß nicht, was vulgärer ist, der durchschnittliche Ausflügler oder der Teil
von Paris, den er heimsucht: Ich muss sagen, dass sie einander auf eine nette Art und
Weise ähneln. Ich verabscheue die schäbige Atmosphäre der Boulevards mit ihren
übervergoldeten und prunkvollen Cafés und ihren Scharen schlecht gekleideter Ausländer.
Aber wenn Sie kommen, kann ich Ihnen ein anderes Paris zeigen — ein erholsames und
altmodisches Paris, Theater, in die Touristen nicht gehen; Gärten voller hübscher Kinder
und Kindermädchen mit langen Bändern an ihren Mützen. Ich kann Sie durch unzählige
graue Straßen mit lustigen Geschäften führen, in alte Kirchen, wo Sie Menschen tatsächlich
beten sehen; und es ist alles sehr ruhig und beruhigend für die Nerven. Und ich kann Sie
zu besucherarmen Zeiten in den Louvre mitnehmen und Ihnen wunderschöne Bilder und
Statuen zeigen, die aus Italien und Griechenland stammen, wo die Götter bis heute ihre
Heimat haben. Komm, Eddie. — Deine immer liebende Frau,*

BERTHA.

*41 Rue des Ecoliers, Paris,
25. Mai.*

*Mein liebster Eddie, ich bin enttäuscht, dass du nicht kommen wirst. Ich hätte gedacht,
wenn du mich sehen wolltest, hättest du Zeit finden können, die Farmen für ein paar Tage
zu verlassen. Aber vielleicht ist es wirklich besser, wenn wir uns nicht treffen. Ich kann dir
nicht verheimlichen, dass ich mich manchmal schrecklich nach dir sehne. Ich vergesse alles,
was passiert ist, und wünsche mir von ganzem Herzen, noch einmal bei dir zu sein. Was
für ein Idiot ich bin! Ich weiß, dass wir uns nie wiedersehen können und dass du in meinen
Gedanken nie abwesend bist. Ich freue mich fast wahnsinnig auf deine Briefe und deine
Handschrift lässt mein Herz höher schlagen, als wäre ich ein Schulmädchen. Oh, du weißt
nicht, wie sehr mich deine Briefe enttäuschen, sie sind so kalt; Du sagst nie, was ich von
dir möchte. Es wäre Wahnsinn, wenn wir zusammenkämen — ich kann meine Liebe zu*

dir nur bewahren, indem ich dich nicht sehe. Klingt das schrecklich? Und doch würde ich alles dafür geben, dich noch einmal zu sehen. Ich kann nicht anders, als Sie zu bitten, hierher zu kommen. Es kommt nicht so oft vor, dass ich Sie etwas gefragt habe. Komm doch. Ich werde Sie am Bahnhof treffen, und Sie werden keine Probleme oder Mühen haben — alles ist völlig einfach und Cooks Dolmetscher sind überall. Ich bin mir sicher, dass es dir so viel Spaß machen würde. — Wenn du mich liebst, komm.

BERTHA.

Court Leys, Blackstable, Kent,
30. Mai.

Meine liebste Bertha, — es tut mir leid, dass ich auf deine vom 25. Inst. nicht geantwortet habe. schon vorher, aber ich steckte bis zum Hals in der Arbeit. Man würde nicht glauben, dass es zu dieser Jahreszeit auf einem Bauernhof so viel zu tun gibt, es sei denn, man hätte es mit eigenen Augen gesehen. Ich kann unmöglich nach Paris fliehen, und außerdem kann ich die Franzosen nicht ertragen. Ich möchte ihre Hauptstadt nicht sehen, und wenn ich Urlaub machen möchte, ist London gut genug für mich. Du solltest besser hierher zurückkommen, die Leute fragen nach dir, und ohne dich scheint der Ort völlig auf den Kopf gestellt zu sein. Liebe Grüße an Tante P. — In Eile, Ihr liebevoller Ehemann,

E. CRADDOCK.

41 Rue des Ecoliers, Paris,
1. Juni.

Mein liebster, liebster Eddie, Du weißt nicht, wie enttäuscht ich war, als ich Deinen Brief erhielt, und wie sehr ich mich danach sehnte. Was auch immer Sie tun, lassen Sie mich nicht so lange auf eine Antwort warten. Ich habe mir alles Mögliche vorgestellt — dass du krank wärst oder im Sterben liegst. Ich war gerade beim Thema Verkabelung. Ich möchte, dass Sie mir versprechen, dass Sie mir Bescheid geben werden, wenn Sie jemals krank werden. Wenn Sie mich dringend brauchen, komme ich gerne. Aber glaube nicht, dass ich jemals endgültig nach Court Leys zurückkehren kann. Manchmal fühle ich mich krank und schwach und sehne mich nach dir, aber ich weiß, dass ich nicht nachgeben darf. Ich bin mir sicher, dass ich sowohl zu Ihrem als auch zu meinem Wohl nie wieder das Unglück unseres alten Lebens riskieren darf. Es war zu erniedrigend. Mit festem Geist und äußerster Entschlossenheit schwöre ich, dass ich niemals nach Court Leys zurückkehren werde. — Ihre liebevolle und liebevolle Frau,

BERTHA.

TELEGRAMM

Gare du Nord, 9.50 Uhr, 2. Juni.

Craddock, Court Leys, Blackstable.

Kommt heute Abend um 7.25 Uhr an. — BERTHA.

41 Rue des Ecoliers, Paris.

Mein lieber junger Freund, ich bin beunruhigt. Wie Sie wissen, lebt Bertha seit sechs Wochen bei mir, und zwar aus Gründen, deren Natürlichkeit bei mir den größten Verdacht erregte. Ich dachte, niemand bräuchte so viele absolut schlüssige Motive, um so etwas ganz Einfaches zu tun. Ich widerstand der Versuchung, an Edward (ihren Mann – ein netter, aber dummer Mann!) zu schreiben und ihn um eine Erklärung zu bitten, weil ich befürchtete, dass die mir genannten Gründe die richtigen waren (obwohl ich es nicht glauben konnte); In diesem Fall hätte ich mich lächerlich machen sollen. Bertha in London gab vor, einen Arzt aufzusuchen, wurde aber nie dabei beobachtet, wie sie Medikamente einnahm, und ich bin mir sicher, dass kein anerkannter Spezialist es wagen würde, zwei Guineen von einer imaginären Krankheit zu nehmen und nicht reichlich Medikamente zu verabreichen. Sie begleitete mich nach Paris, angeblich um Kleider zu holen, benahm sich aber so, als ob ihr Anfall keine größere Bedeutung hätte als ein Wechsel des Ministeriums. Sie hat sich große Mühe gegeben, ihre Gefühle zu verbergen und sie dadurch noch deutlicher hervorzuheben. Ich kann Ihnen nicht sagen, wie oft sie die verschiedenen Phasen von einer fast hysterischen Hochstimmung bis zu einer ebenso tiefen Verzweiflung durchgemacht hat. Sie hat so tiefgründig nachgedacht, wie es vor fünfzig Jahren für die jungen Damen in Mode war (damals waren wir alle junge Damen – keine Mädchen!); sie hat zu meiner Ablenkung Tristan und Isolde gespielt; Sie hat einen verliebten französischen Künstler zur Ablenkung seiner Frau brüskiert; Schließlich hat sie geweint und nach dem Weinen ihre Augen stark gepudert, was bei einer hübschen Frau ein unfehlbares Zeichen extremer geistiger Erschöpfung ist.

Als ich heute Morgen aufstand, fand ich an meiner Tür die folgende Nachricht: „Halten Sie mich nicht für einen völligen Idioten, aber ich könnte es keinen weiteren Tag ohne Edward ertragen. Abfahrt mit dem 10-Uhr-Zug. – B." Jetzt um 10.30 Uhr hatte sie einen Termin bei Paquin, um das hinreißendste Abendkleid anzuprobieren, das man sich vorstellen kann.

Ich werde Sie nicht beleidigen, indem ich aus all diesen Tatsachen Schlussfolgerungen ziehe: Ich weiß, dass Sie sie viel lieber selbst ziehen würden, und ich habe eine hinreichend gute Meinung von Ihnen, um sicher zu sein, dass sie mit meiner übereinstimmen wird. – Mit freundlichen Grüßen

MARY LEY.

PS: Ich sende Ihnen dies, um Sie in Sevilla zu erwarten. Erinnern Sie mich an Frau J.

Kapitel XXIII

Berthas Erleichterung war unverkennbar, als sie auf englischem Boden landete; Endlich war sie in der Nähe von Edward und war extrem seekrank gewesen. Obwohl es von Dover nach Blackstable weniger als dreißig Meilen waren, war die Kommunikation so schlecht, dass man stundenlang am Hafen warten oder den Schiffszug nach London nehmen und dann sechzig Meilen wieder hinunterfahren musste. Bertha war über die Verzögerung verärgert und vergaß, dass sie sich nun (Gott sei Dank!) in einem freien Land befand, in dem die Eisenbahnen nicht aus Gründen der Bequemlichkeit der Passagiere betrieben wurden, sondern die Passagiere notwendige Übel taten, um Dividenden für ein schlecht geführtes Unternehmen zu erzielen. Berthas Ungeduld war so groß, dass sie es für unmöglich hielt, in Dover zu warten; Sie zog es vor, die zusätzlichen hundert Meilen zurückzulegen und sich zehn Minuten zu sparen, anstatt den Nachmittag im trostlosen Wartezimmer zu verbringen oder durch die Stadt zu schlendern. Der Zug schien zu kriechen; und ihre Unruhe wurde ziemlich schmerzhaft, als sie das kentische Land erkannte, die saftigen Wiesen mit gepflegten Hecken, die stattlichen Bäume und die allgemeine Atmosphäre des Wohlstands.

Berthas Gedanken waren voll von Edward, und er war der einzige Grund für ihre Ungeduld. Sie hatte, obwohl sie es wusste, gehofft, dass er sie in Dover treffen würde, und es war eine Enttäuschung gewesen, ihn nicht zu sehen. Dann dachte sie, er sei vielleicht nach London gekommen, ohne sich jedoch zu erklären, wie er hätte ahnen können, dass sie dort sein würde. Ihr Herz schlug absurd, als sie einen Rücken sah, der Edwards gehört haben könnte. Noch später tröstete sie sich mit dem Gedanken, dass er sicherlich in Faversley sein würde, dem nächsten Bahnhof nach Blackstable. Als sie dort ankamen, steckte sie ihren Kopf aus dem Fenster und schaute über den Bahnsteig – aber er war nirgendwo.

„Er könnte so weit gekommen sein", dachte sie.

Jetzt, als der Zug weiterfuhr, erkannte sie das Land genauer, das öde Sumpfland und das Meer – die Linie verlief fast am Wasserrand; Es war Ebbe und hinterließ eine weite Fläche aus glänzendem Schlamm, über die die Möwen kreischend flogen. Dann waren die Häuser vertraut, von Wind und Wetter zerfressene Hütten, der *Jolly Sailor* , wo früher viele geschmuggelte Fässer Brandy auf dem Weg in die Domstadt Tercanbury versteckt waren. Wir passierten die Küstenwache, ein langes, schlankes und niedriges Gebäude. Schließlich ratterten sie über die Brücke über die High Street; und die Träger riefen mit ihrem kentischen Tonfall: „Blackstable, Blackstable."

Berthas Gefühle waren immer unkontrolliert und so stark, dass sie manchmal nicht mehr handlungsfähig war: Jetzt hatte sie kaum noch die Kraft, die Kutschentür zu öffnen.

"Zu guter Letzt!" sie weinte mit einem erleichterten Keuchen.

Sie hatte ihren Mann noch nie so leidenschaftlich angebetet wie damals, und ihre Liebe war ein körperliches Gefühl, das sie ohnmächtig werden ließ. Die Ankunft des Augenblicks, auf den sie so sehnsüchtig gewartet hatte, löste in ihr eine gewisse Angst aus; Sie gehörte zu denen, die eifrig nach einer Gelegenheit suchen und sie dann kaum ergreifen können.

Berthas Herz war so erfüllt, dass sie Angst hatte, in Tränen auszubrechen, als sie Edward endlich auf sich zukommen sah; Sie hatte sich die Szene so oft vorgestellt: Ihr Mann kam mit schwingenden Schritten voran, schwenkte seinen Stock, die Hunde stürmten vor ihr her und bellten wütend. Die beiden Träger watschelten im Seemannsschritt zum Lieferwagen, um das Gepäck herauszuholen; Menschen stiegen aus den Waggons. Neben ihr kam ein teiggesichtiger Angestellter herab, in schmuddeligem Schwarz, mit einem Baby im Arm; und ihm folgte eine abgemagerte Frau mit einem weiteren Baby und unzähligen Paketen. Ein Arbeiter schlenderte die Plattform entlang, drei oder vier Matrosen und ein paar Infanteristen. Sie alle stürmten zum Tor, an dem der Ticketsammler stand. Die Träger holten die Kisten heraus und der Zug fuhr los; Ein jähzorniger Stadtmensch fluchte lautstark, weil sein Gepäck nach Margate gegangen war. (Es ist ein freies Land, dem Himmel sei Dank!) Der Bahnhofsvorsteher mit geschmücktem Hut und selbstzufriedener Miene schlenderte herbei, um zu sehen, was los sei. Bertha schaute wild über den Bahnsteig. Edward war nicht da.

Der Bahnhofsvorsteher kam vorbei und nickte gönnerhaft.

„Haben Sie Mr. Craddock gesehen?“ Sie fragte.

„Nein, das kann ich nicht sagen. Aber ich glaube, unten steht eine Kutsche für dich.“

Bertha begann zu zittern. Ein Träger fragte, ob er ihre Kisten mitnehmen sollte; Sie nickte, unfähig zu sprechen. Sie ging hinunter und fand den Brougham an der Bahnhofstür; Der Kutscher berührte seinen Hut und gab ihr einen Zettel.

Liebe Bertha, es tut mir schrecklich leid, dass ich dich nicht treffen kann. Ich hätte Sie nie erwartet und bin daher einer Einladung von Lord Philip Dirk zu einem Tennisturnier und einem anschließenden Ball gefolgt. Er wird mich schlafen lassen, also werde ich erst morgen zurück sein. Steigen Sie nicht in ein Wachs ein. Sehe dich am Morgen.

EC

Bertha stieg in die Kutsche und kauerte sich in einer Ecke zusammen, damit niemand sie sehen konnte. Zuerst verstand sie es kaum; Sie hatte die letzten Stunden in so großer Aufregung verbracht, dass die Enttäuschung sie des Denkens beraubte. Sie nahm die Dinge nie vernünftig und war jetzt fassungslos; Was geschehen war, schien unmöglich. Es war so gefühllos, dass Edward zu einem Tennisturnier ging, als sie nach Hause kam und sich sehnsüchtig darauf freute, ihn zu sehen. Und es war keine gewöhnliche Heimkehr; es war das erste Mal, dass sie ihn verließ; und dann war sie gegangen und hatte ihn, wie sie dachte, für immer gehasst. Doch nachdem ihre Abwesenheit ihre Liebe wiederbelebt hatte, war sie zurückgekehrt und sehnte sich nach Versöhnung. Und er war nicht da; er tat so, als wäre sie für einen Einkaufstag in der Stadt gewesen.

„Oh Gott, was für ein Idiot war ich zu kommen!"

Plötzlich dachte sie daran, dorthin zu gehen, und dann – wäre das nicht einfacher? Sie hatte das Gefühl, sie könne ihn nicht sehen. Aber es gab keine Züge: Die London, Chatham, and Dover Railway hat vielleicht so manchen Durchbruch gerettet. Aber er musste gewusst haben, wie bitter enttäuscht sie sein würde, und der Gedanke schoß ihr durch den Kopf, dass er das Turnier verlassen und nach Hause zurückkehren würde. Vielleicht war er bereits in Court Leys und wartete; Sie fasste neuen Mut und betrachtete die wohlerinnerte Szene. Er könnte am Tor sein. Oh, was wäre das für eine Freude, was für eine Erleichterung! Aber sie kamen zum Tor, und er war nicht da; Sie fuhren zum Portikus, und er war nicht da. Bertha ging in das Haus und erwartete, ihn im Flur oder im Wohnzimmer zu finden, da sie die Kutsche nicht gehört hatte, aber er war nirgends zu finden. Und die Diener bestätigten seinen Brief.

Das Haus war leer, kalt und unwirtlich; Die Räume wirkten unbewohnt, die Möbel waren ordentlich umgestellt und Edward hatte Antimacassars auf die Stühle stellen lassen. Zur Überraschung der Hausmädchen nahm Bertha eine nach der anderen ab und warf sie wortlos in den leeren Kamin. Und dennoch fand sie es unglaublich, dass Edward wegbleiben sollte. Sie setzte sich zum Abendessen und erwartete ihn jeden Augenblick; Sie saß sehr lange auf und war sich sicher, dass er irgendwann kommen würde. Aber er kam immer noch nicht.

„Ich wünschte bei Gott, ich wäre weggeblieben."

Ihre Gedanken wanderten zurück zu den Kämpfen der letzten Wochen. Stolz, Wut, Vernunft, alles war auf der einen Seite gewesen und nur Liebe auf der anderen; und die Liebe hatte gesiegt. Die Erinnerung an Edward war ihr selten entgangen, und ihre Träume waren von seinem Bild erfüllt gewesen. Seine Briefe hatten sie in eine unbeschreibliche Erregung versetzt, der bloße Anblick seiner Handschrift hatte sie erzittern lassen, und sie wollte ihn sehen;

Sie wachte nachts mit seinen Küssen auf ihren Lippen auf. Sie flehte ihn an zu kommen, aber er wollte oder konnte nicht. Schließlich wuchs die Sehnsucht außer Kontrolle; Und da sie noch am selben Morgen den Brief, auf den sie wartete, nicht erhalten hatte, hatte sie beschlossen, jeden Vorwand des Grolls beiseite zu legen und zu kommen. Was kümmerte es sie, wenn Miss Ley lachte oder Edward einen Sieg im Kampf errang – sie konnte nicht ohne ihn leben. Er war immer noch ihr Leben und ihre Liebe.

„Oh Gott, ich wünschte, ich wäre nicht gekommen.“

Sie erinnerte sich daran, wie sie gebetet hatte, dass Edward sie so lieben möge, wie sie geliebt werden wollte, und wie sie Gott angefleht hatte, ihr Glück zu schenken. Die leidenschaftliche Rebellion nach dem Tod ihres Kindes hatte unmerklich aufgehört, und in ihrem Elend, in ihrer Einsamkeit hatte sie einen neuen Glauben gefunden. Der Glaube kommt und geht bei manchen ohne Grund; bei ihnen ist es keine Frage der Überzeugung, sondern eher der Sensibilität; und Bertha fand das Gebet in katholischen Kirchen einfacher als in den trostlosen Versammlungshäusern, an die sie gewöhnt war. Sie konnte bestimmte Worte nicht zu bestimmten Zeiten in einem bedeutungslosen Refrain aussprechen; Die Menge veranlasste sie, ihre Gefühle zu verdrängen, und ihr Herz konnte sich nur in der Einsamkeit erweitern. In Paris hatte sie stille Kapellen gefunden, die rund um die Uhr geöffnet waren und in denen sie sich ausruhen konnte, wenn die Sonne draußen zu blendend schien; und am Abend waren die Dunkelheit, der Duft von altem Weihrauch und die Stille sehr erholsam. Dann kam das einzige Licht von den Kerzen, das vor Dankbarkeit oder Hoffnung brannte und einen unruhigen, geheimnisvollen Schimmer warf; und Bertha betete ernsthaft für Edward und für sich selbst.

Aber Edward ließ sich nicht lieben und ihre Bemühungen waren alle nutzlos. Ihre Liebe war ein Juwel, das er überhaupt nicht schätzte, das er beiseite warf und sich nicht darum kümmerte, ob er es verlor. Aber sie war zu unglücklich, zu gebrochen im Geiste, um wütend zu sein. Welchen Nutzen hatte Wut? Sie wusste, dass Edward in dem, was er getan hatte, nichts Außergewöhnliches sehen würde. Nach einer erholsamen Nacht würde er zuversichtlich und zufrieden mit sich zurückkehren und sich überhaupt nicht darüber im Klaren sein, dass sie schwer verletzt worden war.

„Ich vermute, dass die Ungerechtigkeit auf meiner Seite liegt. Ich bin zu anspruchsvoll. Ich kann nicht anders.“

Sie kannte nur eine Art zu lieben, und das schien eine dumme Art zu sein. „Oh, ich wünschte, ich könnte jetzt wieder weggehen – für immer.“

Sie stand auf, frühstückte einsam und beschäftigte sich anschließend im Haus. Edward hatte angekündigt, dass er zum Mittagessen kommen würde, und war es nicht sein Stolz, sein Wort zu halten? Aber all ihre Ungeduld war verschwunden; Bertha verspürte jetzt keine besondere Angst, ihn zu sehen. Sie wollte gerade ausgehen – die Luft war warm und mild –, tat es aber nicht, für den Fall, dass Edward zurückkehren und über ihre Abwesenheit enttäuscht sein sollte.

„Was für ein Idiot bin ich, wenn ich an seine Gefühle denke! Wenn ich nicht da bin, geht er einfach seiner Arbeit nach und denkt nichts mehr an mich, bis ich auftauche."

Aber sie blieb trotzdem. Endlich kam er an, und sie beeilte sich nicht, ihn zu treffen; Sie räumte gerade Sachen in ihrem Schlafzimmer weg und fuhr fort, obwohl sie unten seine Stimme hörte. Der Unterschied zwischen ihrer intensiven und fast schmerzhaften Erwartung des vergangenen Tages und dieser gegenwärtigen Gleichgültigkeit war merkwürdig. Sie drehte sich um, als er eintrat, kam aber nicht auf ihn zu.

„Du bist also zurückgekommen? Hast du dich amüsiert?"

„Ja, eher. Aber ich sage, es ist toll, dich zu Hause zu haben. Du warst nicht wahnsinnig darüber, dass ich nicht hier war?"

„Oh nein", sagte sie lächelnd. „Es machte mir überhaupt nichts aus."

"Das ist in Ordnung. Natürlich war ich noch nie zuvor bei Lord Philip's gewesen, und ich konnte nicht in letzter Minute telegrafieren, dass meine Frau nach Hause käme und ich sie treffen müsse."

"Natürlich nicht; es hätte dich zu absurd erscheinen lassen."

„Aber ich war furchtbar krank, das kann ich Ihnen sagen. Wenn du mir erst vor einer Woche Bescheid gegeben hättest, dass du kommst, hätte ich die Einladung abgelehnt."

„Mein lieber Edward, ich bin so unpraktisch, ich weiß nie, was ich denke, und ich tue Dinge immer spontan, was mir und anderen Unannehmlichkeiten bereitet. Und ich hätte nie erwartet, dass du dir meinetwegen etwas verweigerst."

Bertha, ratlos, fast bestürzt, blickte ihren Mann erstaunt an. Sie erkannte ihn kaum. In den drei Jahren ihres gemeinsamen Lebens hatte Bertha keine Veränderung an ihm bemerkt, und mit ihrer großen Fähigkeit zur Idealisierung hatte sie immer sein Bild im Kopf gehabt, wie er erschien, als sie ihn zum ersten Mal sah, den schlanken, männlichen Jüngling von acht Jahren. und-zwanzig. Miss Ley hatte Veränderungen festgestellt, und boshafte weibliche Zungen hatten gesagt, dass es ihm schrecklich gehen würde. Aber seine Frau hatte nichts gesehen. Und die Trennung hatte ihrer Fantasie weitere Möglichkeiten gegeben. In ihrer Abwesenheit hatte sie ihn für den schönsten aller Männer gehalten und sich über seine klaren Gesichtszüge, sein blondes Haar, seine unerschöpfliche Jugend und Stärke gefreut. Die schlichten Tatsachen hätten sie enttäuscht, selbst wenn Edward das Aussehen seiner Jugend beibehalten hätte, aber als er nun auch die anderen Veränderungen sah, war der Schock extrem. Es war ein anderer Mann, den sie sah, fast ein Fremder. Craddock trug sich nicht gut; Obwohl er erst einunddreißig war, sah er viel älter aus. Er war breiter und fleischiger geworden, seine Gesichtszüge hatten ihre Zartheit verloren und das Rot seiner Wangen wurde grober. Er trug seine Kleidung schlampig und verfiel in einen schwerfälligen Gang, als wären seine Stiefel immer schwer mit Lehm; und außerdem war in ihm die Herzlichkeit und intolerante Fröhlichkeit des wohlhabenden Bauern. Edwards gutes Aussehen hatte Bertha das größte Vergnügen bereitet, und jetzt, da sie, wie es ihre Gewohnheit war, ins andere Extrem stürzte, fand sie ihn fast hässlich. Das war übertrieben, denn obwohl er nicht mehr der schlanke Jüngling ihrer ersten Bekanntschaft war, sah er auf seine massige, massige Art immer noch besser aus als die meisten Männer.

Edward küsste sie mit ehelicher Ruhe, und die Nähe wehte Bertha die starken Düfte des Hofes in die Nase, die ihn, egal wie er gekleidet war, ständig umhingen. Sie wandte sich ab und verbarg kaum einen kleinen Schauer des Ekels. Dennoch waren es die gleichen männlichen Gerüche, die sie einst vor Verlangen fast ohnmächtig gemacht hatten.

Kapitel XXIV

Berthas Vorstellungskraft erlaubte es ihr selten, die Dinge anders als in einem falschen Licht zu sehen; Manchmal wurden sie im Glanz des Ideals ausgeblendet, während bei anderen der Prozess völlig umgekehrt verlief. Es war erstaunlich, dass eine so kurze Pause die Gewohnheit von drei Jahren hätte zerstören können; aber es war offensichtlich, dass Edward ein Fremder geworden war, so dass sie es als lästig empfand, mit ihm das gleiche Zimmer zu teilen. Sie sah ihn jetzt mit gelblichen Augen und sagte sich, dass sie endlich sein wahres Gesicht entdeckt hatte. Der arme Edward zahlte viel, weil die verstohlenen Jahre ihn seiner Locken beraubt und ihm im Gegenzug einen Überfluss an Fett beschert hatten; denn Verantwortung, der Ostwind und ein gutes Leben hatten seinen Zügen die Härte genommen und seine Wangen überfüllt erscheinen lassen.

Tatsächlich war Berthas Liebe so plötzlich verschwunden, wie sie aufgetaucht war, und sie begann, ihren Mann ernsthaft zu verabscheuen. Sie hatte sich einen gewissen Teil von Miss Leys analytischer Fähigkeit angeeignet, die sie nun mit zerstörerischer Wirkung auf Edwards Charakter einsetzte. Ihre Abwesenheit hatte die Gefahr für Edward auf andere Weise erhöht, denn die Luft von Paris hatte sie beschwingt und ihren Verstand geschärft, so dass ihre Wachsamkeit, Fehler zu finden, verdoppelt wurde und ihre Ungeduld gegenüber dem Alltäglichen und dem Dummen, Extreme. Und Bertha stellte bald fest, dass die Gedanken ihres Mannes nicht nur alltäglich, sondern ganz normal waren. Seine Unwissenheit schien nicht mehr rührend, sondern nur noch beschämend; seine Vorurteile waren nicht mehr amüsant, sondern verachtenswert. Sie war empört darüber, dass sie sich vor einem Mann mit so engstirnigem Geist und so unbedeutendem Charakter so erniedrigt hatte. Sie konnte sich nicht vorstellen, wie sie ihn jemals leidenschaftlich geliebt hatte. Er war in die dümmste Routine verwickelt. Es irritierte sie über alle Maßen, die Regelmäßigkeit zu sehen, mit der er die verschiedenen Abläufe auf seiner Toilette durchlief. Sie war empört über seine Anmaßung, seine Selbstzufriedenheit und seine bewusste Rechtschaffenheit. Edwards Geschmack an Büchern, Bildern und Musik war verachtenswert; und sein Anspruch, über solche Angelegenheiten zu urteilen, erfüllte Bertha mit Verachtung. Zuerst hatten seine Mängel sie nicht beeinträchtigt, und später tröstete sie sich mit der offensichtlichen Binsenweisheit, dass ein Mann zwar keine Ahnung von allen Künsten habe und dennoch alle Tugenden der Welt besitzen könne. Aber jetzt war sie weniger wohltätig. Bertha fragte sich, dass ihr Mann, da er so gut lesen und schreiben konnte wie die meisten Hochschullehrer, sich kompetent fühlen sollte, Bücher zu beurteilen — auch ohne sie zu lesen. Natürlich war es höchst unvernünftig, dem armen Mann die Schuld für eine Schwäche zu geben, die der überwiegenden Mehrheit der

Menschheit gemeinsam ist. Jeder, der einen Stift halten kann, ist von seiner Fähigkeit zur Kritik überzeugt, und zwar von der Fähigkeit, hochmütig zu kritisieren. Dem Durchschnittsbürger kommt nie in den Sinn, dass, um es bescheiden zu sagen, fast so viel Kunst nötig ist, um ein Buch zu schreiben, wie um ein Pfund Tee zu verfälschen; auch nicht, dass sich der Autor mit Stil und Kontrast, Charakterisierung, Licht und Schatten und vielen anderen Dingen beschäftigt hat, zu denen die Praxis des Kurzwarenhandels, des Gemüsehandels, der Firmenwerbung oder der Schweineschlachterei keinen großen Schlüssel darstellt.

Als Edward eines Tages hereinkam, erblickte er den gelben Papiereinband eines französischen Buches, das Bertha las.

„Was, schon wieder?" sagte er. „Du hast zu viel gelesen; Es ist nicht gut für die Leute, immer zu lesen."

„Ist das Ihre Meinung?"

„Meiner Meinung nach sollte sich eine Frau nicht mit Büchern vollstopfen. Da wäre es viel besser, draußen an der frischen Luft zu sein oder etwas Sinnvolles zu tun."

„Ist das Ihre Meinung?"

„Nun, ich würde gerne wissen, warum du immer liest?"

„Manchmal, um mich selbst zu unterweisen; immer um mich zu amüsieren."

„Von einem unanständigen französischen Roman kann man viel lernen."

Bertha reichte ihm ohne zu antworten das Buch und zeigte den Titel; es waren die Briefe von *Madame de Sévigné*.

"Also?" er sagte.

„Du bist nicht klüger, lieber Edward?" fragte sie mit einem Lächeln: Eine solche Frage in einem solchen Ton rächte sie für vieles. „Du bist nicht klüger? Ich fürchte, Sie sind sehr unwissend. Sie sehen, ich lese keinen Roman, und er ist nicht unanständig. Es sind die Briefe einer Mutter an ihre Tochter, Vorbilder für Briefstil und weibliche Weisheit."

Bertha sprach absichtlich eher förmlich und ausführlich.

„Oh", sagte Edward etwas verwirrt; Er hatte das Gefühl, verwirrt gewesen zu sein, war sich aber dennoch sicher, dass er Recht hatte. Bertha lächelte provozierend.

„Natürlich", sagte er, „habe ich nichts gegen Ihre Lektüre einzuwenden, wenn sie Ihnen Spaß macht."

„Es ist sehr nett von Ihnen, das zu sagen."

„Ich behaupte nicht, Bücher zu lernen; Ich bin ein praktisch veranlagter Mensch und das ist nicht erforderlich. In meinem Geschäft stellt man fest, dass der Mann, der Bücher liest, ein Mistkerl ist!"

„Sie scheinen zu denken, dass Unwissenheit glaubwürdig ist."

„Es ist besser, ein gutes und reines Herz zu haben, Bertha, und einen reinen Geist, als jede Menge Lernen."

„Es ist besser, ein Körnchen Witz zu haben, als eine Sammlung moralischer Sägen."

„Ich weiß nicht, was Sie damit meinen, aber ich bin ganz zufrieden damit, so zu sein, wie ich bin, und ich möchte keine einzige Fremdsprache beherrschen. Englisch reicht mir völlig aus."

„Solange man ein guter Sportler ist und sich regelmäßig wäscht, glaubt man, die ganze Menschenpflicht erfüllt zu haben."

„Wenn es einen Kerl gibt, den ich nicht behalten kann, dann ist es ein dürftiger Bücherwurm."

„Ich bevorzuge ihn gegenüber der Mischung aus einem Profi-Cricketspieler und einem Türkisch-Bade-Mann."

„Bedeutet das mich?"

„Sie können es zu sich nehmen, wenn Sie möchten", sagte Bertha lächelnd, „oder es auf eine ganze Klasse anwenden ... Stört es Sie, wenn ich weiterlese?"

Bertha nahm ihr Buch; aber Edward war umso streitlustiger, da er sah, dass er den Wettbewerb bisher nicht gewonnen hatte.

„Nun, was ich sagen muss ist, wenn Sie lesen wollen, warum können Sie dann keine englischen Bücher lesen? Sicher gibt es genug. Ich denke, die Engländer sollten ihrem eigenen Land treu bleiben. Ich gebe nicht vor, französische Bücher gelesen zu haben, aber ich habe noch nie jemanden leugnen hören, dass die große Mehrheit auf jeden Fall unanständig ist und nicht zu der Art von Büchern gehört, die eine Frau lesen sollte."

„Es ist immer unvorsichtig, auf der Grundlage allgemeiner Berichte zu urteilen", antwortete Bertha, ohne aufzusehen.

„Und jetzt, wo die Franzosen sich uns gegenüber immer so schlecht benehmen, möchte ich, dass jedes französische Buch im Königreich in ein riesiges Scheiterhaufen geworfen wird. Ich bin mir sicher, dass es für uns Engländer umso besser wäre. Was wir jetzt wollen, ist Reinheit und Wiederherstellung des nationalen Lebens. Ich bin für englische Moral, englische Familien, englische Mütter und englische Gewohnheiten."

„Was mich immer wieder erstaunt, mein Lieber, ist, dass du, obwohl du ausnahmslos den *Standard liest*, immer wie der *Family Herald sprichst*!"

Bertha schenkte Edward keine weitere Aufmerksamkeit, der daraufhin begann, mit seinen Hunden zu reden. Wie die meisten leichtfertigen Menschen empfand er das Schweigen als belastend, und Bertha glaubte, dass es ihn beunruhigte, weil es selbst ihm selbst die Leere seines Geistes deutlich machte. Er redete mit jedem Lebewesen, mit den Dienern, mit seinen Haustieren, mit der Katze und den Vögeln; er konnte nicht einmal eine Zeitung lesen, ohne einen fortlaufenden Kommentar dazu abzugeben.

Es war nur eine reichhaltige Mahlzeit, die auch nur eine vorübergehende Schweigsamkeit hervorrufen konnte. Manchmal ärgerte Bertha sein unaufhörliches Geplapper so sehr, dass sie ihn, um Himmels willen, anflehen musste, den Mund zu halten. Dann blickte er mit einem gutmütigen Lachen auf.

„Habe ich Streit gemacht? Entschuldigung; Ich wusste es nicht."

Er blieb zehn Minuten lang still und begann dann, eine offensichtliche Melodie zu summen, als die es keine abscheulichere Angewohnheit gibt.

Tatsächlich gab es unzählige Meinungsverschiedenheiten zwischen den beiden. Edward war ein Mensch, der den Mut hatte, seine Meinung zu vertreten, und diese vertrat er mit einer Entschlossenheit, die seinem Mangel an Wissen entsprach. Er mochte auch alles nicht, was seinem etwas beschränkten Verstand nicht klar war, und neigte dazu, es für unmoralisch zu halten. Musik zum Beispiel war seiner Meinung nach eine englische Kunst, die in einigen sehr einfachen Melodien seiner Kindheit ihren Höhepunkt erreichte. Bertha spielte gut Klavier und sang mit einer kultivierten Stimme, aber Edward lehnte ihre Darbietungen ab, denn egal, ob sie sang oder spielte, es gab nie eine ausgelassene Melodie, in die sich ein Bursche hineinversetzen konnte. Man muss zugeben, dass Bertha übertrieben hat und dass sie, wenn in der Nachbarschaft ein langweiliger Musiknachmittag stattfand, ein böswilliges Vergnügen daran hatte, eine lange Rezitativform einer Wagner-Oper zu spielen, mit der niemand recht anfangen konnte.

Bei einer solchen Gelegenheit im Glovers wandte sich die älteste Miss Hancock an Edward und bemerkte das bewundernswerte Spiel seiner Frau. Edward war ein wenig verärgert, denn alle hatten heftig applaudiert und für ihn waren die Geräusche völlig bedeutungslos gewesen.

„Nun, ich bin ein einfacher Mann", sagte er, „und es macht mir nichts aus, zuzugeben, dass ich die Sachen, die Bertha spielt, nie verstehen kann."

„Oh, Mr. Craddock, nicht einmal Wagner?" sagte Miss Hancock, die genauso gelangweilt gewesen war wie Edward, es aber um alles in der Welt nicht gestanden hätte; Ich vertrete die gegenteilige, bescheidene Meinung, dass die einzig wirklich bewundernswerten Dinge diejenigen sind, die man nicht verstehen kann.

Bertha sah ihn an und erinnerte sich an ihren Traum, dass sie abends gemeinsam am Klavier sitzen und stundenlang spielen sollten: Tatsächlich hatte er sich immer geweigert, von seinem Stuhl aufzustehen, und war regelmäßig eingeschlafen.

„Meine Vorstellung von Musik ähnelt der von Dr. Johnson", sagte Edward und sah sich um, um Zustimmung zu erhalten.

„Ist Saul auch unter den Propheten?" murmelte Bertha.

„Wenn ich ein schwieriges Stück höre, wünschte ich, es wäre unmöglich."

„Du vergisst, Liebes", sagte Bertha und lächelte süß, „dass Dr. Johnson ein sehr schlecht erzogener alter Mann war, den die liebe Fanny keine Minute lang in ihr Wohnzimmer gelassen hätte."

„Singen Sie jetzt, Edward", sagte Miss Glover; „Wir haben dich schon so lange nicht gehört."

„Oh Gott sei Dank", erwiderte er, „mein Gesang ist zu altmodisch. Meine Lieder haben alle eine Melodie und ein gewisses Gefühl – sie sind nur für die Küche geeignet."

„Oh, bitte geben Sie uns *Ben Bolt* ", sagte Miss Hancock, „wir sind alle so begeistert davon."

Edwards Repertoire war begrenzt und jeder kannte seine Lieder auswendig.

„Alles, was uns gefällig ist", sagte er.

Tatsächlich sang er gern, und der Applaus klang immer dankbar in seinen Ohren.

„Soll ich dich begleiten, Liebes?" sagte Bertha.

" Oh! Erinnerst du dich nicht an die süße Alice, Ben Bolt,
die süße Alice mit so haariger Stirn?
Sie weinte vor Freude, als du sie anlächelst,
und zitterte vor Angst, als du die Stirn runzeltest. "

Einst hatte Bertha einen subtilen Reiz in diesen angenehmen Gefühlen und in der ehrlichen Melodie gefunden, die sie schmückte; Aber es war nicht verwunderlich, dass die ständige Wiederholung sie ein wenig gefühllos gemacht hatte. Edward sang das Lied in einem einfachen, heimeligen Stil – was dasselbe ist, als würde man sagen, überhaupt ohne Stil – und er verwendete dabei viel Pathos. Aber Berthas Geist war nicht nachsichtig, sie war ihm eine Gegenleistung für den unnötigen Angriff auf ihr Spiel schuldig; und sie kam auf die Idee, die Begleitung mit kleinen Trillern und Schnörkeln zu verbessern, was sie ungemein amüsierte, ihren Mann jedoch ziemlich verunsicherte. Schließlich, gerade als seine Stimme vor Rührung über den verstorbenen grauhaarigen Schulmeister immer flacher wurde, mischte sie die Klänge von „ *Blue Bells of Scotland*" und „*God Save the Queen*" *ein* , so dass Edward zusammenbrach. Diesmal war seine ausgeglichene Stimmung gestört.

„Ich sage, ich kann nicht singen, wenn du den Narren spielst. Du verdirbst die ganze Sache."

„Es tut mir sehr leid", lachte Bertha. „Ich habe vergessen, was ich getan habe. Fangen wir noch einmal von vorne an."

„Nein, ich werde nicht mehr singen. Du verdirbst die ganze Sache."

"Frau. Craddock hat kein Herz", sagte Miss Hancock.

„Ich glaube nicht, dass es fair ist, über so ein altes Lied zu lachen", sagte Edward. „Schließlich kann jeder spotten ... Meine Vorstellung von Musik ist etwas, das einem das Herz berührt – ich bin kein sentimentaler Kerl, aber *Ben Bolt* treibt mir jedes Mal, wenn ich es singe, fast die Tränen in die Augen."

Bertha konnte sich nur mit Mühe der Erwiderung enthalten, dass sie manchmal auch zum Weinen geneigt war – besonders, wenn er verstimmt sang. Alle sahen sie an, als ob sie sich sehr schlecht benommen hätte, während sie Edward ruhig anlächelte. Aber sie war nicht amüsiert. Auf dem Heimweg fragte sie ihn, ob er wisse, warum sie sein Lied verdorben habe.

„Ich weiß es sicher nicht – es sei denn, du warst in einem deiner wilden Gemüter. Ich nehme an, es tut dir jetzt leid."

„Überhaupt nicht", antwortete sie lachend. „Ich dachte vorhin, du wärst unhöflich zu mir und wollte dich ein wenig bestrafen. Manchmal bist du wirklich zu hochnäsig... Und außerdem habe ich etwas dagegen, wenn man in der Öffentlichkeit Vorwürfe macht. Sie werden in Zukunft die Güte haben, Ihre Auflagen beizubehalten, bis wir allein sind."

„Ich hätte gedacht, dass du mittlerweile ein bisschen gutmütige Spreu verträgst."

„Oh, das kann ich, lieber Edward. Nur ist Ihnen vielleicht aufgefallen, dass ich ziemlich schnell darin bin, mich zu verteidigen."

„Was meinst du damit?"

„Nur, dass ich schrecklich sein kann, wenn ich will, und Sie werden gut daran tun, sich nicht einer öffentlichen Brüskierung auszusetzen."

Edward hatte von seiner Frau noch nie eine so ruhig ausgesprochene Drohung gehört, und es beeindruckte ihn einigermaßen.

Aber im Allgemeinen unterdrückte Bertha den Sarkasmus, der ihr ständig auf der Zunge lag. Sie schätzte in ihrem Herzen den Zorn und den Hass, den ihr Mann hervorrief, und fühlte, dass es eine Genugtuung war, endlich von der Liebe zu ihm befreit zu sein. Rückblickend waren die Fesseln, die sie gefesselt hatten, unerträglich schwer. Und es war eine süße Rache, obwohl er nichts davon wusste, dem Idol seinen Hermelinumhang, seine Krone und den Schmuck seiner Souveränität zu entreißen. In seiner Nacktheit war er eine bedauernswerte Figur.

Edward war sich dessen völlig bewusstlos. Er war wie ein Verrückter, der in einem Irrenhaus über ein imaginäres Königreich herrschte; Er sah nicht, wie sich Berthas Lippen über eine seiner dummen Bemerkungen kräuselten, noch die Verachtung, mit der sie ihn behandelte. Und da sie viel weniger anspruchsvoll war, war er weitaus glücklicher als zuvor. Der ironische Philosoph könnte einen Grund zum Moralisieren in der Tatsache finden, dass er die Ehe erst völlig zufriedenstellend fand, als Bertha anfing, Edward zu hassen. Er sagte sich, dass der Auslandsaufenthalt seiner Frau ihr sehr gut getan und sie der Vernunft weit zugänglicher gemacht habe. Mr. Craddocks Grundsätze waren natürlich völlig richtig; Er hatte ihr reichlich Auslauf geboten und ihr Gekicher ignoriert, und nun war sie zum Schlafen nach Hause gekommen. Es gibt nichts Besseres als Kenntnisse in der Landwirtschaft und eine Vertrautheit mit den Gewohnheiten von Haustieren, um einem Mann beizubringen, wie er mit seiner Frau umgeht.

Kapitel XXV

Wenn die Götter, die ihren Witz an vielen unerwarteten Orten verstreuen, so dass er manchmal unter der Mitra des Bischofs und einmal in tausend Jahren unter der Krone eines Königs zu finden ist, Edward dieses Gut im Wert von zwei Pennys gegeben hätten, hätte er es zweifellos getan war sowohl ein großartiger als auch ein guter Mann. Das Glück lächelte ihm ununterbrochen zu; er genoss den Neid seiner Nachbarn; Er wirtschaftete mit Gewinn, und nachdem er den rebellischen Geist seiner Frau gezähmt hatte, freute er sich über häusliches Glück. Und es muss beachtet werden, dass er nur entsprechend seinen Verdiensten belohnt wurde. Er ging mit aufrichtigem Geist und zufriedenem Geist den Weg entlang, den ihm die barmherzige Vorsehung vorgezeichnet hatte. Ein starkes Pflichtbewusstsein, die Grundsätze, die er sich auf dem Schoß seiner Mutter angeeignet hatte, und die Überzeugung von seinen eigenen Verdiensten trugen ihm den Weg. Schließlich erwartete ihn eine Abordnung, die ihm vorschlug, für die in Kürze stattfindende Wahl zum Kreisrat zu kandidieren. Er war inoffiziell über das Projekt informiert worden und empfing Herrn Atthill Bacot mit sieben Ausschussmitgliedern in seinem Gehrock und einem Auftreten voller Verantwortung. Er sagte ihnen, er könne nichts überstürzen, müsse die Angelegenheit prüfen und werde ihnen seine Entscheidung mitteilen. Aber Edward hatte sich bereits dazu entschlossen, die Einladung anzunehmen, und nachdem er die Abordnung zur Tür geführt hatte, ging er zu Bertha.

„Es sieht gut aus", sagte er, nachdem er ihr die Einzelheiten mitgeteilt hatte. Der Distrikt Blackstable, für den Edward zu kandidieren aufgefordert wurde, bestand hauptsächlich aus Fischern und war äußerst radikal. „Der alte Bacot sagte, ich sei der einzige gemäßigte Kandidat, der eine Chance hätte."

Bertha war zu erstaunt, um zu antworten. Sie hatte eine so schlechte Meinung von ihrem Mann, dass sie nicht verstehen konnte, warum um alles in der Welt sie ihm ein solches Angebot machen sollten. Sie dachte in Gedanken über mögliche Gründe nach.

„Es ist eine zerreißende Sache für mich, nicht wahr?"

„Aber du denkst nicht daran anzunehmen?"

"Nicht? Natürlich bin ich. Was denken *Sie*!" Das war keine Anfrage, sondern ein Ausruf.

„Sie haben sich nie für die Politik engagiert; Du hast noch nie in deinem Leben eine Rede gehalten."

Sie glaubte, er würde sich lächerlich machen, und entschloss sich sowohl für sie als auch für ihn, ihn am Stehen zu hindern. „Er ist zu unwissend!" Sie dachte.

"Was! Ich habe bei Cricket-Dinnern Reden gehalten; Du stellst mich auf die Beine und ich werde etwas sagen."

„Aber das ist etwas anderes – Sie wissen nichts über den County Council."

„Alles, was Sie tun müssen, ist, sich um Dampfwalzen zu kümmern und Rotzpferde töten zu lassen. Ich weiß alles darüber."

Es gibt nichts Schwierigeres, als Menschen davon zu überzeugen, dass sie nicht allwissend sind. Bertha übertrieb den Ernst der Angelegenheit und hielt es für Scharlatan, einen Posten ohne Wissen und ohne Fähigkeit zu übernehmen. Glücklicherweise ist das nicht die Meinung der Mehrheit, sonst könnte die Regierung dieses aufgeklärten Landes nicht weitermachen.

„Ich hätte gedacht, dass du dich freuen würdest, wenn ich in der Welt mitgenommen würde", sagte Edward, etwas beleidigt darüber, dass seine Frau nicht hinfiel und anbetete.

„Ich möchte nicht, dass du dich lächerlich machst, Edward. Sie haben mir oft gesagt, dass Sie sich nicht mit Büchern befassen; und es kann Ihre Gefühle nicht verletzen, wenn ich sage, dass Sie völlig unwissend sind. Ich glaube nicht, dass es ehrlich ist, eine Position einzunehmen, die man nicht besetzen kann."

„Ich – nicht kompetent?" rief Edward überrascht. „Das ist gut! Auf mein Wort, ich neige nicht dazu, zu prahlen, aber ich muss sagen, ich halte mich für die meisten Dinge für kompetent ... Fragen Sie einfach den alten Bacot, was er von mir hält, und das wird Ihnen die Augen öffnen. Tatsache ist, dass mich alle schätzen, außer Ihnen, aber man sagt, ein Mann sei seinem Kammerdiener gegenüber nie ein Held.

„Dein Sprichwort ist sehr treffend, lieber Edward ... Aber ich habe nicht die Absicht, dich bei irgendeinem deiner Pläne zu durchkreuzen. Ich dachte nur, dass du nicht wüsstest, was du vorhast, und dass ich dich vielleicht vor einer Demütigung bewahren könnte."

„Demütigung, wo? Puh, du denkst, ich werde nicht gewählt. Nun, schauen Sie mal, ich wette um jeden Preis, dass ich bei der Umfrage als Erster hervorstehe."

Am nächsten Tag schrieb Edward an Herrn Bacot und brachte seine Freude darüber zum Ausdruck, dass er sich den Ansichten der Konservativen Vereinigung anschließen konnte; und Bertha, die wusste, dass kein Argument ihn von seinem Vorhaben abbringen konnte, beschloss, ihn zu trainieren, damit er sich nicht allzu arrogant lächerlich machte. Ihre Ängste waren proportional zu ihrer Einschätzung von Edwards Fähigkeiten! Sie schickte nach London, um Broschüren und Blaubücher über die Rechte und Pflichten des County Council zu holen, und bat Edward, sie zu lesen. Aber in seiner selbstbewussten Art hat er sie verarscht und gelacht, wenn sie es selbst gelesen hat, um es ihm beibringen zu können.

„Ich will diesen ganzen Mist nicht wissen", rief er. „Alles, was ein Mann will, ist Mut. Warum, nehmen Sie an, dass ein Mann, der ins Parlament geht, irgendetwas über Politik weiß? Natürlich tut er das nicht."

Bertha war empört darüber, dass ihr Mann mit seinem Analphabetismus so zufrieden war und sich entschieden weigerte, es zu lernen. Erst wenn ein Mensch viel weiß, erkennt er, wie unergründlich seine Unwissenheit ist. Edward, der so wenig wusste, war überzeugt, dass es wenig zu wissen gab, und fühlte sich daher ziemlich sicher, dass er alles Notwendige wusste. Er hätte leichter davon überzeugt werden können, dass der Mond aus grünem Käse bestand, als dass es ihm an den allerersten Grundlagen des Wissens mangelte.

Zu dieser Zeit fanden auch die Bezirksratswahlen in London statt, und Bertha, in der Hoffnung, Edward nützliche Hinweise zu geben, las fleißig die Rede, die sie anlässlich gaben. Aber er weigerte sich, zuzuhören.

„Ich möchte nicht die Dinge anderer Männer kritisieren. Ich werde alleine reden."

„Warum schreibst du nicht eine Rede auf und lernst sie auswendig?"

Bertha bildete sich das ein, um ihn ein wenig zu beeinflussen und sich und ihm die Demütigung völliger Lächerlichkeit zu ersparen.

„Der alte Bacot sagt, wenn er eine Rede hält, vertraut er immer auf die Eingebung des Augenblicks. Er sagt, dass Fox seine besten Reden hielt, als er blind betrunken war."

„Wissen Sie, wer Fox war?" fragte Bertha.

„Irgendein alter Puffer oder so, der Reden gehalten hat."

Es kam der Tag, an dem Edward zum ersten Mal im Rathaus von Blackstable eine Ansprache an seine Wähler hielt; und eine Woche lang waren an jeder Wand und in jedem Geschäft Plakate angebracht worden, auf denen die frohe Botschaft verkündet wurde. Mr. Bacot kam nach Court Leys und rieb sich die Hände.

„Wir werden ein volles Haus haben. Es wird ein großer Erfolg. Der Saal wird 400 Personen fassen und ich denke, dass es keine Stehplätze geben wird. Ich gehe davon aus, dass Sie danach bei einem überfüllten Treffen im Forresters Hall eine Rede halten müssen."

„Ich werde bei so vielen Meetings, wie Sie möchten, Vorträge halten", antwortete Edward.

Bertha wurde immer nervöser. Sie rechnete mit einem schrecklichen Zusammenbruch; Sie wussten nicht – genau wie sie –, wie begrenzt Edwards Intelligenz war! Sie wollte zu Hause bleiben, um der Tortur zu entgehen, aber Mr. Bacot hatte einen prominenten Platz auf dem Bahnsteig für sie reserviert.

„Bist du nervös, Eddie?" sagte sie und fühlte sich ihm seit seinem bevorstehenden Prozess wohlwollender gegenüber.

„Ich, nervös? Warum muss ich nervös sein?"

Der Saal war tatsächlich vollgestopft mit der eifrigsten, stinkendsten und enthusiastischsten Menschenmenge, die Bertha je gesehen hatte. Die Gasdüsen flammten laut auf und warfen grobe Lichter auf die Menschen, Seeleute, Handwerker, Arbeiter und Jungen. Auf dem Podium saßen im Halbkreis wie die unsterblichen Götter die Persönlichkeiten der Nachbarschaft, bis ins Mark Konservative. Bertha sah sich besorgt um, versuchte sich aber mit dem Gedanken zu beruhigen, dass es dumme Menschen seien und sie keinen Grund habe, vor ihnen zu zittern.

Dann übernahm der Pfarrer den Vorsitz und stellte Herrn Craddock mit ein paar wohlgewählten Worten vor.

"Herr. Craddock braucht wie guter Wein keinen Busch. Sie alle kennen ihn und eine Vorstellung ist überflüssig. Dennoch ist es üblich, bei einer solchen Gelegenheit ein paar Worte im Namen des Kandidaten zu sagen, und es macht mir große Freude usw. usw. ..."

Jetzt stand Edward auf und Berthas Blut gefror. Sie wagte es nicht, das Publikum anzusehen. Er ging mit den Händen in den Taschen voran – er hatte darauf bestanden, sich in einen Gehrock und die trostlosesten Pfeffer- und-Salz-Hosen zu hüllen.

"Herr. Vorsitzender, meine Damen und Herren – ich bin es nicht gewohnt, in der Öffentlichkeit zu sprechen ..."

Bertha blickte erschrocken auf. Konnte ein Mann am Ende des 19. Jahrhunderts ernsthaft eine Rede mit diesen Worten beginnen? Aber er machte keine Witze; Er fuhr ernst fort, und als Bertha sich umsah, bemerkte sie nicht den Anflug eines Lächelns. Edward war nicht im Geringsten nervös, er kam schnell in den Schwung seiner Rede – und es war schrecklich! Er führte jede abgedroschene Phrase ein, die er kannte, er mischte Slang unpassend mit pompöser Sprache; und seine albernen Witze, Kastanien von großem Alter, ließen Bertha sich winden und schaudern. Sie wunderte sich, dass er mit dieser Selbstbeherrschung weitermachen konnte. Sah er nicht, dass er sich völlig absurd machte? Sie wagte nicht aufzuschauen, aus Angst, das Kichern von Mrs. Branderton und den Hancocks zu hören: „Man sieht, was er war, bevor er Miss Ley heiratete. Natürlich ist er ein ziemlich ungebildeter Mann ... Ich frage mich, ob seine Frau ihn nicht daran gehindert hat, sich so zur Schau zu stellen. Die Grammatik davon, meine Liebe; und die Witze und die Geschichten!!!"

Bertha ballte die Hände, wütend, weil die Röte der Scham ihre Wangen nicht verlassen wollte. Die Rede war noch schlimmer, als sie erwartet hatte. Er benutzte die längsten Wörter und war gezwungen, seinen Satz unvollendet zu lassen, da er sich in seiner eigenen Ausführlichkeit verstrickte. Er begann eine Periode mit aufwändigem Schnörkel und watschelte verwirrt bis in die zahmste Alltäglichkeit: Er war wie ein Mann, der sich aufmachte, die Anden zu erkunden, und dann, als er seine Meinung änderte, einen Spaziergang durch die Burlington Arcade machte. Wie lange würde es dauern, fragte Bertha, bis das Publikum in Spott und Fauchen ausbrach? Sie segnete sie für ihre Geduld. Und was würde danach passieren? Würde Herr Bacot Edward bitten, sich von der Kandidatur zurückzuziehen? Und wenn Edward sich weigerte, wäre es dann notwendig, ihm zu sagen, dass er wirklich ein zu großer Narr war? Bertha sah bereits das heimliche Hohnlächeln ihrer Nachbarn.

„Oh, ich wünschte, er würde fertig werden!" sie murmelte zwischen ihren Zähnen. Die Qual und die Demütigung waren unerträglich.

Aber Edward redete immer noch und gab keine Anzeichen einer bevorstehenden Beendigung preis. Bertha dachte kläglich, dass er immer langatmig gewesen sei: Wenn er sich nur schnell hinsetzen würde, wäre der Fehler vielleicht nicht irreparabel. Er machte ein abscheuliches Wortspiel und alle riefen: „Oh!" Oh! Bertha zitterte und biss die Zähne zusammen; sie musste es jetzt bis zum Ende ertragen – warum sollte er sich nicht setzen? Dann erzählte Edward eine landwirtschaftliche Geschichte und das Publikum brüllte vor Lachen. Ein Hoffnungsschimmer erwachte in Bertha: Vielleicht rettete ihn seine absolute Vulgarität vor den vulgären Leuten, die die große Masse des Publikums bildeten. Aber was müssen die Brandertons, die Molsons, die Hancocks und alle anderen sagen? Sie müssen ihn völlig verachten.

Aber es sollte noch schlimmer kommen. Edward kam zu seiner Schlussrede und ein paar Bemerkungen zur aktuellen Politik (von denen er überhaupt keine Ahnung hatte) brachten ihn in sein Land, England, seine Heimat und Schönheit. Er drehte den Hahn des Patriotismus voll auf; es gurgelte in einem Bach. Er blies die Penny-Trompeten der englischen Reinheit und die Blechpfeifen des britischen Empire und schlug die große Trommel der großen angelsächsischen Rasse. Er dankte Gott, dass er ein Engländer war und nicht wie andere. Tommy Atkins, Jack Tar und Mr. Rudyard Kipling tanzten einen Jig zu den Klängen der *britischen Grenadiere* ; und Mr. Joseph

Chamberlain vollführte einen *Pas Seul* im Stil von *Yankee Doodle* . Zuletzt schwenkte er den Union Jack.

Die schreckliche Sentimentalität, der schlechte Geschmack und die Alltäglichkeit beschämten Bertha. Es war schrecklich, sich vorzustellen, wie unedel der Geist eines Mannes sein musste, der sich mit dem Ausdruck solcher Gefühle den Mund verderben konnte.

Schließlich setzte sich Edward. Für einen Moment schwieg das Publikum – für den kürzesten Moment; und brach dann mit lauter Kehle in tosenden Applaus aus. Es war kein oberflächliches Händeklatschen; Sie standen wie ein Mann auf und schrien und brüllten vor Begeisterung.

„Guter alter Teddy", rief eine Stimme. Und dann war die Luft erfüllt mit: *Denn er ist ein richtig guter Kerl* . Mrs. Branderton stand auf einem Stuhl und wedelte mit ihrem Taschentuch; Miss Glover klatschte in die Hände, als wäre sie kein Automat mehr.

„War es nicht vollkommen großartig?" sie flüsterte Bertha zu.

Jeder auf dem Bahnsteig war außer sich vor Freude. Mr. Bacot schüttelte Edward herzlich die Hand. Mrs. Mayston Ryle fächelte sich verzweifelt Luft zu. In der Sprache der Journalisten kann man die Szene durchaus als eine Szene beispielloser Begeisterung beschreiben. Bertha war sprachlos.

Mr. Bacot sprang auf.

„Ich muss Herrn Craddock zu seiner hervorragenden Rede gratulieren. Ich bin mir sicher, dass es für uns alle eine Überraschung ist, dass er sich als so fließender Redner erweisen kann, mit solch einem Fundus an Humor und – ähm – und gesundem Menschenverstand. Und was noch wertvoller ist: Seine letzten Worte haben uns bewiesen, dass sein Herz – sein Herz, meine Herren – am rechten Fleck ist, und das sagt viel aus. Tatsächlich weiß ich nichts Besseres, was man über einen Mann sagen kann, als dass sein Herz am rechten Fleck ist. Sie kennen mich, meine Damen und Herren, ich habe viele Reden vor Ihnen gehalten, seit ich 1985 die Ehre hatte, für den Wahlkreis zu kandidieren, aber ich muss gestehen, dass ich selbst keine bessere Rede halten könnte als die, die Sie gerade gehört haben. "

„Du könntest – du könntest!" rief Edward bescheiden.

„Nein, Herr Craddock, nein; Ich behaupte bewusst und ernst, dass ich es selbst nicht besser machen könnte. Von meinen Schultern lasse ich den Mantel fallen und gebe ihm –"

Hier wurde Mr. Bacot von der lautstarken Stimme des Wirts des *Pig and Whistle* (einem fanatischen Konservativen) unterbrochen.

„Ein Hoch auf den guten alten Teddie!"

„Stimmt, meine Jungs", wiederholte Mr. Bacot und unterbrach ihn ausnahmsweise mal richtig, „Ein Hoch auf den guten alten Teddy!"

Das Publikum öffnete seinen mächtigen Mund und brüllte, dann brach es erneut aus: „ *Denn er ist ein richtig guter Kerl* !" Als der Tumult nachließ, erhob sich Arthur Branderton von seinem Stuhl und rief zu weiteren Jubelrufen auf. Der Gegenstand all dieser Begeisterung saß ruhig da, mit einem wohlzufriedenen Gesichtsausdruck, und nahm alles mit seiner üblichen bescheidenen Selbstzufriedenheit auf. Schließlich endete das Treffen mit Jubelrufen und *Gott schütze die Königin* , und *Er ist ein wirklich guter Kerl* . Das Komitee und die persönlichen Freunde der Craddocks zogen sich für eine leichte Erfrischung in den Nebenraum zurück.

Die Damen versammelten sich um Edward und gratulierten ihm. Arthur Branderton kam zu Bertha.

„Zerreißende Rede, nicht wahr?" er sagte. „Ich hatte keine Ahnung, dass er so kiefern kann. Bei Gott, es hat mich einfach mitgerissen."

Bevor Bertha antworten konnte, segelte Mrs. Mayston Ryle herein.

„Wo ist der Mann?" sie weinte in ihren lauten Tönen. "Wo ist er? Zeigen Sie ihn mir... Mein lieber Mr. Craddock, Ihre Rede war perfekt. Ich sage es."

„Und so geschmackvoll", sagte Miss Hancock mit leuchtenden Augen. „Wie stolz Sie auf Ihren Mann sein müssen, Mrs. Craddock!"

„Die Radikalen haben jetzt keine Chance", sagte der Pfarrer und rieb sich die Hände.

„Oh, Mr. Craddock, lassen Sie mich in Ihre Nähe kommen", rief Mrs. Branderton. „Ich habe zwanzig Minuten lang versucht, an Sie heranzukommen ... Sie haben die schrecklichen Radikalen einfach ausgelöscht; Ich konnte nicht anders als zu weinen, du warst so erbärmlich."

„Man kann sagen, was man will", flüsterte Miss Glover ihrem Bruder zu, „aber es gibt nichts Schöneres auf der Welt als Gefühle." Ich fühlte, wie mir einfach das Herz platzte."

"Herr. Craddock", fügte Frau Mayston Ryle hinzu, „Sie haben mir gefallen! Wo ist deine Frau, damit ich es ihr sagen kann?"

„Es ist die beste Rede, die wir je hier unten gehalten haben", rief Frau Branderton.

„Das ist das einzig Wahre, was ich Sie seit zwanzig Jahren sagen gehört habe, Mrs. Branderton", antwortete Mrs. Mayston Ryle und blickte Mr. Atthill Bacot eingehend an.

Kapitel XXVI

Wenn Lord Roseberry eine Rede hält, berichten sogar die Tagebücher seiner eigenen Partei in der Ich-Form und in voller Länge über ihn; und dies soll das höchste Ziel des Politikers sein. Nachdem er eine solche Auszeichnung erreicht hat, bleibt ihm nichts anderes übrig als ein ehrenvoller Tod und eine öffentliche Beerdigung in der Westminster Abbey. Nun hat die *Blackstable Times* Edwards erstem Versuch diese Ehre zuteil werden lassen; es war mit zahllosen „*Ich*"-Schriftzügen bedruckt; Die Grammatik wurde korrigiert und die Register eingefügt, genau wie bei den wichtigsten Rednern. Edward kaufte ein Dutzend Exemplare und las die Rede jeweils vollständig durch, um sicherzustellen, dass seine Gefühle richtig zum Ausdruck kamen und dass es keine Druckfehler gab. Er gab es Bertha und stand neben ihr, während sie las.

„Sieht gut aus, nicht wahr?" er sagte.

"Prächtig!"

„Übrigens, ist Tante Pollys Adresse 72 Eliot Mansions?"

"Ja. Warum?"

Ihr fiel die Kinnlade herunter, als sie sah, wie er ein halbes Dutzend Exemplare der *Blackstable Times zusammenrollte* und das Deckblatt ansprach.

„Ich bin sicher, sie würde meine Rede gerne lesen. Und es könnte ihre Gefühle verletzen, wenn sie davon erfuhr und ich ihr den Bericht nicht geschickt hätte."

„Oh, ich bin sicher, sie würde es sehr gerne sehen. Aber wenn Sie sechs Exemplare verschicken, bleibt keines mehr übrig – für andere Leute."

„Oh, ich kann leicht mehr bekommen. Der Redakteur sagte mir, ich könnte tausend haben, wenn ich wollte. Ich schicke ihr sechs, weil ich vermute, dass sie einige davon gerne an ihre Freunde weiterleiten würde."

Mit der Post kam Miss Leys Antwort.

Mein lieber Edward, ich habe alle sechs Exemplare Ihrer Rede mit größtem Interesse durchgelesen; und ich denke, Sie werden mir zustimmen, dass es ein großer Beweis für seine Verdienste ist, dass ich es beim sechsten Mal mit ebenso unermüdlicher Aufmerksamkeit wie beim ersten Mal lesen konnte. Ich bin davon überzeugt, dass die Schlussbemerkung in der Tat keine Bekanntschaft sein könnte. Es ist so wahr, dass „jeder Engländer eine Mutter hat" (vorausgesetzt natürlich, dass ein früher Tod ihn nicht ihrer Mutter beraubt hat). Es ist merkwürdig, wie man die Wahrheit mancher Dinge erst dann erkennt, wenn man darauf hinweist; wenn die einzige Überraschung darin besteht, sie noch nie zuvor gesehen zu haben. Ich hoffe, es wird Sie nicht beleidigen, wenn ich behaupte, dass Berthas

Edward las den Brief und warf ihn lachend Bertha zu. „Was für eine Frechheit, dass sie vorschlägt, dass du mir geholfen hast! Ich mag es."

„Ich werde ihr sofort schreiben und sagen, dass es ganz dein Eigentum ist."

Bertha konnte die Bewunderung, die ihr Mann erregte, noch immer kaum glauben. Da sie seine extreme Unfähigkeit kannte, war sie erstaunt darüber, dass der Rest der Welt ihn für einen ungewöhnlich klugen Kerl halten sollte. Für sie waren seine Ansprüche lediglich lächerlich; sie wunderte sich, dass er es wagen sollte, mit dogmatischer Unbefangenheit über Themen zu diskutieren, von denen er nichts wusste; aber sie wunderte sich noch mehr darüber, dass die Leute dadurch beeindruckt waren: Er hatte eine erstaunliche Fähigkeit, seine Unwissenheit zu verbergen.

Endlich war der Wahltag gekommen, und Bertha wartete in Court Leys gespannt auf das Ergebnis. Edward erschien schließlich strahlend.

"Was habe ich dir gesagt?" sagte er.

„Ich sehe, du bist reingekommen."

„Eingekommen ist nicht das richtige Wort dafür! Was habe ich dir gesagt, was? Mein liebes Mädchen, ich habe sie alle einfach umgehauen. Ich habe doppelt so viele Stimmen bekommen wie der andere, und es ist die größte Umfrage, die sie je hatten ... Sind Sie nicht stolz darauf, dass Ihr Mann Bezirksrat sein sollte? Ich sage Ihnen, ich werde Abgeordneter sein, bevor ich sterbe."

„Ich gratuliere Ihnen – von ganzem Herzen", sagte Bertha trocken; aber ich versuche, enthusiastisch zu sein.

Edward bemerkte in seiner Aufregung nicht ihre Kühle. Er ging im Raum auf und ab und schmiedete Pläne – und fragte sich, wie lange es dauern würde, bis Miles Campbell, das Mitglied, mit dem unvermeidlichen Dilemma des ungehinderten Abgeordneten konfrontiert würde, dessen eines Horn das Himmelreich und das andere Horn ist – das House of Lords.

Dann hörte er auf. „Ich bin kein eitler Mann", bemerkte er, „aber ich muss sagen, ich glaube nicht, dass ich es schlecht gemacht habe."

Edward war eine Zeit lang etwas überwältigt von seiner eigenen Größe, aber die Meinung kam ihm zu Hilfe, dass die Belohnungen nur seinen Verdiensten entsprachen; und bald begann er energisch die nicht sehr anstrengenden Aufgaben des Bezirksrates.

Bertha erwartete ständig, etwas zu seinem Nachteil zu hören; aber im Gegenteil schien alles sehr zufriedenstellend zu verlaufen; und Edwards geschäftliche Begabung, sein Eifer, Geschäfte zu machen, sein gesunder Menschenverstand wurden im Ausland auf eine Weise verkündet, die für seine Frau höchst erfreulich sein sollte.

Aber tatsächlich beunruhigten diese ständigen Lobsprüche Bertha außerordentlich. Sie fragte sich unruhig, ob sie ihm Unrecht tat. War er wirklich so schlau? Hatte er tatsächlich die Tugenden, die ihm im Volksmund zugeschrieben wurden? Vielleicht hatte sie Vorurteile; oder vielleicht – er war klüger als sie. Dieser Gedanke war wie ein Schlag, denn sie hatte nie daran gezweifelt, dass ihr Intellekt dem von Edward überlegen war. Ihr jeweiliges Wissen war nicht vergleichbar: Sie beschäftigte sich mit Ideen, die Edward nicht hatte; Sein Geist war ständig mit den äußersten Trivialitäten beschäftigt. Er interessierte sich nie für abstrakte Dinge, und seine Gespräche waren langwierig, da sie nur durch das Fehlen von Spekulationen gelingen konnten. Es war außergewöhnlich, dass alle außer ihr selbst seine Intelligenz so hoch schätzten. Bertha wusste, dass sein Verstand dürftig und seine Unwissenheit phänomenal war: Seine Anmaßung machte ihn zu einem Scharlatan. Eines Tages kam er zu ihr, den Kopf voller einer neuen Idee.

„Ich sage, Bertha, ich habe darüber nachgedacht und finde es schade, dass dein Name ganz weggelassen wurde. Und es klingt komisch, dass Leute namens Craddock in Court Leys wohnen sollten.“

„Glaubst du? Ich weiß nicht, wie man Abhilfe schaffen kann – es sei denn, man denkt darüber nach, Mieter mit einem passenderen Namen anzuwerben.“

„Nun, ich dachte, es wäre keine schlechte Idee und würde sich positiv auf die Grafschaft auswirken, wenn wir Ihren Namen wieder annehmen würden.“

Er sah Bertha an, die ihn eisig anstarrte, aber nichts antwortete.

„Ich habe mit dem alten Bacot darüber gesprochen und er meint, es wäre genau das Richtige; also denke ich, wir sollten es besser tun.“

„Ich nehme an, Sie werden mich zu diesem Thema um Rat fragen.“

„Das ist es, was ich jetzt mache.“

„Denken Sie darüber nach, sich Ley-Craddock oder Craddock-Ley zu nennen oder den Craddock ganz aufzugeben?“

„Nun, um ehrlich zu sein, so weit war ich noch nicht."

Bertha lachte leicht verächtlich. „Ich finde die Idee völlig lächerlich."

„Das sehe ich nicht; Ich denke, es wäre eher eine Verbesserung."

„Wirklich, Edward, wenn ich mich nicht schämte, deinen Namen anzunehmen, glaube ich nicht, dass *du* dich schämen musst, ihn zu behalten."

„Ich sage, ich glaube, du bist vielleicht vernünftig – du stehst mir immer im Weg."

„Ich habe keine Lust, das zu tun. Wenn Sie glauben, dass mein Name Ihre Bedeutung steigern wird, verwenden Sie ihn auf jeden Fall ... Sie können sich von mir aus Tompkins nennen."

"Was ist mit dir?"

„Oh, ich – ich werde mich weiterhin Craddock nennen."

„Ich finde es hart. Du tust nie etwas, um mir zu helfen."

„Es tut mir leid, dass Sie unzufrieden sind. Aber du vergisst, dass du mir seit Jahren ein Ideal eingeprägt hast: Du hast mir immer zu verstehen gegeben, dass dein Musterweibchen die Hauskuh war."

Edward verstand nicht, was Bertha meinte, und ihm kam vage der Gedanke, dass es vielleicht nicht ganz richtig war.

„Weißt du, Edward, ich bereue es immer, dass du Fanny Glover nicht geheiratet hast. Ihr hättet wunderbar zueinander gepasst. Und ich denke, sie hätte dich so verehrt, wie du angebetet werden möchtest. Ich bin mir sicher, dass sie nichts dagegen gehabt hätte, wenn du dich Glover nennst."

„Ich hätte ihren Namen nicht annehmen sollen. Das ist nicht besser als Craddock. Das Einzige an Ley ist, dass es ein alter Landkreisname ist und Ihrem Volk gehört hat."

„Deshalb entscheide ich mich nicht dafür, dass Sie es verwenden sollten."

Kapitel XXVII

Die Zeit verging langsam, langsam. Bertha wickelte ihren Stolz wie einen Umhang um sich, aber manchmal schien er zu schwer, um ihn zu tragen, und sie fiel fast in Ohnmacht. Die Zurückhaltung, die sie sich selbst auferlegte, war oft unerträglich; Wut und Hass brodelten in ihr, aber sie zwang sich, das lächelnde Gesicht zu bewahren, das die Menschen immer gesehen hatten. Sie litt sehr unter ihrer geistigen Einsamkeit, sie hatte keine Seele, der sie ihr Unglück mitteilen konnte. Es ist schrecklich, keine Möglichkeit zu haben, sich auszudrücken, die Angst, die einem im Herzen nagt, immer gefangen zu halten. Für den Schriftsteller ist es gut genug, er kann in seinen Worten Trost finden, er kann sein Geheimnis verraten und es doch nicht verraten: aber der Frau bleibt nur das Schweigen.

Bertha verabscheute Edward jetzt mit solch wütender, körperlicher Abneigung, dass sie seine Berührung nicht ertragen konnte; und jeder, den sie kannte, war sein bewundernder Freund. Wie konnte sie Fanny Glover sagen, dass Edward ein Narr war, der sie zu Tode langweilte, wenn Fanny Glover ihn doch für den Besten und Tugendhaftesten der Menschheit hielt? Sie war verärgert darüber, dass Edward sie nach allgemeiner Einschätzung so völlig in den Schatten gestellt hatte: Früher lag seine einzige Bedeutung darin, dass er ihr Ehemann war, aber jetzt waren die Positionen umgekehrt. Sie empfand es als sehr lästig, so im reflektierten Licht zu leuchten, und verachtete sich gleichzeitig für die kleinliche Eifersucht. Sie konnte nicht umhin, sich daran zu erinnern, dass Court Leys ihr gehörte und dass sie, wenn sie wollte, Edward wie einen Tagelöhner wegschicken könnte.

Schließlich hielt sie es für unmöglich, seine Gesellschaft länger zu ertragen; er machte sie dumm und vulgär; Sie war krank und schwach und völlig verzweifelt. Sie beschloss, wieder wegzugehen, dieses Mal für immer.

„Wenn ich bleibe, werde ich mich umbringen."

Seit zwei Tagen ging es Edward völlig elend; Ein Lieblingshund war gestorben und er war den Tränen nahe. Bertha beobachtete ihn verächtlich.

„Der Tod eines elenden Pudels schmerzt Sie mehr als jemals zuvor über meinen Schmerz."

„Oh, verarsch mich jetzt nicht, das ist ein braves Mädchen. Ich kann es nicht ertragen."

"Narr!" murmelte Bertha leise.

Er ging mit hängendem Kopf und melancholischem Gesicht umher und erzählte jedem mit vor Rührung zitternder Stimme die Einzelheiten des Untergangs des Tieres.

"Armer Kerl!" sagte Miss Glover. „Er hat so ein gutes Herz.“

Bertha konnte die bittere Beschimpfung, die ihr über die Lippen kam, kaum unterdrücken. Wenn die Leute wüssten, mit welcher Kälte er ihrer Liebe begegnet war, wie gleichgültig er ihren Tränen und ihrer Verzweiflung gegenüber gewesen war! Sie verachtete sich selbst, als sie sich an die völlige Selbsterniedrigung der Vergangenheit erinnerte.

„Er ließ mich den Kelch der Demütigung bis zum Rand austrinken.“

Auf dem Höhepunkt ihrer Verachtung fasste sie ihn zum tausendsten Mal zusammen. Es war unerklärlich, dass sie einem Mann unterworfen war, der so dürftig im Geiste und so verabscheuungswürdig im Charakter war. Der Gedanke, wie unterwürfig ihre Liebe gewesen war, ließ sie vor Scham erröten.

Dr. Ramsay, der Bertha wegen einer unbedeutenden Krankheit besuchte, kam zufällig herein, als sie mit solchen Gedanken beschäftigt war.

„Na ja“, sagte er, sobald er Luft geholt hatte. „Und wie geht es Edward heute?“

„Mein Gott, woher soll ich das wissen?“ Sie weinte außer sich, die Worte kamen ihr nach der langen Zwänge unvermittelt heraus.

„Hallo, was ist das? Haben sich die Turteltauben endlich gestritten?“

„Oh, ich habe es satt, ständig Edwards Lob zu hören. Ich habe es satt, wie ein Anhängsel von ihm behandelt zu werden.“

„Was ist los mit dir, Bertha?“ sagte der Arzt und brach in schallendes Gelächter aus. „Ich habe immer gedacht, dass es Ihnen nichts mehr Freude bereitet, als zu hören, wie sehr wir alle Ihren Mann mochten.“

„Oh, mein guter Doktor, Sie müssen blind oder ein völliger Narr sein. Ich dachte, mittlerweile wüsste jeder, dass ich meinen Mann verabscheue.“

"Was?" schrie Dr. Ramsay; Dann dachte er, dass es Bertha nicht gut ginge: „Komm, komm, ich sehe, du willst ein wenig Medizin, mein Lieber.“ Du bist verstimmt und denkst wie alle Frauen, dass die Welt damit untergeht.“

Bertha sprang vom Sofa auf. „Glaubst du, ich würde so sprechen, wenn ich keinen guten Grund hätte? Glaubst du nicht, ich würde meine Demütigung verbergen, wenn ich könnte? Oh, ich habe es lange genug versteckt; Jetzt muss ich sprechen. Oh Gott, ich kann kaum anders, als vor Schmerz zu schreien, wenn ich an alles denke, was ich erlitten und verborgen habe. Ich habe zu niemandem außer dir ein Wort gesagt, und jetzt kann ich nichts dagegen tun. Ich sage Ihnen, ich verabscheue und verabscheue meinen Mann, und ich verachte ihn zutiefst. Ich kann nicht mehr mit ihm zusammenleben und möchte weg.“

Dr. Ramsay öffnete den Mund und ließ sich in seinen Stuhl zurückfallen; Er sah Bertha an, als erwarte er, dass sie einen Anfall bekommen würde. "Sie sind nicht ernst?"

Bertha stampfte ungeduldig mit dem Fuß auf. „Natürlich meine ich es ernst. Glaubst du, ich bin auch ein Idiot? Uns geht es schon seit Jahren schlecht, und so kann es nicht weitergehen. Wenn Sie wüssten, was ich ertragen musste, als alle mir gratulierten und sagten, wie erfreut sie seien, mich so glücklich zu sehen. Manchmal musste ich meine Nägel in die Finger graben, um nicht die Wahrheit herauszuschreien.“

Bertha ging im Zimmer auf und ab und ließ sich schließlich los. Die Tränen liefen ihr über die Wangen, aber sie nahm keine Notiz davon. Sie ließ ihrem leidenschaftlichen Hass freien Lauf.

„Oh, ich habe versucht, ihn zu lieben. Du weißt, wie ich ihn einst liebte – wie ich ihn verehrte. Gerne hätte ich mein Leben für ihn gegeben. Ich hätte alles getan, worum er mich gebeten hätte; Ich suchte nach dem kleinsten Hinweis auf seine Wünsche, um sie in die Tat umsetzen zu können. Der Gedanke, dass ich sein erbärmlicher Sklave war, erfüllte mich mit großer Freude. Aber er hat jede Spur meiner Liebe zerstört, und jetzt verachte ich ihn nur noch, ich verachte ihn zutiefst. Oh, ich habe versucht, ihn zu lieben, aber er ist ein zu großer Dummkopf.“

Die letzten Worte sagte Bertha mit solcher Kraft, dass Dr. Ramsay erschrak.

„Meine liebe Bertha!“

„Oh, ich weiß, dass ihr ihn alle wunderbar findet. Seit Jahren werde ich mit seinem Lob überschüttet. Aber man weiß erst, was ein Mann wirklich ist, wenn man mit ihm gelebt hat, bis man ihn in jeder Stimmung und unter allen Umständen gesehen hat. Ich kenne ihn durch und durch, und er ist ein Idiot. Du kannst dir nicht vorstellen, wie dumm, wie völlig hirnlos er ist ... Er langweilt mich zu Tode!“

„Komm schon, du meinst nicht so, was du sagst. Du übertreibst wie immer. Sie müssen damit rechnen, dass es hin und wieder zu kleinen Streitereien kommt; Ich glaube, ich habe zwanzig Jahre gebraucht, um mich an meine Frau zu gewöhnen.“

„Oh, um Gottes willen, seien Sie nicht sentimental“, unterbrach Bertha heftig. „Moralisieren hatte ich in diesen fünf Jahren genug. Ich hätte Edward vielleicht mehr geliebt, wenn er nicht so moralisch gewesen wäre. Er hat mir seine Tugenden ins Gesicht geworfen, bis ich sie satt habe. Er hat mir alles Gute hässlich gemacht, bis ich zur Abwechslung nach dem Laster seufze. Oh, Sie können sich nicht vorstellen, wie furchtbar langweilig ein wirklich guter

Mann ist. Jetzt möchte ich frei sein, ich sage dir, ich kann es nicht mehr ertragen."

Bertha ging wieder aufgeregt im Zimmer auf und ab.

„Auf mein Wort", rief Dr. Ramsay, „ich kann mir keinen Reim darauf machen."

„Das habe ich nicht erwartet. Ich wusste, dass du nur moralisieren würdest."

„Was soll ich tun? Soll ich mit ihm sprechen?"

"NEIN! NEIN! Ich habe endlos mit ihm gesprochen. Es ist nicht gut. Glaubst du, dass dein Gespräch mit ihm dazu führen wird, dass er mich liebt? Er ist dazu nicht in der Lage; Alles, was er mir geben kann, ist Wertschätzung und Zuneigung – mein Gott, was will ich mit Wertschätzung! Um zu lieben, bedarf es einer gewissen Intelligenz, und die hat er nicht. Ich sage dir, er ist ein Idiot. Oh, wenn ich denke, dass ich für den Rest meines Lebens an ihn gefesselt bin, habe ich das Gefühl, ich könnte mich umbringen."

„Kommen Sie, so ein Idiot ist er doch nicht. Alle sind sich einig, dass er ein sehr kluger Geschäftsmann ist. Und ich kann nicht anders, als zu sagen, dass ich immer der Meinung war, dass du es ungewöhnlich gut gemacht hast, als du darauf bestanden hast, ihn zu heiraten."

„Es war alles deine Schuld", rief Bertha. „Wenn du dich mir nicht widersetzt hättest, hätte ich vielleicht nicht so schnell geheiratet. Oh, du weißt nicht, wie sehr ich es bereut habe ... Ich wünschte, ich könnte ihn tot zu meinen Füßen sehen."

Dr. Ramsay pfiff. Sein Verstand arbeitete etwas langsam, und er war verwirrt über den Umsturz seiner geschätzten Meinungen und die Vehemenz, mit der die unangenehme Operation durchgeführt wurde.

„Ich wusste nicht, dass die Dinge so sind."

„Natürlich hast du das nicht getan!" sagte Bertha verächtlich. „Weil ich lächelte und meine Trauer verbarg, dachtest du, ich wäre glücklich. Wenn ich auf das Elend zurückblicke, das ich durchgemacht habe, frage ich mich, ob ich es jemals ertragen konnte."

„Ich kann nicht glauben, dass das sehr ernst ist. Morgen werden Sie anderer Meinung sein und sich wundern, dass Ihnen jemals solche Dinge in den Sinn gekommen sind. Es darf Ihnen nichts ausmachen, wenn ein alter Kerl wie ich Ihnen sagt, dass Sie sehr eigensinnig und impulsiv sind. Schließlich ist Edward ein netter Kerl und ich kann nicht glauben, dass er deine Gefühle absichtlich verletzen würde."

„Oh, um Himmels Willen, gib mir nicht noch mehr Lob von Edward."

„Ich frage mich, ob du ein bisschen neidisch auf sein Verhalten bist?" fragte der Arzt und sah sie scharf an.

Bertha errötete, denn sie hatte sich die gleiche Frage gestellt, und es bedurfte großer Verachtung, um sie zu widerlegen.

"ICH? Mein lieber Doktor, Sie vergessen! Oh, verstehst du nicht, dass es keine vorübergehende Laune ist? Es ist furchtbar ernst für mich – ich habe das Elend ertragen, bis ich es nicht mehr ertragen kann. Du musst mir helfen, wegzukommen. Wenn Sie noch etwas von Ihrer alten Zuneigung zu mir empfinden, tun Sie, was Sie können. Ich möchte weggehen; aber ich möchte keinen weiteren Streit mit Edward haben; Ich möchte ihn einfach ruhig verlassen. Es nützt nichts, ihm klarmachen zu wollen, dass wir nicht zusammenpassen. Er glaubt, dass es für mein Glück ausreicht, nur seine Frau zu sein. Er ist aus Eisen und ich bin erbärmlich schwach ... Ich dachte immer, ich wäre so stark!"

„Soll ich davon ausgehen, dass du es absolut ernst meinst? Möchten Sie den extremen Schritt wagen, sich von Ihrem Mann zu trennen?"

„Es ist ein extremer Schritt, den ich schon einmal gemacht habe. Letztes Mal habe ich mich mit Trompetenschwung begnügt, aber jetzt möchte ich es ohne viel Aufhebens machen. Ich habe Edward damals immer noch geliebt, aber ich habe sogar aufgehört, ihn zu hassen. Oh, ich wusste, dass es ein Narr war, zurückzukommen, aber ich konnte nichts dagegen tun. Er bat mich, zurückzukehren, und das tat ich."

„Nun, ich weiß nicht, was ich für dich tun kann. Ich kann mir des Gedankens nicht erwehren, dass die Dinge besser werden, wenn man ein wenig wartet."

„Ich kann nicht länger warten. Ich habe zu lange gewartet. Ich verliere mein ganzes Leben."

„Warum gehst du nicht ein paar Monate weg und dann kannst du sehen? Miss Ley fährt wie immer über den Winter nach Italien, nicht wahr? Auf mein Wort, ich glaube, es würde auch dir guttun, wenn du gehen würdest."

„Es macht mir nichts aus, was ich tue, solange ich entkommen kann. Ich leide zu sehr."

„Hast du gedacht, dass Edward dich vermissen wird?" fragte Dr. Ramsay ernst.

„Nein, das wird er nicht. Mein Gott, denkst du nicht, dass ich ihn inzwischen kenne? Ich kenne ihn durch und durch. Und er ist gefühllos, egoistisch und dumm. Und er bringt mich dazu, wie er selbst zu sein ... Oh, Dr. Ramsay, bitte helfen Sie mir."

„Weiß Miss Ley Bescheid?" fragte die Ärztin und erinnerte sich daran, was sie ihm bei ihrem Besuch in Court Leys erzählt hatte.

„Nein, ich bin sicher, dass sie das nicht tut. Sie denkt, wir lieben einander. Und ich möchte nicht, dass sie es erfährt. Ich bin jetzt so ein Feigling. Vor Jahren war es mir egal, was irgendjemand auf der Welt über mich dachte; aber mein Geist ist völlig gebrochen. Oh, bringen Sie mich von hier weg, Dr. Ramsay, bringen Sie mich weg."

Sie brach in Tränen aus und weinte, wie sie es schon lange nicht mehr gewohnt war; Sie war völlig erschöpft nach dem Ausbruch all dessen, was sie jahrelang verborgen gehalten hatte.

„Ich bin noch so jung und komme mir fast wie eine alte Frau vor. Manchmal möchte ich mich hinlegen und sterben, und dann wäre alles vorbei."

Einen Monat später war Bertha in Rom. Doch die Veränderung ihres Zustandes konnte sie zunächst kaum wahrnehmen. Ihr Leben in Court Leys hatte sich mit so schrecklicher Deutlichkeit auf sie eingeprägt, dass sie sich ein Ende nicht vorstellen konnte. Sie war wie eine Gefangene, die so lange eingemauert war, dass ihn die Freiheit benommen hat und er nach seinen Ketten sucht und nicht begreifen kann, dass er frei ist.

Die Erleichterung war so groß, dass Bertha nicht glauben konnte, dass es wahr war, und sie lebte in der Angst, dass ihr Sehvermögen beeinträchtigt würde und sie sich wieder innerhalb der Gefängnismauern von Court Leys wiederfinden würde. Es war ein Traum, dass sie an sonnenbeschienenen Orten umherwanderte, wo die Luft nach Veilchen und Rosen duftete. Die Menschen waren unwirklich, die Models, die auf den Stufen der Piazza di Spagna herumlungerten, die zerlumpten Straßenkinder, seltsam gekleidet und aufdringlich, die silbernen Reden, die die Luft streichelten. Wie konnte sie glauben, dass das Leben wahr sei, wenn es blauen Himmel und Sonnenschein gab, so dass das Herz vor Freude erbebte; als es Ruhe und Frieden und den herrlichsten Müßiggang gab? Das wirkliche Leben war düster und anstrengend; Es handelt sich um ein georgianisches Herrenhaus, umgeben von verlassenen, windgepeitschten Feldern. Im wirklichen Leben war jeder sehr tugendhaft und sehr langweilig; Die zehn Gebote schützten eine Runde mit der Bedrohung durch Höllenfeuer und ewige Verdammnis, einen Kerker, der noch schrecklicher war, weil er weder Mauern noch Riegel und Riegel hatte.

Aber jenseits dieser düsteren Steine mit ihrem harten *Du sollst nicht* ist ein Land des Duftes und des Lichts, wo die Sonnenstrahlen das Blut fröhlich durch die Adern fließen lassen; wo die Blumen ihren Duft frei in die Luft verströmen, als Zeichen dafür, dass Reichtümer ausgegeben und Tugend verschwendet werden müssen; wo die Amoretten hier und da im

Frühlingswind flattern, ohne zu wissen, wohin sie gehen, ohne sich darum zu kümmern. Es ist ein Land der Olivenbäume und des angenehmen Schattens, und das Meer küsst sanft das Ufer, um den Jugendlichen zu zeigen, wie sie die Mädchen küssen müssen. Dort blitzen die dunklen Augen flammend auf und sagen dem Reisenden, dass er keine Angst haben muss, denn wer darum bittet, kann Liebe erfahren. Das Blut ist warm, und die Hände verweilen mit dankbarem Druck in den Händen, und rote Lippen bitten um die Küsse, die man so süß geben kann. Dort wandeln Fleisch und Geist Seite an Seite, und jeder ist mit dem anderen zufrieden. Ach, gib mir den Sonnenschein dieses glückseligen Landes und einen Garten voller Rosen und das Rauschen eines angenehmen Baches; Gib mir ein schattiges Ufer und Wein und Bücher und die Korallenlippen der Amaryllis, und ich werde in völliger Glückseligkeit leben – mindestens zehn Tage lang.

Für Bertha kam das Leben in Rom wie ein Theaterstück vor. Miss Leys ließ ihr viel Freiheit und sie wanderte allein an fremden Orten umher. Sie ging oft auf den Markt und verbrachte den Morgen zwischen den Ständen, wo sie sich tausend Dinge ansah, die sie nicht kaufen wollte; Sie befingerte edle Seidenstücke und antike Silberstücke und lächelte über die Komplimente eines freundlichen Händlers. Die Menschen drängten sich um sie herum, unterhielten sich wortreich und voller Lebendigkeit, und doch schienen sie in ihrer Unfähigkeit zu begreifen, dass das, was sie sah, wahr war, nur Marionetten zu sein. Sie ging in die Galerien, in die Sixtinische Kapelle oder in die Stanze des Raffael; und weil ihr die Eile des Touristen und sein Pflichtgefühl fehlten, verbrachte sie einen ganzen Morgen vor einem Bild oder in einer Ecke einer alten Kirche und verwob mit dem Anblick, der sich ihr bot, die Fantasien ihrer Einbildungskraft.

Und als sie das Bedürfnis ihrer Mitmenschen verspürte, ging Bertha zum Pincio und mischte sich unter die Menge, die der Musikkapelle zuhörte. Aber der Franziskanermönch in seiner braunen Kutte, der abseits stand, war eine Figur aus einem romantischen Theaterstück; und die Soldaten in bunten Uniformen, die Bersaglieri mit den kühnen Hahnenfedern auf ihren Hüten, waren der Chor einer komischen Oper. Und da waren schwarz gekleidete Priester, manche alt und fett, die die Sonne genossen und Zigaretten rauchten, im Frieden mit sich selbst und mit der Welt; andere jung und ruhelos, das Fleisch leuchtete ungebändigt aus ihren dunklen Augen. Und jeder schien so glücklich zu sein wie die Kinder, die mit fröhlichem Geschrei tobten und umherliefen.

Doch nach und nach lösten sich die Schatten der Vergangenheit und Bertha konnte die Schönheit und das Leben, das sie umgab, bewusster wahrnehmen. Und da sie wusste, dass es vergänglich war, machte sie sich daran, es so gut wie möglich zu genießen. Sorge und Jugend lassen sich nur schwer unter einen Hut bringen, und die gnädige Zeit verhüllt das grausamste Elend in

Vergessenheit. Bertha streckte ihre Arme aus, um die Wunder der lebenden Welt zu umarmen, und sie verdrängte den schrecklichen Gedanken, dass es so schnell enden musste. Im Frühling verbrachte sie viele Stunden in den Gärten rund um die Stadt, wo sich die Überreste des antiken Roms auf exotische Weise mit der halbtropischen Üppigkeit vermischten und neue und subtile Gefühle hervorriefen. Die Blumen wuchsen in den Sarkophagen mit wilder Überschwänglichkeit, scheinbar mutwillig, als Hohn auf das Grab, aus dem sie entsprangen. Der Tod ist abscheulich, aber das Leben triumphiert immer; die Rose und die Hyazinthe entstehen aus dem Verfall des Menschen; und die Auflösung des Menschen ist nur das Signal einer neuen Geburt: und die Welt geht weiter, schön und immer neu, und schwelgt in ihrer Kraft.

Bertha ging zur Villa Medici und setzte sich dort hin, wo sie das Licht beobachten konnte, das auf der sanften Fassade des alten Palastes schimmerte, und Syrinx, die zwischen dem Schilf spähte: Die Schüler sahen sie und fragten, wer die schöne Frau sei, die so lange und so bewusstlos dagesessen habe die Augen, die sie ansahen. Sie begab sich in die Villa Doria-Pamphili, majestätisch und pompös, die passende Sommerresidenz prächtig gekleideter Fürsten, Bischöfe und Kardinäle. Und die Ruinen des Palatin mit seinen Zypressen schickten ihre Gedanken immer wieder zurück, und sie stellte sich den Glanz vergangener Macht vor.

Aber der wildeste Garten von allen, der Garten der Mattei, gefiel ihr am besten. Hier gab es eine größere Fruchtbarkeit und eine größere Verlassenheit; Die Entfernung und die Schwierigkeit des Zugangs hielten Fremde fern, und Bertha konnte darin herumwandern, als wäre es ihr eigenes. Sie glaubte, noch nie so schöne Momente genossen zu haben, wie sie die Einsamkeit und die Stille bescherten. Manchmal schlenderte eine Schar scharlachroter Seminaristen durch die grasbewachsenen Alleen, leuchtende Farben im Kontrast zum Grün.

Dann ging sie müde und glücklich nach Hause, setzte sich an ihr offenes Fenster und beobachtete die untergehende Sonne. Die Sonne ging über dem Petersdom unter und der mächtige Dom verwandelte sich in einen Tempel aus Feuer und Gold; Die Kuppel war strahlend und bestand nicht mehr aus massiven Steinen, sondern aus Licht und Sonnenschein – sie war die Krone eines Palastes von Hyperion. Dann, als die Sonne am Horizont sank, zeichnete sich St. Peter in der Dunkelheit ab und hob sich majestätisch von der Pracht des Himmels ab.

Kapitel XXVIII

ABER nach Ostern schlug Miss Ley vor, dass sie langsam nach England zurückkehren sollten. Bertha hatte sich vor dem Vorschlag gefürchtet, nicht nur, weil sie es bereute, Rom verlassen zu haben, sondern noch mehr, weil er einer Erklärung bedurfte. Der Winter war mit der Entschuldigung ihres schlechten Gesundheitszustands recht angenehm vergangen, aber jetzt musste ein anderer Grund gefunden werden, um die anhaltende Abwesenheit von Seiten ihres Mannes zu erklären; und Berthas zerrüttete Fantasie gab ihr nichts. Sie war jedoch unter keinen Umständen entschlossen, nach Court Leys zurückzukehren: Nach solch einer glücklichen Freiheit würde die Gefangenschaft von Körper und Seele doppelt unerträglich sein.

Edward war mit dem Vorwand zufrieden gewesen und hatte Bertha wortlos gehen lassen. Wie er sagte, war er nicht der Mann, der seiner Frau im Weg stand, wenn ihr Gesundheitszustand es erforderte, ihn zu verlassen; und er kam ganz alleine zurecht. Ihre Briefe waren ziemlich häufig gewesen, aber für Bertha war es eine ständige Anstrengung. Sie redete sich immer wieder ein, dass der einzig vernünftige Weg darin bestehe, Edward eine abschließende Erklärung über ihre Absichten zu geben und dann jegliche Kommunikation abzubrechen. Aber die Angst vor Aufregung und Ärger und vor endlosen Erklärungen hielt sie zurück; und sie ging einen Kompromiss ein, indem sie so selten wie möglich schrieb und sich an die geringsten Belanglosigkeiten hielt. Sie war ein- oder zweimal überrascht, als sie, als sie mit ihrer Antwort verspätet war, einen zweiten Brief von ihm erhielt, in dem er mit einem Anflug von Besorgnis fragte, warum sie nicht schreibe.

Miss Ley hatte Edwards Namen nie erwähnt und Bertha vermutete, dass sie einen Großteil der Wahrheit wusste. Aber sie hielt an ihrem eigenen Rat fest: Selig sind diejenigen, die sich um ihre eigenen Angelegenheiten kümmern und den Mund halten! Fräulein Ley war zwar davon überzeugt, dass sich eine Katastrophe zugetragen hatte, doch getreu ihrer Gewohnheit, den Menschen zu erlauben, ihr Leben auf ihre eigene Art und Weise zu gestalten, ohne sich einzumischen, achtete sie darauf, unaufmerksam zu wirken; Das war wirklich sehr edel, denn sie war auf nichts mehr stolz als auf ihre Beobachtungsgabe.

„Das Schwierigste für eine weise Frau ist", sagte sie, „so zu tun, als wäre sie eine Dumme!"

Schließlich ahnte sie Berthas gegenwärtige Schwierigkeit; und es schien leicht zu überwinden.

„Ich wünschte, du würdest mit mir nach London zurückkehren, anstatt nach Court Leys zu gehen", sagte sie. „Sie hatten noch nie eine Saison in London, oder? Im Großen und Ganzen finde ich es amüsant: Die Oper ist sehr gut und manchmal sieht man Leute, die ganz gut gekleidet sind."

Bertha antwortete nicht, und Miss Ley, die ihren Wunsch und gleichzeitig ihr Zögern sah, schlug ihr vor, für ein paar Wochen zu kommen, wohl wissend, dass sich der Besuch einer Frau leicht auf unbestimmte Zeit hinzieht.

„Es tut mir leid, dass ich auch für Edward keinen Platz habe", sagte Miss Ley und lächelte trocken, „aber meine Wohnung ist sehr klein, wissen Sie."

Sie hatten sich schon seit ein paar Tagen in der Wohnung der Eliot Mansions niedergelassen, als Bertha, als sie eines Morgens zum Frühstück hereinkam, Miss Ley in einem Zustand großer unterdrückter Belustigung vorfand. Sie zitterte wie eine entfaltete Feder; und sie pickte vogelähnlich auf ihren Toast und auf ihr Ei, was, wie Bertha wusste, nur bedeuten konnte, dass sich jemand lächerlich gemacht hatte, zur großen Unterhaltung ihrer Tante. Bertha begann zu lachen.

„Mein Gott", rief sie, „was ist passiert?"

„Meine Liebe – eine schreckliche Katastrophe." Miss Ley unterdrückte ein Lächeln, aber ihre Augen leuchteten und tanzten, als wäre sie eine junge Frau. „Du kennst Gerald Vaudrey nicht, oder? Aber Sie wissen, wer er ist."

„Ich glaube, er ist ein Cousin von mir."

Berthas Vater, der es gewohnt war, sich mit allen seinen Verwandten zu streiten, hatte in General Vaudrey einen Schwager gefunden, der ebenso jähzornig war wie er selbst; so dass die beiden Familien nie miteinander gesprochen hatten.

„Ich habe gerade einen Brief von seiner Mutter erhalten, in dem er ihr mitteilt, dass er – ähm – ziemlich heftig mit ihrem Dienstmädchen herumgeflirtet hat und sie alle verzweifelt sind. Das Dienstmädchen wurde hysterisch weggeschickt, seine Mutter und seine Schwester weinen, und der General ist wütend und sagt, er werde den Jungen nicht noch einmal in seinem Haus haben. Und der kleine Kerl ist erst neunzehn. Eine Schande, nicht wahr?"

„Schändlich!" sagte Bertha lächelnd. „Ich frage mich, was ein französisches Dienstmädchen so ausmacht, dass kleine Jungen immer mit ihr schlafen sollten."

„Oh mein Lieber, wenn du nur das Dienstmädchen meiner Schwester sehen würdest. Sie ist vierzig, wenn sie am Tag alt ist, und ihr Teint ist wie Pergament, sehr abgenutzt ... Aber das Schreckliche daran ist, dass deine Tante Betty mich anfleht, auf den Jungen aufzupassen. Er reist in einem

Monat nach Florida und bleibt in der Zwischenzeit in London. Was ich nun wissen möchte, ist, wie ich ein ausschweifendes Kind davon abhalten kann, Unfug zu treiben. Ist es das, was man von mir erwarten würde?"

Miss Ley wedelte mit komischer Verzweiflung mit den Armen.

„Oh, aber es wird ein Riesenspaß sein. Wir werden ihn gemeinsam reformieren. Wir werden ihn auf einen Weg führen, auf dem französische Dienstmädchen nicht an jeder Ecke anzutreffen sind."

„Meine Liebe, du weißt nicht, was er ist. Er ist ein absoluter junger Kerl. Er wurde aus Rugby ausgeschlossen. Er war bei einem halben Dutzend Krämern, weil sie wollten, dass er nach Sandhurst geht, aber er weigerte sich strikt, zu arbeiten; und er wurde bei jeder Prüfung, an der er teilnahm, schlecht abgeschnitten – sogar bei der Miliz. Nun hat ihm sein Vater fünfhundert Pfund gegeben und ihm gesagt, er solle zum Teufel gehen."

"Wie unhöflich! Aber warum sollte der arme Junge nach Florida gehen?"

„Das habe ich vorgeschlagen. Ich kenne einige Leute, die dort eine Orangenplantage haben. Und ich wage zu behaupten, dass der Anblick mehrerer Kilometer Orangenblüten ihm nahelegen wird, dass promiskuitives Flirten unangenehme Folgen haben könnte."

„Ich glaube, er wird mir gefallen", sagte Bertha.

„Ich habe keinen Zweifel, dass Sie das tun werden; Er ist ein absoluter Schurke und ziemlich hübsch."

Als Bertha am nächsten Tag im Wohnzimmer las, wurde Gerald Vaudrey hereingeführt. Sie lächelte, um ihn zu beruhigen, und streckte ihm auf die freundlichste Weise die Hand hin; Sie vermutete, dass er ein wenig verwirrt sein musste, weil er statt Miss Ley einen Fremden traf, und unglücklich über seine Schande.

„Du weißt nicht, wer ich bin?" Sie sagte.

„Oh ja, das tue ich", antwortete er mit einem sehr angenehmen Lächeln. „Der Sklave hat mir gesagt, dass Tante Polly draußen war, aber dass du hier warst."

„Ich bin froh, dass du nicht weggegangen bist."

„Ich dachte, ich sollte dich nicht erschrecken, weißt du."

Bertha öffnete die Augen. Er war ganz und gar nicht schüchtern, obwohl er sogar jünger als neunzehn aussah. Er war ein netter Junge, sehr schmächtig und nicht so groß wie Bertha, mit einem kleinen, recht mädchenhaften Gesicht. Er hatte eine kleine, hübsche Nase und einen rosa-weißen, sommersprossigen Teint. Sein Haar war dunkel und lockig, er trug es etwas lang, offensichtlich wusste er, dass es schön war; und seine schönen grünen Augen hatten einen bezaubernden Ausdruck. Sein sinnlicher Mund lächelte immer.

„Was für ein netter Junge!" dachte Bertha. „Ich bin mir sicher, dass er mir gefallen wird."

Er begann zu reden, als ob er sie sein ganzes Leben lang gekannt hätte, und der Kontrast zwischen seinem unschuldigen Aussehen und seiner verrufenen Vergangenheit amüsierte sie. Er sah sich mit jungenhafter Leichtigkeit im Zimmer um und machte es sich bequem in einem großen Sessel.

„Hallo, das ist neu, seit ich das letzte Mal hier war!" sagte er und zeigte auf eine italienische Bronze.

„Waren Sie schon oft hier?"

"Eher! Ich kam hierher, wenn es mir zu Hause zu heiß wurde. Es nützt nichts, mit dem Gouverneur zu streiten, weil er den Blödsinn hat – das ist ein ziemlich unfairer Vorteil, den Väter haben, aber sie nutzen ihn immer aus. Wenn der alte Kerl in Leidenschaft geriet, sagte ich immer: „Ich werde nicht mit dir streiten." Wenn Sie mich nicht wie einen Gentleman behandeln können, werde ich für eine Woche weggehen.' Und ich kam immer hierher. Tante Polly gab mir immer fünf Pfund und sagte: „Sag mir nicht, wofür du es ausgibst, denn ich sollte es nicht gutheißen; aber kommen Sie wieder, wenn Sie mehr wollen.' Sie ist eine echte Hündin, nicht wahr?"

„Es tut mir leid, dass sie nicht da ist."

„Ich bin ziemlich froh, weil ich lange mit dir reden kann, bis sie kommt. Ich habe dich noch nie zuvor gesehen, also habe ich so viel zu sagen."

"Hast du?" sagte Bertha lachend. „Das ist bei jungen Männern eher ungewöhnlich."

Er sah so absurd jung aus, dass Bertha nicht umhin konnte, ihn wie einen Schuljungen zu behandeln; und sie war amüsiert über seine Kommunikationsfähigkeit. Sie wollte, dass er ihr seine Eskapaden erzählte, hatte aber Angst, danach zu fragen.

„Hast du großen Hunger?" Sie dachte, dass Jungen immer Appetit hätten. "Möchten Sie etwas Tee?"

"Ich bin am Verhungern."

Sie schenkte ihm eine Tasse ein, und er nahm sie und drei Marmeladensandwiches und setzte sich auf einen Schemel zu ihren Füßen. Er fühlte sich ganz wie zu Hause.

„Du hast meine Vaudrey-Cousins noch nie gesehen, oder?" fragte er mit vollem Mund. „Ich kann sie um keinen Preis behalten, sie sind so schäbig. Ich werde ihnen alles über dich erzählen; es wird sie schrecklich krank machen."

Bertha hob die Augenbrauen. „Und haben Sie Einwände gegen Frumps?"

„Ich verabscheue sie einfach. Bei dem letzten Nachhilfelehrer, bei dem ich war, war die Frau des alten Kerls der schrecklichste alte Kerl, den man je gesehen hat. Also schrieb ich meinem Vater und sagte ihm, dass ich befürchtete, dass meine Moral korrumpiert würde."

„Und hat sie dich mitgenommen?"

„Nun, durch einen merkwürdigen Zufall schrieb der alte Kerl noch am selben Tag und sagte dem Vater, wenn er mich nicht entfernen würde, würde er mich schießen lassen. Also reichte ich meinen Rücktritt ein und teilte ihm mit, dass seine Zigarren giftig seien, und machte mich auf den Weg."

„Glaubst du nicht, dass du dich besser auf einen Stuhl setzen solltest?" sagte Bertha. „Sie müssen sich auf diesem Fußschemel sehr unwohl fühlen."

„Oh nein, überhaupt nicht. Nach einem türkischen Teppich und einem Esstisch gibt es nichts Bequemeres als einen Fußhocker. Ein Stuhl gibt mir immer das Gefühl, respektabel – und langweilig zu sein."

Bertha fand Gerald eher einen schönen Namen.

„Wie lange bleiben Sie in London?"

„Oh, nur einen Monat, Pech gehabt. Dann muss ich in die Staaten gehen, um mein Vermögen zu machen und mich zu reformieren."

"Ich hoffe du wirst."

"Welche? Wissen Sie, man kann nicht beides gleichzeitig tun. Du verdienst zuerst dein Geld und reformierst dich danach, wenn du Zeit hast. Aber was auch immer passiert, es wird ein schöner Anblick sein, der besser ist, als bei einem ewigen Pauker zu schwitzen. Wenn es einen Mann gibt, den ich um keinen Preis festhalten kann, dann ist es der Heereskommandant."

„Sie haben eine große Erfahrung damit, das verstehe ich."

„Ich wünschte, du wüsstest nicht meine ganze Vergangenheit. Jetzt werde ich nicht den Spaß haben, es dir zu sagen.

„Ich glaube nicht, dass es erbaulich wäre."

„Oh ja, das würde es. Es würde Ihnen zeigen, wie die Tugend unterdrückt wird (das bin ich) und wie das Laster triumphiert. Ich habe schreckliches Pech; Die Leute verschwören sich irgendwie, um meine Handlungen aus dem falschen Blickwinkel zu betrachten. Ich hatte die ganze Zeit über ziemlich viel Pech. Zuerst wurde ich vom Rugby abgewiesen. Nun, das war nicht meine Schuld. Ich war durchaus bereit zu bleiben, und ich wäre enttäuscht, wenn es mir schlechter gehen würde als allen anderen. Der Pater hat mich sechs Wochen lang beschimpft und gesagt, ich würde seine grauen Haare voller Kummer mit ins Grab bringen. Nun, wissen Sie, er ist einfach furchtbar kahl; Deshalb musste ich am Ende sagen, dass ich nicht wusste, wohin seine grauen Haare gingen, aber es sah nicht so aus, als hätte er die Absicht, sie zu begleiten. Danach schickte er mich zu einem Pokerspieler. Nun ja, er hat mir jeden Schilling abgenommen, den ich hatte, und dann hat er dem Vater geschrieben und gesagt, dass ich ein unmoralischer junger Hund sei und sein Haus verderbe."

„Ich denke, wir sollten besser das Thema wechseln, Gerald", sagte Bertha.

„Oh, aber du musst die Fortsetzung haben. Als ich das nächste Mal hinging, stellte ich fest, dass keiner der anderen Leute Poker kannte; Deshalb hielt ich es natürlich für eine Art barmherziges Eingreifen der Vorsehung, mir zu helfen, mich wieder zu erholen. Ich habe ihnen gesagt, sie sollen in dieser Welt keine Schätze anhäufen, und habe in vier Tagen dreißig Pfund eingebrockt; Dann sagte mir der alte Dingamygig (ich habe seinen Namen vergessen, aber er war Pfarrer), dass ich sein Zuhause in eine Glücksspielhölle verwandeln würde und dass er mich keinen weiteren Tag mehr in seinem Haus haben würde. Also machte ich mich auf den Weg und blieb sechs Monate zu Hause. Das hat mir den richtigen Buckel gegeben, das kann ich Ihnen sagen."

Das Gespräch wurde durch den Auftritt von Miss Ley gestört.

„Sie sehen, wir haben Freunde gefunden", sagte Bertha.

„Gerald macht das immer mit jedem. Er ist der geselligste Mensch. Wie geht es dir, Lothario?"

„Aufblühend, meine Belinda", antwortete er und schlang zu ihrer großen Freude und vorgetäuschter Empörung seine Arme um Miss Leys Hals.

„Du bist unbändig", sagte sie. „Ich erwartete, dich in Sack und Asche zu finden, reuig und schweigend."

„Meine liebe Tante Polly, bitte mich, alles zu tun, was du willst, außer umzukehren und den Mund zu halten."

„Du weißt, dass deine Mutter mich gebeten hat, auf dich aufzupassen."

„Ich mag es, umsorgt zu werden – und wird Bertha helfen?"

„Ich habe darüber nachgedacht", fügte Miss Ley hinzu. „Und die einzige Möglichkeit, die ich mir vorstellen kann, um dich vor Unheil zu bewahren, besteht darin, dich dazu zu bringen, deine Abende mit mir zu verbringen. Also geh jetzt besser nach Hause und zieh dich an. Ich weiß, es gibt nichts Schöneres, als sich umzuziehen.“

Währenddessen beobachtete Bertha mit Erstaunen, dass Gerald sie einfach mit seinen Augen verschlang. Es war unmöglich, seine offensichtliche Bewunderung nicht zu sehen.

„Der Junge muss verrückt sein“, dachte sie, fühlte sich aber ein wenig geschmeichelt.

„Er hat mir schreckliche Geschichten erzählt“, sagte sie zu Miss Ley, als er gegangen war. „Ich hoffe, dass sie nicht wahr sind.“

„Oh, ich denke, du musst alles, was Gerald sagt, mit Vorsicht nehmen. Er übertreibt furchtbar, und alle Jungen mögen es, wie ein Byronic zu wirken. Das gilt übrigens auch für die meisten Männer!“

„Er sieht so jung aus. Ich kann nicht glauben, dass er wirklich sehr unartig ist.“

„Nun, meine Liebe, es besteht kein Zweifel an der Magd seiner Mutter. Die Beweise sind von der schlüssigsten Art. Ich weiß, ich sollte furchtbar wütend auf ihn sein, aber heutzutage sind alle so tugendhaft, dass eine Veränderung ziemlich erfrischend ist. Und er ist so jung, dass er sich vielleicht bessern wird. Engländer beginnen, zum Teufel zu galoppieren, aber wenn sie älter werden, wechseln sie fast immer das Pferd und schlendern sanft zu einer Anständigkeit, einer Frau und siebzehn Kindern.“

„Ich mag den Kontrast seiner grünen Augen und seines dunklen Haares.“

„Meine Liebe, es lässt sich nicht leugnen, dass er dazu geschaffen ist, das weibliche Herz zu erobern. Ich selbst versuche nie, ihm zu widerstehen. Er ist äußerst überzeugend, wenn er Ihnen eine unverschämte Lüge erzählt.“

Bertha ging in ihr Zimmer, betrachtete sich im Glas und zog dann ihr schickstes Abendkleid an.

„Meine Güte“, sagte Miss Ley. „Du hast das nicht für Gerald angelegt? Du wirst dem Jungen den Kopf verdrehen, er ist furchtbar anfällig.“

„Es ist das erste, das mir begegnet ist“, antwortete Bertha unschuldig.

Kapitel XXIX

„Sie haben Geralds Herz ganz im Sturm erobert", sagte Miss Ley ein oder zwei Tage später zu Bertha. „Er hat mir anvertraut, dass er Sie ‚absolut umwerfend' findet."

„Er ist ein sehr netter Junge", sagte Bertha lachend.

Die unverblümte Bewunderung des Jugendlichen steigerte zwangsläufig ihre Sympathie; und sie amüsierte sich über den Blick seiner grünen Augen, den sie mit dem besonderen Sinn einer Frau spürte, selbst wenn sie ihr den Rücken zuwandte. Sie folgten ihr; sie ruhten auf ihrem Haar und auf ihren schönen Händen; Wenn sie ein tiefes Kleid trug, verbrannten sie sich an Hals und Brust; Sie spürte, wie sie über ihre Arme wanderten und ihre Figur umarmten. Es waren die zärtlichsten, lächelndsten Augen, aber in ihren smaragdgrünen Tiefen lag etwas Geheimnisvolles. Bertha versäumte es nicht, sich in Positionen zu begeben, in denen Gerald sie vorteilhaft sehen konnte; und wenn er ihre Hände ansah, konnte man von ihr nicht erwarten, dass sie sie zurückzog, als ob sie sich schämte. Nur wenige Engländer sehen in einer Frau etwas anderes als ihr Gesicht; und es kommt ihnen selten in den Sinn, dass ihre Hand die zartesten Umrisse hat, voller Anmut und Sanftmut, mit spitz zulaufenden Fingern und rosigen Nägeln; Sie suchen nie nach den tausend Dingen, die es zu sagen hat.

„Weißt du nicht, dass es sehr unhöflich ist, so zu starren", sagte Bertha lächelnd und drehte sich plötzlich um.

„Ich bitte um Verzeihung, ich wusste nicht, dass Sie hinschauen."

„Das war ich nicht, aber ich habe dich trotzdem gesehen."

Sie lächelte ihn äußerst einnehmend an und sah, wie ihm plötzlich eine Flamme in die Augen schoss. Eine verheiratete Frau freut sich immer über die Eroberung des wankelmütigen Herzens eines Jugendlichen: Es ist ein unaufgefordertes Zeugnis ihrer Reize und hat den großen Vorteil, dass sie völlig frei von Gefahr ist. Sie sagt sich, dass es für einen Jungen keine bessere Ausbildung gibt, als sich in eine wirklich nette Frau zu verlieben, die viel älter ist als er. Es lehrt ihn, sich zu benehmen und hält ihn davon ab, Unfug zu treiben: Wie oft haben unreife Jugendliche ihr Leben ruiniert, indem sie in die Fänge einer schrecklichen Abenteurerin mit gelben Haaren und geschminkten Wangen gerieten! Da sie alt genug ist, um seine Mutter zu sein, meint die wirklich nette Frau, dass es nicht schaden kann, mit dem armen Jungen zu flirten, und es scheint ihm zu gefallen: Sie lässt ihn also holen und tragen, blendet ihn und treibt ihn ganz schön an abgelenkt, bis seine jugendliche Wankelmütigkeit ihm zu Hilfe kommt und er sich leidenschaftlich in eine Bardame verliebt — als sie ihn natürlich einen undankbaren und niederträchtigen Kerl nennt, bedauert, dass sie sich in seinem Charakter so geirrt hat, und ihm sagt, er solle nie kommen wieder in ihrer Nähe.

Dies bezieht sich natürlich nur auf die Frauen, in die sich Männer verlieben; Es ist bekannt, dass die anderen die strengsten Ansichten zu diesem Thema haben und lieber sterben würden, als mit den Zuneigungen anderer zu spielen.

Gerald hatte die bezaubernde Gabe, sich in kürzester Zeit mit Menschen vertraut zu machen, und eine Cousine ist eine angenehme Beziehung (besonders wenn sie hübsch ist), mit der man leicht auskommt. Die Beziehung ist nicht so eng, dass sie chronische Unannehmlichkeiten rechtfertigen würde, und eng genug, um Persönlichkeiten zuzulassen, die den amüsantesten Teil des Gesprächs ausmachen.

Innerhalb einer Woche begann Gerald, seinen ganzen Tag mit Bertha zu verbringen, und sie fand die Londoner Saison viel amüsanter, als sie erwartet hatte. Sie blickte mit Abscheu auf ihre nur zwei Besuche in der Stadt zurück. Das eine waren ihre Flitterwochen gewesen, das andere die erste Trennung von ihrem Mann: Es war seltsam, dass beide im Nachhinein gleichermaßen trostlos wirkten. Edward war fast aus ihren Gedanken verschwunden und sie jubelte wie eine Gefangene ohne Ketten. Ihr einziger Ärger war sein oft geäußerter Wunsch, sie zu sehen. Warum konnte er sie nicht in Ruhe lassen, so wie sie ihn verlassen hatte? Er fragte ständig, wann sie nach Court Leys zurückkehren würde; und sie musste Ausreden erfinden, um ihn daran zu hindern, nach London zu kommen. Sie verabscheute die Vorstellung, ihn wiederzusehen.

Aber sie verdrängte diese Gedanken, als Gerald sie abholte, manchmal für eine Radtour im Battersea Park, manchmal, um eine Stunde in einem der Museen zu verbringen. Es ist kein Wunder, dass die Engländer eine bevölkerungsreiche Rasse sind, wenn man bedenkt, wie viele Zufluchtsorte die Großzügigkeit der Regierungsorgane zum ausdrücklichen Zweck des Fremdgehens bietet. Welcher Ort kann an einem heißen Tag bezaubernder sein als das British Museum, kühl, still und geräumig, mit harmlosen Statuen, die keine Geschichten erzählen und Anlass für Gespräche bieten, um eine unangenehme Pause zu unterbrechen?

Die Parks eignen sich auch hervorragend für diejenigen, deren Fantasie sich Gedanken über die platonische Liebe zuwendet. Der Hyde Park ist der passende Schauplatz für eine Idylle, in der Corydon Lackstiefel und einen Zylinder trägt, während Phyllis ein exquisites Kleid trägt, das perfekt zu ihr passt. Die gepflegten Rasenflächen, das künstliche Wasser und die Trimmpfade vermitteln eine vorgetäuschte Ländlichkeit, die für Menschen, die die Dinge nicht zu ernst nehmen wollen, unendlich amüsant ist. Hier verbrachten Gerald und Bertha an den Sommermorgen viel Zeit. Es gefiel ihr, seinem Geschwätz zuzuhören und in seine grünen Augen zu schauen; Er war so ein sehr netter Junge und schien ihr so sehr zugetan zu sein! Außerdem war er nur einen Monat in London, und da sie sich seiner Abreise sicher war, konnte sie es sich leisten, ihn ein wenig verlieben zu lassen.

„Tut es dir leid, dass du so bald weggehst?" Sie fragte.

„Es wird mir leid tun, dich zu verlassen."

„Es ist nett von dir, das zu sagen."

Nach und nach entlockte sie ihm seine schändliche Geschichte. Bertha war von einer Neugier besessen, Einzelheiten zu erfahren, die sie kunstvoll hervorrief und ihn dazu brachte, seine Missetaten zu gestehen, damit sie so tun konnte, als wäre sie wütend. Der Gedanke, dass er ein so verdorbener junger Mensch war, erfüllte sie mit einem merkwürdigen Nervenkitzel, zum Teil auch mit Bewunderung, und sie blickte ihn mit einer Art amüsierter Verwunderung an. Er war ganz anders als der tugendhafte Edward. Eine kindliche Unschuld strahlte aus seinen schönen Augen, und doch hatte er bereits den Wein vieler Gefühle gekostet. Bertha war ein wenig neidisch auf das Geschlecht, das die Gelegenheit bot, und auf den Geist, der die Macht gab, das Leben mutig zu ergreifen und ihm alles zu entreißen, was es zu bieten hatte.

„Ich sollte mich weigern, mehr mit Ihnen zu sprechen", sagte sie. „Ich sollte mich für dich schämen."

"Aber du bist nicht. Deshalb bist du so ein Reißer."

Wie konnte sie wütend auf einen Jungen sein, der sie vergötterte? Gerade seine Perversität faszinierte sie. Hier war ein Mann, der niemals zögern würde, für eine Frau zum Teufel zu gehen, und Bertha freute sich über das Kompliment an ihr Geschlecht.

Eines Abends ging Miss Ley auswärts essen und Gerald bat Bertha, mit ihm zum Abendessen und dann in die Oper zu kommen. Sie lehnte ab und dachte an die Kosten; aber er war so begierig, und sie wollte unbedingt gehen, dass sie schließlich zustimmte.

„Armer Junge, er geht so bald weg, ich könnte genauso gut nett zu ihm sein."

Gerald kam in bester Stimmung an und sah noch jungenhafter aus als sonst.

„Ich habe wirklich Angst, mit dir auszugehen", sagte Bertha. „Die Leute werden denken, dass du mein Sohn bist. ‚Meine Güte, wer hätte gedacht, dass sie vierzig ist!'"

„Was für ein Mist!“ Er betrachtete ihr wunderschönes Kleid. Wie alle
wirklich netten Frauen achtete Bertha äußerst darauf, immer gut gekleidet zu
sein. „Bei Gott, du bist ein echter Hingucker!“

„Mein liebes Kind, ich bin alt genug, um deine Mutter zu sein.“

Sie fuhren los – zu einem Restaurant, das Gerald, wie ein Junge, ausgewählt
hatte, weil es allgemein als das teuerste in London galt. Bertha amüsierte sich
sehr über das Treiben, das Glitzern der Frauen in Diamanten, die
geschäftigen Kellner, die hin und her glitten, den Glanz des elektrischen
Lichts, und ihr Blick ruhte anerkennend auf dem hübschen Jungen vor ihr.
Sie konnte die Rücksichtslosigkeit, mit der er darauf bestand, die teuersten
Dinge zu bestellen, nicht im Zaum halten; und als sie in der Oper ankamen,
stellte sie fest, dass er eine Kiste hatte.

„Oh, du Elender“, rief sie. „Du musst völlig ruiniert sein.“

„Oh, ich habe fünfhundert Pfund“, antwortete er lachend. „Ich muss etwas
davon blau machen.“

„Aber warum zum Teufel hast du eine Kiste bekommen?“

„Ich habe mich daran erinnert, dass du jeden anderen Teil des Theaters
gehasst hast.“

„Aber Sie haben versprochen, günstige Sitzplätze zu bekommen.“

„Und ich wollte mit dir allein sein.“

Er war von Natur aus ein Schmeichler; und nur wenige Frauen konnten der
Schmeichelei seiner grünen Augen und seines bezaubernden Lächelns
widerstehen.

„Er muss mich sehr gern haben“, dachte Bertha, als sie nach Hause fuhren,
und sie legte ihren Arm in seinen, um ihm ihren Dank und ihre
Wertschätzung auszudrücken.

„Es ist sehr nett von dir, dass du so gut zu mir warst. Ich dachte immer, du
wärst ein netter Junge.“

„Ich würde mehr als das für dich tun.“

Er hätte den Rest seiner fünfhundert Pfund für einen Kuss gegeben. Sie
wusste es und freute sich, ermutigte ihn aber nicht, und ausnahmsweise war
er schüchtern. Sie trennten sich vor ihrer Haustür mit dem leisesten
Händedruck.

„Es ist wirklich nett von dir, dass du gekommen bist.“

Er schien ihr unendlich dankbar zu sein. Ihr Gewissen quälte sie jetzt, da er
so viel Geld ausgegeben hatte; aber sie mochte ihn umso mehr.

Geralds Monat war fast vorbei und Bertha war erstaunt, dass er ihre Gedanken so sehr beschäftigte. Sie wusste nicht, dass sie ihn so gern hatte.

„Ich wünschte, er würde nicht gehen", sagte sie und sagte dann schnell: „Aber es wäre natürlich viel besser, wenn er es tun würde!"

In diesem Moment erschien der Junge.

„Diesen Tag in der Woche wirst du auf dem Meer sein, Gerald", sagte sie. „Dann werden dir all deine Ungerechtigkeiten leid tun."

"NEIN!" antwortete er und saß in der Position, die ihm am meisten am Herzen lag, zu Berthas Füßen.

„Nein – welches?"

„Es wird mir nicht leid tun", antwortete er lächelnd, „und ich werde nicht weggehen."

„Was meinst du?"

„Ich habe meine Pläne geändert. Der Mann, zu dem ich gehen werde, sagte, ich könnte Anfang des Monats oder zwei Wochen später anfangen."

"Aber warum?" Es war eine dumme Frage, denn sie wusste es.

„Ich hatte nichts, wofür ich bleiben konnte. Jetzt habe ich es, das ist alles."

Bertha sah ihn an und bemerkte, wie seine leuchtenden Augen sie aufmerksam ansahen. Sie wurde ernst.

„Du bist nicht böse?" fragte er und änderte seinen Ton. „Ich dachte, es würde dir nichts ausmachen. Ich will dich nicht verlassen."

Er sah sie so ernst an und Tränen traten ihm in die Augen, dass Bertha nicht anders konnte, als gerührt zu sein.

„Ich bin sehr froh, dass du bleiben solltest, Liebes. Ich wollte nicht, dass du so schnell gehst. Wir waren so gute Freunde."

Sie fuhr mit ihren Fingern durch sein lockiges Haar und über seine Ohren; aber er zuckte zusammen und zitterte.

„Tu das nicht", sagte er und schob ihre Hand weg.

"Warum nicht?" sie weinte und lachte. „Hast du Angst vor mir?"

Und streichelnd strich sie ihm noch einmal mit der Hand über die Ohren.

„Oh, du weißt nicht, welchen Schmerz mir das bereitet."

Er sprang auf und zu ihrem Erstaunen sah Bertha, dass er blass und zitternd war.

„Ich habe das Gefühl, ich werde verrückt, wenn du mich berührst."

Plötzlich sah sie die brennende Leidenschaft in seinen Augen; es war die Liebe, die ihn zittern ließ. Bertha stieß einen leisen Schrei aus, und ein merkwürdiges Gefühl drückte ihr ins Herz. Dann ergriff der Junge ohne Vorwarnung ihre Hände, fiel vor ihr auf die Knie und küsste sie wiederholt. Sein heißer Atem ließ auch Bertha erzittern und die Küsse brannten sich in ihr Fleisch. Sie riss ihre Hände weg.

„Das wollte ich schon so lange machen", flüsterte er.

Sie war zu tief bewegt, um zu antworten, blieb aber stehen und sah ihn an.

„Du musst verrückt sein, Gerald." Sie tat so, als würde sie lachen.

„Bertha!"

Sie standen sehr dicht beieinander; er wollte gerade seine Arme um sie legen. Und für einen Moment verspürte sie das wahnsinnige Verlangen, ihn tun zu lassen, was er wollte, ihn ihre Lippen küssen zu lassen, so wie er ihre Hände geküsst hatte; und sie wollte seinen Mund küssen, das lockige Haar und seine Wangen, die so weich waren wie die eines Mädchens. Aber sie erholte sich.

„Oh, es ist absurd! Sei nicht albern, Gerald."

Er konnte nicht sprechen; Er sah sie an, seine grünen Augen funkelten vor Verlangen.

"Ich liebe dich."

„Mein lieber Junge, willst du, dass ich die Nachfolge der Magd deiner Mutter antrete?"

"Oh!" Er stöhnte und wurde rot.

„Ich bin froh, dass du bleibst. Sie können Edward sehen, der in die Stadt kommt. Du hast meinen Mann noch nie getroffen, oder?"

Seine Lippen zuckten und es schien ihm schwer zu fallen, sich zu fassen. Dann warf er sich auf einen Stuhl und vergrub sein Gesicht in seinen Händen. Er schien so klein, so jung – und er liebte sie. Bertha sah ihn einen Moment lang an und Tränen traten ihr in die Augen. Sie nannte sich brutal und legte ihre Hand auf seine Schulter.

„Gerald!" Er blickte nicht auf. „Gerald, ich wollte deine Gefühle nicht verletzen. Es tut mir leid, was ich gesagt habe."

Sie bückte sich und zog seine Hände von seinem Gesicht.

„Bist du böse auf mich?“ fragte er fast unter Tränen.

„Nein“, antwortete sie streichelnd. „Aber du darfst nicht albern sein, Liebste. Du weißt, dass ich alt genug bin, um deine Mutter zu sein.“

Er schien nicht getröstet zu sein, und sie hatte immer noch das Gefühl, dass sie schrecklich gewesen war. Sie nahm sein Gesicht zwischen ihre Hände und küsste seine Lippen. Und als wäre er ein kleines Kind, küsste sie die Tränen, die in seinen Augen glänzten.

Kapitel XXX

BERTHA spürte noch immer Geralds leidenschaftliche Küsse auf ihren Händen, wie kleine Feuerflecken; und auf ihren Lippen war immer noch die Berührung seines jungenhaften Mundes. Welcher magische Strom war von ihm auf sie übergegangen, dass sie dieses plötzliche Glück verspüren konnte? Der Gedanke, dass Gerald sie liebte, war bezaubernd; Sie erinnerte sich daran, wie seine Augen geleuchtet hatten, wie seine Stimme so heiser geworden war, dass er kaum noch sprechen konnte: Ach, das waren die Zeichen echter Liebe, der Liebe, die mächtig und triumphierend ist. Bertha legte mit einem plätschernden Lachen purer Freude die Hände auf ihr Herz – denn sie wurde geliebt. Die Küsse kribbelten an ihren Fingern, so dass sie sie überrascht ansah, fast schien es, als würde sie ein brennendes Zeichen erkennen. Sie war ihm sehr dankbar, sie wollte seinen Kopf in ihre Hände nehmen und sein Haar und seine jungenhaften Augen und wieder die weichen Lippen küssen. Sie sagte sich, dass sie für ihn eine Mutter sein würde.

Am folgenden Tag war er fast schüchtern zu ihr gekommen, aus Angst, sie könnte wütend werden, und die Schüchternheit, die im Gegensatz zu seiner üblichen fröhlichen Kühnheit stand, hatte sie bezaubert. Der Gedanke, dass er ihr bescheidener Sklave war, schmeichelte ihr außerordentlich, zu sehen, wie viel Freude er daran hatte, ihren Befehlen zu folgen; aber sie konnte es kaum glauben, dass er sie liebte, und sie wollte sich selbst beruhigen. Es erfüllte sie mit einem eigenartigen Nervenkitzel, zu sehen, wie er weiß wurde, wenn sie seine Hand hielt, und zu sehen, wie er zitterte, als sie sich auf seinen Arm stützte. Sie streichelte sein Haar und freute sich über den Kummer in seinen Augen.

„Tu das nicht", schrie er. "Bitte. Du weißt nicht, wie weh es tut."

„Ich habe dich kaum berührt", antwortete sie lachend.

Sie sah in seinen Augen glitzernde Tränen – es waren Tränen der Leidenschaft, und sie konnte einen Triumphschrei kaum zurückhalten. Endlich wurde sie so geliebt, wie sie es wünschte, sie rühmte sich ihrer Macht: Hier war endlich jemand, der nicht zögern würde, ihretwegen seine Seele zu verlieren. Sie war überaus dankbar. Aber ihr Herz wurde kalt, als sie dachte, es sei zu spät, dass es nichts nütze: Er war noch ein Junge, und sie war verheiratet und – fast dreißig.

Aber selbst dann, warum sollte sie versuchen, ihn aufzuhalten? Wenn es die Liebe war, von der sie träumte, konnte nichts sie zerstören. Und es entstand kein Schaden; Gerald sagte nichts, worauf sie vielleicht nicht hören würde, und er war so viel jünger als sie, dass er in weniger als einem Monat gehen würde und alles vorbei sein würde. Warum sollte sie sich nicht an den bescheidenen Krümeln erfreuen, die die Götter von ihrem Tisch fallen ließen – es waren wenig genug, wenn man bedenkt, dass es so war! Wie töricht ist derjenige, der sich nicht in der Martinssonne sonnen will, denn sie kündigt den Winter so sicher an wie der Ostwind!

Sie verbrachten den ganzen Tag zusammen, zur Belustigung von Miss Ley, die ihre scharfen Augen ausnahmsweise nicht besonders wirkungsvoll einsetzte.

„Ich bin dir so dankbar, Bertha, dass du dich um den Jungen gekümmert hast. Seine Mutter sollte dir ewig dankbar sein, dass du ihn davon abgehalten hast, Unfug zu treiben.“

„Ich bin sehr froh, wenn ich das getan habe“, sagte Bertha, „er ist so ein netter Junge und ich mag ihn so sehr.“ Es würde mir sehr leid tun, wenn er in Schwierigkeiten geraten würde ... Ich mache mir danach ziemliche Sorgen um ihn.“

„Meine Liebe, sei nicht so; denn es liegt in seiner Natur, dass er mit Sicherheit in Schwierigkeiten gerät, aber es liegt auch in seiner Natur, aus ihnen herauszukommen. Er wird einem halben Dutzend schöner Mädchen ewige Hingabe schwören und jubelnd davonreiten, während sie sich gegenseitig an den Brüsten weinen müssen. Es liegt in der Natur mancher Männer, Frauen das Herz zu brechen.“

„Ich glaube, er ist nur ein bisschen wild: Er meint es nicht böse.“

„Solche Leute tun das nie; Das ist es, was ihr Fehlverhalten umso verhängnisvoller macht.“

„Und er ist so liebevoll.“

„Meine Liebe, ich glaube wirklich, dass du in ihn verliebt bist.“

„Das bin ich“, sagte Bertha. "Verrückt!"

Die klare Wahrheit ist oft der sicherste Weg, Menschen zu täuschen, insbesondere wenn sie unbewusst erzählt wird. Frauen von fünfzig Jahren haben die irritierende Angewohnheit, alle Personen ihres eigenen Geschlechts, die älter als fünfundzwanzig sind, als Zeitgenossen zu behandeln, und es kam Miss Ley nie in den Sinn, dass Bertha Gerald für alles andere als einen kleinen Jungen halten könnte.

Doch Edward konnte nicht länger im Land gehalten werden. Bertha war erstaunt, dass er sie sehen wollte, und ein wenig verärgert, denn gerade jetzt wäre seine Anwesenheit zudringlich. Sie wollte nicht, dass ihr Traum gestört wurde, sie wusste, dass es nichts anderes war; Es war nur ein Frühlingstag des Glücks im langen Winter des Lebens. Sie sah Gerald jetzt schweren Herzens an und konnte es nicht ertragen, an die Zukunft zu denken. Wie leer wäre die Existenz ohne dieses freudige Lächeln; vor allem ohne diese glühende Leidenschaft! Diese Liebe war wunderbar; es umgab sie wie ein mystisches Feuer und hob sie empor, so dass es schien, als würde sie auf Luft gehen. Aber es kommt immer zu spät oder es kommen halbe Sachen. Warum sollte all ihre Leidenschaft verschwendet und in den Wind geworfen werden, so dass sie nun, als ein schöner Jüngling ihr sein jungfräuliches Herz anbot, nichts im Austausch hatte? Bertha sagte sich, dass sie Gerald zwar sehr gern hatte, ihn aber natürlich nicht liebte; er war nur ein Junge!

Sie war ein wenig nervös wegen des Treffens zwischen ihm und Edward; Sie fragte sich, was sie wohl voneinander denken würden, und sie sah zu – Gerald! Edward kam wie eine Landbrise herein, ungestüm gesund, fröhlich, groß und etwas kahl. Miss Ley zitterte, weil sie befürchtete, er könnte ihr Porzellan umstoßen , als er durch das Zimmer ging. Er küsste sie auf die eine Wange und Bertha auf die andere.

„Na, wie geht es euch allen? – Und das ist mein junger Cousin, was? Wie geht es dir? Ich freue mich, Sie kennenzulernen."

Er drückte Geralds Hand, überragte ihn und strahlte gutmütig; Dann setzte er sich auf einen Stuhl, der viel zu klein für ihn war und der unter seinem Gewicht knarrte und brummte. Es gibt kaum ein Gefühl, das für eine Frau amüsanter ist, als den Ehemann, den sie einst vergöttert hat, anzusehen und darüber nachzudenken, wie überflüssig er ist. aber es kann dazu führen, dass das Gespräch ein wenig schwierig wird. Miss Ley entführte Gerald bald darauf, da sie der Meinung war, dass Mann und Frau ein wenig von der Isolation genießen sollten, zu der sie die Ehe unauflöslich verdammt hatte. Bertha hatte mit großem Unbehagen auf die notwendige Prüfung gewartet. Sie hatte Edward nichts zu sagen und hatte große Angst, dass er sentimental werden würde.

"Wo bleiben Sie?" Sie fragte.

„Oh, ich wohne im *Inns of Court* – ich gehe immer dorthin.“

„Ich dachte, es würde Ihnen vielleicht gefallen, heute Abend ins Theater zu gehen. Ich habe eine Kiste, damit Tante Polly und Gerald auch kommen können.“

„Ich bin für alles zu haben, was du willst.“

„Du warst immer der gutmütigste Mann“, sagte Bertha und lächelte sanft.

„Trotzdem scheint Ihnen meine Gesellschaft nicht besonders am Herzen zu liegen.“

Bertha blickte schnell auf. "Wie kommst du darauf?"

„Nun, es wird eine kostbare Zeit sein, nach Court Leys zurückzukehren“, antwortete er lachend.

Bertha war erleichtert, denn offensichtlich nahm er die Sache nicht ernst. Sie hatte nicht den Mut zu sagen, dass sie niemals zurückkehren wollte: Die endlosen Erklärungen, sein Staunen, die Unmöglichkeit, ihn verständlich zu machen, waren mehr, als sie ertragen konnte.

"Wann kommst du zurück? Wir alle vermissen dich, wie alles andere.“

"Tust du?" Sie sagte. „Ich weiß es wirklich nicht. Wir werden nach der Saison sehen.“

"Was? Kommst du nicht noch ein paar Monate?“

„Ich glaube nicht, dass Blackstable besonders gut zu mir passt. Da bin ich immer krank.“

„Oh, Unsinn. Es ist die beste Luft Englands. Die Sterblichkeitsrate liegt praktisch *bei null*.“

„Glaubst du, unser Leben war sehr glücklich, Edward?“

Sie sah ihn gespannt an, um zu sehen, wie er die vorsichtige Bemerkung auffassen würde, aber er war nur erstaunt.

"Glücklich? Ja, eher. Natürlich hatten wir unsere kleinen Streitereien. Das tun alle Menschen. Aber am Anfang waren sie meistens schlecht, die Straße war etwas holprig und wir hatten unsere Reifen nicht richtig durchgepumpt. Ich bin mir sicher, dass ich nichts zu beanstanden habe.“

„Das ist natürlich das Wichtigste“, sagte Bertha.

„Du siehst jetzt so gut aus wie alles andere. Ich verstehe nicht, warum du nicht zurückkommen solltest.“

„Na ja, wir werden später sehen. Wir werden genügend Zeit haben, darüber zu reden.“

Sie hatte Angst, die Worte auf ihrer Zunge auszusprechen; Auf dem Schriftweg wäre es einfacher.

„Ich wünschte, Sie würden mir einen festen Termin nennen – damit ich die Dinge fertig haben und es den Leuten erzählen kann.“

„Es hängt von Tante Polly ab; Ich kann es wirklich nicht mit Sicherheit sagen. Ich werde dir schreiben.“

Sie schwiegen einen Moment, dann kam Bertha eine Idee.

„Was halten Sie davon, ins Naturhistorische Museum zu gehen? Erinnern Sie sich nicht daran, dass wir dort unsere Flitterwochen verbracht haben? Ich bin sicher, es würde Ihnen Spaß machen, es noch einmal zu sehen."

"Möchten Sie gehen?" fragte Edward.

„Ich bin sicher, es würde dich amüsieren", antwortete sie.

Als Bertha am nächsten Tag mit ihrem Mann einkaufen ging, saßen Gerald und Miss Ley allein.

„Bist du ohne Bertha sehr untröstlich?" Sie fragte.

„Völlig elend!"

„Das ist sehr unhöflich zu mir, lieber Junge."

„Es tut mir furchtbar leid, aber ich kann nie zu mehr als einer Person gleichzeitig höflich sein, und ich habe all meine guten Manieren aufgebraucht – Mr. Craddock."

„Ich freue mich, dass er Ihnen gefällt", antwortete Miss Ley lächelnd.

"Ich tu nicht!"

„Er ist ein sehr würdiger Mann."

„Wenn ich Bertha sechs Monate lang nicht gesehen hätte, sollte ich sie nicht sofort mitnehmen, um nach Käfern zu suchen."

„Vielleicht war es Berthas Vorschlag."

„Sie muss Mr. Craddock ziemlich langweilig finden, wenn sie schwarze Käfer und ausgestopfte Kängurus bevorzugt."

„Du solltest nicht so voreilige Schlussfolgerungen ziehen, mein Freund."

„Glaubst du, sie mag ihn?"

„Mein lieber Gerald, was für eine Frage! Ist es nicht ihre Pflicht, ihn zu lieben, zu ehren und ihm zu gehorchen?"

„Wenn ich eine Frau wäre, könnte ich niemals einen Mann ehren, der eine Glatze hat."

„Seine Locken sind etwas dürftig; aber er hat ein starkes Pflichtbewusstsein."

„Das weiß ich", rief Gerald. „Es quillt aus ihm heraus, wenn ihm heiß wird, genau wie Kaugummi."

„Er ist Bezirksrat, hält Reden über den Union Jack und ist tugendhaft."

"Das weiss ich auch. Er stinkt einfach nach den zehn Geboten: Sie ragen überall an ihm hervor, wie Mandeln in einem beschwipsten Kuchen."

„Mein lieber Gerald, Edward ist ein Vorbild; er ist der typische Engländer, wie er auf dem Lande aufblüht, aufrichtig und ehrlich, gesund, dogmatisch, moralisch – eher dumm. Ich schätze ihn sehr, und ich sollte ihn viel mehr mögen als dich, der du ein schändlicher Kerl bist."

„Ich frage mich, warum du das nicht tust."

„Weil ich eine böse alte Frau bin; und ich habe durch lange Erfahrung gelernt, dass Menschen ihre Laster im Allgemeinen für sich behalten, aber darauf bestehen, einem ihre Tugenden ins Gesicht zu werfen. Und wenn man zufällig keine eigenen hat, bekommt man das Schlimmste von der Begegnung."

„Ich glaube, das ist es, was dich so angenehm macht, Tante Polly, dass du nicht übermäßig brav bist. Du bist die Wohltätigkeitsorganisation selbst."

„Mein lieber Gerald", sagte Miss Ley und hob mahnend den Zeigefinger, „Frauen sind von Natur aus boshaft und intolerant; Wenn man jemanden findet, der Barmherzigkeit übt, beweist das, dass sie es selbst sehr will."

Miss Ley war froh, dass Edward nicht länger als zwei Tage bleiben konnte, denn sie hatte immer Angst, ihn zu überraschen. Nichts ist langweiliger, als mit Personen zu sprechen, die Ihre offensichtlichsten Bemerkungen als verblüffende Paradoxien betrachten; und Edward litt ebenfalls unter der Leidenschaft für Argumente, die der Ersatz für Gespräche bei schlechten Rednern ist. Menschen, die nicht sprechen können, sind immer stolz auf ihre Dialektik: Sie möchten Ihre banalen Beobachtungen modifizieren, und selbst wenn Sie vorschlagen, dass der Tag gut ist, bestehen Sie darauf, darüber zu argumentieren.

Bertha hatte in der Gegenwart ihres Mannes ein merkwürdiges Unbehagen empfunden; Es war so ein Zwang gewesen, dass sie es als anstrengend empfand, mit ihm zu reden, und sie musste sich den Kopf zerbrechen, um Gesprächsthemen zu finden. Als sie nach der Verabschiedung von Victoria zurückkam, war ihr Herz merklich leichter, und es erfüllte sie mit einem Schauer der Freude, Gerald aufspringen zu hören, als sie hereinkam. Er rannte mit leuchtenden Augen auf sie zu.

„Oh, ich bin so froh. Ich hatte in den letzten beiden Tagen kaum Gelegenheit, mit Ihnen zu sprechen."

„Wir haben den ganzen Nachmittag vor uns."

„Lass uns einen Spaziergang machen, ja?"

Bertha stimmte zu und wie zwei Schulkameraden machten sie sich auf den Weg. Der Tag war sonnig und warm und sie wanderten am Fluss entlang. Die Ufer der Themse rund um Chelsea haben eine angenehme Gelassenheit, eine Leichtigkeit, die nach der Beschaulichkeit des übrigen Londons unendlich dankbar ist. Trotz ihrer Neuheit erinnern die Uferböschungen an die Tage, als die riesige Stadt ein großes, verstreutes Dorf war, als die Sänfte ein Fortbewegungsmittel war und die Damen Flicken und Reifen trugen; als Epigramme Mode waren und Anstand nicht.

Plötzlich, während sie das glänzende Wasser beobachteten, näherte sich ein Penny-Dampfschiff der angrenzenden Bühne und brachte Bertha auf eine Idee.

„Möchten Sie mich nach Greenwich mitnehmen?" Sie weinte. „Tante Polly geht auswärts essen; Wir können im *Schiff zu Abend essen* und mit dem Zug zurückkommen."

„Bei Gott, es wird reißend sein."

Sie stürmten die Gangway hinunter und nahmen ihre Fahrkarten; Das Boot startete, und Bertha sank keuchend auf einen Sitz. Sie fühlte sich ein wenig rücksichtslos, zufrieden mit sich selbst und amüsiert, Geralds maßlose Freude zu sehen.

„Ich habe das Gefühl, als würden wir durchbrennen", sagte sie lachend; „Ich bin sicher, Tante Polly wird furchtbar schockiert sein."

Das Boot fuhr weiter und hielt immer wieder an, um Passagiere aufzunehmen. Sie kamen zu den schwankenden Kais von Millbank und dann zu den Schemeltürmen von St. John's, den acht roten Häuserblöcken des St. Thomas's Hospital und den Houses of Parliament. Sie passierten die Westminster Bridge und die gewaltige Festung New Scotland Yard, die Hotels und öffentlichen Gebäude, die das Victoria Embankment säumen, und die Temple Gardens; und gegenüber dieser Pracht, auf der Surrey-Seite, befanden sich die schmuddeligen Lagerhäuser und Fabriken von Lambeth. An der London Bridge entdeckte Bertha neues Interesse an der vielfältigen Szene; Sie stand mit Gerald an ihrer Seite im Bug und sagte kein Wort; Sie waren glücklich, einander nahe zu sein. Der Verkehr wurde dichter und das Boot voller Handwerker, Angestellter und lautstarker Mädchen, die ostwärts nach Rotherhithe und Deptford fuhren. Große Handelsschiffe lagen am Flussufer oder machten sich langsam auf den Weg flussabwärts unter der Tower Bridge hindurch; und dann war das weite Wasser voller aller erdenklichen Fahrzeuge, mit faulen Lastkähnen, die mit ihren roten Segeln ebenso malerisch waren wie die Fischerboote von Venedig, mit kleinen Schleppern, die schnauften und bliesen, mit Ozeantramps und mit riesigen

Paketen. Und als sie mit dem Penny Steamer vorbeifuhren, sahen sie schnell Bilder von Gruppen nackter Jungen, die sich im Schlamm der Themse suhlten oder von der Seite eines vor Anker liegenden Kohlekahns sprangen. Eine neue Atmosphäre umhüllte sie nun. Graue Lagerhäuser, die den Fluss und die Fabriken säumten, kündigten den Handel einer mächtigen Nation an; und der Geist von Charles Dickens verlieh den vorübergehenden Szenen eine neue Freude. Wie konnten sie prosaisch sein, wenn der große Meister sie beschrieben hatte? Ein freundlicher Fremder gab den verschiedenen Orten Namen.

„Sehen Sie, da ist Wapping Old Stairs."

Und die Worte begeisterten Bertha wie Poesie. Sie passierten unzählige Kais und Docks, das London Dock, die Kais von John Cooper und William Gibbs (wer sind John Cooper und William Gibbs?), das Limehouse Basin und das West India Dock. Dann erreichten sie mit einer großen Flussbiegung Limehouse Reach; und bald kamen die edlen Linien des Krankenhauses, das unsterbliche Denkmal von Inigo Jones, in Sicht, und sie landeten am Greenwich Pier.

Kapitel XXXI

Sie standen eine Weile auf einer Terrasse mit Blick auf den Fluss neben dem Krankenhaus. Unmittelbar darunter badete eine Menge Jungen, lebhaft und laut, jagten einander, duckten sich, rannten unter lautem Geschrei hin und her und planschten im Schlamm.

Der Fluss breitete sich vor ihnen weiter aus. Die Sonne spielte auf ihren gelben Wellen, so dass sie golden glitzerten. Ein Schlepper grunzte mit einer langen Schleppe von Kähnen vorbei, und ein riesiger Ostindienfahrer glitt geräuschlos vorbei. Am Spätnachmittag herrschte über der Szenerie eine altmodische Atmosphäre von Leichtigkeit und Geräumigkeit. Die stattliche Flut riss den Geist mit sich, so dass der Betrachter ihr gedankenverloren folgte und, während sie breiter wurde, mit ihrem Verkehrsaufkommen unterging, bis plötzlich ein Meeresgeruch in die Nase stieg und der Fluss, immer majestätisch, hineinströmte das Meer. Und die Schiffe fuhren nach Osten, Westen und Süden und brachten ihre Waren bis an die entlegensten Teile der Erde, in südliche, sommerliche Länder mit Palmen und dunkelhäutigen Völkern, die den Namen und Reichtum Englands trugen. Die Themse wurde zum Symbol der Macht des mächtigen Imperiums, und diejenigen, die zusahen, fühlten sich durch ihre Stärke gestärkt und stolz auf ihren Namen und auf den unverminderten Ruhm ihrer Rasse.

Aber Gerald sah traurig aus.

„In Kürze muss es mich von dir wegbringen, Bertha.“

„Aber denken Sie an die Freiheit und die Weite. Manchmal scheint man in England vom Platzmangel bedrückt zu sein; man kann kaum atmen.“

„Es ist der Gedanke, dich zu verlassen.“

Sie legte liebkosend ihre Hand auf seinen Arm; und dann schlug er, um ihn von seiner Traurigkeit zu befreien, vor, dass sie gehen sollten.

Greenwich ist halb London, halb Landstadt; und die unerwartete Verbindung verleiht ihm eine besondere Faszination. Wenn die Kais und Docks von London noch immer den Geist von Charles Dickens bewahren, ist es hier die fröhliche Leichtigkeit von Captain Marryat, die die Fantasie beflügelt. Diese Geschichten über ein freieres Leben und die Meeresbrise kehren in den grauen Straßen zurück, immer noch bevölkert von den lebhaften Charakteren des *armen Jack* . Im Park kann man neben den Arbeitern, den Marinesoldaten der benachbarten Docks, die im Gras schlafen oder den Jungen beim Spielen einer primitiven Grille zuschauen, fantastische alte Menschen sehen, die die groteske Feder des Seemann-Romanautors entzückt hätten.

Bertha und Gerald saßen unter den Bäumen und betrachteten die Menschen, bis es spät wurde, und gingen dann zum Abendessen zurück zum *Schiff*. Es machte ihnen großen Spaß, in der alten Kaffeestube zu sitzen und von einem schwarzen Kellner bedient zu werden, der die verschiedenen Gerichte absurd anpreiste.

„Wir werden heute nicht sparsam sein", rief Bertha. „Ich fühle mich völlig rücksichtslos."

„Wenn man die Kosten mit einbezieht, geht der ganze Spaß verloren."

„Nun, lasst uns einmal dumm sein und den Morgen vergessen."

Und sie tranken Champagner, der für Frauen und Jungen der Gipfel der Ausschweifung und Pracht ist. Plötzlich blitzten Geralds grüne Augen heller auf und Bertha errötete vor ihrem glühenden Blick.

„Ich werde diesen Tag nie vergessen, Bertha", sagte Gerald. „Solange ich lebe, werde ich mit Bedauern darauf zurückblicken."

„Oh, glaube nicht, dass es ein Ende haben muss, sonst werden wir beide unglücklich sein."

„Du bist die schönste Frau, die ich je gesehen habe."

Bertha lachte, zeigte ihre wunderschönen Zähne und war froh, dass ihr eigenes Wissen ihr sagte, dass sie gut aussah.

„Aber kommen Sie doch mal wieder auf die Terrasse und rauchen Sie dort. Wir werden den Sonnenuntergang beobachten."

Sie saßen allein und die Sonne ging bereits unter. Die schweren Wolken im Westen waren von sattem und leuchtendem Rot, und über dem Fluss zeichneten sich die Ziegel und der Mörtel in tintenschwarzen Massen ab. Es war ein Sonnenuntergang, der auf einzigartige Weise zur Szenerie passte und sich in seinen kühnen Farben mit der Kraft des Flusses verband. Die trüben Wellen tanzten wie kleine Feuerflammen.

Bertha und die Jugend saßen schweigend da, sehr glücklich, aber mit dem Bedauern, das ihnen im Herzen nagte, dass ihre Freudenstunde kein Morgen mehr haben würde. Die Nacht brach herein und einer nach dem anderen leuchteten die Sterne auf. Der Fluss floss geräuschlos und ruhig; und um sie herum funkelten die Lichter der Flussstädte. Sie sprachen nichts, aber Bertha wusste, dass der Junge an sie dachte und wollte ihn das sagen hören.

„Woran denkst du, Gerald?"

„Woran sollte ich denken, außer an dich – und daran, dass ich dich verlassen muss."

Bertha konnte die außerordentliche Freude, die seine Worte bereiteten, nicht unterdrücken: Es war so köstlich, wirklich geliebt zu werden, und sie wusste, dass seine Liebe echt war. Sie drehte ihr Gesicht, sodass er ihre dunklen Augen sah, die in der Nacht noch dunkler waren.

„Ich wünschte, ich hätte mich vorher nicht lächerlich gemacht", flüsterte er. „Ich finde, es war alles schrecklich; Du hast mich so beschämt."

„Oh, Gerald, du erinnerst dich nicht daran, was ich neulich gesagt habe? Ich wollte dich nicht verletzen. Seitdem tut es mir so leid."

"Ich wünschte du würdest mich lieben. Oh, Bertha, halte mich jetzt nicht auf. Ich habe es so lange behalten und kann es nicht mehr. Ich möchte nicht weggehen, ohne es dir zu sagen."

„Oh, mein lieber Gerald, tu das nicht", sagte Bertha mit fast gebrochener Stimme. „Es nützt nichts, und wir werden beide furchtbar unglücklich sein. Meine Liebe, du weißt nicht, wie viel älter ich bin als du. Selbst wenn ich nicht verheiratet wäre, wäre es für uns unmöglich, einander zu lieben."

„Aber ich liebe dich von ganzem Herzen."

Er ergriff ihre Hände und drückte sie, und sie machte keine Anstalten, Widerstand zu leisten.

„Liebst du mich überhaupt nicht?" er hat gefragt.

Bertha antwortete nicht und er beugte sich näher, um ihr in die Augen zu schauen. Dann ließ er ihre Hände los, warf seine Arme um sie und drückte sie an sein Herz.

„Bertha, Bertha!" Er küsste sie leidenschaftlich. „Oh, Bertha, sag, dass du mich liebst. Es würde mich so glücklich machen."

„Mein Liebster", flüsterte sie, nahm seinen Kopf in ihre Hand und küsste ihn.

Aber der Kuss, den sie erhalten hatte, ließ ihr Blut in Wallung kommen und sie konnte nun nicht widerstehen, zu tun, was sie sich gewünscht hatte. Sie küsste ihn auf die Lippen und auf die Augen, und sie küsste sein lockiges Haar. Aber schließlich riss sie sich los und sprang auf.

„Was für Dummköpfe wir sind! Lass uns zum Bahnhof gehen, Gerald; es wächst spät."

„Oh, Bertha, geh noch nicht."

"Wir müssen. Ich wage es nicht zu bleiben.

Er versuchte sie in seine Arme zu nehmen und flehte sie eifrig an, zu bleiben.

„Bitte nicht, Gerald", sagte sie. „Frag mich nicht, du machst mich zu unglücklich. Sehen Sie nicht, wie hoffnungslos es ist? Welchen Nutzen hat es, wenn wir einander lieben? Du gehst in einer Woche weg und wir werden uns nie wiedersehen. Und selbst wenn du bleiben würdest, ich bin verheiratet und sechsundzwanzig und du erst neunzehn. Mein Liebster, wir sollten uns nur lächerlich machen."

„Aber ich kann nicht weggehen. Was kümmert es mich, wenn du älter bist als ich? Und es macht nichts, wenn Sie verheiratet sind: Ihr Mann ist Ihnen egal, und er kümmert sich nicht im Geringsten um Sie."

"Woher weißt du das?"

„Oh, ich habe es gesehen. Es tat mir so leid für dich."

„Du lieber Junge!" murmelte Bertha und weinte fast. „Ich war furchtbar unglücklich. Es stimmt, Edward hat mich nie geliebt – und er hat mich nicht sehr gut behandelt. Oh, ich kann nicht verstehen, wie ich mich jemals um ihn gekümmert habe."

"Ich bin froh."

„Ich würde mir nie wieder erlauben, mich zu verlieben. Ich habe zu sehr gelitten."

„Aber ich liebe dich von ganzem Herzen, Bertha; siehst du es nicht? Oh, das ist nicht das, was ich zuvor gefühlt habe; Es ist etwas ganz Neues und Anderes. Ich kann nicht ohne dich leben, Bertha. Oh, lass mich bleiben."

"Es ist unmöglich. Komm jetzt weg, Liebste; wir sind schon zu lange hier."

"Küss mich nochmal."

Bertha, halb lächelnd, halb in Tränen, legte ihre Arme um seinen Hals und küsste die weichen, jungen Lippen.

„Du bist gut zu mir", flüsterte er.

Dann gingen sie schweigend zum Bahnhof; und erreichte schließlich Chelsea. An der Wohnungstür streckte Bertha ihre Hand aus und Gerald sah sie mit einer Traurigkeit an, die ihr fast das Herz brach, dann berührte er einfach ihre Finger und wandte sich ab.

Doch als Bertha allein in ihrem Zimmer war, warf sie sich hin und brach in Tränen aus. Denn endlich wusste sie, dass sie ihn liebte; Geralds Küsse brannten immer noch auf ihren Lippen und die Berührung seiner Hände zitterte auf ihren Armen. Plötzlich wusste sie, dass sie sich selbst getäuscht hatte; Es war mehr als nur Freundschaft, die ihr Herz wie in einem Laster festhielt; es war mehr als Zuneigung; es war eifrige, leidenschaftliche Liebe.

Für einen Moment war sie überglücklich, erinnerte sich dann aber schnell daran, dass sie verheiratet war, dass sie um Jahre älter war als er – für einen neunzehnjährigen Jungen musste eine sechsundzwanzigjährige Frau fast wie im mittleren Alter wirken. Sie ergriff ein Glas und betrachtete sich selbst; Sie brachte es ans Licht, damit der Test gründlicher durchgeführt werden konnte, und untersuchte ihr Gesicht auf Falten und Krähenfüße, die Anzeichen einer scheidenden Jugend.

„Es ist absurd“, sagte sie. „Ich mache mich völlig lächerlich.“

Gerald glaubte nur, dass er sie liebte, in einer Woche würde er sich in ein Mädchen verlieben, das er auf dem Dampfer traf. Aber als Bertha an seine Liebe dachte, konnte sie nicht daran zweifeln, dass sie jetzt auf jeden Fall real war; Sie wusste besser als jeder andere, was Liebe war. Sie frohlockte bei dem Gedanken, dass seine Liebe die wahre war, und verglich sie mit der blassen Flamme ihres Mannes. Gerald liebte sie von ganzem Herzen, von ganzer Seele; Er zitterte vor Verlangen bei ihrer Berührung und seine Leidenschaft war eine Qual, die seine Wangen erblassen ließ. Sie konnte die sehnsüchtige Sehnsucht in seinen Augen nicht übersehen. Ah, das war die Liebe, die sie wollte – die Liebe, die tötet und die Liebe, die erzeugt. Wie konnte sie bereuen, dass er sie liebte? Sie stand auf, streckte triumphierend die Arme aus, und im leeren Raum formten ihre Lippen die Worte:

„Komm, mein Geliebter, komm – denn ich liebe dich!“

Doch der Morgen brachte eine unerträgliche Depression mit sich. Da erkannte Bertha die völlige Sinnlosigkeit ihrer Liebe: Ihre Heirat, sein Weggang, machten es unmöglich; Der Altersunterschied machte es sogar grotesk. Aber sie konnte den Schmerz in ihrem Herzen nicht lindern, sie konnte ihre Tränen nicht zurückhalten.

Gerald kam gegen Mittag an und fand sie allein. Er näherte sich fast schüchtern.

„Du hast geweint, Bertha.“

„Ich war sehr unglücklich“, sagte sie. „Oh, bitte, Gerald, vergiss unsere Idiotie von gestern. Sag mir nichts, was ich nicht hören darf.“

„Ich kann nicht anders, als dich zu lieben.“

„Sehen Sie denn nicht, dass das alles völliger Wahnsinn ist!“

Sie war wütend auf sich selbst, weil sie ihn liebte, wütend auf Gerald, weil er in ihr eine Leidenschaft geweckt hatte, die sie dazu brachte, sich selbst zu verachten. Es kam ihr schrecklich und unnatürlich vor, dass sie bereit war, sich in die Arme eines ausschweifenden Jungen zu werfen, und es erniedrigte ihre eigene Wertschätzung. Er bemerkte den Ausdruck ihrer Augen und etwas von seiner Bedeutung.

„Oh, sieh mich nicht so an, Bertha. Du siehst aus, als würdest du mich fast hassen."

Sie antwortete ernst: „Ich liebe dich von ganzem Herzen, Gerald; und ich schäme mich."

"Wie kannst du!" schrie er mit einem solchen Schmerz in seiner Stimme, dass Bertha es nicht ertragen konnte.

„Das Ganze ist schrecklich", stöhnte sie. „Lasst uns um Gottes willen versuchen, es zu vergessen. Es ist mir nur gelungen, dich vollkommen unglücklich zu machen. Da hilft nur ein schneller Abschied."

„Ich kann dich nicht verlassen, Bertha. Lass mich bleiben."

"Es ist unmöglich. Du musst gehen, jetzt mehr denn je."

Sie wurden durch das Erscheinen von Miss Ley unterbrochen, die zu reden begann; aber zu ihrer Überraschung zeigten weder Bertha noch Gerald ihre übliche Lebhaftigkeit.

„Was ist heute mit euch beiden los?" Sie fragte. „Sie sind ungewöhnlich aufmerksam gegenüber meinen Beobachtungen."

„Ich bin ziemlich müde", sagte Bertha, „und ich habe Kopfschmerzen."

Miss Ley sah Bertha genauer an und bildete sich ein, dass sie geweint hatte; Auch Gerald schien zutiefst unglücklich zu sein. Sicherlich... Dann dämmerte ihr die Wahrheit und sie konnte ihr Erstaunen kaum unterdrücken.

"Du lieber Himmel!" Sie dachte: „Ich muss blind gewesen sein. Was für ein Glück, dass er in einer Woche geht!"

Miss Ley erinnerte sich nun an ein Dutzend Vorkommnisse, die ihr entgangen waren, und war völlig verwirrt.

„Auf mein Wort", dachte sie, „ich glaube nicht, dass man eine siebzigjährige Frau fünf Minuten lang in Gesellschaft eines vierzehnjährigen Jungen bringen kann, ohne dass sie Unfug treiben."

Die Woche für Gerald und Bertha verging schrecklich schnell. Sie hatten kaum einen Moment allein, denn Miss Ley veranstaltete unter dem Vorwand, viel aus ihrem Neffen zu machen, kleine Vergnügungspartys, damit alle drei ständig zusammen sein konnten.

„Wir müssen Sie ein wenig verwöhnen, bevor Sie gehen; und der Schaden, den es dir zufügt, wird durch das Schaukeln des Bootes behoben."

Und obwohl es Bertha schlecht ging, hatte sie die Kraft, eine weitere Begegnung mit Gerald zu vermeiden. Sie wagte es nicht, ihn allein zu sehen, und war Miss Ley dankbar, dass sie ihr Steine in den Weg gelegt hatte. Sie wusste, dass ihre Liebe unmöglich war, aber auch, dass sie außer Kontrolle war. Es brachte sie dazu, sich selbst völlig zu verachten. Bertha war ein wenig stolz auf ihre Aufrichtigkeit und auf ihre Freiheit von jeder erniedrigenden Emotion gewesen. Und diese andere Liebe zu ihrem Mann war eine so unerträgliche Sklaverei gewesen, dass ihr das Gefühl der Freiheit, als sie erstarb, das Köstlichste im Leben erschien. Sie hatte geschworen, dass sie sich unter keinen Umständen dem Leid aussetzen würde, das sie einst erlitten hatte. Aber diese neue Leidenschaft hatte sie überrascht, und bevor sie sich der Gefahr bewusst wurde, war Bertha gefesselt und eingesperrt. Sie versuchte, die Verliebtheit zu verdrängen, aber ohne Erfolg; Gerald war nie aus ihren Gedanken verschwunden. Die Liebe war über sie gekommen wie der plötzliche Wahnsinn, mit dem die Götter einst diejenigen quälten, die sie erzürnt hatten. Es war ein wahnsinniges Feuer im Blut, unwiderstehlich trotz all des Schreckens, den es hervorrief, ebenso wie die Leidenschaft, die Phädra für Theseus' Sohn ablenkte.

Die Versuchung kam, Gerald zum Bleiben aufzufordern. Wenn er in England bliebe, könnten sie ihrer Leidenschaft freien Lauf lassen und sie von selbst sterben lassen; und das könnte die einzige Möglichkeit sein, es zu töten. Doch Bertha wagte es nicht. Und es war schrecklich, daran zu denken, dass er sie liebte, und dass sie ihn ständig quälen musste. Sie sah ihm in die Augen und meinte, darin den Kummer eines brechenden Herzens zu sehen; und sein Kummer war größer, als sie ertragen konnte. Dann wurde sie von einer noch größeren Versuchung heimgesucht. Es gibt eine Möglichkeit, wie eine Frau einen Mann für immer an sich binden kann, es gibt eine Bindung, die unauflöslich ist; Ihr ganzes Fleisch schrie auf und sie zitterte bei dem Gedanken, dass sie Gerald das unschätzbare Geschenk ihrer Person machen könnte. Dann könnte er gehen, aber das wäre zwischen ihnen passiert, was nicht mehr rückgängig gemacht werden konnte; Sie mochten zehntausend Meilen voneinander entfernt sein, aber sie würden immer miteinander verbunden sein. Wie sonst könnte sie ihm ihre wunderbare Liebe beweisen, wie sonst könnte sie ihm ihre unermessliche Dankbarkeit zeigen? Die Versuchung war gewaltig und kam immer wieder; und sie war sehr schwach. Es überfiel sie mit der ganzen Heftigkeit ihrer leidenschaftlichen Fantasie. Sie vertrieb es mit Zorn, sie verabscheute es von ganzem Herzen — aber sie konnte die entsetzliche Hoffnung nicht unterdrücken, dass es sich als zu stark erweisen könnte.

Kapitel XXXII

Zuletzt hatte Gerald nur noch einen Tag Zeit. Eine langjährige Verlobung zwischen Bertha und Miss Ley zwang ihn, sich früh von ihnen zu verabschieden, da er um sieben Uhr morgens von London abreiste.

„Es tut mir furchtbar leid, dass Sie Ihren letzten Abend nicht bei uns verbringen können", sagte Miss Ley. „Aber die Trevor-Jones werden es uns nie verzeihen, wenn wir nicht zu ihrer Dinnerparty gehen."

„Natürlich war es meine Schuld, dass ich es nicht vorher herausgefunden habe, als ich gesegelt bin."

„Was wirst du heute Abend mit dir machen, du Unglücklicher?"

„Oh, ich werde noch eine letzte unheilige Pleite erleben."

„Ich fürchte, Sie sind sehr froh, dass wir uns eine Nacht lang nicht um Sie kümmern können."

Nach einer Weile sagte Miss Ley mit einem Blick auf die Uhr zu Bertha, dass es Zeit sei, sich anzuziehen. Gerald stand auf, küsste Miss Ley und dankte ihr für ihre Freundlichkeit.

„Mein lieber Junge, bitte sei nicht sentimental. Und du gehst nicht für immer. Du wirst bestimmt ein Chaos anrichten und zurückkommen – die Leys tun das immer."

Dann drehte sich Gerald zu Bertha und streckte seine Hand aus.

„Du warst furchtbar gut zu mir", sagte er lächelnd; aber in seinen Augen lag ein standhafter Blick, der ihr offenbar etwas klarmachen wollte. „Wir hatten einige aufregende Zeiten zusammen."

„Ich hoffe, dass du mich nicht ganz vergisst. Wir haben Sie auf jeden Fall davon abgehalten, Unfug zu treiben."

Miss Ley beobachtete sie und bewunderte ihre Gelassenheit. Sie fand, dass sie den Abschied sehr gut verkraftet hatten.

„Ich wage zu behaupten, dass es nur ein kleiner Flirt und nicht sehr ernst war. Bertha ist so viel älter als er und so vernünftig, dass sie sich höchstwahrscheinlich nicht lächerlich gemacht hat."

Aber sie musste das Geschenk holen, das sie für Gerald vorbereitet hatte.

„Warte einen Moment, Gerald", sagte sie. „Ich möchte etwas bekommen."

Sie verließ den Raum und sofort beugte sich der Junge nach vorne.

„Geh heute Abend nicht aus, Bertha. Ich muss dich wiedersehen."

Bevor Bertha antworten konnte, rief Miss Ley aus dem Flur.

„Auf Wiedersehen", sagte Gerald laut.

„Auf Wiedersehen, ich hoffe, Sie haben eine schöne Reise."

„Hier ist ein kleines Geschenk für Sie, Gerald", sagte Miss Ley, als er draußen war. „Du bist furchtbar verschwenderisch, und da das die einzige Tugend ist, die du hast, denke ich, dass ich sie fördern sollte. Und wenn du jederzeit Geld brauchst, kann ich immer ein paar Guineen zusammenkratzen, weißt du?"

Sie drückte ihm zwei Fünfzig-Pfund-Scheine in die Hand und trieb ihn dann, als ob sie sich ihrer selbst schämte, ins Freie. Sie ging in ihr Zimmer; und nachdem sie sich die nächsten sechs Monate lang ziemlich große Unannehmlichkeiten für einen völlig unwürdigen Gegenstand bereitet hatte, begann sie sich außerordentlich zufrieden zu fühlen. Eine Stunde später kehrte Miss Ley in den Salon zurück, um auf Bertha zu warten, die sofort angezogen hereinkam, aber gespenstisch blass.

„Oh, Tante Polly, ich kann heute Abend einfach nicht kommen. Ich habe heftige Kopfschmerzen; Ich kann kaum sehen. Sie müssen ihnen sagen, dass es mir leid tut, aber ich bin zu krank."

Sie sank auf einen Stuhl und legte ihre Hand an ihre Stirn, während sie vor Schmerz stöhnte. Miss Ley hob die Augenbrauen; Die Angelegenheit war offensichtlich ernster, als sie dachte. Allerdings war die Gefahr nun vorüber; Es würde Bertha erleichtern, zu Hause zu bleiben und es auszuschreien. Sie fand es mutig von ihr, sich überhaupt angezogen zu haben.

„Du bekommst kein Abendessen", sagte sie. „Es gibt nichts im Ort."

„Oh, ich möchte nichts essen."

Miss Ley äußerte ihre Besorgnis, versprach, sich zu entschuldigen, und ging weg. Bertha fuhr auf, als sie hörte, wie sich die Tür schloss, und ging zum Fenster. Sie sah sich nach Gerald um, aus Angst, er könnte bereits da sein; er war unvorsichtig und eifrig; aber wenn Miss Ley ihn sah, wäre es tödlich. Der Hansom fuhr davon und Bertha atmete freier. Sie konnte nicht anders; Auch sie hatte das Gefühl, dass sie ihn sehen musste. Wenn sie sich trennen müssten, dann nicht unter Miss Leys kalten Augen.

Sie wartete am Fenster, aber er kam nicht. Warum hat er gezögert? Er verschwendete ihre wenigen kostbaren Minuten; es war schon nach acht. Sie ging im Zimmer auf und ab und schaute noch einmal hin, aber er war immer noch nicht zu sehen. Während sie zusah, bildete sie sich ein, dass er nicht kommen würde, und zwang sich zum Lesen. Aber wie konnte sie! Wieder schaute sie aus dem Fenster; und dieses Mal war Gerald da. Er stand auf der Veranda des gegenüberliegenden Hauses und blickte nach oben; und als er sie sofort sah, überquerte er die Straße. Sie ging zur Tür und öffnete sie sanft, als er die Treppe hinaufkam.

Er schlüpfte hinein, als wäre er ein Dieb, und auf Zehenspitzen betraten sie das Wohnzimmer.

„Oh, das ist so nett von dir", sagte er. „Ich konnte dich nicht so verlassen. Ich wusste, dass du bleiben würdest."

„Warum bist du schon so lange hier? Ich dachte, du würdest nie kommen."

„Ich habe es vorher nicht gewagt, es zu riskieren. Ich hatte Angst, dass etwas passieren könnte, was Tante Polly aufhält."

„Ich sagte, ich hätte Kopfschmerzen. Ich habe mich so angezogen, dass sie keinen Verdacht schöpft."

Die Nacht brach herein und sie saßen zusammen in der Dunkelheit. Gerald nahm ihre Hände und küsste sie.

„Diese Woche war schrecklich. Ich hatte noch nie die Gelegenheit, ein Wort mit Ihnen zu sagen. Mein Herz hat gebrochen."

"Mein Liebster."

„Ich habe mich gefragt, ob es dir leid tut, dass ich gehe."

Sie sah ihn an und versuchte zu lächeln; Schon jetzt traute sie sich nicht mehr, zu sprechen.

„Jeden Tag dachte ich, du würdest mir sagen, ich solle aufhören, aber das hast du nie getan – und jetzt ist es zu spät. Oh, Bertha, wenn du mich lieben würdest, würdest du mich nicht wegschicken."

„Ich glaube, ich liebe dich zu sehr. Sehen Sie nicht, dass es besser ist, wenn wir uns trennen?"

„Ich wage nicht, an morgen zu denken."

"Du bist so jung; Bald wirst du dich in jemand anderen verlieben. Siehst du nicht, dass ich alt bin?"

"Aber Ich liebe dich. Oh, ich wünschte, ich könnte dich dazu bringen, mir zu glauben. Bertha, Bertha, ich kann dich nicht verlassen. Ich liebe dich zu sehr."

„Um Gottes willen, reden Sie nicht so. Es ist schon schwer genug, es zu ertragen – mach es nicht noch schwerer."

Die Nacht war hereingebrochen, und durch das offene Fenster wehte die Sommerbrise herein, und die Sanftheit der Luft war wie ein Kuss. Sie saßen schweigend nebeneinander, der Junge hielt Berthas Hand; Sie konnten nicht sprechen, denn Worte konnten nicht ausdrücken, was in ihren Herzen war. Doch plötzlich erfasste sie ein seltsamer Rausch, und das Geheimnis der Leidenschaft hüllte sie unsichtbar ein. Bertha spürte das Zittern von Geralds Hand und es ging auf ihre über. Sie schauderte und versuchte, sich zurückzuziehen, aber er ließ es nicht los. Die Stille wurde nun plötzlich unerträglich: Bertha versuchte zu sprechen, aber ihre Kehle war trocken und sie brachte kein Wort heraus.

Eine Schwäche erfasste ihre Glieder und ihr Herz schlug schmerzhaft. Ihr Blick kreuzte sich mit dem von Gerald, und beide sahen augenblicklich zur Seite, als wären sie in ein Verbrechen verwickelt. Bertha begann schneller zu atmen. Geralds intensives Verlangen brannte sich in ihre Seele; sie wagte es nicht, sich zu bewegen. Sie versuchte, Gottes Hilfe anzuflehen, aber es gelang ihr nicht. Die Versuchung, die sie die ganze Woche über gefürchtet hatte, kehrte mit doppelter Wucht zurück – die Versuchung, die sie verabscheute, der sie aber eine schreckliche Sehnsucht verspürte, nicht zu widerstehen.

Und jetzt fragte sie, worauf es ankäme. Ihre Kräfte ließen nach und Gerald brauchte nur ein Wort zu sagen. Und nun wollte sie, dass er das Wort sagte; er liebte sie, und sie liebte ihn leidenschaftlich. Sie gab nach; sie wollte nicht länger widerstehen. Sie wandte ihr Gesicht Gerald zu; sie beugte sich mit geöffneten Lippen zu ihm.

„Bertha", flüsterte er und sie lagen einander fast in den Armen.

Aber ein schöner Klang durchdrang die Stille; Sie fuhren zurück und lauschten. Sie hörten, wie ein Schlüssel in die Haustür gesteckt wurde und die Tür geöffnet wurde.

„Pass auf dich auf", flüsterte Bertha und stieß Gerald weg.

„Es ist Tante Polly."

Bertha zeigte auf den elektrischen Schalter, und als Gerald begriff, schaltete er das Licht an. Instinktiv sah er sich nach einem Fluchtweg um, aber Bertha sprang mit der schnellen Eingebung einer Frau zur Tür und riss sie auf.

„Bist du das, Tante Polly?" Sie weinte. „Was für ein Glück, dass du zurückgekommen bist; Gerald ist hier, um sich definitiv von uns zu verabschieden."

„Er verabschiedet sich so oft wie eine *Primadonna* ", sagte Miss Ley.

Sie kam herein, etwas atemlos, mit zwei roten Flecken auf ihren Wangen.

„Ich dachte, es würde dir nichts ausmachen, wenn ich herkäme, um zu warten, bis du zurückkommst", sagte Gerald. „Und ich habe Bertha gefunden."

„Wie komisch, dass unsere Gedanken identisch waren“, sagte Miss Ley. „Mir kam der Gedanke, dass du kommen könntest, und so eilte ich so schnell ich konnte nach Hause.“

„Du bist ganz außer Atem“, sagte Bertha.

Miss Ley sank erschöpft auf einen Stuhl. Als sie ihren Fisch aß und sich mit einer Nachbarin unterhielt, wurde ihr plötzlich klar, dass Berthas Unwohlsein vermutet wurde.

„Oh, was bin ich doch für ein Idiot! Sie haben mich getäuscht, als wäre ich ein Kind ... Mein Gott, was machen sie jetzt?“

Das Abendessen schien endlos zu sein, doch gleich darauf verabschiedete sie sich von ihrer erstaunten Gastgeberin und befahl dem Taxifahrer, wütend loszufahren. Sie kam und schimpfte über die Täuschung der Menschheit. Sie war noch nie so schnell die Treppe hinaufgelaufen.

„Wie geht es deinen Kopfschmerzen, Bertha?“

„Danke, es ist viel besser. Gerald hat es vertrieben.“

Diesmal war Miss Leys Abschied von dem frühreifen Jugendlichen ziemlich kühl; Sie war aufrichtig dankbar, dass sein Boot am nächsten Morgen absegelte.

„Ich führe dich raus, Gerald“, sagte Bertha. „Machen Sie sich keine Sorgen, Tante Polly – Sie müssen furchtbar müde sein.“

Sie gingen in die Halle und Gerald zog seinen Mantel an. Er streckte Bertha wortlos die Hand entgegen, aber sie winkte ihm mit einem Blick ins Wohnzimmer zu, ihr zu folgen, und schlüpfte aus der Vordertür. Auf der Treppe war niemand. Sie schlang ihre Arme um seinen Hals und drückte ihre Lippen auf seine. Sie versuchte jetzt nicht, ihre Leidenschaft zu verbergen; Sie drückte ihn an ihr Herz, und ihre Seelen flogen an ihre Lippen und vermischten sich. Ihr Kuss war Verzückung, Wahnsinn; Es war eine unbeschreibliche Ekstase, ihre Sinne waren machtlos, ihr Vergnügen zu zügeln. Bertha fühlte sich dem Tod nahe. In der Glückseligkeit, in der Qual versagte ihr der Mut und sie schwankte; Gerald drückte sie fester an sich.

Aber man hörte, wie jemand die Treppe hinaufstieg. Sie riss sich los.

„Auf Wiedersehen, für immer“, flüsterte sie, schlüpfte hinein und schloss die Tür zwischen ihnen.

Sie sank halb ohnmächtig zusammen, rappelte sich aber aus Angst auf und schleppte sich in ihr Zimmer. Ihre Wangen glühten und ihre Glieder zitterten, der Kuss erregte noch immer ihr ganzes Wesen. Oh, jetzt war es zu spät für die Besonnenheit! Was kümmerte sie sich um ihre Ehe? Was kümmerte es sie, dass Gerald jünger war als sie! Sie liebte ihn, sie liebte ihn wahnsinnig; die Gegenwart war da mit ihrer unendlichen Freude, und wenn die Zukunft Elend brachte, war es das Leiden wert. Sie konnte ihn nicht gehen lassen; er gehörte ihr – sie streckte ihre Arme aus, um ihn in ihre Arme zu schließen. Sie würde alles aufgeben. Sie würde ihn bitten zu bleiben; sie würde ihm bis ans Ende der Welt folgen. Aus gutem Grund war es jetzt zu spät.

Sie ging aufgeregt in ihrem Zimmer auf und ab. Sie schaute zur Tür; Sie hatte das wahnsinnige Verlangen, jetzt zu ihm zu gehen – alles um seinetwillen aufzugeben. Ihre Ehre, ihr Glück, ihr Stand waren nur deshalb kostbar, weil sie sie für ihn opfern konnte. Er war ihr Leben und ihre Liebe, er war ihr Körper und ihre Seele. Sie lauschte an der Tür; Miss Ley würde zuschauen, und sie wagte nicht hinzugehen.

„Ich werde warten“, sagte Bertha.

Sie versuchte zu schlafen, aber es gelang ihr nicht. Der Gedanke an Gerald lenkte sie ab. Sie döste ein und seine Anwesenheit wurde deutlicher. Er schien im Zimmer zu sein und sie rief: „Endlich, mein Liebster, endlich!“ Sie erwachte und streckte ihm die Hände entgegen; Sie konnte nicht erkennen, dass sie geträumt hatte, dass nichts da war.

Dann kam der Tag, zunächst trüb und grau, doch dann hellte er sich mit dem strahlenden Sommermorgen auf; Die Sonne schien durch ihr Fenster und die Sonnenstrahlen tanzten im Zimmer. Jetzt waren nur noch wenige Momente da, sie musste sich schnell entscheiden – und die Sonnenstrahlen sprachen vom Leben, vom Glück und von der Herrlichkeit des Unbekannten. Oh, was für eine Dummheit war sie, ihr Leben zu verschwenden, ihre Chance auf Glück zu verschwenden – wie schwach, die Liebe, die ihr in den Weg geworfen wurde, nicht zu begreifen! Sie dachte daran, wie Gerald seine Sachen packte, ausstieg, wie der Zug durch das Sommerland raste. Ihre Liebe war unwiderstehlich. Sie sprang auf, badete und zog sich an. Es war nach sechs, als sie aus dem Zimmer schlüpfte und die Treppe hinunterging. Die Straße war leer wie in der Nacht; aber der Himmel war blau und die Luft frisch und süß, sie holte tief Luft und fühlte sich seltsam begeistert. Sie ging, bis sie ein Taxi fand, und sagte dem Fahrer, er solle schnell nach Euston fahren. Das Taxi kroch dahin, und sie litt vor Ungeduld. Angenommen, sie kam zu spät? Sie sagte dem Mann, er solle sich beeilen.

Der Zug nach Liverpool war ziemlich voll; Aber Bertha, die den überfüllten Bahnsteig hinaufging, sah Gerald schnell. Er sprang auf sie zu.

„Bertha, du bist gekommen. Ich war mir sicher, dass du mich nicht gehen lassen würdest, ohne dich zu sehen.“

Er nahm ihre Hände und sah sie mit Augen voller Liebe an.

„Ich bin so froh, dass du gekommen bist“, sagte er schließlich. „Ich möchte – ich möchte Sie um Verzeihung bitten.“

"Wie meinst du das?" flüsterte Bertha, und plötzlich verspürte sie eine schreckliche Angst, die ihr Herz mit unerträglichem Schmerz erfasste.

„Ich habe die ganze Nacht an dich gedacht und schäme mich schrecklich. Ich muss Ihnen sagen, wie leid es mir tut, dass ich Sie unglücklich gemacht habe. Ich war egoistisch und brutal; Ich habe nur an mich selbst gedacht. Ich habe vergessen, wie viel du verlieren musstest. Bitte vergib mir, Bertha.“

„Oh, Gerald, Gerald.“

„Ich werde dir immer dankbar sein, Bertha. Ich weiß, ich war ein Biest, aber jetzt werde ich ein neues Kapitel aufschlagen. Siehst du, du hast mich doch reformiert.“

Er versuchte, auf seine alte, unbeschwerte Art zu lächeln; aber es war ein sehr schlechter Versuch. Bertha sah ihn an. Sie wollte sagen, dass sie ihn von ganzem Herzen liebte und bereit war, ihn bis ans Ende der Welt zu begleiten; aber die Worte blieben ihr im Hals stecken.

„Ich weiß nicht, was mit mir passiert ist“, sagte er, „aber ich scheine jetzt alles so anders zu sehen.“ Natürlich ist es viel besser, dass ich weggehe; aber es ist furchtbar schwer.“

Ein Kontrolleur kam, um sich die Tickets anzusehen. „Geht die Dame?“

„Nein“, sagte Gerald; und dann, als der Mann vorbei war: „Du wirst mich nicht vergessen, Bertha, oder?“ Du wirst nicht schlecht von mir denken; Ich habe meinen Kopf verloren. Mir war bis gestern Abend nicht klar, dass ich dir das schrecklichste Unrecht antun wollte. Ich habe nicht verstanden, dass ich dich und dein ganzes Leben hätte ruinieren sollen.“

Schließlich zwang sich Bertha zum Sprechen. Die Zeit verging wie im Flug und sie konnte nicht verstehen, was in Geralds Kopf vorging.

„Wenn du nur wüsstest, wie sehr ich dich liebe!“ Sie weinte.

Er brauchte sie nur zu bitten, zu gehen, und sie würde gehen. Aber er fragte nicht. Hat er bereits Buße getan? War seine Liebe bereits im Schwinden begriffen? Bertha versuchte, sich wieder zum Sprechen zu bringen, aber es gelang ihr nicht. Warum wiederholte er nicht, dass er ohne sie nicht leben könne!

„Nehmen Sie bitte Platz! Nehmen Sie bitte Platz!“

Ein Wachmann lief über den Bahnsteig. „Spring ein, Sir. Direkt hinter!"

„Auf Wiedersehen“, sagte Gerald. „Darf ich Ihnen schreiben?“

Sie schüttelte den Kopf. Jetzt war es zu spät.

„Spring ein, Sir. Spring rein."

Gerald küsste sie schnell und stieg in die Kutsche.

"Sofort!"

Der Wachmann pfiff und schwenkte eine Fahne, und der Zug fuhr langsam
aus dem Bahnhof.

Kapitel XXXIII

MISS Ley war sehr beunruhigt, als sie aufstand und feststellte, dass Bertha geflogen war.

„Bei meinem Wort, ich denke, dass Providence sich skandalös verhält. Bin ich nicht eine harmlose Frau mittleren Alters, die sich um ihre eigenen Angelegenheiten kümmert? Womit habe ich diese Schocks verdient?"

Sie vermutete, dass ihre Nichte zum Bahnhof gegangen war; aber der Zug fuhr um sieben los, und es war zehn Uhr. Sie zuckte förmlich zusammen, als ihr der Gedanke kam, dass Bertha vielleicht – durchgebrannt sein könnte: und wie ein Schwarm abscheulicher kleiner Dämonen kamen Gedanken an die Szenen, die sie durchmachen müsste, wenn das der Fall wäre, das Schreiben der Nachricht an Edward, seine Bestürzung, der Trost die sie bewältigen muss, die Wut von Geralds Vater, die Hysterie seiner Mutter.

„So etwas Dummes kann sie doch nicht getan haben", rief sie abgelenkt. „Aber wenn Frauen sich lächerlich machen können, dann tun sie es immer!"

Miss Ley war außerordentlich erleichtert, als sie endlich hörte, wie Bertha hereinkam und in ihr Zimmer ging.

Bertha hatte lange Zeit regungslos auf dem Bahnsteig gestanden und starrte verstört und benommen vor sich hin. Auf die Aufregung der vergangenen Stunden folgte völlige Leere; Gerald raste nach Liverpool, und sie war noch in London. Sie verließ den Bahnhof und wandte sich Chelsea zu. Die Straßen waren endlos und sie war bereits müde; Fast ohnmächtig schleppte sie sich weiter. Sie kannte den Weg nicht und wanderte hoffnungslos und kaum bei Bewusstsein umher. Im Hyde Park setzte sie sich hin, um sich auszuruhen, und fühlte sich völlig erschöpft; aber die Müdigkeit ihres Körpers linderte den schrecklichen Schmerz ihres Herzens. Nach einer Weile ging sie weiter; Es kam ihr nie in den Sinn, ein Taxi zu nehmen, und schließlich kam sie zu Eliot Mansions. Die Sonne war heiß geworden und verbrannte ihren Scheitel mit schrecklicher Folter. Bertha kroch nach oben in ihr Zimmer, warf sich auf das Bett und brach vor bitterer Qual in Tränen aus. Sie weinte verzweifelt und ballte die Hände.

„Oh", rief sie schließlich, „ich wage zu behaupten, dass er genauso wertlos war wie der andere."

Miss Ley ließ sie fragen, ob sie etwas essen würde, aber Bertha hatte jetzt wirklich starke Kopfschmerzen und konnte nichts anrühren. Den ganzen Tag verbrachte sie in Qualen, konnte kaum denken und war verzweifelt. Manchmal machte sie sich Vorwürfe, dass sie Gerald abgelehnt hatte, als er sie bat, ihn bleiben zu lassen, sie hatte absichtlich das Glück verloren, das in ihrer Reichweite war, und dann wiederholte sie voller Abscheu, dass er wertlos sei. Die trüben Stunden vergingen, und als es Nacht wurde, hatte Bertha kaum die Kraft, sich auszuziehen; und erst am Morgen kam sie zur Ruhe. Aber die frühe Post brachte einen Brief von Edward, in dem er seinen Wunsch wiederholte, dass sie nach Court Leys zurückkehren sollte. Sie las es lustlos.

„Vielleicht ist es das Beste, was man tun kann", stöhnte sie.

Sie hasste jetzt London und die Wohnung; Die Räume müssen ohne die freudige Anwesenheit von Gerald schrecklich leer sein. Die Rückkehr nach Court Leys schien ihr der einzige Weg zu sein, und dort würde sie zumindest Ruhe und Einsamkeit haben. Fast voller Sehnsucht dachte sie an die einsame Küste, die Sümpfe und das trübe Meer; sie wollte Ruhe und Stille. Aber wenn sie ging, sollte sie besser sofort gehen; In London zu bleiben würde ihr Leid nur verlängern.

Bertha stand auf, zog sich an und ging zu Miss Ley; Ihr Gesicht war totenbleich, und ihre Augen waren schwer und rot vom Weinen. In ihrer Erschöpfung machte sie keinen Versuch, ihren Zustand zu verbergen.

„Ich gehe heute nach Court Leys, Tante Polly. Ich denke, es ist das Beste, was ich tun kann."

„Edward wird sich sehr freuen, dich zu sehen."

„Ich denke, das wird er."

Miss Ley zögerte und sah Bertha an.

„Weißt du, Bertha", sagte sie nach einer Pause, „in dieser Welt ist es sehr schwierig zu wissen, was man tun soll. Es fällt einem schwer, das Gute vom Bösen zu unterscheiden – aber in Wirklichkeit sind sie sich oft sehr ähnlich Gestützt durch die Hoffnung auf das Paradies einerseits und durch die Angst vor einem gespaltenen Teufel mit Zangen andererseits ... Aber wir, die wir auf die rohe Frage „ *Du sollst nicht* " *antworten* , sind wie Seeleute auf einem winterlichen Schiff Meer ohne Kompass. Vernunft und Instinkt sagen das eine, Konvention sagt das andere. Aber das Schlimmste daran ist, dass das Gewissen eines Menschen durch den Dekalog erzogen und durch das Höllenfeuer genährt wurde – und sein Gewissen hat das letzte Wort. Ich wage zu sagen, dass es feige ist, aber es ist auf jeden Fall diskret, es in Betracht zu ziehen. Es ist wie Hummersalat; Es ist nicht wirklich unmoralisch, es zu essen, aber es wird sehr wahrscheinlich zu Verdauungsstörungen führen.... Man muss sehr selbstsicher sein, um gegen die gewöhnliche Sicht der Dinge zu verstoßen; und wenn nicht, ist es vielleicht besser, kein Risiko einzugehen, sondern einfach den gleichen sicheren alten Weg zu gehen wie die gemeinsame Herde. Es ist nicht berauschend, es ist nicht mutig und es ist eher langweilig; aber es ist äußerst sicher."

Bertha seufzte, antwortete aber nicht.

„Sie sagen Jane besser, sie soll Ihre Kisten packen", sagte Miss Ley. „Soll ich Edward telegrafieren?"

Als Bertha endlich angefangen hatte, begann Miss Ley nachzudenken.

„Ich frage mich, ob ich das Richtige getan habe", murmelte sie, unsicher wie immer.

Sie saß auf dem Klavierhocker und während sie meditierte, glitten ihre Finger träge über die Tasten. Plötzlich nahm ihr Ohr den Beginn einer wohlbekannten Melodie wahr, und fast unbewusst begann sie, die Arie von *Rigoletto zu spielen* .

La Donna è mobile
Qual piuma al vento.

Miss Ley lächelte. „Tatsache ist, dass nur wenige Frauen mit nur einem Ehemann glücklich sein können. Ich glaube, dass die einzige Lösung der Ehefrage die legalisierte Polyandrie ist."

Im Zug in Victoria erinnerte sich Bertha mit Erleichterung daran, dass an diesem Tag in Tercanbury der Viehmarkt stattfand und Edward erst am Abend nach Hause kommen würde. Sie würde Gelegenheit haben, sich ohne viel Aufhebens und Ärger in Court Leys niederzulassen. Voller schmerzlicher Gedanken verging die Reise schnell und Bertha war überrascht, sich in Blackstable wiederzufinden. Sie stieg aus und fragte sich, ob Edward ihr eine Falle geschickt hätte – aber zu ihrer größten Überraschung befand sich Edward selbst auf dem Bahnsteig, rannte herbei und half ihr aus dem Waggon.

"Da bist du ja endlich!" er weinte.

„Ich habe dich nicht erwartet", sagte Bertha. „Ich dachte, du wärst in Tercanbury."

„Zum Glück habe ich gerade als ich angefangen habe, Ihren Draht bekommen, also bin ich natürlich nicht hingegangen."

„Es tut mir leid, dass ich Sie daran gehindert habe."

"Warum? Ich bin sehr froh. Du hast nicht gedacht, dass ich zum Viehmarkt gehe, als meine Frau nach Hause kam?"

Sie sah ihn erstaunt an; sein ehrliches, rotes Gesicht strahlte vor Befriedigung, als er sie sah.

„Bei Gott, das ist der Hammer", sagte er, als sie wegfuhren. „Ich habe es satt, ein Graswitwer zu sein, das kann ich Ihnen sagen."

Sie kamen nach Corstal Hill und er führte das Pferd.

„Schauen Sie einfach hinter sich", sagte er mit gedämpfter Stimme. „Ist dir irgendetwas aufgefallen?"

"Was?"

„Schau dir Parkes Hut an." Parke war der Lakai.

Als Bertha noch einmal hinschaute, bemerkte sie eine Kokarde.

„Was denkst du darüber, was?" Edward explodierte fast vor Lachen. „Ich wurde gestern zum Vorsitzenden des Urban District Council gewählt; Das bedeutet , dass ich *von Amts wegen* JP bin. Als ich also hörte, dass du kommst, bin ich losgerannt und habe eine Kokarde bekommen."

Als sie Court Leys erreichten, half er Bertha ganz zärtlich aus der Falle. Sie war verblüfft, als sie feststellte, dass der Tee fertig war, Blumen im Wohnzimmer standen und alles getan wurde, um es ihr bequem zu machen.

"Bist du müde?" fragte Edward. „Leg dich auf das Sofa und ich gebe dir deinen Tee."

Er bediente sie und drängte sie zum Essen und war tatsächlich unaufhörlich in seinen Aufmerksamkeiten.

„Bei Gott, ich freue mich, dich hier wiederzusehen."

Seine Freude war offensichtlich und Bertha war etwas berührt.

„Sind Sie zu müde, um einen kleinen Spaziergang im Garten zu machen? Ich möchte zeigen, was ich für Sie getan habe, und gerade jetzt sieht der Ort von seiner besten Seite aus."

Er legte ihr einen Schal um die Schultern, damit ihr die Abendluft nicht wehtat, und bestand darauf, ihr seinen Arm zu geben.

„Jetzt schauen Sie hier; Ich habe Rosensträucher vor dem Wohnzimmerfenster gepflanzt; Ich dachte, du würdest sie gerne sehen, wenn du an deinem Lieblingsplatz sitzt und liest."

Er brachte sie weiter an einen Ort, der eine schöne Aussicht auf das Meer bot.

„Ich habe hier zwischen diesen beiden Bäumen eine Bank aufgestellt, damit Sie sich manchmal hinsetzen und die Aussicht genießen können."

„Es ist sehr nett von dir, so rücksichtsvoll zu sein. Sollen wir jetzt dort sitzen?"

„Oh, ich denke, das solltest du besser nicht tun. Es gibt viel Tau, und ich möchte nicht, dass du dich erkältest."

Zum Abendessen hatte Edward die Gerichte bestellt, von denen er wusste, dass Bertha sie bevorzugte, und er lachte fröhlich, als sie ihre Freude zum Ausdruck brachte. Als sie danach auf dem Sofa lag, ordnete er die Kissen so, dass es ihr ganz bequem war.

„Ah, meine Liebe", dachte sie, „wenn du vor drei Jahren auch nur halb so freundlich gewesen wärst, hättest du vielleicht meine Liebe behalten."

Sie fragte sich, ob die Abwesenheit seine Zuneigung verstärkt hatte oder ob sie es war, die sich verändert hatte. War er nicht unveränderlich wie die Felsen, und sie wusste, dass sie instabil wie Wasser und veränderlich wie die Sommerwinde war? Wäre er immer freundlich und rücksichtsvoll gewesen? Und war sie blind gegenüber seiner tiefen Zärtlichkeit gewesen, weil sie eine Leidenschaft forderte, die er nicht empfinden konnte? Da sie jetzt nichts mehr von ihm erwartete, war sie erstaunt, dass er so viel zu bieten hatte. Aber es tat ihr leid, wenn er sie liebte, denn sie konnte nichts als völlige Gleichgültigkeit erwidern; Sie war sogar überrascht, dass sie so völlig gefühllos war.

Zur Schlafenszeit wünschte sie ihm eine gute Nacht und küsste ihn auf die Wange.

„Ich habe das rote Zimmer für mich einrichten lassen", sagte sie.

In Blackstable gab es keine Veränderung. Berthas Freunde lebten noch, denn die Sterblichkeitsrate dieses glücklichen Ortes war ihr Stolz, und sie konnten nichts tun, um sie zu erhöhen. Arthur Branderton hatte ein hübsches, blondes Mädchen geheiratet, gut erzogen und eigentlich unbedeutend; aber das einzige Ergebnis davon war, seiner Mutter ein neues Gesprächsthema zu bieten. Bertha, die wieder zu ihren alten Gewohnheiten zurückkehrte, konnte kaum erkennen, dass sie schon lange weg war. Sie nahm sich vor, Gerald zu vergessen, und war froh, dass die Erinnerung an ihn nicht allzu aufdringlich war. Ein zum Zyniker gewordener Sentimentalist hat beobachtet, dass eine Frau sich nur ihrem ersten Liebhaber leidenschaftlich hingibt, denn danach ist es die Liebe selbst, in die sie verliebt ist; und sicherlich heilen die Wunden späterer Bindungen leicht. Bertha war Miss Ley zutiefst dankbar für ihre günstige Rückkehr am letzten Abend bei Gerald und schauderte bei dem Gedanken daran, was sonst hätte passieren können.

„Es wäre zu schrecklich gewesen", rief sie.

Sie konnte nicht begreifen, welch plötzlicher Wahnsinn sie ergriffen hatte, und der Gedanke an die Gefahr, in die sie geraten war, ließ Berthas Wangen prickeln. Schon bei der bloßen Erinnerung wurde ihr das Herz schlecht. Sie schämte sich zutiefst für diesen verrückten Ausflug nach Euston, der auf die schrecklichsten Strecken ausgerichtet war. Sie fühlte sich wie jemand, der von der Spitze eines Turms so schrecklich versucht war, sich hinunterzustürzen, dass nur die zurückhaltende Hand eines Umstehenden ihn retten konnte; und dann zittert und schwitzt er von unten bei dem Gedanken an seine Gefahr. Aber schlimmer als die Schande war die Angst vor Spott; denn die ganze Angelegenheit war übermäßig unwürdig gewesen: Sie war einem um Jahre jüngeren Humpeltier nachgelaufen und hatte sich sogar ernsthaft in ihn verliebt. Es war zu grotesk. Bertha stellte sich die Freude vor, die es Miss Ley bereiten musste. Sie konnte Gerald nicht verzeihen, dass sie sich seinetwegen albern gemacht hatte. Sie sah, dass er ein wankelmütiger Junge war, der bereit war, mit jeder Frau, die er traf, zu schummeln; und sagte sich schließlich verächtlich, dass sie sich nie wirklich um ihn gekümmert hatte.

Doch schon nach kurzer Zeit erhielt Bertha einen Brief aus Amerika, weitergeleitet von Miss Ley. Sie wurde weiß, als sie die Handschrift erkannte: Die alten Gefühle kamen zurück, und sie dachte an Geralds grüne Augen und an seine jungenhaften Lippen; und ihr wurde schlecht vor Liebe. Sie blickte auf die Aufschrift, auf den Poststempel; und dann den Brief hinlegen.

„Ich habe ihm gesagt, er solle nicht schreiben", murmelte sie.

Ein Gefühl der Wut erfasste sie, dass der Anblick eines Briefes von Gerald ihr solchen Schmerz bereiten sollte. Sie hasste ihn jetzt fast; und doch wünschte sie von ganzem Herzen, das Papier und jedes darauf geschriebene Wort zu küssen. Aber die schiere Heftigkeit ihrer Gefühle zwang sie dazu, sozusagen die Zähne dagegen zu haben, nicht nachzugeben.

„Ich werde es nicht lesen", sagte sie.

Sie wollte sich selbst beweisen, dass sie stark war; und dieser Versuchung zumindest war sie entschlossen zu widerstehen. Bertha zündete eine Kerze an und nahm den Brief in die Hand, um ihn zu verbrennen, legte ihn dann aber wieder hin. Das würde die Angelegenheit zu schnell klären, und sie wollte lieber den Prozess verlängern, um die volle Gewissheit ihrer Standhaftigkeit zu erlangen. Mit einer seltsamen Freude über den Schmerz, den sie bereitete, platzierte Bertha den Brief gut sichtbar auf dem Kaminsims ihres Zimmers, so dass sie ihn, wann immer sie ein- oder ausging, nicht übersehen konnte. Sie wollte sich selbst bestrafen und wollte die Versuchung so quälend wie möglich machen.

Sie beobachtete den ungeöffneten Umschlag einen Monat lang, und manchmal war das Verlangen, ihn zu öffnen, fast unwiderstehlich; Manchmal wachte sie mitten in der Nacht auf, dachte an Gerald und sagte sich, sie müsse wissen, was er sagte. Ach, wie gut sie es sich vorstellen konnte! Er schwor, dass er sie liebte, und er sprach von dem Kuss, den sie ihm an jenem letzten

Tag gegeben hatte, und er sagte, es sei furchtbar schwer, ohne sie zu sein. Bertha betrachtete den Brief und ballte die Hände, um ihn nicht zu ergreifen und aufzureißen; sie musste sich mit Gewalt davon abhalten, es mit Küssen zu bedecken. Aber schließlich überwand sie alle Wünsche, sie konnte gleichgültig auf die Handschrift blicken; Sie untersuchte ihr Herz und fand keine Spur von Gefühlen. Der Prozess war abgeschlossen.

„Jetzt kann es losgehen", sagte sie.

Wieder zündete sie eine Kerze an und hielt den Brief an die Flamme, bis alles verzehrt war; Und sie sammelte die Asche auf, legte sie in ihre Hand und blies sie aus dem Fenster. Sie hatte das Gefühl, dass sie mit dieser Tat die ganze Sache erledigt hatte und Gerald definitiv aus ihrem Leben verschwunden war.

Doch in Berthas aufgewühlter Seele kam noch keine Ruhe. Anfangs fand sie ihr Leben einigermaßen erträglich; Aber sie hatte jetzt keine Emotionen mehr, die sie ablenkten, und der Tagesablauf veränderte sich nicht. Die Wochen vergingen und die Monate; Der Winter kam über sie, trostloser, als sie ihn je erlebt hatte; das Land wurde unerträglich langweilig. Die Tage waren grau und kalt und die Wolken so tief, dass sie sie fast berühren konnte. Die weiten Felder, die einst solch inspirierende Gedanken hervorgebracht hatten, waren jetzt nur noch langweilig, und alle ländlichen Anblicke drangen mit einer erbarmungslosen Monotonie in ihr Gedächtnis ein; Tag für Tag, Monat für Monat sah sie die gleichen Dinge. Sie war zu Tode gelangweilt.

Manchmal wanderte Bertha zum Meeresufer und blickte über die trostlose Wasserwüste; Sie sehnte sich danach zu reisen, so wie ihre Augen und ihr Geist reisten, nach Süden, zu den azurblauen Himmeln, in die Länder der Schönheit und des Sonnenscheins jenseits des Graus. Zum Glück wusste sie nicht, dass sie fast direkt nach Norden blickte und dass sie, wenn sie wirklich so weiterging, wie sie wollte, keine südlichen Vergnügungsländer erreichen würde, sondern lediglich den Nordpol!

Sie ging am Strand entlang, zwischen den unzähligen Muscheln; und nicht zufrieden mit der gegenwärtigen Unruhe, quälte sie sich mit der Vorfreude auf die Zukunft. Sie konnte sich nur vorstellen, dass diese schreckliche Langeweile dadurch noch schlimmer werden würde, und ihr Kopf schmerzte, als sie sich auf die langweilige Monotonie ihres Lebens freute. Sie ging nach Hause und stöhnte, als sie das Haus betrat und an den ermüdenden Abend dachte. Nach dem Abendessen spielten sie ausnahmslos Piquet. Edward führte sein Leben gern nach den mechanischsten Regeln, und regelmäßig, wenn die Uhr neun schlug, sagte er: „Sollen wir ein kleines Spiel spielen?" Bertha holte die Karten, während er die Stühle aufstellte. Sie spielten sechs

Hände. Edward zählte die Punktzahl zusammen und kicherte, als er gewann. Bertha legte die Karten weg, ihr Mann stellte die Stühle zurück; Und so ging es Nacht für Nacht automatisch weiter.

Bertha wurde von der heftigen Unruhe völliger Langeweile erfasst. Sie ging in einem Fieber fast körperlicher Qual in ihrem Zimmer auf und ab. Sie saß am Klavier und hörte nach einem halben Dutzend Takten auf zu spielen – Musik erschien ihr ebenso sinnlos wie alles andere; sie hatte alles schon so oft gemacht. Sie versuchte zu lesen, konnte sich aber kaum dazu durchringen, einen neuen Band zu beginnen, und der bloße Anblick der gedruckten Seiten war widerlich: Die Informationswerke erzählten ihr Dinge, die sie nicht wissen wollte, die Romane erzählten von den Taten der Personen, mit denen sie zu tun hatte interessierte sich nicht dafür. Sie las ein paar Seiten und warf das Buch angewidert weg. Dann ging sie wieder hinaus – alles schien besser zu sein als das, was sie tatsächlich tat – sie ging schnell, aber die Bewegung, das Land, die Atmosphäre um sie herum waren ermüdend; und fast sofort kehrte sie zurück. Bertha war gezwungen, Tag für Tag die gleichen Spaziergänge zu machen; und die verlassenen Straßen, die Bäume, die Hecken, die Felder prägten sich ihr mit düsterer Eindringlichkeit ein. Dann wurde sie dazu getrieben, nur zum Sport rauszugehen und ging eine bestimmte Anzahl von Kilometern zu Fuß, wobei sie versuchte, sie schnell zu schaffen. Die Winde des frühen Jahres wehten in dieser Jahreszeit hartnäckiger als je zuvor, behinderten ihre Schritte und ließen sie bis auf die Knochen frösteln.

Manchmal stattete Bertha Besuche ab, und die Zurückhaltung, die sie sich auferlegen musste, erleichterte sie für einen Moment, aber kaum war die Tür hinter ihr geschlossen, fühlte sie sich schrecklicher gelangweilt als je zuvor.

Plötzlich sehnte sie sich nach Gesellschaft und verschickte Einladungen zu bestimmten Anlässen. Dann empfand sie es als unaussprechlich lästig, Vorbereitungen zu treffen, und sie verabscheute und verabscheute ihre Gäste. Lange Zeit weigerte sie sich, jemanden zu sehen, aus Protest gegen ihre schwache Gesundheit; und manchmal glaubte sie in der Einsamkeit, verrückt zu werden. Sie wandte sich dem Gebet als einziger Zuflucht für diejenigen zu, die nicht handeln können, aber sie glaubte nur halb und fand daher keinen Trost. Sie begleitete Miss Glover auf ihrem Bezirksbesuch, aber sie mochte die Armen nicht und ihr Geschwätz kam ihr hoffnungslos albern vor. Die Langeweile verursachte ihr Kopfschmerzen, und sie legte ihre Hand an ihre Schläfen und drückte sie schmerzhaft; Sie hatte das Gefühl, sie könnte große Haarsträhnen nehmen und sie ausreißen.

Sie warf sich auf ihr Bett und weinte vor Langeweile. Edward fand sie einmal so und fragte, was los sei.

„Oh, mein Kopf tut so weh, dass ich das Gefühl habe, ich könnte mich umbringen."

Er schickte nach Ramsay, aber Bertha wusste, dass die Heilmittel des Arztes absurd und nutzlos waren. Sie stellte sich vor, dass es kein Heilmittel für ihre Krankheit gab – nicht einmal die Zeit – kein Heilmittel außer dem Tod.

Sie kannte die schreckliche Qual, wenn man morgens mit dem Gedanken aufwachte, dass noch ein weiterer Tag vergehen musste; Sie spürte die Erleichterung der Schlafenszeit mit dem Gedanken, dass sie ein paar Stunden der Bewusstlosigkeit genießen würde. Sie wurde von der schrecklichen Monotonie der Zukunft gequält: Die Nacht würde auf den Tag folgen, und der Tag würde auf die Nacht folgen, die Monate vergingen einer nach dem anderen und die Jahre würden langsam, langsam vergehen.

Sie sagen, dass das Leben kurz ist. Für diejenigen, die zurückblicken, ist es vielleicht so; Aber für diejenigen, die nach vorne schauen, ist es lang, schrecklich lang – endlos. Manchmal hatte Bertha das Gefühl, es sei unmöglich, es auszuhalten. Sie betete, dass sie nachts einschlafen und nie wieder aufwachen möge. Wie glücklich muss das Leben derer sein, die sich auf die Ewigkeit freuen können! Für Bertha war die Vorstellung lediglich grässlich; Sie wünschte sich nichts als die lange Ruhe, den Rest eines endlosen Schlafes, die Auflösung in nichts.

Einmal wollte sie sich in ihrer Verzweiflung umbringen, hatte aber Angst. Die Leute sagen, dass Selbstmord keinen Mut erfordert. Narren! Sie können den Schrecken der notwendigen Vorbereitung, die Vorfreude auf den Schmerz, die schreckliche Angst, die man bereuen könnte, wenn es zu spät ist, wenn das Leben nachlässt, nicht begreifen. Und da ist die Angst vor dem Unbekannten. Und da ist die Angst vor dem Höllenfeuer – absurd und abscheulich, aber doch so tief verwurzelt, dass keine Anstrengung sie vollständig zerstören kann. Ungeachtet aller Vernunft und Argumente gibt es immer noch die betäubende Angst, dass die schrecklichen Fabeln unserer Kindheit doch wahr sein könnten, die Angst vor einem eifersüchtigen Gott, der seine elenden Geschöpfe zu endlosen Qualen verurteilen wird.

Kapitel XXXIV

ABER wenn die menschliche Seele, oder das Herz, oder der Verstand – nennen Sie es wie Sie wollen – ein Instrument ist, auf dem unzählige Melodien gespielt werden können, ist sie in der Lage, sehr lange auf keine einzige zu reagieren. Die Zeit trübt die schönsten Gefühle und mildert den herzzerreißendsten Kummer. Es gibt eine alte Geschichte über den Philosophen, der eine Frau in Not durch den Bericht über ähnliche Leiden trösten wollte, und nachdem er seinen einzigen Sohn verloren hatte, schickte sie ihm eine Liste aller Könige, die ebenfalls Trauer erlitten hatten. Er las es, erkannte die Richtigkeit an, weinte aber trotzdem. Drei Monate später stellten der Philosoph und die Dame zu ihrer Überraschung fest, dass sie recht fröhlich waren, und errichteten der Zeit ein schönes Denkmal mit der Inschrift: *A celui qui console* .

Als Bertha schwor, das Leben habe jeden Reiz verloren und ihre Langeweile nehme kein Ende, übertrieb sie wie gewöhnlich und wurde beinahe wütend, als sie entdeckte, dass das Leben erträglicher sein könnte, als sie angenommen hatte.

Man gewöhnt sich an alles. Nur sehr menschenfeindliche Menschen geben vor, sich nicht an die Dummheit ihrer Mitmenschen gewöhnen zu können; denn nach einer Weile wird man gegenüber den furchtbarsten Langweilern abgehärtet, und Monotonie hört sogar auf, ganz monoton zu sein. Bertha passte sich den Umständen an und fand das Leben weniger langweilig; es war ein ruhiger Fluss, und bald kam sie zu dem Schluss, dass es ohne die Kaskaden und Wasserfälle, die Wirbel, Strudel und Felsen, die seinen Lauf gestört hatten, leichter floss. Der Mensch, der sich noch mit Illusionen täuschen kann, hat eine Zukunft, der es nicht an Glanz mangelt.

Der Sommer brachte eine gewisse Abwechslung und Bertha fand ihren Spaß an Dingen, die sie vorher nie interessiert hatten. Sie ging in geschützte Gegenden, um zu sehen, ob ihre Lieblingswildblumen zu blühen begonnen hatten: Ihre Freiheitsliebe veranlasste sie, die Heckenrosen den prächtigen Blüten des Gartens vorzuziehen, die Butterblumen und Gänseblümchen des Feldes den Primelgeranien und der Calcellaria . Die Zeit verging wie im Flug und sie war überrascht, dass das Jahr unmerklich verging. Sie begann mit größerem Eifer zu lesen und verbrachte auf ihrem Lieblingsplatz, auf dem Sofa am Fenster, lange vergnügliche Stunden. Sie las, wie es ihr einfiel, ohne einen Plan, weil sie es wollte und nicht, weil sie sollte (wie kann man sagen, dass England dekadent ist, wenn seine jungen Damen so anstrengend sind!). Es machte ihr Freude, verschiedene Autoren gegenüberzustellen, wobei sie Emotionen aus der Ernsthaftigkeit des einen und der Frivolität des anderen schöpfte. Sie ging vom neuesten Roman zum *Orlando Furioso* , von den

Euphues von John Lyly (das unterhaltsamste und skurrilste aller Bücher!) bis zur leidenschaftlichen Korruption von Verlaine. Da sie noch ein ganzes Leben vor sich hatte, war die Länge der Bücher kein Hindernis, und sie begann mutig mit den acht Bänden von „ *Decline and Fall*" , mit den vielen Wälzern von St. Simon: und sie zögerte nie, sie nach hundert Seiten beiseite zu legen.

Bertha fand die Realität erträglich, wenn sie nur ein Hintergrund war, eine Folie für die fantastischen Ereignisse alter Bücher. Sie schaute auf die grünen Bäume, und der Gesang der Vögel vermischte sich angenehm mit ihren Gedanken, die vielleicht immer noch mit dem schmerzerfüllten Ritter von La Mancha, mit Manon Lescaut oder mit der fröhlichen Schar, die durch das *Decameron wandert, beschäftigt waren* . Mit größerem Wissen wuchs auch ihre Neugier, und sie verließ die breiten Straßen der Literatur, um sich auf die Bergpfade eines unbekannten Dichters zu begeben, auf die Reitwege des spanischen Picaroon. Sie fand unerwartete Befriedigung in den halb vergessenen Meisterwerken der Vergangenheit, in nicht ganz göttlichen Dichtern, die die Mode auf der Seite gelassen hatte, in den Dramatikern, Romanciers und Essayisten, an deren Erinnerung nur der Bücherwurm lebt. Manchmal ist es eine Erleichterung, den Blick von der strahlenden Sonne perfekter Leistung abzuwenden; und die Schriftsteller, die sich an ihr Alter und nicht an die Nachwelt wandten, haben im Gegensatz dazu einen subtilen Charme. Unbeeindruckt von ihrer Pracht kann man ihre Individualität und den Geist ihrer Zeit leichter erkennen; Sie haben angenehme Eigenschaften, die man bei ihren Vorgesetzten nicht immer findet, und in ihrem unvollständigen Erfolg liegt sogar ein gewisses Pathos.

Auch in der Musik entwickelte Bertha eine Vorliebe für das halb Bekannte, das halb Archaische. Es passte zum georgianischen Salon mit seinen alten Bildern, mit seinem Chippendale und Chintz, um die einfachen Melodien von Couperin und Rameau zu spielen; die Rondos, die Gavotten, die Sonatinen in Pulver und Flicken, die die Herren und Damen des Rokoko des vergangenen Jahrhunderts entzückten.

Bertha lebte abseits der Gegenwart, in einem künstlichen Paradies, und war fast vollkommen glücklich. Sie empfand die Gleichgültigkeit gegenüber der ganzen Welt als zuverlässige Rüstung: Das Leben war einfach ohne Liebe oder Hass, Hoffnung oder Verzweiflung, ohne Ehrgeiz, Wunsch nach Veränderung oder turbulente Leidenschaft. So blühen die Blumen; Bewusstlos und gefühllos bricht die Knospe aus dem sie umgebenden Blatt hervor, öffnet sich dem Sonnenschein, gibt ihren Duft an die Brise ab, und es gibt niemanden, der ihre Schönheit sieht – und dann stirbt sie.

Bertha fand es möglich, mit etwas wie Belustigung auf die vergangenen Jahre zurückzublicken. Es kam ihr jetzt melodramatisch vor, den einfachen

Edward so heftig geliebt zu haben, und sie konnte über den Kontrast zwischen ihren lebhaften Erwartungen und der flachen Realität sogar lächeln. Gerald war eine angenehm sentimentale Erinnerung; Sie wollte ihn nicht wiedersehen, dachte aber oft an ihn und idealisierte ihn, bis er als Figur in einem Lieblingsbuch gegenstandslos wurde. Ihr Winter in Italien war auch der Anlass für einige ihrer schönsten Gedanken, und sie beschloss, diesen Eindruck nie durch einen weiteren Besuch zu verderben. Sie hatte in der Kunst des Lebens große Fortschritte gemacht, als ihr klar wurde, dass Vergnügen überraschend kam, dass Glück ein Geist war, der unversehens herabkam und selten danach suchte.

Edward war in ein so geschäftiges Leben geraten, dass seine Zeit völlig in Anspruch genommen wurde. Er hatte das Ley-Anwesen erheblich erweitert und behielt die Farmen unter seiner unmittelbaren Aufsicht, da er der Überzeugung eines zweitklassigen Mannes war, dass man etwas selbst tun muss, um es gut zu machen. Er war ein wichtiges Mitglied aller ländlichen Gremien: Er war Mitglied der Schulbehörde, des Board of Guardians und des County Council; er war Vorsitzender des Urban District Council, Präsident des Leanham Cricket Clubs, Präsident des Faversley Football Clubs; Schirmherr der Blackstable-Regatta; Er war Mitglied des Komitees der Tercanbury-Hundeausstellung und ein begeisterter Unterstützer der Mid-Kent Agricultural Exhibition. Er war eine Stütze der Blackstable Conservative Association, Richter und Kirchenvorsteher. Schließlich war er ein leidenschaftlicher Freimaurer und flog über Kent, um an den Versammlungen des halben Dutzend Logen teilzunehmen, denen er angehörte. Doch der Arbeitsaufwand störte ihn nicht.

„Herr segne dich", sagte er, „ich liebe die Arbeit. Du kannst mir nicht zu viel geben. Wenn es etwas zu tun gibt, kommen Sie zu mir, ich erledige es und sagen Sie Danke, dass Sie mir die Chance gegeben haben."

Edward war immer ausgeglichen gewesen, aber jetzt war seine Gutmütigkeit ziemlich engelhaft. Es wurde zum Synonym. Sein Erfolg entsprach seinem Verdienst, und seine Beteiligung an einer Angelegenheit war eine ausgezeichnete Versicherung. Er war immer fröhlich und fröhlich, zufrieden mit sich selbst und der Welt im Allgemeinen; Er war ein vorbildlicher Gutsherr, Gutsbesitzer, Bauer, Konservativer, Mann, Engländer. Er erledigte alles gründlich und seine Energie war so groß, dass er Wert darauf legte, in jedes Anliegen doppelt so viel Arbeit zu stecken, wie wirklich nötig war. Er war von morgens bis abends beschäftigt (in der Regel völlig unnötig) und genoss es.

„Es zeigt, dass ich eine ausgezeichnete Frau bin", sagte Bertha zu Miss Glover, „seine Tugenden mit Gleichmut zu unterstützen."

„Meine Liebe, ich denke, du solltest sehr stolz und glücklich sein. Er ist ein Vorbild für den ganzen Landkreis. Wenn er mein Ehemann wäre, müsste ich Gott dankbar sein."

„Ich habe viel Grund, dankbar zu sein", murmelte Bertha.

Da er sie ihren eigenen Weg gehen ließ und sie nur allzu erfreut darüber war, dass er seinen eigenen Weg ging, gab es wirklich keine Möglichkeit für einen Unterschied, und Edward, der weise Mann, kam zu dem Schluss, dass er seine Frau erfolgreich gezähmt hatte. Mit gutmütiger Verachtung meinte er, dass er völlig recht gehabt hatte, als er Frauen mit Hühnern verglich, Tieren, die, um glücklich zu sein, nur einen guten, gut eingezäunten Auslauf brauchten, in dem sie nach Herzenslust scharren konnten .

„Füttere sie regelmäßig und lass sie gackern; und da bist du!"

Es ist immer zufriedenstellend, wenn die Erfahrung die Hypothese Ihrer Jugend bestätigt.

Als Edward eines Jahres zufällig an ihren Hochzeitstag erinnerte, schenkte er seiner Frau ein Armband; und da er sich wohlwollend fühlte und gut gegessen hatte, tätschelte er ihre Hand und bemerkte:

„Die Zeit vergeht wie im Flug, nicht wahr?"

„Das habe ich gehört", antwortete sie lächelnd.

„Nun, wer hätte gedacht, dass wir schon seit acht Jahren verheiratet sind! Mir kommt es nicht älter als achtzehn Monate vor. Und wir haben uns sehr gut verstanden, nicht wahr?"

„Mein lieber Edward, du bist so ein vorbildlicher Ehemann. Manchmal ist es mir ziemlich peinlich."

„Ha, ha! Das ist gut. Aber das kann ich für mich selbst sagen: Ich versuche, meine Pflicht zu erfüllen. Natürlich hatten wir zuerst unsere kleinen Streitereien – die Leute müssen sich aneinander gewöhnen, und man kann nicht erwarten, dass auf einmal alles glatt läuft. Aber ich glaube, seit Jahren – nun ja, seit du nach Italien gereist bist – sind wir so glücklich, wie der Tag lang ist, nicht wahr?"

"Ja, Liebes."

„Wenn ich auf die kleinen Krawalle zurückblicke, die wir früher hatten, frage ich mich, ehrlich gesagt, worum es dabei ging."

"Ich auch." Und das sagte Bertha ganz wahrheitsgemäß.

„Ich nehme an, es lag nur am Wetter."

"Ich wage zu behaupten."

„Ah ja – Ende gut, alles gut.“

„Mein lieber Edward, du bist ein Philosoph.“

„Das weiß ich nicht – aber ich glaube, ich bin ein Politiker; Das erinnert mich daran, dass ich in der heutigen Zeitung nichts über die neuen Kriegsschiffe gelesen habe. Was ich schon seit Jahren befürworte, sind mehr Schiffe und mehr Kanonen – ich bin froh, dass die Regierung endlich meinen Rat befolgt hat.“

„Es ist sehr zufriedenstellend, nicht wahr? Es wird Sie ermutigen, durchzuhalten. Und natürlich ist es schön zu wissen, dass das Kabinett Ihre Reden in der *Blackstable Times gelesen hat* .“

„Ich denke, es wäre für das Land um einiges besser, wenn die Machthaber der Provinzmeinung mehr Aufmerksamkeit schenken würden. Es sind Männer wie ich, die die Gefühle der Nation wirklich kennen. Vielleicht besorgen Sie mir die Zeitung, ja – sie liegt im Esszimmer.“

Für Edward schien es ganz natürlich, dass Bertha ihn bedienen sollte: Es war die Pflicht einer Frau. Sie reichte ihm die *Standarte* und er begann zu lesen; er gähnte ein- oder zweimal.

„Herr, ich bin müde.“

Plötzlich konnte er seine Augen nicht mehr offen halten, das Papier fiel ihm aus der Hand und er sank mit ausgestreckten Beinen in seinen Stuhl zurück, die Hände ruhten bequem auf seinem Bauch. Sein Kopf fiel zur Seite, sein Kiefer klappte herunter und er begann zu schnarchen. Bertha las. Nach einer Weile wachte er erschrocken auf.

„Gott sei Dank, ich glaube, ich habe geschlafen“, rief er. „Nun, ich bin todmüde, ich denke, ich gehe ins Bett. Ich nehme an, du kommst noch nicht hoch?“

"Jetzt noch nicht."

„Nun, bleib nicht zu lange auf, du bist ein braves Mädchen, es ist nicht gut für dich; und mach das Licht ordentlich aus, wenn du kommst.“

Sie drehte ihm ihre Wange zu, die er küsste und ein Gähnen unterdrückte; dann rollte er nach oben.

„Edward hat einen Vorteil“, murmelte Bertha. „Niemand könnte ihm vorwerfen, übertrieben zu sein.“

Mariage à la mode.

Berthas einsamer Spaziergang führte zum Meer. Das Ufer zwischen Blackstable und dem Medway war außergewöhnlich wild. In einiger Entfernung befanden sich die langen, niedrigen Gebäude der Küstenwache; und die sauberen, rosafarbenen Wände, die gepflegten Geländer, der gepflegte Kies bildeten einen überraschenden Kontrast zur umgebenden Trostlosigkeit. Man konnte kilometerweit wandern, ohne einer Menschenseele zu begegnen, und das Land erstreckte sich vom Meer aus flach und sumpfig. Der Strand bestand aus unzähligen Muscheln aller möglichen Arten, die unter den Füßen zerfielen; während hier und da große Algenbänke und Holzstücke oder Seile zu sehen waren, der Strandgut von tausenden Gezeiten. An einer Stelle, ein paar Meter entfernt, aber bei Niedrigwasser hoch und trocken, befanden sich die Überreste eines alten Schiffsrumpfes, dessen Holzrippen seltsam hervorstanden wie das Skelett eines riesigen Meerestiers. Und dann war rundherum das einsame Meer, ohne ein Schiff oder einen Angelplatz in Sicht. Im Winter war es, als ob ein Geist der Einsamkeit wie ein mystisches Leichentuch über die Küste und die Wüstengewässer herabgestiegen wäre.

Dann, in der Melancholie, in der Tristesse, spürte Bertha eine subtile Faszination. Der Himmel war tief unten wie eine bedrohliche schwere Wolke; und der Wind raste schreiend, kreischend und pfiffend dahin; es herrschte Panik in der turbulenten See, trüb und gelb, und die Wellen sprangen auf, eine hinter der anderen, und schlugen mit wütendem Brüllen auf den Strand. Es war trostlos, trostlos; Das Meer war so erbarmungslos, dass einem schon der Anblick entsetzt war: Es war eine zornige Macht, die vorwärts schlug, immer wütend vorwärts schlug und vor Schmerz brüllte, als die Ketten, die es fesselten, es zurückrissen; und nach jeder verzweifelten Anstrengung schrumpfte es mit einem Schmerzensschrei. Und die Möwen schwankten in ihrem melancholischen Flug über den Wellen und hoben und senkten sich mit dem Wind.

Bertha liebte auch die Stille des Winters, wenn der Meeresnebel und der Nebel des Himmels eins waren; als das Meer still und schwer war und die einsame Möwe kreischend über das graue Wasser flog und traurig kreischte. Sie liebte die Ruhe des Sommers, wenn der Himmel wolkenlos und unendlich war. Dann verbrachte sie viele Stunden damit, am Wasser zu liegen, erfreut über die Einsamkeit und den absoluten Frieden. Das Meer, ruhig wie ein See, unbewegt von der leichtesten Welle, war ein Spiegel, der die Herrlichkeit des Himmels widerspiegelte; und es verwandelte sich in Feuer, als die Sonne im Westen unterging; Es war ein Meer aus geschmolzenem Kupfer, rot und leuchtend, so dass die Augen geblendet waren. Ein Schwarm Möwen schlief auf dem Wasser; und es waren Hunderte von ihnen, regungslos und still; ab und zu erhob sich einer, flog einen Augenblick lang mit schweren Flügeln und sank hinab, und alles war still.

Einmal war die Kühle so verlockend, dass Bertha ihr nicht widerstehen konnte. Schüchtern und schnell schlüpfte sie aus ihren Kleidern, schaute sich um und stellte fest, dass wirklich niemand in Sicht war, und trat ein. Die Wellen um ihre Füße ließen sie ein wenig zittern, und dann rannte sie mit einem Plätschern und ausgestreckten Armen davon vorwärts, und halb fiel, halb tauchte er ins Wasser. Jetzt war es herrlich; Sie freute sich über die Freiheit ihrer Glieder, denn es war ein unbekanntes Vergnügen, ungehindert durch Kostüme zu schwimmen. Es vermittelte ein wunderbares Gefühl von Kraft, und das Salzwasser, das sie umspülte, war wunderbar belebend. Sie wollte in der Freude ihres Herzens laut singen. Als sie unter die Wasseroberfläche tauchte, schüttelte sie den Kopf und stieß einen kleinen Freudenschrei aus. Dann wurde ihr Haar gelockert, und mit einer Bewegung fiel alles um ihre Schultern und fiel in Locken über das Wasser.

Sie schwamm hinaus, eine furchtlose Schwimmerin; und es gab ihr ein Gefühl von Stärke und Unabhängigkeit, das tiefe Wasser um sich zu haben, das tiefe, ruhige Meer des Sommers; Sie drehte sich auf den Rücken, schwebte und versuchte, der Sonne ins Gesicht zu schauen. Das Meer glitzerte in den Sonnenstrahlen und der Himmel war blendend. Dann kehrte Bertha zurück und schwamm wieder ganz nahe am Ufer; Es machte ihr Spaß, auf dem Rücken zu liegen, von den winzigen Wellen geschaukelt zu werden, und die Ohren gesenkt zu halten, so dass sie hören konnte, wie die Kieselsteine im Ebbe und Flut der Flut neugierig aneinander rieben. Sie schüttelte ihr langes Haar aus, und es erstreckte sich wie eine Aureole um sie.

Sie jubelte über ihre Jugend – über ihre Jugend? Bertha fühlte sich nicht älter als mit achtzehn und doch – sie war dreißig. Der Gedanke ließ sie zusammenzucken; Denn sie hatte nie gemerkt, wie die Jahre vergingen, sie hatte nie gedacht, dass ihre Jugend schwinden würde. Dachten die Leute, sie sei schon alt? Sie hatte die widerliche Angst, dass sie Miss Hancock ähnelte, die mit Schlichtheit und unterstellter Frivolität versuchte, ihre Nachbarn davon zu überzeugen, dass sie jugendlich sei. Bertha fragte sich, ob sie lächerlich war, als sie sich wie ein junges Mädchen im Wasser wälzte: Mit Krähenfüßen um die Augen und Falten um den Mund kann man nicht die Meerjungfrau spielen. In Panik zog sie sich an, und als sie nach Hause ging, flog sie zu einem Spiegel. Sie untersuchte ihre Gesichtszüge wie nie zuvor und suchte ängstlich nach den Zeichen, die sie zu sehen fürchtete; Sie betrachtete ihren Hals und ihre Augen: Ihre Haut war so glatt wie eh und je, ihre Zähne so perfekt. Sie seufzte erleichtert.

"Ich sehe keinen Unterschied."

Dann kam Bertha, um sich noch mehr zu beruhigen, auf die phantastische Idee, sich so zu kleiden, als ginge sie zu einem großen Ball; sie wollte sich in vollen Zügen sehen. Sie wählte das prächtigste Kleid, das sie hatte, und holte ihren Schmuck heraus. Die Leys hatten jeden Rest ihrer alten Pracht verkauft, aber von ihren Diamanten hatten sie sich mit der ihnen eigenen Hartnäckigkeit stets geweigert, sich von ihnen zu trennen; und sie legten Jahr für Jahr ungenutzt die Steine an ihren alten Platz, abgestumpft durch Staub und Vernachlässigung, beiseite. Die Feuchtigkeit in Berthas Haaren war ein Vorwand, es unberechenbar zu machen, und sie steckte die wunderschöne Tiara hinein, die ihre Großmutter im Regency getragen hatte. Auf ihren Schultern trug sie zwei vorzüglich in Gold gearbeitete Ornamente, die ein Großonkel im Halbinselkrieg dem Heiligen einer spanischen Kirche entwendet hatte. Sie legte eine Perlenkette um ihren Hals, Armbänder um ihre Arme und befestigte eine glitzernde Reihe von Sternen an ihrer Brust. Da Bertha wusste, dass sie schöne Hände hatte, lehnte sie es ab, Ringe zu tragen, aber jetzt bedeckte sie ihre Finger mit Diamanten, Smaragden und Saphiren.

Schließlich stand sie vor dem Spiegel und lachte vor Vergnügen. Sie war noch nicht alt.

Doch als sie ins Wohnzimmer segelte, sprang Edward überrascht auf.

„Guter Gott!" er weinte. „Was zum Teufel ist los! Kommen Leute zum Abendessen?"

„Meine Liebe, wenn wir es getan hätten, hätte ich mich nicht so anziehen sollen."

„Du bist aufgestanden, als ob der Prinz von Wales käme. Und ich trage nur Knickerbocker. Es ist nicht unser Hochzeitstag?"

"NEIN."

„Dann würde ich gerne wissen, warum du dich so herausgeputzt hast."

„Ich dachte, es würde dir gefallen", sagte sie lächelnd.

„Ich wünschte, du hättest es mir gesagt – ich hätte mich auch angezogen. Bist du sicher, dass niemand kommt?"

"Ziemlich sicher."

„Nun, ich denke, ich sollte mich anziehen. Es würde so seltsam aussehen, wenn jemand auftauchen würde."

„Wenn es jemand tut, verspreche ich dir, dass ich fliegen werde."

Sie gingen zum Abendessen hinein, Edward fühlte sich sehr unwohl und hielt sein Ohr wachsam, um auf die Klingel an der Haustür zu achten. Sie aßen ihre Suppe und dann wurden die Reste einer kalten Hammelkeule und Kartoffelpüree auf den Tisch gestellt. Bertha schaute einen Moment lang ausdruckslos zu, dann lehnte sie sich zurück und brach in schallendes Gelächter aus.

„Guter Gott, was ist jetzt los?" fragte Edward.

Nichts ist ärgerlicher, als wenn Leute sich über einen Witz, den man nicht sehen kann, heftig lustig machen.

Bertha hielt sich an den Seiten fest und versuchte zu sprechen.

„Ich habe mich gerade daran erinnert, dass ich den Dienern gesagt habe, sie könnten heute Abend ausgehen, in Blackstable gibt es einen Zirkus; und ich sagte, wir würden einfach alles auffressen."

„Ich sehe darin keinen Witz."

Und tatsächlich gab es keine, aber Bertha lachte wieder maßlos.

„Ich nehme an, es gibt ein paar Gurken", sagte Edward.

Bertha unterdrückte ihre Fröhlichkeit und begann zu essen.

„Das ist mein ganzes Leben", murmelte sie leise, „kaltes Hammelfleisch und Kartoffelpüree in einem Ballkleid und all meinen Diamanten zu essen."

Kapitel XXXV

ABER im Winter desselben Jahres hatte Edward auf der Jagd einen Unfall. Seit Jahren hatte er es sich zur Gewohnheit gemacht, widerspenstige Pferde zu reiten, und er hörte nie von einem bösartigen Tier, ohne es auszuprobieren. Er wusste, dass er ein guter Reiter war, und da er sich nie davor scheute, seine Kräfte zur Schau zu stellen, und es auch nicht ablehnte, andere mit dem Vorwurf geringerer Fähigkeiten oder Mutes zu verspotten, bevorzugte er schwierige Tiere. Es befriedigte ihn, zu sehen, wie Leute auf ihn zeigten und sagten: „Das ist ein guter Reiter." Und sein bester Witz mit jemandem auf einem Pferd, der zog oder sich weigerte, war, zu rufen: „Du scheinst mit deinem Gee nicht befreundet zu sein; Möchtest du meins ausprobieren?" Und dann berührte er mit seinen Sporen seine Seiten und ließ es tänzeln. Er war gnadenlos gegenüber den vorsichtigen Jägern, die niedrige Teile einer Hecke suchten oder versuchten, durch ein Tor zu gelangen, statt darüber hinweg; und als jemand sagte, ein Sprung sei gefährlich, stürzte sich Edward lachend sofort darauf und schrie dabei:

„Ich würde es an deiner Stelle nicht versuchen. Du könntest herunterfallen."

Er hatte einen Rotschimmel nur für einen bloßen Gesang gekauft, weil er unsicher sprang und die Kunst hatte, beim Aufsteigen ein Vorderbein zu schwingen. Er nahm es bei der ersten Gelegenheit heraus, und das Pferd konnte die ersten beiden Hecken und einen Graben problemlos überwinden. Edward dachte, dass er wieder einmal fast umsonst einen Jäger bekommen hatte, der einfach nur richtig reiten wollte, um sich wie ein Lamm zu benehmen. Sie ritten weiter und kamen zu einem Pfosten- und Lattenzaun.

„Nun, meine Schönheit, das wird zeigen, was in dir steckt."

Er nahm das Pferd im Galopp hoch und drückte seine Beine; Das Pferd erhob sich nicht, sondern drehte plötzlich um.

„Nein, das tust du nicht", sagte Edward und nahm ihn zurück.

Er drückte die Sporen hinein, und das Pferd galoppierte und weigerte sich erneut. Diesmal wurde Edward wütend. Arthur Branderton kam vorbeigeflogen, und da er viele alte Rechnungen zu bezahlen hatte, lachte er laut.

„Warum gehst du nicht runter und gehst rüber?" „„ schrie er, als er an Edward vorbeikam und den Sprung wagte.

„Ich werde entweder darüber hinwegkommen oder mir das Genick brechen", sagte Edward und biss die Zähne zusammen.

Aber er tat weder das eine noch das andere. Er setzte den Rotschimmel zum vierten Mal auf den Sprung und traf ihn mit seiner Gerte; Das Tier erhob sich, ließ dann das Vorderbein schwingen und kam krachend zu Boden.

Edward stürzte schwer und war eine Minute lang fassungslos. Als er das Bewusstsein wiedererlangte, stellte er fest, dass ihm jemand Brandy über den Hals schüttete.

„Ist das Pferd verletzt?" fragte er, ohne an sich selbst zu denken.

"NEIN; Er ist in Ordnung. Wie fühlst du dich?"

Ein junger Chirurg war auf dem Feld und ritt herbei. "Was ist los? Ist jemand verletzt?"

„Nein", sagte Edward und rappelte sich auf, etwas verärgert über die Zurschaustellung, die er von sich zu machen glaubte. „Man könnte meinen, keiner von euch hätte jemals zuvor einen Mann herunterkommen sehen. Ich habe die meisten von euch oft genug davonkommen sehen."

Er ging zum Pferd und stellte seinen Fuß in den Steigbügel.

„Du gehst besser nach Hause, Craddock", sagte der Chirurg. „Ich gehe davon aus, dass du etwas durcheinander bist."

„Geh nach Hause, verdammt noch mal. Verwechseln!" Als er versuchte aufzusteigen, spürte Edward einen Schmerz oben in seiner Brust. „Ich glaube, ich habe etwas kaputt gemacht."

Der Chirurg ging hinauf und half ihm aus seinem Mantel. Er drehte Edwards Arm.

"Tut das weh?"

"Ein bisschen."

„Sie haben sich das Schlüsselbein gebrochen", sagte der Chirurg nach einer kurzen Untersuchung.

„Ich dachte, ich hätte etwas kaputt gemacht. Wie lange wird die Heilung dauern?"

„Nur drei Wochen. Sie brauchen sich keine Sorgen zu machen."

„Ich bin nicht beunruhigt, aber ich schätze, ich werde die Jagd für mindestens einen Monat aufgeben müssen."

Edward wurde zu Dr. Ramsay gefahren, der ihn verband und nach Court Leys zurückschickte. Bertha war überrascht, ihn in einem Hundewagen zu sehen. Edward hatte inzwischen seine gute Laune wiedererlangt und erklärte lachend den Vorfall.

„Das ist kein Grund zur Aufregung. Nur bin ich so verbunden, dass ich mich wie eine Mama fühle, und ich weiß nicht, wie ich ein Bad nehmen soll. Das ist es, was mir Sorgen macht.“

Am nächsten Tag besuchte ihn Arthur Branderton. „Endlich hast du deinen Partner gefunden, Craddock.“

"Mich? Nicht viel! In einem Monat werde ich wieder gesund sein, und dann gehe ich wieder raus.“

„Ich würde ihn an deiner Stelle nicht noch einmal reiten. Es lohnt sich nicht. Mit seinem Trick, sein Bein zu schwingen, wirst du dir das Genick brechen.“

„Bah“, sagte Edward verächtlich. „Das Pferd ist nicht so gebaut, dass ich es nicht reiten kann.“

„Du hast jetzt ein gutes Gewicht und deine Knochen sind nicht mehr so geschmeidig wie mit zwanzig. Der nächste Herbst, den Sie haben, wird ein schlimmer sein.“

„Mist, Mann! Man könnte meinen, ich sei achtzig; Ich habe noch nie ein Pferd gefunkt, und ich werde jetzt nicht damit anfangen.“

Branderton zuckte mit den Schultern und sagte zu diesem Zeitpunkt nichts mehr, sprach danach aber privat mit Bertha.

„Weißt du, ich denke, wenn ich du wäre, würde ich Edward überreden, dieses Pferd loszuwerden. Ich glaube nicht, dass er damit noch einmal fahren sollte. Es ist nicht sicher. So gut er auch reitet, es wird ihn nicht retten, wenn das Biest einen schlechten Trick hat.“

Bertha hatte hierbei großes Vertrauen in die Fähigkeiten ihres Mannes. Was auch immer er nicht konnte, er war sicherlich einer der besten Reiter in der Grafschaft; aber sie sprach trotzdem mit ihm.

„Puh, das ist doch alles Mist!“ er sagte. „Ich sage Ihnen was, am 11. des nächsten Monats gehen wir ziemlich genau das Gleiche durch; und ich gehe raus, und ich schwöre, er geht über den Pfosten und die Reling in Coulters Feld.“

„Du bist sehr unvorsichtig.“

"Nein, bin ich nicht. Ich weiß genau, was ein Pferd kann. Und ich weiß, dass das Pferd springen kann, wenn es will, und bei George, ich werde es schaffen. Wenn ich es jetzt vermasselt hätte, könnte ich nie wieder fahren. Wenn ein Kerl fast vierzig ist und einen schweren Sturz erleidet, ist das Einzige, was er tun muss, sofort noch einmal zu versuchen, sonst verliert er die Nerven und bekommt es nie wieder zurück. Das habe ich immer wieder gesehen.“

Später, als Edwards Verbände entfernt wurden und es ihm einigermaßen gut ging, flehte Miss Glover Bertha an, ihren Einfluss bei ihm geltend zu machen.

„Ich habe gehört, dass er ein äußerst gefährliches Pferd ist, Bertha. Ich glaube, es wäre Wahnsinn, wenn Edward ihn reiten würde."

„Ich habe ihn angefleht, es zu verkaufen, aber er lacht mich nur aus", sagte Bertha. „Er ist extrem eigensinnig und ich habe sehr wenig Macht über ihn."

„Hast du nicht schreckliche Angst?"

Bertha lachte. „Nein, das bin ich wirklich nicht. Sie wissen, dass er schon immer gefährliche Pferde geritten hat und nie zu Schaden gekommen ist. Als wir zum ersten Mal verheiratet waren, hatte ich immer Qualen. Jedes Mal, wenn er jagte, dachte ich, er würde tot auf einer Trage nach Hause gebracht. Aber das war er nie, und ich beruhigte mich allmählich."

„Ich frage mich, ob du das könntest."

„Meine Liebe, niemand kann zehn Jahre lang furchtbar aufgeregt sein. Menschen, die auf Vulkanen leben, vergessen alles; und wenn man keinen Sessel hätte, würde man sich schnell daran gewöhnen, auf Fässern voller Schießpulver zu sitzen."

"Niemals!" sagte Miss Glover mit Überzeugung, als sie ein lebendiges Bild von sich selbst in einer solchen Position sah.

Miss Glover blieb unverändert. Die Zeit verging kraftlos an ihrem Kopf; Sie sah immer noch aus wie zwischen fünfundzwanzig und vierzig, ihr Haar war nicht mehr verwaschen, ihre Figur in der Rüstung aus schwarzem Stoff war so jugendlich wie eh und je; und weder eine neue Idee noch ein Gedanke war ihr in den Sinn gekommen. Sie war wie Alices Königin, die in Höchstgeschwindigkeit rannte und an der gleichen Stelle blieb; Aber bei Miss Glover war der Prozess umgekehrt: Die Welt bewegte sich weiter, offenbar immer schneller, je näher das Jahrhundert seinem Ende kam, aber sie blieb unverändert – eine Inkarnation der Achtzigerjahre.

Am Tag vor dem 11. kam. Die Hunde sollten sich am *Share and Coulter treffen* , wie damals, als Edward geworfen worden war. Er ließ Dr. Ramsay kommen, um Bertha zu versichern, dass er ganz fit sei; und nach der Untersuchung brachte er ihn in den Salon.

"DR. Ramsay sagt, mein Schlüsselbein sei stärker denn je."

„Aber ich glaube nicht, dass er trotzdem auf dem Schimmel reiten sollte. Kannst du Edward nicht davon überzeugen, Bertha?"

Bertha schaute lächelnd vom Arzt zu Edward. „Ich habe mein Bestes gegeben."

„Bertha weiß es besser, als sich die Mühe zu machen", sagte Edward. „Sie hält nicht viel von mir als Kirchenvorsteherin, aber wenn es um ein Pferd geht, vertraut sie mir; nicht wahr, Liebes?"

„Das tue ich wirklich."

„So", sagte Edward sehr erfreut, „das nenne ich eine gute Frau."

Am nächsten Tag wurde das Pferd hergebracht und Bertha füllte Edwards Flasche.

„Du wirst mich schön begraben, wenn ich mir das Genick breche, nicht wahr?" sagte er lachend. „Sie werden einen schönen Grabstein bestellen."

„Meine Liebe, du wirst nie ein gewaltsames Ende nehmen. Ich bin mir sicher, dass du mit hundertzwei Jahren in deinem Bett sterben wirst, umgeben von einer Schar weinender Nachkommen um dich herum. Du bist einfach so ein Mann."

„Ha, ha!" er lachte. „Ich weiß nicht, wo die Nachkommen herkommen."

„Ich habe das Gefühl, dass ich dazu verdammt bin, Fanny Glover Platz zu machen. Ich bin mir sicher, dass es einen Todesfall gibt. Ich habe seit Jahren das Gefühl, dass du sie irgendwann heiraten wirst, und es ist schrecklich von mir, dich so lange warten zu lassen – vor allem, weil sie sich nach dir sehnt, das arme Ding."

Edward lachte erneut. "Na dann auf Wiedersehen!"

"Auf Wiedersehen. Erinnern Sie mich an Mrs. Arthur."

Sie stand am Fenster und sah, wie er aufstieg, und als er ihr mit der Gerte entgegenfuchtelte, winkte sie ab.

Der Wintertag nahte und Bertha, die sich für den Roman interessierte, den sie gerade las, war überrascht, als die Uhr fünf schlug. Sie wunderte sich, dass Edward noch nicht hereingekommen war und nach dem Klingeln für Tee und die Lampen die Vorhänge zugezogen hatte. Er konnte jetzt nicht mehr lange auf sich warten lassen.

„Ich frage mich, ob er schon wieder gestürzt ist", sagte sie lächelnd. „Er sollte wirklich mit der Jagd aufhören, er wird zu dick."

Sie beschloss, nicht länger zu warten, sondern schenkte sich ihren Tee ein und richtete sich so ein, dass sie an die Scones herankommen und bequem lesen konnte. Dann hörte sie eine Kutsche heranfahren. Wer könnte es sein?

„Was für eine Langeweile sollen diese Leute in dieser Zeit nennen!"

Als die Glocke läutete, legte Bertha ihr Buch nieder, um den Besucher zu empfangen. Aber niemand wurde hereingeführt; draußen war ein verwirrter

Klang von Stimmen zu hören. Könnte Edward doch etwas zugestoßen sein? Sie sprang auf und ging halb durch den Raum. Sie hörte eine unbekannte Stimme im Flur.

„Wo sollen wir es hinbringen?"

Es. Was war *es* – eine Leiche? Bertha spürte, wie eine Kälte ihren ganzen Körper durchströmte, sie legte ihre Hand auf einen Stuhl, um sich zu stützen, wenn sie sich schwach fühlte. Arthur Branderton öffnete langsam die Tür und schloss sie schnell hinter sich.

„Es tut mir schrecklich leid, aber es gab einen Unfall. Edward ist ziemlich verletzt."

Sie sah ihn an und wurde blass, fand aber keine Antwort.

„Du musst dir Mut machen, Bertha. Ich fürchte, es geht ihm sehr schlecht. Du solltest dich besser hinsetzen."

Er zögerte und sie drehte sich plötzlich wütend zu ihm um.

„Wenn er tot ist, warum sagst du es mir dann nicht?"

"Es tut mir sehr leid. Wir haben alles getan, was wir konnten. Er stürzte am gleichen Pfosten- und Geländerzaun wie neulich. Ich denke, er muss die Nerven verloren haben. Ich war nah bei ihm, ich sah, wie er blind darauf zustürmte und dann zog, gerade als das Pferd sich erhob. Sie sind abgestürzt."

"Ist er tot?"

"Ja."

Bertha fühlte sich nicht schwach. Sie war ein wenig entsetzt über die Klarheit, mit der sie Arthur Branderton verstehen konnte. Sie schien überhaupt nichts zu spüren. Der junge Mann sah sie an, als erwartete er, dass sie weinen oder ohnmächtig werden würde.

„Möchten Sie, dass ich meine Frau zu Ihnen schicke?"

"Nein danke."

Bertha wusste ganz genau, dass ihr Mann tot war, aber die Nachricht schien keinen Eindruck auf sie zu machen. Sie hörte es ungerührt, als bezog es sich auf einen Fremden. Sie fragte sich, was der junge Branderton von ihrer Unbekümmertheit hielt.

„Willst du dich nicht hinsetzen?", sagte er, nahm ihren Arm und führte sie zu einem Stuhl. „Soll ich dir etwas Brandy holen?"

„Mir geht es gut, danke. Du brauchst dir um mich keine Sorgen zu machen – Wo ist er?"

„Ich habe ihnen gesagt, sie sollen ihn nach oben bringen. Soll ich Ramsays Assistenten zu Ihnen schicken? Er ist hier."

„Nein", sagte sie mit leiser Stimme. "Ich will nichts. Haben sie ihn schon aufgenommen?"

„Ja, aber ich glaube nicht, dass du zu ihm gehen solltest. Es wird dich furchtbar aufregen."

„Ich gehe in mein Zimmer. Macht es dir etwas aus, wenn ich dich verlasse? Ich wäre lieber allein."

Branderton hielt die Tür auf und Bertha ging hinaus, ihr Gesicht war sehr blass, zeigte aber nicht die geringste Spur von Emotionen. Branderton ging zum Leanham Vicarage, um Miss Glover nach Court Leys zu schicken, und dann nach Hause, wo er seiner Frau erzählte, dass die elende Witwe von dem Schock fassungslos war.

Bertha schloss sich in ihrem Zimmer ein. Sie hörte das Summen der Stimmen im Haus, Dr. Ramsay kam zu ihrer Tür, aber sie weigerte sich zu öffnen; dann war alles ganz still.

Sie war entsetzt über die Leere ihres Herzens, die Ruhe war so unmenschlich, dass sie sich fragte, ob sie verrückt wurde; sie empfand keinerlei Emotionen. Bertha wiederholte sich, dass Edward getötet wurde; er lag ganz in ihrer Nähe, tot – und sie empfand keinen Kummer. Sie erinnerte sich an ihren Kummer vor Jahren, als sie an seinen Tod dachte; Und jetzt, da es geschehen war, wurde sie nicht ohnmächtig, sie weinte nicht, sie war unbesorgt. Bertha hatte sich versteckt, um ihre Tränen vor fremden Augen zu verbergen, und die Tränen kamen nicht. Nachdem sich ihr plötzlicher Verdacht bestätigt hatte, hatte sie überhaupt keine Emotionen mehr verspürt; Sie war entsetzt, dass der tragische Tod sie so wenig berührte. Sie ging zum Fenster und schaute hinaus, versuchte, ihre Gedanken zu ordnen und sich Sorgen zu machen; aber sie war fast gleichgültig.

„Ich muss furchtbar grausam sein", murmelte sie.

Dann kam mir die Idee, was ihre Freunde sagen würden, wenn sie ihre ruhige Selbstbeherrschung sahen. Sie versuchte zu weinen, aber ihre Augen blieben trocken.

Es klopfte an der Tür und Miss Glovers Stimme war von Tränen gebrochen: „Bertha, Bertha, willst du mich nicht reinlassen? Ich bin es – Fanny."

Bertha sprang auf, antwortete aber nicht.

Miss Glover rief erneut an und ihre Stimme war von Schluchzen erstickt. Warum konnte Fanny Glover um Edwards Tod weinen, der ein Fremder war, wenn sie, Bertha, gefühllos blieb?

„Bertha!"

"Ja."

„Öffne mir die Tür. Oh, es tut mir so leid für dich. Bitte lass mich rein."

Bertha schaute wild zur Tür, sie wagte es nicht, Miss Glover kommen zu lassen.

„Ich kann jetzt niemanden sehen", rief sie heiser. „Frag mich nicht."

„Ich glaube, ich könnte dich trösten."

"Ich möchte allein sein."

Miss Glover schwieg eine Minute lang und weinte hörbar.

„Soll ich unten warten? Du kannst mich anrufen, wenn du willst. Vielleicht sehen Sie mich später."

Bertha wollte ihr sagen, sie solle gehen, wagte es aber nicht.

„Mach, was du willst", sagte sie.

Es herrschte wieder Stille, eine unheimliche Stille, die bedrückender war als abscheulicher Lärm. Es war eine Stille, die die Nerven anspannte und sie furchtbar empfindlich machte: Man wagte nicht zu atmen, aus Angst, es zu zerstören.

Und ein Gedanke kam Bertha und überfiel sie wie ein quälender Teufel. Sie schrie entsetzt auf, denn das war abscheulicher als alles andere; es war einfach unerträglich. Sie warf sich auf ihr Bett und vergrub ihr Gesicht in ihrem Kissen, um es zu vertreiben. Aus Scham hielt sie sich die Ohren zu, um die unsichtbaren Unholde nicht zu hören, die es leise flüsterten.

Sie war frei.

Sie zitterte vor dem Gedanken, konnte ihn aber nicht unterdrücken. „Ist es so weit gekommen?" sie murmelte.

Und dann kam die Erinnerung an die Anfänge ihrer Liebe zurück. Sie erinnerte sich an die Leidenschaft, die sie blind in Edwards Arme geworfen hatte, an ihre bittere Demütigung, als ihr klar wurde, dass er auf ihre Begeisterung nicht reagieren konnte; Ihre Liebe war ein Feuer, das vergeblich auf einem Basaltfelsen spielte. Sie erinnerte sich an den Hass, der auf die Desillusionierung folgte, und schließlich an die Gleichgültigkeit. Es war dieselbe Gleichgültigkeit, die ihr jetzt das Herz gefrieren ließ.

Ihr Leben schien völlig verschwendet zu sein, wenn sie ihr wahnsinniges Verlangen nach Glück mit dem Elend verglich, das sie tatsächlich ertragen hatte. Berthas viele Hoffnungen standen wie Phantome da, und sie blickte sie verzweifelt an. Sie hatte so viel erwartet und so wenig gesichert. Sie verspürte einen schrecklichen Schmerz in ihrem Herzen, als sie über alles nachdachte, was sie durchgemacht hatte. Ihre Kräfte ließen nach, und überwältigt von ihrem eigenen Selbstmitleid sank sie auf die Knie und brach in Tränen aus.

"Oh Gott!" Sie weinte: „Was habe ich getan, dass ich so unglücklich sein sollte?"

Sie schluchzte laut und hatte keine Lust, ihren Kummer zu unterdrücken. Miss Glover, gute Seele, wartete vor dem Zimmer, für den Fall, dass Bertha sie wollte, und weinte leise. Sie klopfte erneut, als sie das heftige Schluchzen in ihrem Inneren hörte.

„Oh, Bertha, lass mich doch rein. Du quälst dich noch mehr, weil du niemanden sehen willst."

Bertha rappelte sich auf und öffnete die Tür. Miss Glover trat ein, überwand in ihrem überwältigenden Mitgefühl alle Zurückhaltung und drückte Bertha an ihr Herz.

„Oh mein Lieber, mein Lieber, es ist absolut schrecklich; Es tut mir so leid für dich. Ich weiß nicht, was ich sagen soll. Ich kann nur beten."

Bertha schluchzte hemmungslos – nicht weil Edward tot war.

„Alles, was Sie jetzt haben, ist Gott", sagte Miss Glover.

Schließlich riss sich Bertha los und trocknete ihre Augen.

„Versuchen Sie nicht, zu mutig zu sein, Bertha", sagte die Schwester des Pfarrers mitfühlend. „Es wird dir gut tun zu weinen. Er war so ein guter, freundlicher Mann und er hat dich so hingebungsvoll geliebt."

Bertha sah sie schweigend an.

„Ich muss schrecklich grausam sein", dachte sie.

„Macht es Ihnen etwas aus, wenn ich heute Nacht hier bleibe, Liebes", fügte Miss Glover hinzu. „Ich habe Charles eine Nachricht geschickt."

„Oh nein, bitte nicht. Wenn du dich um mich sorgst, Fanny, lass mich in Ruhe sein. Ich möchte nicht unfreundlich sein, aber ich kann es nicht ertragen, jemanden zu sehen."

Miss Glover war zutiefst betroffen. „Ich möchte nicht im Weg sein. Wenn du wirklich willst, dass ich gehe, dann gehe ich."

„Ich habe das Gefühl, wenn ich nicht allein sein kann, werde ich verrückt."

„Möchten Sie Charles sehen?"

„Nein, Liebes. Sei nicht böse. Halten Sie mich nicht für unfreundlich oder undankbar, aber ich möchte nichts anderes, als ganz allein gelassen zu werden."

Kapitel XXXVI

Wieder einmal war sie EINSAM in ihrem Zimmer, Erinnerungen an die Vergangenheit drängten sich auf sie . Die letzten Jahre verschwanden aus ihrem Kopf und Bertha sah noch einmal lebhaft die ersten Tage ihrer Liebe, den Besuch bei Edward auf seiner Farm, die Nacht am Tor von Court Leys, als er ihr einen Heiratsantrag machte. Sie erinnerte sich an die Begeisterung, mit der sie sich in seine Arme geworfen hatte. Sie vergaß den echten Edward, der gerade gestorben war, und erinnerte sich an den großen, starken Jugendlichen, der sie vor Liebe ohnmächtig gemacht hatte; und ihre Leidenschaft kehrte überwältigend zurück. Auf dem Kaminsims stand ein Foto von Edward, wie er damals war; es lag schon seit Jahren vor ihr, aber sie hatte es nie bemerkt. Sie nahm es, drückte es an ihr Herz und küsste es. Tausend Dinge kamen zurück und sie sah ihn wieder vor sich stehen, so wie er war, männlich, stark, so dass sie seine Liebe als Schutz vor aller Welt empfand.

Aber was nützte es jetzt?

„Ich wäre wütend, wenn ich anfangen würde, ihn wieder zu lieben, wenn es zu spät ist.“

Bertha war entsetzt über das Bedauern, das in ihr aufstieg, ein Teufel, der ihr Herz mit eisernem Griff umklammerte. Oh, sie konnte die Möglichkeit von Trauer nicht riskieren, sie hatte zu viel gelitten und musste die Quellen des Schmerzes in sich selbst töten. Sie wagte es nicht, Dinge aufzugeben, die in künftigen Jahren die Grundlage für einen neuen Götzendienst bilden könnten. Ihre einzige Chance auf Frieden bestand darin, alles zu zerstören, was an ihn erinnern könnte.

Sie ergriff das Foto, zog es, ohne noch einmal hinzusehen, aus dem Rahmen und zerriss es schnell in Stücke. Sie sah sich im Raum um.

„Ich darf nichts zurücklassen“, murmelte sie.

Auf einem Tisch sah sie ein Album mit Bildern von Edward in allen Altersstufen, das Kind mit den langen Locken, den Bengel in Knickerbockern, den Schuljungen, den Liebhaber ihres Herzens. Sie hatte ihn überredet, sich während ihrer Flitterwochen in London fotografieren zu lassen, und er war dort in einem halben Dutzend verschiedener Stellungen zu sehen. Bertha glaubte, ihr Herz würde brechen, als sie sie eins nach dem anderen zerstörte, und sie brauchte all ihre Kraft, um sie davon abzuhalten, sie mit leidenschaftlichen Küssen zu überhäufen. Ihre Finger schmerzten vom Zerreißen, aber nach kurzer Zeit lagen sie alle in Scherben im Kamin. Dann legte sie verzweifelt die Briefe hinein, die Edward ihr geschrieben hatte, und hielt ein Streichholz an. Sie sah zu, wie sie sich kräuselten, kräuselten und verbrannten, und bald waren sie Asche.

Sie sank auf einen Stuhl, erschöpft von der Anstrengung, rappelte sich aber schnell wieder auf. Sie trank etwas Wasser und wappnete sich für eine noch schrecklichere Tortur; denn sie wusste, dass ihr zukünftiger Frieden von den nächsten Stunden abhing.

Mittlerweile war es spät geworden, eine stürmische Nacht, in der der Wind durch die blattlosen Bäume heulte. Bertha zuckte zusammen, als es mit einem fast menschlichen Schrei gegen die Fenster schlug. Eine Angst vor dem, was sie tun würde, erfasste sie, aber sie wurde von einer noch größeren Angst getrieben. Sie nahm eine Kerze, öffnete die Tür und lauschte. Da war niemand; Der Wind heulte mit seiner langen, monotonen Stimme, und die Äste eines Baumes, die gegen ein Fenster im Flur schlugen, gaben ein gespenstisches Klopfen von sich, als wären unsichtbare Geister in der Nähe.

Die Lebenden haben angesichts des Todes das Gefühl, dass die ganze Luft voller etwas Neues und Schreckliches ist. Eine größere Sensibilität nimmt ein unerklärliches Gefühl von etwas Anwesendem oder von etwas Schrecklichem wahr, das unsichtbar geschieht. Bertha ging zum Zimmer ihres Mannes und wagte es eine Zeit lang nicht einzutreten. Schließlich öffnete sie die Tür, zündete die Kerzen auf dem Kaminsims und auf dem Frisiertisch an und ging dann zum Bett. Edward lag auf dem Rücken, ein Taschentuch war um seinen Kiefer gebunden, um ihn hochzuhalten, und seine Hände waren vorn verschränkt.

Bertha stand vor der Leiche und schaute. Der Eindruck des jungen Mannes verschwand, und sie sah ihn so, wie er wirklich war: beleibt, mit rotem Gesicht, und die Venolen seiner Wangen zeichneten sich deutlich in einem purpurnen Netz ab; die Seiten seines Gesichts waren in den letzten Jahren deutlich hervorgetreten; und er hatte kleine Backenbarthaare. Seine Haut war bereits faltig und rau, die Haare auf der Vorderseite seines Kopfes waren spärlich und die Kopfhaut war sichtbar, glänzend und weiß. Die Hände, die sie einst durch ihre Stärke so begeistert hatten, dass sie sie mit den Porphyrhänden einer unvollendeten Statue verglich, waren jetzt in ihrer Grobheit abstoßend. Ihre Berührung hatte sie schon lange ein wenig angeekelt. Dies war das Bild, das Bertha ihrem Geist einprägen wollte. Es war ein Fremder, der tot vor ihr lag, ein Mann, dem sie gleichgültig gegenüberstand.

Schließlich wandte sie sich ab, ging hinaus und kehrte in ihr eigenes Zimmer zurück.

Drei Tage später war die Beerdigung. Alle morgendlichen Kränze und Kreuze aus wunderschönen Blumen waren hereingeströmt, und jetzt herrschte auf der Einfahrt vor Court Leys eine Menschenmenge. Die Blackstable Freemasons (Lodge Nr. 31.899), deren verehrungswürdiger Meister Edward bei seinem Tod war, hatten ihre Absicht bekundet, daran teilzunehmen, und säumten zu zweit die Straße in weißen Handschuhen und Schürzen. Es gab auch Vertreter der Tercanbury-Loge (4169), der Provincial Grand Lodge, der Mark Masons und der Tempelritter. Die Blackstable Unionist Association entsandte einhundert Konservative, die zwei oder zwei hinter den Freimaurern zurückblieben. Es gab einige Worte über den Vorrang zwischen Bruder GW Hancock (PWM), der die Blackstable Lodge (31.899) anführte, und Herrn Atthill Bacot, der an der Spitze der Politiker marschierte; aber es wurde schließlich zugunsten der Loge als der älteren etablierten Körperschaft entschieden. Dann kamen die Mitglieder des örtlichen Bezirksrates, dessen Vorsitzender Edward gewesen war, und danach die Kutschen des Adels. Mrs. Mayston Ryle schickte einen Landau und ein Paar, aber Mrs. Branderton, die Molsons und der Rest schickten nur Broughams. Es erforderte ein ungeheures Maß an Generalführung, um diese Streitkräfte zusammenzustellen, und Arthur Branderton verlor die Beherrschung, weil die Konservativen ansetzen würden, bevor sie es wollten.

„Ah", sagte Bruder AW Rogers (der Wirt des *Pig and Whistle*), „sie wollen Craddock jetzt hier haben." Er war der beste Organisator, den ich je gesehen habe; Zu diesem Zeitpunkt hätte er die Prozession in Gang gebracht und die Beerdigung beendet."

Der letzte Wagen verschwand, und Bertha, endlich allein, legte sich am Fenster auf das Sofa. Sie war der alten Konvention zutiefst dankbar, die die Teilnahme der Witwe an der Beerdigung verhinderte.

Mit müden und lustlosen Augen blickte sie auf die lange, blattlose Ulmenallee. Der Himmel war grau und die Wolken schwer und tief. Bertha war jetzt eine blasse Frau von dreißig Jahren, immer noch schön, mit lockigem, üppigem Haar; aber ihre dunklen Augen hatten noch dunklere Linien, und ihr Feuer war halb erloschen. Zwischen ihren Brauen war eine kleine vertikale Linie, und ihre Lippen hatten die Fröhlichkeit der Jugend verloren, die Mundwinkel waren mit einem melancholischen Ausdruck nach unten gezogen. Das Gesicht war dünn und extrem blass; aber was einem am meisten auffiel, war, dass sie so völlig müde wirkte. Ihre Gesichtszüge blieben auffallend unbeweglich und in ihren Augen lag eine Apathie, die sehr schmerzte. Ihre Augen sagten, dass sie geliebt hatte und die Liebe fehlte, dass sie Mutter gewesen war und dass ihr Kind gestorben war und dass sie sich jetzt nichts sehnlicher wünschte, als in Frieden gelassen zu werden.

Bertha war tatsächlich körperlich und geistig erschöpft, müde von Liebe und Hass, müde von Freundschaft und Wissen, müde von den vergangenen Jahren. Ihre Gedanken wanderten in die Zukunft und sie beschloss,

Blackstable zu verlassen und Court Leys zu überlassen, damit sie in keinem Moment der Schwäche in Versuchung geraten könnte, zurückzukehren. Und zunächst wollte sie reisen und an Orten leben, die ihr unbekannt waren, um die Vergangenheit leichter vergessen zu können. Berthas Erinnerung brachte Italien zurück, das Land derer, die unter unerfüllten Wünschen leiden, das Lotusland. Sie würde dorthin gehen und sie würde weiter gehen, immer der Sonne entgegen; denn jetzt hatte sie keine Bindungen mehr auf der Erde, und endlich, endlich war sie frei.

Der melancholische Tag endete in den großen Wolken, die über ihnen hingen, und wurde durch die herannahende Nacht verdunkelt. Bertha erinnerte sich daran, wie bereitwillig sie in ihrer Kindheit gewesen war, sich der Welt hinzugeben. Da sie eine tiefe Verbundenheit mit allen Menschen verspürte, wünschte sie sich in ihre Arme zu werfen, weil sie glaubte, sie würden ausgestreckt sein, um sie zu empfangen. Ihr Leben schien in das Leben anderer überzugehen und eins mit dem ihren zu werden, so wie das Wasser der Flüsse eins mit dem Meer wird. Doch sehr bald schwand die Kraft, die sie bei all dem verspürt hatte; Sie erkannte eine Barriere zwischen ihr und den Menschen und fühlte, dass sie Fremde waren. Da sie die Unmöglichkeit dessen, was sie sich wünschte, kaum begreifen konnte, konzentrierte sie all ihre Liebe, ihre ganze Fähigkeit, sich zu entfalten, auf eine Person, auf Edward, und unternahm sozusagen einen letzten Versuch, die Barriere des Bewusstseins zu durchbrechen und ihre Seele mit der seinen zu vereinen. Sie zog ihn mit all ihrer Kraft zu sich, Edward, den Mann, der ihn in der Tiefe seines Herzens kennenlernen wollte und sich danach sehnte, sich in ihm zu verlieren. Doch schließlich erkannte sie, dass das, was sie angestrebt hatte, unerreichbar war. *Ich selbst stehe auf der einen Seite und der Rest der Welt auf der anderen.* Dazwischen liegt ein Abgrund, den keine Macht überwinden kann, eine seltsame Barriere, die unüberwindlicher ist als ein Berg aus Feuer. Nicht einmal die hingebungsvollsten Liebenden kennen das Wesentliche des anderen. Wie leidenschaftlich ihre Leidenschaft auch sein mag, wie innig ihre Verbindung auch sein mag, sie sind immer Fremde; kaum mehr miteinander als durch zufällige Bekanntschaft.

Und als sie dies unter vielen Tränen und nach bitterem Kummer erfuhr, zog sich Bertha in sich selbst zurück. Doch bald fand sie Trost. In ihrem Schweigen baute sie eine eigene Welt auf und hielt sie vor den Augen jeder lebenden Seele, wohlwissend, dass niemand sie verstehen konnte. Und dann waren alle Bindungen lästig, alle irdischen Bindungen unnötig.

Als Bertha verwirrt über diese Dinge nachdachte, kehrten sie zu Edward zurück.

„Wenn ich ein Tagebuch über meine Gefühle geführt hätte, würde ich es heute mit den Worten schließen: ‚Mein Mann hat sich das Genick gebrochen.‘“

Aber ihre eigene Gefühllosigkeit schmerzte sie.

„Armer Kerl“, murmelte sie. „Er war ehrlich, freundlich und nachsichtig. Er tat, was er konnte, und versuchte immer, sich wie ein Gentleman zu benehmen. Er war in der Welt sehr nützlich und mochte mich auf seine Art gern. Sein einziger Fehler war, dass ich ihn liebte – und aufhörte, ihn zu lieben.“

An ihrer Seite lag das Buch, das sie gelesen hatte, während sie auf Edward wartete, als er auf der Jagd war. Bertha hatte es offen mit der Vorderseite nach unten auf den Tisch gelegt, als sie vom Sofa aufstand, um den erwarteten Besucher zu empfangen; und es war geblieben, wie sie es verlassen hatte. Sie war des Nachdenkens müde; und als er es nun nahm, begann er leise zu lesen.

DAS ENDE